Morenos therapeutische Philosophie

Ferdinand Buer (Hrsg.)

Morenos therapeutische Philosophie

Zu den Grundideen von
Psychodrama und Soziometrie

Leske + Budrich, Opladen 1989

Titelaufnahme der Deutschen Bibliothek

Morenos therapeutische Philosophie / Ferdinand Buer (Hrsg.).
— Opladen: Leske u. Budrich, 1989
ISBN 3-8100-0760-9
NE: Buer, Ferdinand [Hrsg.]

© 1989 by Leske + Budrich, Opladen
Satz: Leske + Budrich
Druck und Verarbeitung: Druckpartner Rübelmann GmH, Hemsbach
Printed in Germany

Einladung

Jakob Levy Moreno wäre am 18. Mai 1989 100 Jahre alt geworden. Viele seiner Methoden sind in Fachkreisen als seine Schöpfungen bekannt, etwa Psychodrama und Soziometrie. Andere seiner Methoden haben weite Verbreitung gefunden, ohne angemessen von Morenos Urheberschaft Kenntnis zu nehmen, etwa Gruppenpsychotherapie, Aktionsforschung, Rollenspiel. Seine dahinterstehenden Ideen, Theorien und Konzepte jedoch sind so gut wie unbekannt geblieben.

Als Arzt mit religiösen Überzeugungen, therapeutischen Ansprüchen, theatralischen Vorstellungen und soziologischen Hoffnungen schuf er eine ganzheitliche Philosophie und Praxeologie, die — und das ist Programm — quer zu den tradierten Wissens- und Behandlungsformen der bürgerlichen Welt liegt.

Will man Morenos Methoden also authentisch verstehen und praktizieren, muß man seine „therapeutische Philosophie" zur Kenntnis nehmen, d.h. in sich aufnehmen, sie verkörpern.

Ein wichtiger Schritt zu einer Rekonstruktion dieser Philosophie mit ihren axiologischen, soziodynamischen, soziometrischen und soziatrischen Aspekten wird in diesem Projekt getan: Seine Basiskonzepte wie Begegnung, Interaktion, Drama, Spiel, Rolle, Kreativität, Spontaneität, Anziehung und Abstoßung, Netzwerk, Gruppe, Katharsis werden interpretiert vor dem Hintergrund von Einflüssen, Kontroversen und Parallelen in den geistigen Strömungen seiner Zeit, vor allem im Wien nach der Jahrhundertwende.

Wir treten dabei in Dialog mit Philosophen und religiösen Denkern, Schriftstellern und Theaterleuten, Sozialwissenschaftlern und Therapeuten, Sozialrevolutionären und Mystikern. Dabei sind wir von der Überzeugung ausgegangen, daß allein die unvoreingenommene, offene Auseinandersetzung in authentischer Begegnung neue Wege zu angemesseneren Erkenntnissen, Überzeugungen und Handlungsorientierungen zeigen kann.

Die Idee zu diesen sieben neu inszenierten Dialogen in drei Akten entstand aus den Gruppendiskussionen zu den Theorieinhalten der Psychodrama-Ausbildung in der Sektion Psychodrama des Deutschen Arbeitskreises für Gruppenpsychotherapie und Gruppendynamik. Das Projekt selbst wurde weiterentwickelt und konkretisiert in gemeinsamer Kooperation von Friedel Geisler, Michael Schacht und Ulrich Schmitz. Ihnen allen, insb. Ulrich Schmitz, sei für ihre Unterstützung gedankt. Die Verantwortung für die einzelnen Beiträge liegt jedoch bei den jeweiligen Autorinnen und Autoren, die Verantwortung für die Gesamtkonzeption bei mir.

Diese Inszenierung ist aber keineswegs abgeschlossen; sie bleibt, wie Moreno sagen würde, „imperfekt". Viele Gespräche wären noch zu führen, viele Szenen zu entwerfen. Wir haben eine Initiative gestartet; wir hoffen, daß sie zündet. Nicht nur Praktiker, Theoretiker und Empiriker aus dem Umkreis von Psychodrama und Soziometrie, sondern auch Philosophen, Theologen, Literaturwissenschaftler, Therapeuten, Psychologen, Sozialwissenschaftler, Pädagogen, Theaterleute, kurz alle Interessierten seien aufgefordert, an diesem Projekt weiterzuarbeiten, damit Morenos Vorschläge im Hier und Jetzt von möglichst vielen Menschen genutzt werden können.

Sie, die Leserinnen und Leser, seien hiermit nicht nur eingeladen, diese Texte mit Hilfe ihrer eigenen Imagination vor ihrem inneren Auge zu eigenen Inszenierungen gehörig auszustatten. Sie seien auch eingeladen, an der Verwirklichung von Morenos utopischem Entwurf einer Welt mitzuwirken, in der der eine dem anderen Helfer ist.

Sie sind eingeladen zu einer Begegnung.

Münster, im Januar 1989   *Ferdinand Buer*, Herausgeber

Inhalt

Einladung 5

Prolog
Ferdinand Buer
Morenos therapeutische Philosophie. Eine Einführung in ihre kultur- und ideengeschichtlichen Kontexte 9

I. Akt: Einflüsse

1. *Friedel Geisler*
   Judentum und Psychodrama 45

2. *Ulrich Schmitz*
   Moreno und Bergson. Therapeutische Philosophie und induktive Metaphysik ... 69

3. *Ulrike Fangauf*
   Moreno und das Theater 89

II. Akt: Kontroversen

1. *Ferdinand Buer und Ulrich Schmitz*
   Psychodrama und Psychoanalyse 111

2. *Ferdinand Buer*
   Morenos Philosophie und der Marxismus 159

III. Akt: Parallelen

1. *Ferdinand Buer*
   Morenos Philosophie und der Anarchismus 181

2. *Michael Schacht*
   Morenos Philosophie und Mystik 199

Epilog
Ferdinand Buer
Morenos therapeutische Philosophie. Ihre aktuelle Bedeutung für die Zukunftsgestaltung 221

Personenregister 242
Sachregister 246
Verzeichnis der Autorinnen und Autoren 250

Prolog
Morenos therapeutische Philosophie.
Eine Einführung in ihre kultur- und ideengeschichtlichen Kontexte.

Ferdinand Buer

„There is no controversy about my ideas, they are universally accepted. I am the controversy."
(Moreno, 1978a, S. CXIII)

1. Was heißt „Morenos therapeutische Philosophie" verstehen?

Zerka Moreno stellt 1988 in einem Interview mit Ulf Klein fest, daß Morenos Methoden von der kulturellen Entwicklung aufgesogen worden seien. Vergessen sei dabei weitgehend, „daß es auch im Psychodrama eine Philosophie des Lebens gibt" (Z. Moreno, 1988, S. 6). Diese „underlying philosophy of life" (Moreno, 1978a, S. XV) bezeichnet Moreno auch als „therapeutische Philosophie" (Moreno, 1973, S. 104) oder „Philosophie der zwischenmenschlichen Beziehungen" (Moreno, 1981, S. 187). Diese Philosophie stellt für ihn die „theoretische Grundlage" (Moreno, 1973, S. 104) seines gesamten Ansatzes dar. Was versteht Moreno darunter?

Philosophie ist für ihn, so könnte man sagen, wie für die klassischen Philosophen in westlicher Tradition, personengebundenes Denken über den Menschen, seine Stellung und Aufgabe in der Welt (vgl. Plessner, 1963). Fragestellungen können sich für sie aus den Religionen, den Wissenschaften, den Künsten und dem alltäglichen Leben ergeben. Durch disziplinierten Umgang mit solchen Fragen von sozialer Relevanz werden Erkenntnisse generiert, die durch nachvollziehbare Argumente begründet, aber auch widerlegt werden können. Diese Erkenntnisse stellen Anschauungen, Sichtweisen der Wirklichkeit dar (= Theorie, gr.: Ansicht, Anschauung, Betrachtung). Diese Theorien wiederum setzen sich aus miteinander verbundenen unterschiedlichen Konzepten zusammen.

Spätestens seit Nietzsche hat sich das Mißtrauen gegenüber allen umfassenden Systemen in der Philosophie durchgesetzt. Aus dieser Tradition heraus steht auch Moreno „zur Absolutheit der soziometrischen oder jeder beliebigen Theorie in Opposition" (Moreno, 1974, S. 433).

Seine Konzepte und Theorien sind aus seinen persönlichen Lebenszusammenhängen entstanden und für seine eigenen Lebensvollzüge gedacht. In seiner Person, in seinem Leben, seinem Handeln fließen Theorie und Praxis zusammen. Seine Methoden sind Handlungsanweisungen und seine Theorien Handlungsorientierungen; beide aus praktischer Erfahrung stammend. Er läd seine Mitmenschen ein, daran teilzuhaben durch Nachvollzug, d.h. durch Rollentausch mit ihm selbst, so daß Praxis und Theorie je neu verkörpert werden.

Daher bedeutet Auseinandersetzung mit Morenos therapeutischer Philosophie: Einverleibung, Verkörperung einer therapeutischen Haltung, einer therapeutischen Überzeugung. Erst wenn diese Philosophie nicht nur verstanden, sondern auch gelebt wird, kann sie wirksam werden, wird sie therapeutisch relevant. Das heißt aber: Relevant im Dienst am Du; heißt: Helfer, Hilfs-Ich für den anderen werden (Therapeutes, gr.: Diener, Helfer).

Insofern stehen für Moreno hinter dem Widerstand gegenüber seinen Ideen und Theorien (vgl. Moreno, 1973, S. 104; 1974, S. 403) eben nicht nur Gegenargumente, sondern viel mehr eine Ablehnung seiner Person als Verkörperung seiner ungewöhnlichen und provozierenden Ansichten und Handlungsweisen.

Wird jedoch die Rolle Morenos übernommen, dann können seine Ideen in jedem Menschen auftauchen, so daß seine Schriften mit anderen Augen gelesen werden. „Man kann die Bücher fast nicht verstehen, wenn man nicht selber viel damit gearbeitet hat. Dann aber liest man sie und sagt ‚Mein Gott, es steht doch alles da.'" (Z. Moreno, 1988, S. 9).

Liest man Morenos Schriften aus seiner eigenen helfenden Praxis heraus, dann können sie sich einem erschließen und die Heterogenität der Darbietung wird sekundär. Auf die Frage, warum er sein Hauptwerk „Who Shall Survive?" in einer so „mysterious, difficult and almost coded language" geschrieben habe, gab Moreno zur Antwort:

„I left my fingerprint on every page, with all the grammatical errors which only a foreigner could muster, with all its laugthy, un-English constructions, leaving out commas here and there, indulging occasionally in repetitions (to the despair of the reviewers), all this purposely, in order to make it clear for all posterity that the book could not have been written but my myself alone" (Moreno, 1978a, S. LXXXVII).

Morenos Schreibweise ist eher eine Rede, ein Bericht, eine Erzählung, Antwort auf eine Frage, eine Botschaft, eine Einladung, eine Ansprache, eine Predigt. Er hat seine schriftstellerischen Ursprünge im Expressionismus Wiens, als er Reden, Einladungen, Dialoge, Gedichte, Flugblätter veröffentlichte, auch in seinen wissenschaftlichen Werken nicht verleugnet. Daher ist es uns, dem Herausgeber und den Autoren/innen, wichtig, häufig Moreno selbst zu Wort kommen zu lassen, gerade auch in seinen dichterischen Frühwerken und seinen englischsprachigen Schriften. Wir hoffen, durch die damit gegebene Möglichkeit zum Nachsprechen seiner Rede den Zugang zu seinem Denken und Handeln zu erleichtern.

Das Werk Morenos zerfällt scheinbar in zwei Teile: die religiös inspirierten Dichtungen seiner Wiener Zeit und die wissenschaftlichen Arbeiten in den USA. An vielen Stellen hat Moreno aber betont, daß die Ursprünge seines wissenschaftlichen Werkes in seiner frühen religiösen Phase lägen und daß in seinem wissenschaftlichen Werk sein religiöses Anliegen seinen adäquaten Ausdruck gefunden habe (vgl. z.B. Moreno, 1981, S. 261ff.).

Auch werden häufig Soziometrie, Psychodrama und Gruppenpsychotherapie separat betrachtet. Moreno dagegen sah alle drei als Einheit an (vgl. z.B. Moreno, 1973).

Aus der Sicht seiner späteren Jahre sieht er eine konsequente Entwicklung seines Ansatzes: Von den religiösen Ursprüngen („axionormative period" 1911 - 1923) zur soziometrischen Periode, die er wieder in 3 Phasen einteilt: 1923 - 1934: Vom „Stegreiftheater" zu „Who Shall Survive?", 1934 - 1942 von der Gründung der „Sociometry" zur Eröffnung des Sociometric Instituts und dem New York Theatre of Psychodrama, ab 1942 dann die Ausbreitung von Gruppenpsychotherapie, Psychodrama und Soziometrie in der Welt (vgl. Moreno, 1978a, S. XIV).

Auch wir gehen in dieser Untersuchung von der Einheit des Moreno'schen Werkes aus trotz aller Brüche und Widersprüchlichkeiten darin. Dann läßt sich das Gesamtwerk unter drei Aspekten betrachten: Theorie, Empirie, Praxis (vgl. Buer, 1989).

Den ersten Aspekt nennt Moreno Soziodynamik (vgl. Moreno, 1973, S. 19); er enthält die Theorie mikrosozialer Beziehungen. Hier lassen sich die Ebenen des Einzelnen, der Gruppe, der Gesellschaft und des Kosmos unterscheiden. Den zweiten Aspekt hat er Soziometrie genannt; er beinhaltet die Forschungsmethodik dieser Beziehungen sowohl in alltäglichen wie therapeutischen Kontexten. Den dritten Aspekt hat er unter dem Begriff der Soziatrie zusammengefaßt. Er enthält alle Praxismethoden, wie Stegreiftheater, Rollenspiel, Gruppenpsychotherapie, Psychodrama oder Soziodrama.

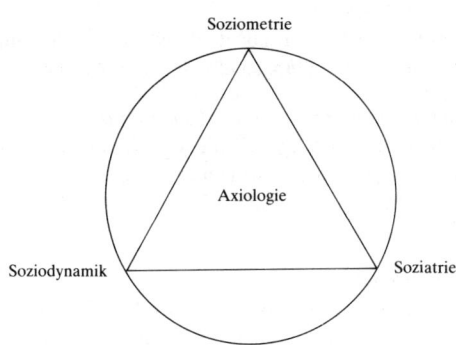

Dieser sozialwissenschaftliche Ansatz ist bei Moreno immer durchdrungen von religiösen und ethischen Aspekten, der Axiologie. Diese macht bei genauer Betrachtung das Zentrum seines Entwurfs aus. Das Gesamtsystem hat er gelegentlich Sozionomie, zumeist jedoch — etwas mißverständlich — Soziometrie genannt. Diese Soziometrie ist nichts anderes als der sozialwissenschaftliche Aspekt seiner „therapeutischen Philosophie".

Morenos Vorhaben, Religion, Wissenschaft und Kunst (insb. Theaterkunst) zu vereinen und zwar nicht abstrakt, sondern konkret in praktizierten Projekten (vgl. Z. Moreno, 1979; Kraus, 1984), war ein ungedeckter Wechsel auf die Zukunft; er ließ sich keineswegs umgehend realisieren. Daher mußte er ständig die Sprachspiele wechseln. Seine Begrifflichkeit wirkt deshalb auf den ersten Blick inkonsistent und widersprüchlich. Auf den zweiten Blick wird darin das Unvermögen deutlich, diese Synthese hier und heute schon zur Sprache bringen zu können.

Wenn wir Morenos Gesamtwerk durchgehen, so sind es vor allem sieben Konzepte, die alle Aspekte seines Ansatzes durchziehen (vgl. Buer, 1989).

1. Begegnung im Hier und Jetzt
Hierher gehören die Begriffe Begegnung (meeting, encounter), Interaktion (interpersonal relation), Tele, also Phänomene, die sich in einem bestimmten qualitativen Augenblick (moment) und einer bestimmten Lage, Situation (in situ), dem locus nascendi, ereignen können.

2. Drama in Leben und Spiel
Hierher gehören Handlung, Tat, Drama (action, deed) zwischen dem alltäglichen Leben (daily life) als Realität (Sein) und dem Spiel, sei es Kinderspiel, Rollenspiel oder Theaterspiel (Schein).

3. Rolle zwischen Individuum, Gesellschaft und Kosmos
Hierher gehört die Bestimmung des Menschen als Rollenspieler mit seinen leiblichen, gesellschaftlichen und phantastischen Aspekten, die die Verbundenheit von Individuum, Mitwelt und Umwelt bis hin zu Gott als dem höchsten kosmischen Wesen thematisiert.

4. Spontaneität, Kreativität, Konserve
Der Prozeß der spontanen Befruchtung der Kreativität als Weltsubstanz zu neuen Konserven kann zu entfremdender Konservierung führen, aber auch zu einem kulturellen, sozialen oder technischen Ort neuer spontaner Prozesse. In diesem Konzept wird der allgemeine Lebensfluß thematisiert.

5. Die Gruppe als Medium der Veränderung
Gesellschaftliches Leben verändert sich am Bindeglied zwischen Individuum und Gesellschaft: in den Gruppen. Daher setzen Morenos Handlungsmethoden alle hier an.

6. Soziometrische Tiefenstruktur und soziale Oberflächenstruktur
Die Basis der gesellschaftlichen Veränderung sind die Wünsche und Vorstellungen der Menschen nach Beziehungen, in denen in den sozialen Atomen und Netzen Anziehung und Abstoßung befriedigender geregelt sind, als die formalen Strukturen an der gesellschaftlichen Oberfläche zumeist zulassen.

7. Katharsis und Revolution als Heilung
Befriedigendere Beziehungen in einer therapeutischen Weltordnung gelingen nur durch eine Erschütterung, eine Läuterung erstarrter Strukturen in den Beziehungsmustern des einzelnen (individuelle Katharsis), von Gruppen (soziale Katharsis), wie von Gesellschaften (Revolution). Diese gilt es, methodisch gezielt, hervorzurufen.

Um diese Konzepte in ihrer Verbindung als soziodynamische, soziometrische, soziatrische und axiologische Theorien besser zu verstehen, wollen wir ihre Entstehungsorte, ihre locii nascendi, aufsuchen.

Und das waren bestimmte religiöse, philosophische, therapeutische, künstlerische und soziologische Strömungen im Wien nach der Jahrhundertwende. Zweifellos haben Morenos Begriffe, Konzepte und Theorien im Laufe der Zeit eine Wandlung erfahren. Vor allem in den USA war er mit neuen Ideen und einem neuen Lebensstil konfrontiert. Und doch, trotz aller Anpassungstendenzen an eine interessierte Umwelt — blieb Moreno der Außenseiter, der Ketzer, der unbeirrt bis an sein Ende an seinem Programm, seiner fixen Idee des „God-playing" (Moreno, 1978a, S. XVII) festhielt.

Wollen wir Moreno verstehen, reicht es nicht, ihn mit den Augen eines Psychologen, Arztes, Soziologen, Pädagogen, Theologen, Sozialarbeiters etc. der 80er Jahre zu betrachten, quasi von außen. Wenn wir nur das tun, werden wir sehen, was wir immer sehen: einen Psychologen, einen Arzt, einen Soziologen etc. Und wenn er nicht recht ins Bild paßt, werden wir ihn zurechtrücken: Wir werden seine Begriffe, Konzepte, Theorien und Ideen zurechtschneiden, d.h. sie operationalisieren. Dabei kann nicht viel Neues, Schöpferisches herauskommen. Moreno dient dann nur der Bestätigung der eigenen Sicht; er hat Legitimationsfunktion.

Moreno verstehen, heißt dagegen: seine Brille aufsetzen und mit dieser Perspektive handeln: soziometrisch, psychodramatisch, gruppenpsychotherapeutisch, also: als Hilfs-Ich für andere. Wir können dann teilhaben an den inneren und äußeren Dialogen, die Moreno geführt hat, z.B. in Wien mit seinen „Gefährten", seinen Freunden und Gegnern, aber auch mit den Heiligen, Propheten, Genies, Philosophen, Künstlern der Vergangenheit. Diese Gespräche nachvollziehbar zu machen, dazu soll dieses Buch einladen.

Selbstverständlich mußten wir eine Auswahl treffen. Welche Dialoge waren wohl Moreno wichtig? Welche interessieren uns heute besonders? Welche sind für uns überhaupt noch rekonstruierbar? Wir haben uns dafür entschieden, zunächst die starken Einflüsse des Judentums, der Philosophie Henri Bergsons und des Theaters auf Moreno zu untersuchen, dann seine Kontroversen mit der Psychoanalyse und dem Marxismus nachzuzeichnen. Zum Schluß sollen zwei eher fiktive Gesprächspartner herangezogen werden, anarchistische Autoren und mystische Denker. Zu beiden Gruppen hat Moreno selbst den Dialog aufgenommen, wir haben ihn weitergeführt, weil wir diese Gespräche in der heutigen Zeit für besonders wichtig halten.

Dieses Buch bleibt Fragment, weil wir nicht alle für Moreno und uns wichtigen Diskurse aufgreifen konnten, weil das Material für die rekonstruierten Dialoge sicher noch nicht vollständig ist, weil unser Rollenwechsel mit Moreno immer individuell begrenzt bleiben muß. Daher sind die LeserInnen aufgefordert, weitere Gespräche aufzuarbeiten, weiteres Material zu sammeln; vor allem aber auch aus ihrer „Lage" heraus den Rollenwechsel mit Moreno zu wagen.

2. Morenos Zeit in Wien

2.1 Bezüge und Beziehungen

Morenos Familie zog 1894 aus Rumänien nach Wien, von dort 1899 nach Deutschland, um sich später wieder in Wien niederzulassen. Der kleine Jakob Moreno Levy (am 18. 5. 1889 in Bukarest geboren) kehrt mit 13 Jahren zunächst allein nach Wien zurück. Dort verdient er sich seinen Unterhalt als Hauslehrer für Kinder wohlhabender Eltern (vgl. Schöbel, 1983, S. 6ff.). Etwa zwischen 1907 und 1913 geht er in die Parks Wiens und veranstaltet dort mit den Kindern Stegreif- und Märchenspiele. In seinem „Königsroman" von 1923 schildert er, wie der Ich-Erzähler (d.i. Moreno) auf seiner Suche nach dem König (d.i. Gott) sich im „Königreich der Kinder" aufhält (vgl. Moreno, 1923a, S. 105ff.), aber auch unter den Kindern sein Ziel nicht erreicht. Schon in dieser Zeit beginnt Morenos Gottsuche. Elisabeth Bergner, in deren Familie Moreno als Hauslehrer gearbeitet hat, schildert ihn als Studenten in ihren Erinnerungen (1978, S. 12):

„Mir sah er aus wie hundert, weil er einen Bart hatte. Damals trugen nur ganz alte Männer Bärte ... Moreno hatte einen Christusbart, wie ich viel später wußte. Er war groß und schlank und hatte ergreifend schöne dunkle Haare. Ich glaube, er war wunderschön. Ich glaube das heute noch. Das faszinierendste war sein Lächeln ..."

Mit Elisabeth ging er auf die Praterwiesen, um mit ihr und den anderen Kindern Märchen zu spielen; später übte er auch mit den Kindern der Familie Bergner Stücke ein (z.B. Molière, vgl. Bergner, 1978, S. 15). Elisabeth hielt Moreno für einen ungewöhnlichen Menschen und war total fasziniert von ihm. Als er nach seiner Promotion 1917 ging, brach für sie eine Welt zusammen. „Meine heutige Erklärung dafür ist, daß wir beide wahrscheinlich ähnlich hypnotisiert waren von der Frage, was die Zukunft wohl für uns im Sinne hatte oder was jetzt mit uns geschehen wird" (Bergner, 1978, S. 17).

Zu dieser Zeit hatte Moreno schon seine ersten Schriften verfaßt: Gedichte, Ansprachen, Dialoge, Flugblätter (z.B. Homo Juvenis; Das Kinderreich; Die Gottheit als Komödiant; Einladung zu einer Begegnung). Er hatte sich mit einigen Freunden zusammengeschlossen, um seine „Religion der Begegnung" zu praktizieren. Dazu gehörten Chaim Kellmer, chassidischer Jude aus Czernowitz und Doktor der Philosophie, Jan Feda aus Prag, Freund von Thomas Masaryk, und die Ärzte Hans Brachbar aus Wien und Andreas Petö aus Budapest. Alle vier starben im 1. Weltkrieg (Moreno, 1972, S. 208):

> „We all wore beards, we never stood still, walked, walked, walked, stopped everyone we encountered along the way, shook hands and talked to them. We were all poor but we shared whatever we had, our poverty."

Moreno schildert eine solche Begegnung um 1911 (vgl. Moreno, 1978a, S. XXIVff.):

Auf der Straße begegnet er einem Priester, der eine Predigt über die „Liebe" in seiner Kirche halten will. Er macht ihm deutlich, daß Gott als Liebender nur in der direkten Begegnung des wahren Augenblicks erfahren werden kann und nicht in einer abstrakten Predigt von der Kanzel. Daraufhin hält der Priester seine Predigt auf der Straße vor der Kirche. Das „Axiodrama" begann ...

Die Suche nach Gott in diesen spontanen, unmittelbaren religiösen Begegnungen außerhalb jeglicher kirchlicher Konvention, führte Moreno gerade auch zu den Randgruppen der Gesellschaft.

Für alle, die in Wien kein Obdach hatten, und das waren in dieser Zeit viele arme Juden aus dem Osten (vgl. Roth, 1985), hatte Chaim Kellmer mit seinen Freunden ein „Haus der Begegnung" eröffnet (vgl. Moreno in Fox, 1987, S. 207f.). Sein Medizinstudium brachte ihn 1911 / 12 in Kontakt mit Psychiatrie-Patienten bei Dr. Otto Poetzl; 1913 / 14 baute er mit Dr. Wilhelm Gruen und Carl Colbert eine Selbsthilfegruppe von Prostituierten auf (vgl. Moreno, 1973, S. 144f.; Moreno, 1923a, S. 131ff.), 1915 - 1918 arbeitete er in einem Flüchtlingslager bei Mitterndorf mit Tiroler Bauern und entwickelte dort seine Idee der soziometrischen Untersuchung und therapeutischen Umgruppierung (vgl. Moreno, 1978a, S. XXXII; Moreno in Fox, 1987, S. 209f.).

Nach seiner Promotion am 5. 2. 1917 entschließt Moreno sich, als Arzt „aufs Land zu gehen und unter einfachen Leuten zu praktizieren" (Moreno, 1969, S. 43). Über Köttingbrunn kommt er nach Bad Vöslau, wird dort Gemeindearzt und wohnt im Maithal. Sein Geld verdient er als Betriebsarzt in der dortigen Kammgarnspinnerei.

In dieser Zeit ab 1918 wird er Herausgeber der literarischen Zeitschrift „Daimon", 1919 in „Der Neue Daimon" umbenannt, jetzt nicht mehr im Anzengruber-Verlag Brüder Suschitzky, sondern im eigenen Genossenschaftsverlag, an dem sich außer ihm Alfred Adler, Fritz Lampl, Hugo Sonnenschein, Franz Werfel und Albert Ehrenstein beteiligen. Letzterer wird Herausgeber der Nachfolgezeitschrift „Die Gefährten" 1920/21, an der Moreno aber noch mitarbeitet (vgl. Daimon, 1969, Der Neue Daimon, 1969, Die Gefährten, 1969).[1]

In diesen Zeitschriften haben viele Dichter veröffentlicht: z.B. E.A. Rheinhardt (als Redakteur), Jakob Wassermann, Franz Werfel, A.P. Gütersloh, Paul Kornfeld, Max Brod, Friedrich Schnack, Otokar Březina, Ernst Weiss, Alfred Wolfenstein, Paul Claudel, Iwan Goll, Georg Kaiser, Georg Kulka, Myona (= Salomo Friedlaender, vgl. Cardoff, 1988), Hugo Sonnenschein, Carl Ehrenstein, Heinrich Mann, Alfred Döblin, O. Stoessl, Oskar Kokoschka (vgl. Raabe, 1985).

Es werden aber nicht nur dichterische Produktionen publiziert, sondern auch religiöse und philosophische Texte, so von Francis Jammes, Blaise Pascal, Das Evangelium des Apollonius, einige Reden Buddhas in der Übertragung von Karl Eugen Neumann oder Beiträge von Martin Buber und Ernst Bloch.

Viele Autoren werden angekündigt, ihre Texte erscheinen jedoch nie: z.B. Georg Lukács, Max Scheler, Max Adler, Robert Musil, Emil Freiherr v. Gebsattel, Charles Péguy, Alfred Adler, Arthur Holitscher, Georg Trakl, Johannes R. Becher ...

In diesen Zeitschriften hat Moreno unter seinem Namen Jakob Moreno Levy eine Reihe von kleineren, aber auch umfangreichere Beiträge veröffentlicht: z.B.

1918: Die Gottheit als Autor. Daimon, H. 1
1919: Einladung zu einer Begegnung. Daimon, H. 4
    Die Gottheit als Redner. Der Neue Daimon, H. 1-2
    Die Gottheit als Komödiant. Der Neue Daimon, H. 3-4
1920: Das Testament des Vaters. Die Gefährten, H. 2 (anonym)

Später hat er alte und neue Schriften im Gustav Kiepenheuer Verlag, Potsdam, herausgegeben, diese jedoch anonym, z.B.

1923: Der Königsroman.
    Rede über den Augenblick.
    Das Stegreiftheater.
1924: Rede über die Begegnung.
1925: Rede vor dem Richter.

Moreno verstand seine Schriften als An-Reden, die zu einer direkten Begegnung einladen sollten. Seine Person sollte hinter der Begegnung verschwinden; daher sollte ihr Verfasser anonym bleiben.

Schon in seiner Studienzeit hatte Moreno sich mehr mit Sozial- und Geisteswissenschaften befaßt, als mit Medizin. Er schreibt:

„Bevor ich mein Medizinstudium begann, hatte ich mir bereits ein bestimmtes Weltbild angeeignet. Ich hatte an der Universität von Wien Philosophie studiert, bei Adolf Stöhr Psychologie und Semantik, bei Wirtinger Mathematik, bei Swoboda Gestalttheorie; aber selbst diese Einflüsse waren im Vergleich zu meinem privaten Studium der Theologie und Philosophie zweitrangig. Das Spektrum meiner Lektüre beinhaltete nur zu einem geringen Teil medizinische Werke. Es umfaßte alle Bereiche der Wissenschaft und einen beträchtlichen Teil der soziologischen Literatur. Unter den Soziologen, die ich las, waren Georg Simmel, (‚Die Philosophie des Geldes'), Lazarus, Stein und Bachofen, Marx und Engels, Proudhon und Sorel, und als ich im Februar 1918 Herausgeber einer Monatsschrift, Daimon, wurde, befanden sich unter den Mitherausgebern nur ein Psychiater, nämlich Alfred Adler, zwei Soziologen, Max Scheler und H. Schmidt, die Schriftsteller Franz Werfel, Franz Kafka ..." (Moreno, 1981, S. 269).[2]

Moreno ließ sich aber nicht nur durch die Ideen dieser Dichter und Denker beeinflussen, er nahm sich vor allem das Leben konkreter Personen zum Vorbild: Sokrates, Moses, Jesus, Franz v. Assisi, Meister Eckhard, Johannes den Täufer, St. Paulus, St. Petrus, aber auch Baal Schem, Sabbatai Zwi, Lao Tse, Buddha oder Mohammed (vgl. Moreno, 1972, S. 204). In seiner Gottsuche wollte er diesen „Geistheilern" nachfolgen, um immer mehr „Gott" zu verkörpern.

Schon als Student hatte er in Ansehen und Kleidung die Lebensweise eines Heiligen, eines Propheten angenommen. Zu seinem „Christusbart" trug er stets einen fußlangen grünen Mantel im Sommer wie im Winter, so daß eine „Begegnung" mit ihm unvergeßlich war (vgl. Moreno in Fox, 1987, S. 205).

Um 1920 kommt diese Periode der totalen religiösen Ergriffenheit zu einem Höhepunkt. In seinem Haus in Vöslau hat er eine Erleuchtung und schreibt in Trance das Testament des Vaters an die Wände (vgl. Moreno, 1972, S. 201f.).

15

Morenos Auftritte hatten immer etwas Theatralisches, er wollte einen Märchenerzähler, einen Propheten, einen Heiler, er wollte Gott spielen. Diese „Axiodramen" fanden auf offener Straße statt oder in den Privathäusern der Aufgesuchten. Es ging um gegenseitige Hilfe in direkter Interaktion. In einer Theaterstadt wie Wien (vgl. Sachs, 1982, 26ff.; Zweig, 1986a, S. 32f.) und angeregt durch seine schriftstellernden Freunde war der Weg zur Bühne nicht mehr weit. Aus dem „Konflikttheater" wird das „Stegreiftheater" (vgl. Pfau-Tiefuhr, 1976; Schöbel, 1983, S. 48ff.; Marschall, 1983). 1921 gründet Moreno sein eigenes Stegreiftheater in Wien, Maysedergasse 2 (vgl. Moreno, 1923a, S. 138ff.; 1925, S. 32ff.; 1970; 1977, S. 1ff.; Marschall 1988, S. 13).

Zu den Mitspielern sollen neben Elisabeth Bergner auch Peter Lorre, Alexander Moissi, Robert Blum, Hans Rodenberg, Robert Müller gehört haben; Dramatiker wie Georg Kaiser, Franz Theodor Csokor, Arthur Schnitzler, Béla Balázs und F.T. Marinetti sollen Gäste gewesen sein (vgl. Burkart, 1972, S. 19; Pörtner, 1978, S. 47).

Da Moreno die Erfahrung machen mußte, daß die Spontaneität der Beteiligten nicht ausreichte, um eine ästhetisch befriedigende Vorstellung zu geben, orientierte er sich zunehmend auf therapeutisches Theater. Der therapeutische Erfolg in der „Behandlung" einer Mitspielerin, der Schauspielerin Barbara, hatte ihm darin Recht gegeben (vgl. Moreno in Fox, 1987, S. 210ff.). Auf dieser Experimentierbühne entwickelt Moreno viele Varianten seines Improvisationstheaters: Die lebendige Zeitung, aktuelle Revuen u.a.

„The stage between 1922 and 1924 had two lines of development. The one line was purely aesthetic-dramatic, an art of the drama of the moment. I created a new form of the drama, the ‚living newspaper'. The other line of development was psychiatric and therapeutic, the study and treatment of mental problems, through the means of the spontaneous drama. Similar demonstrations were made later under my direction in Munich and Berlin. The work was continued in New York along both lines: at the Plymouth Church, Brooklyn, and at the Mt. Sinai Hospital in 1928, at the Grosvenor Settlement House, New York, and in Hunter College in 1929 ..." (Moreno, 1977, S. 180).

Zusammenfassend kann gesagt werden: Moreno trat von allem Anfang an in auffallender Weise auf, nämlich als Prophet und Heiler, und hatte durch seine Tätigkeiten als Hauslehrer, Student, Märchenerzähler, Prediger und „Sozialarbeiter", Arzt, Schriftsteller und Herausgeber, Regisseur, Dramaturg und Mitspieler in seinen Stegreiftheaterexperimenten viele Kontakte zu „einfachen Leuten": zu Kindern, zu Randgruppen (Prostituierten, Obdachlosen, Flüchtlingen), zur Landbevölkerung (in Vöslau, in Mitterndorf); aber auch zu Intellektuellen: zu Literaten, zu Schauspielern, zu Philosophen, zu Soziologen, zu Ärzten, auch zu Psychiatern und Analytikern. Dieses Beziehungsnetz, erweitert um die Kontakte zu den „Heilern" der Vergangenheit, konstituiert die Lebenswelt Morenos. Aus ihr wurden seine Ideen, Theorien, Konzepte und Methoden geboren.

2.2 Das Wien der Jahrhundertwende zwischen Décadence und Kreativität

Nachdem die wichtigsten dramatis personae vorgestellt wurden, sollen nun in wenigen Strichen die Kulissen wenigstens angedeutet werden, vor denen sich unsere Dialoge abspielen.

Ort der Handlung ist Wien; Zeit: von der Jahrhundertwende bis zu Morenos Auswanderung 1925.

Diese Zeit wurde — nicht nur in Wien, sondern in ganz Europa und teilweise auch in Nordamerika — als Umbruch erfahren.

In Österreich zerfiel der Vielvölkerstaat der k.u.k. Monarchie zusehends (vgl. Johnston, 1980, S. 27ff.) und wurde nach dem Ersten Weltkrieg durch die Republik abgelöst, in Wien durch die Hegemonie der SPÖ, durch die „Austromarxisten" (vgl. Frei, 1984). Stefan Zweig bezeichnet diese „Welt von Gestern" in seinen gleichnamigen Erinnerungen als „das goldene Zeitalter der Sicherheit" (1986a, S. 14): Die Verhältnisse waren überschaubar und scheinbar auf Dauer gegründet. Für viele Intellektuelle wurden sie aber zunehmend als beengend und bedrückend erlebt. So schildert Arthur Schnitzler in seinem Roman „Der Weg ins Freie" von 1908 das triste Leben des jüdischen Adeligen Georg von Wergenthin, seine unglückliche Liebe zu einem bürgerlichen Mädchen, seine Gespräche mit depressiven Künstlern. Er flüchtet aus dieser stickigen Enge Wiens in sein Künstlertum als Pianist, Komponist und Dirigent und entflieht schließlich diesem als sinnlos empfundenen Leben in eine feste Anstellung als 2. Kapellmeister in einer deutschen Kleinstadt.

So lag der Geist des fin des siècle über Wien (vgl. Schorske, 1982); die Stimmung von Décadence und Untergang machte sich breit (vgl. Fischer, 1988). Zugleich regten sich unter dem Mantel der Morbidität neue Gedanken: In Wissenschaft, Philosophie (vgl. Janik & Toulmin, 1984), Musik, bildender Kunst (vgl. Hofmann, 1981), Architektur und Design (vgl. Varnedoe, 1987), Literatur, Theater und Seelenheilkunde (vgl. Worbs, 1988) brachen neue Ideen hervor, wurden neue Stile, Konzepte und Techniken entwickelt (vgl. Johnston, 1980; Spiel, 1987); der Aufbruch in die Moderne wurde sichtbar (vgl. Berner et al., 1986).

Diese Tendenzen zur Opposition gegen festgefahrene Enge, erstarrte Konventionen enthielten die Hoffnung auf etwas Neues, Besseres, wurden gespeist von einem neuen Glauben an den Schöpfergeist.

1910 bringt Gustav Mahler, der langjährige Wiener Operndirektor (1897-1907), seine 8. Sinfonie in München zur Uraufführung (vgl. Schreiber, 1977). Der zentrale 1. Satz dieser monumentalen „Sinfonie der Tausend" kreist um den Pfingsthymnus:

Veni, Creator Spiritus,
Mentes tuorum visita;

1917 schreibt Franz Werfel (zitiert in Hepp, 1987, S. 89):

Komm heiliger Geist, du schöpferisch!
Den Marmor unsrer Form zerbrich!
Daß nicht mehr Mauer krank und hart,
Den Brunnen dieser Welt umstarrt,
Daß wir gemeinsam und nach oben
Wie Flammen ineinander toben!

Damit wird das Thema präludiert, das diese ganze Epoche beherrscht (vgl. Hepp, 1987, S. 7) und auch in Moreno erklingt: der Glaube an die Schöpferkraft Gottes im Menschen.

Der Erste Weltkrieg, zunächst von vielen — auch vielen Intellektuellen — begrüßt als Befreiung aus dem Alltagstrott, als geistiges Erlebnis höchster Intensität (vgl. Falk, 1988, S. 69ff.), dann als schrecklicher Dämon leidvoll erfahren, brachte politisch zweifellos den Umbruch, der aber geistig schon längst vorbereitet war. Moreno lebte in dieser Zeit eh in ärmlichen Verhältnissen, so daß ihn die bittere Not im Wien der Nachkriegsjahre wenig Veränderung bedeutete. Der Krieg wird von ihm jedenfalls in seinen Schriften nicht direkt thematisiert.

Der Aufbruch in die Moderne wird noch deutlicher, wenn wir die 20er und 30er Jahre betrachten, vor allem den Konstruktivismus der technischen Orientierung, wie er z.B. in der Neuen Sachlichkeit in der Kultur der „Weimarer Republik" zum Ausdruck kam (vgl. Hermand & Trommler, 1978; Willett, 1981). Diese neue Technikgläubigkeit kam aus Amerika und führte Tendenzen weiter, die schon im Expressionismus angelegt waren. So forderten auf der einen Seite Dichter des Expressionismus wie Werfel, Rubiner, Frank, Becher und Toller die „Umkehr der Herzen" (vgl. Hamann & Hermand, 1977, V, S. 29), auf der anderen Seite machte Bruno Taut „den Vorschlag, alle Bergspitzen der Alpen vom Monte Rosa bis zum Luganer See mit riesigen Konstruktionen aus Stahl, Beton und farbigem Glas zu überbauen, um sie endlich auf das Niveau der modernen Technik zu bringen" (Hamann & Hermand, 1977, V, S. 151). Dieses seltsame Amalgam von Heilsbotschaft und Technikgläubigkeit erfaßt auch Moreno, wenn er die Einladung zu einer Begegnung im therapeutischen Theater machbar machen will (vgl. Pfau-Tiefuhr, 1976, S. 90).

Während in der alten Gesellschaft die Klassenschranken noch undurchlässig waren, scheinen sie jetzt zunehmend zu verschwinden. Statt einer klar gegliederten Gesellschaft entsteht eine Massengesellschaft, in der der Einzelne unterzugehen droht (vgl. Peukert et al., 1988, S. 27). Vor diesem Hintergrund wird die „Gemeinschaft" zum neuen Rettungsanker (vgl. Glaeßner & Scherer, 1986).

In den Bünden der Jugendbewegung, den Künstlergruppen, den Bau- und Konsumgenossenschaften (vgl. Novy, 1983), den Gruppierungen der Bohème (vgl. Conti, 1984) und in den Landkommunen (vgl. Linse, 1983) wurden neue Formen des Zusammenlebens geprobt, um der Atomisierung und technologischen Entfremdung der Massengesellschaft der neuen Großstadtkultur zu entkommen. Berühmtestes Beispiel einer solchen „Neuen Gemeinschaft" war die Siedlung am Monte Verità bei Ascona in Oberitalien (vgl. Mühsam, 1905; Szeemann, 1980). In Wien zeigten sich Ausläufer dieser Bewegung nach dem Ersten Weltkrieg, als Kleingärtner aus der akuten Wohnungsnot heraus vor den Toren der Stadt bis etwa 1924/25 ca. 3000 Siedlungshäuser in Genossenschaftssiedlungen in Selbsthilfe errichteten (vgl. Novy, 1983, S. 22ff.).

Moreno interpretiert diese Anonymität zunächst positiv, indem er als Person unbekannt bleiben will. Aber er will nicht in lebender Masse aufgehen, sondern in der Gruppe, die er als „therapeutische Gemeinschaft" entwirft. Die Gruppe wird ihm die neue Lebensform, die zwischen Einzelnem und Masse, zwischen Individuum und Gesellschaft vermitteln kann.

Schon die Gruppierungen im Flüchtlingslager Mitterndorf wie diejenigen der Schauspieler auf der Stegreifbühne werden ihm zum Gegenstand wissenschaftlicher Analyse. Er will die richtige Konstellation herausfinden, um sie dann planbar zu machen für die wahre Begegnung, für ein befriedigenderes Beziehungsmuster.

Aus diesem Geist war in Deutschland z.B. die Gartenstadtbewegung entstanden. In Zusammenarbeit mit dem Deutschen Werkbund, dem es um die praktische und angemessene Gestaltung von Gegenständen des alltäglichen Gebrauchs ging, wurde so bei Dresden die Gartenstadt Hellerau gebaut. In einer Synthese von Lebens-, Sozial- und Kulturreform sollten die Wohnungen wie das Wohnumfeld von den Bewohnern gemeinsam geplant werden, um so eine neue kollektive Qualität des Zusammenlebens zu erreichen (vgl. Hepp, 1987, S. 167ff.). In dieser Tradition entwirft Moreno später für das Erziehungsheim in Hudson eine Anordnung der Gebäude (vgl. Moreno, 1978a, S. 586f.) und beteiligt sich an Siedlungsprojekten (vgl. Moreno, 1981, S. 99ff.).

Eingebettet waren diese Projekte in die Lebensreformbewegung, in der wieder das „natürliche Leben" ermöglicht werden sollte (vgl. Hepp, 1987, S. 75ff.). Vor allem der Körper sollte sich frei bewegen können. Die Sexualtabus der alten Gesellschaft, wie sie

Freud noch zum Thema machte (→ Buer / Schmitz), waren einer offeneren Sexualität gewichen. „Freikörperkultur", Wandern, Sport, Turnen, Gymnastik, Jazz dance setzten neue Bewegungsformen frei (vgl. Nitschke, 1988), die nicht nur die gebildeten Stände, sondern auch die Arbeiterschaft erfaßte. Vor allem in den Bewegungschören wurden neue, massenhafte Formen des Gemeinschaftserlebnisses in der Arbeiterbewegung entwickelt (vgl. Eichberg et al., 1977; Weber, 1978, S. 131ff.; Johannesson, 1982; van der Will & Burns, 1982, S. 167ff.; Clark, 1984).

Von diesen „Massen in Bewegung" auf den Sportplätzen, den Stadien, den Weiheplätzen und Freilichtbühnen, auch den großen Theatern — etwa bei Max Reinhardt (vgl. Fiedler, 1975, S. 91ff.) — setzte sich Moreno ab, indem er die kleine Bühne betonte, das arme Theater, das erst aus der Phantasie der Beteiligten reich werden konnte. Durch Tanz und gymnastische Übungen hoffte er, den Körper eines jeden Stegreifspielers so zu trainieren, daß dieser „wie ein Reservoir von Freiheit die Ansätze zu einer möglichst großen Anzahl verschiedener, rapid und sicher ausführbarer Bewegungen bereit" hat (Moreno, 1970, S. 40).

Während Turnen und Sport leistungsorientiert waren und Widerstände zu überwinden trachteten, sollte durch rhythmische Gymnastik der eigene Körper entspannt werden, um so „Kontakt mit anderen Personen und der Natur aufnehmen zu können" (Nitschke, 1988, S. 83). „Sie besaß ästhetische Funktionen und wurde als schöpferische Tätigkeit aufgefaßt" (S. 77). Mit diesen neuen Bewegungsweisen, wie sie Rudolf Bode und Emile Jaques-Dalcrose einführten (vgl. Boehm, 1928) und wie sie vor allem durch den Jazz nach Europa kamen, war auch ein neues Zeitgefühl verbunden. So lernte man, sich polyrhythmisch zu bewegen, d.h. mit verschiedenen Körperteilen unterschiedliche Rhythmen und damit mehrere Zeiteinteilungen (Metren) simultan zu realisieren.

Die Neue Zeit, auf die man sich zubewegte, wurde tatsächlich als neues Tempo erfahren, mit der man verschiedene Bewegungsweisen zu koordinieren hatte (vgl. Peukert et al., 1988, S. 33). Damit war die Zeiterfahrung zum Thema gemacht.

Die neuen Verkehrsmittel, wie Automobil, Eisenbahn, Telefon brachten viel schnellere Verbindungen zustande als man sich bisher vorstellen konnte. So wurde der „Augenblick" in das Zentrum der Aufmerksamkeit gerückt. Bei Kierkegaard, Nietzsche, Bergson, William James, Georg Simmel oder bei den Wienern Franz Brentano und Ernst Mach spielten Reflexionen zum Augenblicks- und Zeitbegriff eine wichtige Rolle; aber auch in der Dichtung wie in der bildenden Kunst wurde der Augenblick thematisch (vgl. Fischer, 1986).

Vor diesem Hintergrund ist nur zu verstehen, wenn für Moreno der freie Augenblick mystisch aufgeladen wird als eine „ungerufene Schau, eine ungehobene Lust, eine unerschaffene Zeit", die die Vollendung der Schöpfung noch in sich trägt und darauf wartet, sie auszutragen (Moreno, 1923b, S. 9f.).

Diese religiöse Dimension in Morenos Denken entsprach vielfältigen Reaktionsformen auf den Materialismus und den damit verbundenen Abschied von der traditionellen Religion. Nicht nur im Bürgertum, sondern auch unter vielen Arbeitern bereitete sich ein bewußtes „Freidenkertum" aus (vgl. Kahl & Wernig, 1981). Religion wurde immer mehr „Privatsache". Religiöse Symbole und Riten kamen in Arbeits- und Konsumwelt überhaupt nicht mehr vor (vgl. Peukert et al., 1988, S. 28ff.). In dieser grundlegenden Sinnkrise der Jahrhundertwende kam es auf der einen Seite zum Zerfall traditioneller Werte und Lebensweisen, die ihren Ausdruck in der Ausdifferenzierung der Wissenschaften, der Auffächerung der Kunststile und der Gründung unzähliger Sekten fand. Zum anderen wurden Wissenschaft und Kunst spirituell aufgeladen und übernahmen häufig eine Religionsersatzfunktion.

Während das 19. Jahrhundert noch einen epochalen Kunststil ausprägen konnte, den „Realismus", der durch den Glauben an Gesetzmäßigkeiten in Natur und Gesellschaft gekennzeichnet war, so zerfiel dieser Einheitsstil zum Ende des Jahrhunderts und führte zu vielfältigen scheinbar sehr unterschiedlichen Bewegungen, wie Impressionismus, Fin de siècle, Decadence, Jugendstil, Neuklassik, Neuromantik, Symbolismus, Expressionismus, später Dadaismus, Neue Sachlichkeit, Surrealismus ... (vgl. Hamann & Hermand, 1977, I-V).

Der Literaturwissenschaftler Walter Falk hat jedoch durch ein neuartiges Analyseverfahren, die „Komponentenanalyse", herausgearbeitet, daß diese Periode als neue Epoche begriffen werden kann, die durch ein zentrales, allen Stilen gemeinsames Merkmal charakterisiert ist: durch den Glauben an die schöpferischen Kräfte, die Gesetzmäßigkeiten und Konventionen durchbrechen können (vgl. Falk, 1988). Diese neue Epoche nennt er „Kreativismus" oder „Kreativistik".

Diese neue Welterfahrung läßt sich in Ansätzen bei C.F. Meyer, Theodor Storm, Nietzsche, Gerhart Hauptmann, Paul Heyse oder Arthur Schnitzler (vgl. Scheible, 1976) nachweisen. Sie tritt jedoch erst deutlich hervor bei allen „Gegenströmungen" zum Naturalismus: bei Rilke (vgl. Holthusen, 1965), Hofmannsthal (vgl. Volke, 1967), George, Thomas Mann, aber auch bei Ernst Stadler, Georg Heym, Franz Kafka (vgl. Wagenbach, 1966) oder Alfred Döblin (vgl. Schröter, 1978). Sie zeigt sich vor allem im Aufbruch zum Kampf gegen die bestehende Wirklichkeit, die in der Zeit von 1910 bis 1920 ihren Höhepunkt erlebte. Dieser Wille zum Aufruhr konnte sich in glühender Kriegsbegeisterung (vgl. Falk, 1977) zeigen wie in der Lust an Aufstand und Revolution (vgl. Honsza, 1988; Klein, 1988).

Diese Phase — weitgehend „Expressionismus" genannt (vgl. Hamann & Hermand, 1977, V; Raabe, 1987) — bildete den Erfahrungshintergrund für Morenos literarische Arbeiten, seine Herausgebertätigkeit und seine Stegreifexperimente (vgl. Pfau-Tiefuhr, 1976, S. 13ff.; Schöbel, 1983, S. 36ff.). Insofern entsprach Morenos Versuch, im Theater Spontaneität freizusetzen, um die festgefügten kulturellen Konventionen zu durchbrechen (vgl. Moreno, 1918), durchaus dem Trend der Epoche.

Der von dem Historiker August Nitschke festgestellte Wandel in den Bewegungsweisen um die Jahrhundertwende läßt sich auch in den Darstellungen der zeitgenössischen Malerei nachweisen.

Gerade auch im Expressionismus, Symbolismus oder in der Abstrakten Malerei wird Bewegung im Betrachter erzeugt. Diese Künstler ordnen die „Farben und Formen so an, daß im Betrachter Empfindungen entstehen. Diese können, wenn die Kontraste stark sind, noch Spannungen enthalten. Es bestand jedoch in den meisten Bildern eine Tendenz, einen entspannten Zustand herbeizuführen" (Nitschke, 1988, S. 102). Diese Abfolge in der Bewegung: Spannung — Lösung — Entspannung ist genau der Verlauf des therapeutischen Theaters, wenn die gespannten Beziehungen durch die Katharsis entspannt und integral geordnet werden.

In der europäischen Musik wird in dieser Zeit der Liedcharakter und die Bindung eines Stückes an eine Tonart von vielen Komponisten aufgegeben; es werden völlig neue Ordnungsvorstellungen entworfen (vgl. Stuckenschmidt, 1981). Diese Entwicklung vollzieht sich wie in einem Brennglas in Wien bei Mahler und Zemlinsky bis hin zu Schönberg, Berg, Webern und Eisler.

Diese Musik muß völlig neu gehört werden. Spannung wird nicht mehr durch Abweichung vom Grundmetrum und der Grundtonart erzeugt, sondern durch unterschiedliche Beziehungen zwischen Klangfarben, Intervallfolgen oder Rhythmen. Es gibt nur noch Beziehungen von Ton zu Ton wie die Beziehungen von Linie zu Linie, von Farbfläche zu Farbfläche in der Malerei, etwa bei Klee oder Kandinsky (vgl. Nitschke, 1988, S. 106f.). Ähnlich verfährt die Soziometrie, wenn sie zwischen gleichberechtigten Personen im Raum Beziehungen herstellt. Die Spannungen in diesen Mustern werden aufgelöst durch das Eingreifen der Beteiligten, um so neue, befriedigendere Muster herzustellen. Übrigens wurden die Bilder von Atomen, Wellen, Strahlen nicht nur von Moreno, sondern auch von Kandinsky aus der zeitgenössischen Physik übernommen, um ihre Vorstellungen auszudrücken (vgl. Hepp, 1987, 126).

So leitet der „Expressionismus" mit seinem Konstruktivismus immer mehr über zur „Neuen Sachlichkeit", in der durch den menschlichen Schöpfergeist eine neue „Sachkultur" errichtet werden soll: Das entfremdete Arbeiten soll in ein kreatives Schaffen verwandelt werden; ein neues Ethos der Produktivität setzt sich durch (vgl. Hamann & Hermand, 1977, V, S. 138ff.). Dieser neue Glaube, eine neue Gesellschaft herstellen zu können, schließt nahtlos an den damals noch weitgehend ungebrochenen Machbarkeitsoptimismus der US-amerikanischen Kultur an (vgl. Voigt, 1980, S. 45ff.). Daher war es nur konsequent, daß Moreno 1925 in die USA ging, um seine technische Erfindung eines Magnetophonbandes industriell auszuwerten. Daß er dort blieb, um Methoden und Techniken von Soziometrie, Gruppenpsychotherapie und Psychodrama zu entwickeln, war nur die Kehrseite ein und derselben Medaille.

2.3 Zur Archäologie von Psychodrama und Soziometrie

Nachdem ich die Kulissen für Morenos Axio-, Sozio- und Psychodramen in Wien angedeutet habe, sollen jetzt die wichtigsten Szenerien kurz beleuchtet werden, in denen einzelne Dialoge, die in den drei folgenden Akten des Buches — Einflüsse, Kontroversen, Parallelen — nachgezeichnet werden, spielen.

2.3.1 Die religiösen Überzeugungen

An vielen Stellen seines Werks berichtet Moreno von einer sein ganzes Leben prägenden Kindheitserfahrung.

Als Fünfjähriger spielte er den „lieben Gott", thronend im Himmel, von Engeln umflügelt. Als die Engel ihn fragten, „Warum fliegst du nicht auch?" versuchte er tatsächlich aus diesem Gefühl des Allmächtigseins heraus zu fliegen, fiel zu Boden und brach sich einen Arm (vgl. Moreno, 1982, S. 70f.).

Dieses Erlebnis führte zur Erkenntnis, „daß zur Erfüllung einer Rolle die innere Bereitschaft durch einen besonderen Erwärmungsprozeß hervorgerufen werden muß, daß selbst ‚höchste' Wesen von der Hilfe anderer abhängig sind und daß auch andere Kinder hin und wieder gern den lieben Gott spielen" (Moreno, 1982, S. 71). Diese Erfahrungen werden nicht nur im Setting und den Techniken des Psychodrama berücksichtigt, sie prägen auch Morenos religiöse Überzeugungen.

Zu Beginn seines Lebens erfährt sich jeder Mensch in Morenos Vorstellung eins mit Gott; er glaubt, allmächtig zu sein. Im Verlauf seiner Entwicklung wird diese Einheit zerstört, der Mensch erlebt sich als isoliert und entfremdet, als „gefallener Gott". Die Sehnsucht, in das Paradies des kindlichen Größenwahns zurückzukehren, treibt nach Moreno alle Menschen, durch Rollenübernahme Gottes den Zustand der „Megalomania Normalis" wieder zu erreichen. Diese ideé fixé des „God-playing" (vgl. Moreno, 1978a, S. XVII) soll im Psychodrama umgesetzt werden (vgl. Kraus, 1984, S. 48ff.).

Für Morenos Spiritualität ist diese unio mystica mit Gott kennzeichnend.

„I have always felt that I am a special case with God. Although it is assumed that we are all God's children, I have often had the powerful feeling that I am a favorite child of God's ... Like many young people I thought I would live for ever. I was endowed with good health and was rarely ill. I felt I was protected from falling ill, but if I did get sick, I would recover fully and quickly. I knew that I was always guided, and that would hinder me from a significant life. I was in direct communication with God. I spoke to him or He spoke to me. We had a silent contract, one which I expected him to keep" (Moreno in Fox, 1987, S. 204f.).

Morenos Intention war es, die Einheit der Menschheit zu vollenden, indem er durch seine Methoden tiefe Verbindungen zwischen allen Menschen herstellen wollte, durch die sie eine göttliche Schöpferkraft, die in allen Kreaturen als Ursubstanz enthalten sei, erführen. Daher trat er wie ein Heiliger und ein Heiler auf. Er fühlte sich von den anderen Menschen isoliert, da auserwählt, aber nicht allein, da in direktem Kontakt mit Gott. Moreno sah sich als „prophet of our age" (Moreno et al., 1964, S. 12). Da er durch die USA und später die ganze Welt zog, um durch seine Methoden Begegnungen zu ermöglichen, in denen sich religiöse Erleuchtungen ereignen können, wurde er von Zerka Moreno (vgl. 1966, S. 90) mit dem Apostel Paulus verglichen.

„Das Testament des Vaters" von 1920 bzw. „The Words of the Father" von 1941 sah er als das Alte Testament an, „Who Shall Survive?" als das Neue Testament. Diese Bibeln sollen aber keine Konserven sein, die Kreativität behindern, sondern „starters, they set free the spontaneity and creativity of mankind" (Moreno, 1978a, S. LXVII), sie seien „bibles of change" (Moreno et al., 1964, S. 51). Sein Buch über die „First psychodramatic Family" von 1964 mit seinen biographischen Berichten, Legenden und Gedichten kann als weitere religiöse Schrift verstanden werden; hier über die „heilige Familie".

Vorbilder für Moreno waren Personen, die in ihrem Leben eine qualitative Individualität, normalen Größenwahn, geniales Verhalten gegen die Konventionen der Normalität entfaltet haben. Dazu gehörten neben Künstlern wie Dante, Michelangelo, Beethoven vor allem Helden und Heilige. An diesen Gestalten entwickelt Moreno sein Bild vom kreativen Menschen.

„Zwei hervorragende Kategorien bilden die ‚Anhänger des wahrhaft Perfekten' und die ‚Anhänger des wahrhaft Imperfekten'. Der Anhänger des Perfekten sieht in der Konserve den höchsten Wert und ist der Spontaneität gegenüber skeptisch. Er ist Anbeter der Theorie und ein Meister des Wortes. Aus diesem Grunde ist er zwanghaft, autoritär und dem Handelnden gegenüber kritisch. Er liebt es, große theoretische Systeme und soziale und kulturelle Pläne zu entwickeln. Er unterstützt Theorien der Religion, Liebe, des Altruismus vorzugsweise auf theoretischer Ebene. Vor dem existentiellen Experiment mit der religiösen oder theoretischen Kreativität schreckt er zurück. Er bemüht sich nicht, Heiligkeit in seinem eigenen Leben zu verwirklichen.

Der improvisierende kreative Mensch hingegen fühlt sich dem Experiment verpflichtet, gleichgültig ob in religiöser, therapeutischer oder wissenschaftlicher Form. Er improvisiert in Kunst, Wissenschaft und Religion. Anstatt Bücher zu schreiben und Systeme zu formulieren lebt er in der spontanen kreativen Tat. Ihm gilt die Liebe der Menge, während der wirkliche Perfektionist sich die Verehrung einer Elite erwirbt. Wir stoßen hier auf den Gegensatz zwischen dem Aristokraten und dem Führer des Volkes. Denselben tiefgreifenden Unterschied finden wir auch zwischen den Theoretikern der Religion, Heiligkeit und des Altruismus wie dem Hl. Johannes, Augustinus, Plato, Plotin, Spinoza, Kant, Hegel und den Religionsschöpfern, Experimentatoren und Praktikanten der Religion und der Heiligkeit wie Buddha, Jesus, dem Hl. Franziskus und Baal Schem. Diese Tatmenschen, aber auch weniger Erleuchtete wie Sabbatai Zwi, Savonarola, Pascal und Kierkegaard erscheinen uns oft inadäquat, unvollkommen, auffallend, überschwenglich, exzentrisch oder gar pathologisch. Es ist ihnen aber zugute zu halten, daß sie versuchten, nach ihren Ideen zu leben und eine imperfekte Existenz der perfekten Theorie vorgezogen haben" (Moreno, 1978a, S. 441).

Aus diesem Text wird sehr gut deutlich, wie Moreno sich selbst gesehen hat: als Tatmensch.

Zu diesen wahrhaft kreativen Personen gehören zunächst einmal viele frühe jüdische Propheten und Führer wie Moses, Jesaja, Josua, König David, aber auch spätere Lehrer wie Sabbatai Zwi und Baal Schem (vgl. Moreno, 1971, S. 193; 1972, S. 204, 207; 1978a; S. XXXIII; 1973, S. 104). Moreno stammte selbst aus einer jüdischen Familie und war in der Tradition der sephardischen Juden erzogen worden (vgl. Moreno, 1972, S. 206). Die meisten seiner „Gefährten" und Kollegen in Wien waren ebenfalls Juden. Das Judentum kann also als eine wichtige Quelle seines Denkens und Handelns angesehen werden.

Friedel Geisler skizziert in ihrem Beitrag (→ *Geisler*) Grundzüge jüdischen Lebens und Denkens, vor allem in ihren sephardischen und chassidischen Ausprägungen, und ihre Einflüsse auf Morenos Philosophie wie die Grundelemente des Psychodrama. Viele der Ideen, Konzepte und Techniken Morenos erweisen sich als Übernahmen, Anknüpfungen oder Weiterentwicklungen aus dieser jüdischen Tradition.

Vor allem Martin Buber (1878-1965) (vgl. Speck, 1981; Wehr, 1984), der 1916 bis 1923 u.a. in Wien an seiner Philosophie des „Ich und Du" arbeitete und sich in dieser Zeit intensiv mit dem Chassidismus, aber auch mit chinesischer Philosophie befaßte, hat ihn stark beeinflußt (vgl. Moreno, 1973, S. 103; Johnson, 1959).

1922 gibt Gustav Kojanker einen Essayband „Juden in der deutschen Literatur" heraus, u.a. mit Beiträgen über viele Mitarbeiter an Morenos Zeitschriften: Werfel, A. Ehrenstein, Döblin, Wassermann, Buber, Kornfeld, P. Adler, in dem die Emanzipation der Juden als Juden gefordert wird, somit eine Erneuerung des jüdischen Geistes (vgl. Anz & Stark, 1982, S. 374ff.; Mattenklott, 1988, S. 571f.).

Der jüdische Dichter Jakob Wassermann kritisiert in seinem Beitrag „Der Jude als Orientale" für den Daimon (1918, S. 28ff.) die assimilierten Juden; er nennt sie „Mit-Tuer in allen vordersten Reihen." Sie mischten sich überall ein, stünden zu allem in Opposition aus Grundsatz und paßten sich dabei total an. Dieser Jude als Europäer sei ohne Fundament, ohne elementare Überzeugung.

„Der Jude hingegen, den ich Orientalen nenne, — es ist natürlich eine symbolische Figur; ich könnte ihn ebensogut den Erfüllten nennen oder den gesetzmäßigen Erben, — ist seiner selber sicher. Er kann sich nicht verlieren, da ihn ein edles Bewußtsein, Blutbewußtsein, an die Vergangenheit knüpft und eine tiefe moralische Selbstverantwortung der Zukunft verpflichtet. Er ist kein Leugner, sondern ein Bestätiger …, er ist einfach Mensch. Er hat alles innen, was die anderen außen suchen: nicht in verzehrender Rastlosigkeit, sondern in freier Hingabe nimmt er Teil am Leben der Welt und der Völker. Er ist frei, jene sind Knechte. Er ist wahr, jene lügen. Er kennt seine Quellen, er wohnt bei den Müttern, jene sind die ewig wandernden Unwandelbaren" (Wassermann, 1918, S. 31).

Wassermann konstatiert in ganz Europa eine „wunderliche Sehnsucht nach dem Osten. Seherische Geister prophezeien Erneuerung von dort her. Ich kann mich der Überzeugung nicht verschließen, daß der Jude, dieser repräsentative und zugleich fiktive Jude, als Individuum anonym, als Träger einer Weltanschauung und stiller Bildner noch chaotischer Kräfte von weitreichendem Einfluß, berufen ist, dabei eine entscheidende Rolle zu spielen" (S. 31 f.). Wassermann wird nicht unbekannt geblieben sein, daß der Herausgeber des „Daimon" Jude aus dem Osten war.

Wichtiges Vorbild für Moreno war in dieser Zeit Jesus Christus, allerdings nicht als Gegenstand dogmatischer Reflexion, sondern als „improvisierender Heiliger" (Moreno, 1978a, S. XXIII). Im Leben Jesu wurde für Moreno Gott gegenwärtig als ein persönlicher, spontaner und vertrauter Gott: als Vater (vgl. Moreno, 1971, S. 198).

„For Jesus, God was the source of all spontaneity — the spontaneity of love and the spontaneity of creation. He recognized the barriers which man had erected against his fellow-men; He damned the ready-made things of this time — ready-made wisdom, ready-made property, ready-made charity, all the ready-made ethics ... Nothing of importance happens today which was not anticipated by Him" (Moreno, 1971, S. 199).

Während der Gott der Juden als der unerreichbare Schöpfer von Moreno als Er-Gott bezeichnet wird, erscheint Gott nach Moreno in Christus als Du-Gott, als liebender Vater.

Diesen Gottesbegriff hält Moreno nicht mehr für zeitgemäß. „The God who is the God of love has been betrayed so many times by men that something more had to be added, a God which does not come from the Thou, but who comes from within our own person, through the I, through me" (Moreno, 1972, S. 199). So entwickelt Moreno seine Idee vom Ich-Gott, der als Kreativität in aller Kreatur lebt, und der den Schöpfergott wie den Gott der Liebe einschließt (vgl. Power, 1975; Schöbel, 1983, S. 91 ff; → Geisler).

Von den christlichen Heiligen ist ihm der Hl. Franziskus der liebste; er erwähnt ihn häufig (z.B. Moreno, 1971, S. 193; 1974, S. 392, 441).

Auch für seine Zeitgenossen war Franziskus Gegenstand der Verehrung, etwa für Scheler (vgl. Mader, 1980, S. 59). Hermann Hesse schrieb 1904 eine kleine Schrift über ihn. „Für Hesse war der Poverello ein Träumer und Dichter voller Ehrfurcht vor der Schönheit der Schöpfung, ein Troubadour und Mystiker, der in Harmonie mit sich selbst, der Welt und Gott lebte, ein heiliger Ästhet und damit ein verwandter Geist, mit dem er sich leicht identifizieren konnte, als auch ein Ideal, dem er nachstreben wollte" (Wagner in Hesse, 1988, S. 98).

Aber nicht nur Gestalten aus Juden- und Christentum beeinflußten Moreno, auch Mohammed (Moreno, 1972, S. 204), Lao-Tse (Moreno, 1923a, S. 24) und vor allem Buddha beeindruckten ihn schon früh (z.B. Moreno, 1923a, S. 24; 1974, S. 385, 392; 1978a, S. XXVIII; 1981, S. 67). In Buddha erkannte er die Sehnsucht nach einer Welt, „of which Buddha could have joyfully said, in the very words we hear the Father saying, ‚This belongs to me, this is I, this is myself' " (Moreno, 1971, S. 198).

Von den christlichen Philosophen waren ihm Augustinus, Cusanus und vor allem Blaise Pascal wichtig (Moreno, 1971, S. 193), von dem er seinen Text im „Neuen Daimon" abdruckte. Auch die religiösen Schriftsteller Francis Jammes und Paul Claudel konnten in Morenos Zeitschrift publizieren. Sein Interesse richtete sich aber auch auf die Esoterik. So beschäftigte er sich mit Swedenborg (vgl. Moreno in Fox, 1987, S. 205); Rudolf Steiners Theosophie war ihm nicht unbekannt (vgl. Moreno, 1923a, S. 7).

Neben Jesus war für Moreno vor allem Sokrates Anregung. „His dialogues impressed me, not because of their content, but because they were presented a ‚reports' of actual sessions (probably accidentally and unintentionally) and not an imaginary output of a poetic-philosophic mind... Socrates was involved with actual people, acting as their midwife and clarifier, very much like a modern psychodramatist would" (Moreno, 1978a, S. XXII; 1973, S. 14).

Entscheidende Vorbilder waren für Moreno die „improvisierenden Heiligen" wie Jesus. Er nennt sie „bearer of truth" (Moreno et al., 1964, S. 39ff).

„The bearer of truth does what he does because of his innermost desire to establish the truth and justice and love of humanity regardless of consequences ... The outstanding thing about bearers of truth is that they are intervening in a situation in the here and now, a situation which needs a corrective ... He has to intervene himself, it is his responsibility" (Moreno et al., 1964, S. 41).

Diese Ethik versuchte Moreno in seinem eigenen Leben zu verwirklichen; er verlangte sie aber auch von jedem/r Psychodramatiker/in. „The psychodramatist must be, at the time of conducting a session, the supreme embodiment of truth. He must create an atmosphere of truth around him, whereever he appears, in ordinary surroundings, on the street, in a house, but especially in the theatre of psychodrama" (Moreno et al., 1964, S. 39).

Sören Kierkegaard (1813-1855) (vgl. Denser, 1983) war für Moreno in seinem Denken ein „Wahrheitsträger", nicht jedoch in seinem Leben. Kierkegaard habe zuviel über die Wahrheit gewußt. Sein Intellekt habe ihn daran gehindert, ein „heroic prophet" zu werden (vgl. Moreno et al., 1964, S. 41 f).

Kierkegaard betrachtete sein eigenes Ich und sah, daß seine Existenz durch Abgrund, Tod und Zerrissenheit charakterisiert sei. In dieser existentiellen Situation der Angst habe der Mensch aber immer auch die Wahl, die Freiheit der Entscheidung (vgl. Quitmann, 1985, S. 45). Von dieser Verantwortung zur Entscheidung für seine eigene Rettung geht auch Moreno aus. Gegenüber dieser eher romantischen Position des 19. Jahrhunderts werde in den proreligiösen Bewegungen, zu denen Moreno sich rechnete, das Du stärker betont.

„Kierkegaards Angst, das Ich in dem Du zu verlieren, wurde durch die Begegnung des Du zum Ich, die gleichzeitig mit der Bewegung des Ich zum Du stattfand, transzendiert. Allmählich wurden einige Interpretationen des Du und Ich gegeben, die eine grundlegend neue Position schufen; die Idee der Begegnung zwischen dem Du und dem Ich und jede beliebige Zahl der Dus und Ichs, die eine Gemeinschaft bilden; die Idee des Augenblicks ..." (Moreno, 1981, S. 264 f.)

Mit diesen Konzepten wollte Moreno verantwortliches Handeln zum Gegenstand wissenschaftlicher Forschung machen.

Auch *Friedrich Nietzsche* (1944-1900) scheute sich nach Moreno davor, seine Vorstellungen in die Tat umzusetzen (vgl. Moreno et al., 1964, S. 43). Er hatte den Tod Gottes proklamiert und an seine Stelle den Übermenschen gesetzt, Zarathustra (vgl. Frenzel 1966; Schmidt, 1983; Ries, 1987). In „Die Gottheit als Komödiant" (1919, S. 48) läßt Moreno die Zuschauer sprechen:

„Gott! Wir wollen keine Mittler mehr gebären. Wenn du nicht selbst zu uns herunterkommst, so steigen wir zu dir hinauf."

Im folgenden Dialog unterhält sich der Zuschauer Johann mit einem Schauspieler, der die Maske Zarathustras trägt. Dieser verwandelt sich ständig, früher in Cäsar, Napoleon, Mohamet, jetzt in Zarathustra, „um von mir loszukommen. Ich werde täglich Gottes Komödiant, um im Wahn himmlischen Lebens — Gott zu sein" (Moreno, 1919, S. 49).

Während Nietzsches Werttheorie — in Morenos Verständnis — nicht auf den spontankreativen Prozeß setzte, sondern auf geniale Schöpfungen, also Kulturkonserven, sei *Henri Bergson* (1859-1941) dem Problem näher gekommen als jeder andere moderne Philosoph (vgl. Moreno, 1971, S. 169f.).

Ulrich Schmitz arbeitet in seinem Vergleich grundlegender Konzepte von Bergson und Moreno (→ *Schmitz*) zu den Themen Lage und Bewegung, Spontaneität und Kreativität bzw. Schöpfer und Augenblick heraus, in welchen Punkten beide übereinstimmten und was sie trennte. Für beide ist Gott kein abstrakter Begriff, er ist von jedem Menschen konkret erfahrbar. Im kreativen Handeln hat der Mensch Anteil am schöpferischen Werden. Der Intellekt hat dabei eine pragmatische Aufgabe; allein in der spontanen Intuition könne das Leben als kreativer Akt erkannt werden. Während jedoch Bergson Empirische Wissenschaft und Metaphysik als zwei — zwar notwendige — aber doch getrennte Bereiche faßt, hält Moreno eine Gleichsetzung für möglich und begibt sich damit in erkenntnistheoretische Schwierigkeiten, die Schmitz als ungelöst ansieht.

Die Untersuchung von Schmitz kann zeigen, daß Moreno an vielen Stellen seiner Philosophie von Bergson beeinflußt wurde, auch wo er nicht ausdrücklich darauf verweist. Auf der anderen Seite erweist sich jedoch auch, wie wenig umfassend oft die Rezeption fremder Gedankengebäude durch Moreno ist: Er läßt sich immer nur von bestimmten Ideen anregen, erwärmen; Systeme als ganze interessieren ihn nicht.

Moreno schreibt, daß er auch das Werk von *Max Scheler* (1874-1928) aufgenommen habe (vgl. Moreno, 1981, S. 269). Obwohl er auf Schelers Einfluß — so weit ich sehe — sonst nicht hinweist, gibt es doch eine Reihe frappierender Parallelen.

Schelers Philosophie (vgl. Stegmüller, 1965; Frings, 1973; Mader, 1980) war von der Lebensphilosophie, dem deutschen Idealismus und dem Christentum geprägt. Für ihn wie für Moreno wird das Leben nicht bestimmt durch den Intellekt, sondern durch eine emotionale Tiefensicht. „Aus ihr stammen die schöpferischen Kräfte, welche Welt- und Geschichtsverlauf vorantreiben und das Leben in seinem Inhalt bestimmen" (Stegmüller, 1965, S. 97). Auch die Erkenntnis sei wesentlich emotional bestimmt; entscheidend sei die „liebende Teilnahme des innersten Personenkernes am Wesenhaften der Dinge" (S. 97). Philosophieren war für Scheler etwas, in das er seine ganze Existenz einbrachte.

Scheler begriff den Menschen als Person, die in jedem ihrer Akte voll und ganz lebt. Personen „sind" nicht, sie „werden", indem sie die höchsten Werte, die „Qualitäten eigener Art" darstellen, verwirklichen. Dieses personale Handeln ist wie bei Moreno im Grunde ein Lieben, und diese Liebe ist Teilhabe an einer universellen Liebesgemeinschaft aller individuellen Geistpersonen, letztlich am höchsten Wert, an Gott. Dieses Wissen um das Absolute im Mitvollzug des göttlichen Aktes, nennt Scheler Heils- und Erlösungswissen. Das Gewinnen dieses Wissens ist mit tiefster und innerster Erschütterung verbunden, Moreno würde sagen mit kathartischem Erleben. Diese Werte des Heiligen und Unheiligen nehmen in der Axiologie Schelers die höchste Position ein. Nur Heilige können einen Zugang zu ihnen finden.

Im Gegensatz zu dieser positiven Gotteserkenntnis, die an religiöse Menschen historisch gebunden ist, ist die natürliche Gotteserkenntnis mit der Existenz eines jeden Menschen gegeben; allerdings sei eine Täuschung über den Gegenstand des religiösen Aktes möglich. „Jeder endliche Geist glaubt entweder an Gott oder an einen Götzen" (Stegmüller, 1965, S. 121).

In seinem letzten Werk von 1927 „Die Stellung des Menschen im Kosmos", das Moreno wohl kaum zur Kenntnis genommen haben dürfte, skizziert Scheler ein Kosmologie. Die erste Wesensform sei der bewußtlose Gefühlsdrang der Pflanzen, ein „Hin-zu" und ein „Von-weg", also Anziehung und Abstoßung in Morenos Worten. Auf dieser Ebene sei weder ein Macht- noch ein Nützlichkeitsprinzip zu erkennen (wie etwa in der Gesellschaftsauffassung bei Nietzsche, Marx oder Freud), vielmehr sei „ein phantasievoll spielendes und nur ästhetisch regelndes Prinzip in der unbekannten Lebenswurzel" feststellbar (vgl. Stegmüller, 1965, S. 126). Erst auf der vierten Ebene nach Instinkt und assoziativem Gedächtnis, mit der praktischen Intelligenz sei die Sonderstellung des Menschen im Kosmos denkbar. Der Geist befreie sich vom Druck des Organischen; an die Stelle von Umweltgebundenheit trete „Weltoffenheit". Damit ist der Sieg des kreativen Menschen über die natürlichen und gesellschaftlichen Schranken behauptet (s. „Kreativistik"). Das hatte Konsequenzen für seinen Gottesbegriff:

„Wenn die Welt vom Kampf zwischen Trieb und Geist durchherrscht wird, das Triebhafte das eigentlich Schöpferische ist und der Geist nur eine passive Ordnungsfunktion ausübt, so kann das Absolute selbst nicht als fertig betrachtet werden, vielmehr ist schon innerhalb des absoluten Seins eine Spaltung zwischen blindem Urdrang und Geist anzunehmen, die in ihrer Gegensätzlichkeit aufeinanderprallen und als Ergebnis ihres Kampfes die Weltgeschichte zeitigen. Im Menschen löst sich der Geist vom Drang, und das Urseiende findet zu sich zurück. Menschwerdung ist somit zugleich Gottwerdung" (Stegmüller, 1965, S. 128).

Wenn Moreno auch den Gegensatz von Geist und Drang nicht so formuliert, so geht er aber auch vom Imperfektum der Schöpfung und des Schöpfers aus. Dieser braucht den Menschen, wie der Mensch den Schöpfer braucht, um die Schöpfung zu vollenden. Somit fallen Gott- und Menschwerdung zusammen.

Moreno stand mit seinen religionsphilosophischen Entwürfen nicht nur in der Tradition der Lebensphilosophie, sondern darüber hinaus in der der Naturphilosophie der deutschen Aufklärung (vgl. Konitzer, 1987, S. 7ff.).

Schon Kant beschreibt Anziehung und Abstoßung als Bewegungsformen der unbelebten Materie. Für Goethe ging die Urpolarität aller Wesen von diesem Spannungsfeld aus. Auch Herder und Schelling vertreten ähnliche Positionen. Diese Grunderkenntnis wird ja auch von Freud aufgegriffen, von Wilhelm Reich jedoch entfaltet und zur Grundlage seiner Orgonomie gemacht (→ *Buer/Schmitz*). Auch bei Fichte, Hegel und Schopenhauer lassen sich Tendenzen entdecken, die in Morenos Theologie hervortreten (vgl. Johnson, 1949).

Deutlich dürfte geworden sein, daß Morenos religiöse Überzeugungen keineswegs so ungewöhnlich und singulär für seine Zeit in Wien waren, wie sie uns heute erscheinen mögen. — Aber es gibt noch eine weitere überraschende Parallele.

Der Historiker Ulrich Linse hat 1983 eine Studie mit dem Titel „Barfüßige Propheten" vorgelegt, in der er das Auftreten umherziehender religiöser Gestalten von der Jahrhundertwende bis zum Faschismus in Deutschland untersucht hat.

Im Gegensatz zur gebildeten Welt eines Bergson oder Scheler oder den esoterischen Zirkeln Steiners lebten diese oft „Kohlrabi-Apostel" genannten Heiligen in einer Welt der Armut und der Vagabundage. Diese Wanderpropheten verschrieben sich der „Tat" und manche inszenierten ihr Leben selbst als öffentliche Provokation.[3] Gerhart Hauptmann, Thomas Mann, O.M. Graf oder Hermann Hesse haben sie zu Figuren ihres erzählerischen Werkes gemacht. In „Die Morgenlandfahrt" von 1932 nimmt Hesse eine solche „Missionsreise" eines Propheten mit seinen Jüngern als Vorlage seiner Erzählung (1982).

Der Zerfall der alten Welt, Hintergrund der Sinnkrise der Jahrhundertwende, führte auch zum Auftreten dieser Vagentenbewegungen. Vor allem in den Jahren der Inflation wie der Depression, als Verarmungsprozesse breite Bevölkerungsschichten ergriffen, hatten diese Bewegungen starken Zulauf. Diese Wanderpropheten wollten ein völlig neues Reich auf Erden durchsetzen und forderten alle Menschen auf, umzukehren und an der Neuordnung der Gesellschaft mitzuwirken. Diese utopischen Vorstellungen variierten zwischen linksradikalen und faschistischen Visionen.

Für Moreno, der ja ab etwa 1910 als Wanderheiliger mit Christusbart und Prophetenmantel auftrat, dürften vor allem Gusto Gräser (1879-1958) und Johannes Baader (1876-1955) Anregung gewesen sein. Daß Moreno von beiden gewußt hat, ist wahrscheinlich, da ihr Auftreten durch die Presse weit bekannt gemacht wurde und in Literatenzirkeln Gesprächsthema war.

Nach einem visionären Erlebnis gab Gräser seine bürgerliche Existenz auf und ging auf Wanderschaft, „angetan mit einer langen härenen Tunika, die Haare mit einem ledernen Stirnband zurückgehalten, barfuß oder höchstens Sandalen tragend, den gesamten Besitz in die Tasche gestopft, die er an einem Riemen um den Hals trug" (Linse, 1983, S. 69). In Weihestunden und Vorträgen, mit Spruchkarten, Wandsprüchen, Flugblättern und Steinzeichnungen rief er jeden, dem er begegnete, zur Umkehr auf. Er übersetzte die „Sprüche" des Lao-Tse; er hielt sich auf dem Monte Veritá bei Ascona auf und suchte auch auf andere religiöse Gruppierungen Einfluß zu nehmen. So auf die Christ-Revolutionäre, die Marx und Jesus zu einer Synthese verschmelzen wollten.

Johannes Baader verstand sich als Künstlerpriester und entwarf für eine erneuerte Religiosität eine monumentale Tempelarchitektur. Er schrieb 1914 in den „Vierzehn Briefen Christ": „Es ist eine Plattform zu bauen, auf der alle Gedanken der Menschen Platz haben und von der sie alle in ihrem gleicherweise gewaltigen und feingefügten Spiel überschaut werden können. Und der diese Plattform baut, ist Buddha, der Heiland, der Christus" (Baader in Linse, 1983, S. 75). Welch frappierende Parallele zu Morenos grandiosen Bühnenentwürfen (vgl. Moreno, 1970, S. 107ff.).

Johannes Baader rechnete sich zur DADA-Bewegung und war mit Raoul Hausmann, George Grosz, Franz Jung und Otto Gross (→ *Buer/Schmitz*) bekannt. Er brachte den Aktionismus der DADA-Künstler auf den Punkt: „Nur der Humor kann die Welt erlösen" (Baader in Linse, 1983, S. 81), eine Position, die auch Moreno vertrat (vgl. Moreno, 1975, S. 258).

Der Schweizer Dadaist Hugo Ball sah in einem Vortrag von 1917 generell im Künstler den Propheten einer neuen Zeit.

„Drei Dinge sind es, die die Kunst unserer Tage bis ins Tiefste erschütterten, ihr ein neues Gesicht verliehen und sie vor einen gewaltigen neuen Aufschwung stellten: Die von der kritischen Philosophie vollzogene Entgötterung der Welt, die Auflösung des Atoms in der Wissenschaft und die Massenschichtung der Bevölkerung im heutigen Europa. (...) Die Künstler dieser Zeit sind nach innen gerichtet. Ihr Leben ist ein Kampf mit dem Irrsinn ... Sie sind Vorläufer, Propheten einer neuen Zeit. Ihre Werke tönen in einer erst ihnen bekannten Sprache. Sie stehen im Gegensatz zur Gesellschaft wie die Ketzer des Mittelalters. Ihre Werke philosophieren, politisieren, prophezeien zugleich. Sie sind Vorläufer einer ganzen Epoche, einer neuen Gesamtkultur" (Ball in Ritter & v. Bruch, 1988, S. 101ff.).

Von vielen dieser „Inflationsheiligen" wurde die Welt als Irrenhaus angesehen. Deshalb forderten sie die totale Erneuerung des Menschen von innen her (vgl. Linse, 1983, S. 36). Moreno entwickelt später gelegentlich ganz ähnliche Vorstellungen, wenn er schreibt:

„Da die menschliche Gesellschaft krank ist, ist zu erwarten, daß allmählich ein psychiatrisches Reich entstehen und sich über die ganze Erde verbreiten wird. Politiker und Diplomaten werden zweitrangig werden. Sozialwissenschaftler, Psychiater, Soziater und soziometrisch orientierte Sozialisten werden an der Spitze stehen. Der Mentor im Weißen Haus, ein zukünftiger Präsident der Vereinigten Staaten könnte in hundert Jahren ohne weiteres ein Psychiater sein. Gleicht nicht der ganze Kosmos mehr und mehr einem riesigen Irrenhaus mit Gott als leitendem Arzt?" (Moreno, 1981, S. 221).

Diese geforderte Umkehr wurde oft eingeleitet durch die wahre Begegnung mit dem Propheten. So berichtet Werner Niethe von einer Begegnung mit dem Heiligen Louis Haeusser: Ich „gab ihm die Hand und blickte ihm in die Augen! In diesem ‚Augen-Blick' wußte Ich, daß ich Gott, Himmel, Geliebten, Geist, Seele, Wahrheit, Jugend, Meiner Sehnsucht Ziel, Meinen Freund, den Freund gefunden hatte!" (in Linse, 1983, S. 52).

Wie für Moreno waren für diese Wanderpropheten wichtige Vorbilder und Anreger: Walt Whitman (vgl. Moreno, 1978a, S. XLI), Lao-Tse, Jesus, Buddha und vor allem Gandhi (vgl. Linse, 1986, S. 125ff.; Moreno, 1978a, S. XXVII, XXXIV).

Will man Morenos experimentelle Theologie erneuern, dann werden schlagartig die Parallelen seines Ansatzes mit einer Mystik deutlich, wie sie heute im Zusammenhang mit der New-Age-Bewegung wieder diskutiert wird. Michael Schacht hat diese Diskussion aufgenommen und vergleicht zentrale Ideen Morenos mit Vorstellungen einer universalen mystischen Tradition (→ *Schacht*). Deutlich wird, daß Morenos Denken in vielerlei Hinsicht als mystisch verstanden werden kann. Insofern hat eine Rekonstruktion von Morenos religiösen Überzeugungen durchaus ihre Bedeutung für den heutigen spirituellen Diskurs. Morenos Vision, Religion und Wissenschaft miteinander zu versöhnen, also der Gefahr religiöser Spekulation durch empirische Orientierung zu begegnen und die Gefahr affirmativer Datenaggregierung durch utopisches Denken zu bannen, bleibt auch heute aktuell, wie fragmentarisch sie auch nur in seinen Projekten, Theorien und Methoden von ihm selbst verwirklicht werden konnte.

2.3.2 Die therapeutischen Ansprüche

Obwohl Moreno u.a. in der Psychiatrischen Klinik der Universität Wien studierte, war seine ärztliche Tätigkeit in Mitterndorf und in Bad Vöslau nicht in irgendeiner Weise besonders psychiatrisch oder gar psychotherapeutisch ausgerichtet. Allerdings hat Moreno auch hier seine religiösen Überzeugungen, nämlich der Heilung in der Begegnung, beherzigt. Seine Tätigkeit wurde durch den Staat bzw. die Kammgarnfabrik bezahlt; er brauchte daher von seinen Patienten kein Geld zu nehmen. Das war auch mit seiner damaligen Heiler-Vorstellung nicht zu vereinbaren. Er wollte jedem seiner Patienten „begegnen". Moreno berichtet (1969, S. 44):

„Wissen Sie, ich habe niemals Geld genommen von den Patienten. Das war meine Fixe Idee, daß man Geld nicht von Kranken nehmen soll. Das Resultat war, daß die Leute, die Bauern, die Bäuerinnen von allen möglichen Orten, mit allen möglichen Geschenken kamen. Sie kamen mit Eiern und Hennen, kleine und große Gänse, und manchmal sogar einem Schwein."

Erst in Amerika hat Moreno dann „einen Namen erworben und Geld genommen" (Moreno, 1969, S. 45).

Moreno erwartete, daß Gutes mit Gutem vergolten werde, und es geschah so. An seinen Projekten hatte man unentgeltlich mitzuarbeiten. Nicht wie der Architekt Kiesler, der Morenos Entwurf einer Stegreifbühne ausarbeitete und dann unter seinem Namen öffentlich ausstellte. Ihn zählte er zu jenen: „Sie wollten sich unterrichten lassen, aber nur gegen

Bezahlung. Sie waren begeistert, doch in der Stille rechneten sie jeden begeisterten Blick in Geld um" (Moreno, 1925, S. 15).

Moreno wollte schon 1918 Religion und Psychiatrie versöhnen. Dabei gilt es, zwei Variablen miteinander zu verbinden, „the healer and an adequate theory or method. Therapeutic theories and methods without the physician who embodies them, able to grasp and to practice them, are meaningless and dead. A healer without adequate theories and methods is like a painter without arms" (Moreno, 1978a, S. XXXIII). Vorbilder waren für ihn nicht nur jüdische Heiler, sondern auch Mahatma Gandhi und Anton Mesmer.

Anscheinend hat Moreno von den Ärzten der Wiener Universität wenig gelernt. Die Wiener medizinische Schule war damals generell von einem therapeutischen Nihilismus geprägt (vgl. Johnston, 1980, S. 230 ff.). Die genaue Diagnose war alles; Therapie wurde vernachlässigt. So vertrat etwa Joseph Dietl die Lehre, „daß die beste Behandlung im Unterlassen jeglichen Eingreifens bestände" (S. 232). Man sezierte alles, konnte aber kaum einen Begriff von Heilung entwickeln, eine Position, die noch Freuds Psychoanalyse prägte.

Moreno dagegen hatte außerhalb des Ordinationszimmers, auf der Straße, auf der Bühne die Erfahrung gemacht, daß in der direkten Begegnung eine psychotherapeutische Veränderung erzielt werden konnte (vgl. Moreno in Fox, 1987, S. 210 ff.). Seine „Theologie" hatte ihn zu diesem Experiment gebracht; diese Erfahrungen wollte er nun wissenschaftlich untersuchen, um seine Methoden und Techniken zu verfeinern. Er ging somit von der grundlegenden Auffassung aus, daß Medizin „sowohl ein Handwerk als auch eine Philosophie" sei (Grossinger, 1982, S. 24).

Diesen Ansatz hat er später in den USA ausgebaut. Er nannte sein Heilungsprojekt jetzt „Soziatrie"; ab 1947 gab er die Zeitschrift „Sociatry" heraus. Dieser Begriff sollte den traditionellen Begriff der Psychiatrie ersetzen. Seit Gründung seines Privatsanatoriums in Beacon, 1936, stand die Arbeit gerade auch mit „Psychotikern" im Zentrum seines Interesses (vgl. Moreno, 1973, S. 253 ff.). Psychodrama als die zentrale Methode der Soziatrie „treats people who exclusively inhabit either the world of illusion or the world of reality, and who are consequently in need of bridging these two metazones in order to live a spontaneous and creative life" (Kraus, 1984, S. 60). Diejenigen, die vollständig in einer Phantasiewelt leben, haben nach Moreno eine psychotische Störung mit Größenwahn entwickelt. Diejenigen, die ausschließlich in einer Welt der Realität leben, nennt er „Neurotiker". Ihm kommt es darauf an, beide Extreme miteinander zu vermitteln (vgl. Kraus, 1984, S. 60 f.).

Menschwerdung, und das bedeutet Heil-Werden, Gesund-Werden, schließt die Versöhnung von Realitätssinn und Größenwahn ein. Wie Moreno am eigenen Leib erfahren haben will, schütze „Gott-spielen" vor Krankheit (vgl. Moreno in Fox, 1987, S. 204 f.). Diese Fähigkeit stecke in allen Menschen, gerade auch in den Mühseligen und Beladenen, den Erniedrigten und Beleidigten:

„Propheten, Führer und Therapeuten haben sich schon immer bemüht, ‚Gott' zu spielen und ihre Macht und Überlegenheit armen einfachen Menschen zu oktroyieren. In der psychodramatischen Welt hat sich die Lage verkehrt. Nicht mehr der Meister, der Hohe Priester oder Therapeut verkörpert Gott. Das Bild Gottes kann in jedem Menschen Gestalt annehmen, — durch den Epileptiker, den Schizophrenen, die Prostituierte, die Armen und Unterdrückten verkörpert werden. Sie alle können im Augenblick der Inspiration auf die Bühne treten und ihre Version von der Bedeutung des Universums verkünden. Gott ist ewig in und um uns — wie für die Kinder! Steigt er nicht mehr vom Himmel herab, so kann er doch durch die Bühnentür eintreten. ... Gott ist nicht tot. Er lebt im Psychodrama!" (Moreno, 1978b, S. 111).

Seine therapeutischen Ansprüche zielen darauf ab, „Meisterschaft oder Angemessenheit des Auftretens" in allen Lagen menschlichen Lebens zu ermöglichen (Moreno, 1974, S. 392).

Moreno bezieht sich an mehreren Stellen seines Werkes auf den berühmten Wiener Arzt *Anton Mesmer* (1734-1815). Dieser hatte als „Wunderarzt" ein psychotherapeutisches Verfahren entwickelt mit dramatischen und gruppentherapeutischen Elementen, ohne daß diese Begriffe damals verwendet wurden (vgl. Zweig, 1986b, S. 29 ff.; Ellenberger, 1985, S. 95 ff.).

Mesmer arbeitete als Magnetiseur. Moreno schreibt:

Er „glaubte eine Anziehungskraft zu erkennen, die ... von tierischen Körpern ausgehen sollte. Er behauptete, daß bei der Hypnose ein magnetisches Fluidum vom Hypnotiseur auf das Subjekt übergehen, daß dieses Fluidum in tierischen Körpern aufgespeichert sei und mittels dieses Mediums ein Individuum auf das andere einwirken könne" (Moreno, 1974, S. 174). Er hat somit „die in der Gruppe wirksamen Kräfte benutzt, ohne sich über den Charakter dieser Kräfte klar zu sein. Er pflegte seine Gruppen gemeinsam zu behandeln, wobei ein Patient die Hand des andern halten mußte, da Mesmer glaubte, daß die zwischen den Mitgliedern der Gruppe zirkulierenden Strömungen, die er als animalen Magnetismus bezeichnete, dem einzelnen Individuum neue Kräfte zuführen würden" (Moreno, 1973, S. 9).

Dem Fluidum Mesmers entspricht die Spontaneität-Kreativität Morenos, die im Tele von einem zum anderen springt. Diesen Weltstoff deutet Stefan Zweig (1986b, S. 31) als „sympathetische Übertragungskraft". Ellenberger (1985, S. 112 f.) faßt Mesmers therapeutische Ansprüche so zusammen:

„Ein Magnetiseur, behauptete Mesmer, ist das therapeutische Agens seiner Heilungen: seine Kraft liegt in ihm selbst. Um eine Heilung zu ermöglichen, muß er zuerst einen Rapport herstellen, d.h. eine Art ‚Einstimmung' mit seinen Patienten. Heilung geschieht durch Krisen. Krisen sind Manifestationen latenter Krankheiten; der Magnetiseur ruft sie künstlich hervor, um sie steuern zu können. Es ist besser, mehrere, immer schwächer werdende Krisen hervorzurufen, als nur eine schwere Krise. Bei der Kollektivbehandlung sollte der Magnetiseur die Reaktionen der Patienten aufeinander unter Kontrolle halten."

In diesen Krisen setze sich nach Mesmer der Heilungswille durch, um die gestörte Harmonie im Menschen wiederherzustellen, so wie nach Moreno sich in der gesteuerten Katharsis Spontaneität-Kreativität freisetzt, um einen Ausgleich in der gestörten Balance der sozialen und kulturellen Atome des Patienten wieder zu erreichen. Um die Patienten einzustimmen, sie anzuwärmen, arrangierte Mesmer ein bestimmtes Setting in einem verdunkelten, mit Spiegeln ausgestatteten Raum, der eine traumhafte surplus reality erzeugte (vgl. Zweig, 1986b, S. 79). In dieser geheimen und geheimnisvollen Atmosphäre sollte die Krankheit dann ausgelebt werden.

Die Bedeutung von Mesmers Praktiken liegt darin, daß er mit seiner ganzen Person unter Ausnutzung des Gruppenvorteils die Patienten animierte, ihren Gesundungswillen gegen ihre krankmachenden Kräfte durchzusetzen und zwar in einer traumartigen, phantastischen Atmosphäre. Dabei machte er bestimmte Erfahrungen, die er genau auswertete und in seine Technik überführte. Seine empirische Orientierung wurde aber ergänzt durch seinen Glauben an eine besondere Kraft, die er animalischen Magnetismus nannte.

Dieses mystifizierte Erfahrungswissen stand damals in Opposition zur sich nun mehr und mehr durchsetzenden rationalistischen Szientifik (vgl. Lorenzer, 1983, S. 59 ff.). Während Freud sich auf die Seite der letzteren schlägt, hält Moreno hartnäckig auch am ersteren fest: Er und seine Patienten haben erfahren, was heilsam ist, auch wenn die wissenschaftliche Erklärung des Erfolgs oft nur Programm bleibt.

Moreno sieht Mesmer als Vorläufer des Psychodrama, sowohl was seine theatralischen, wie seine gruppentherapeutischen Seiten betrifft. Freud dagegen will seine Person heraushalten, er will Heilung objektiv erforschen und dabei die Psyche analysieren.

Zusammen mit Ulrich Schmitz habe ich in dem Beitrag „Psychodrama und Psychoanalyse" in wichtigen Punkten Freuds Vorstellungen von Mensch und Gesellschaft, seine Erklärungen menschlichen Lebens in der Tiefe des Seelenlebens, seine Praxeologie, wie die wissenschaftliche Konzeptualisierung seines Verfahrens mit den Entsprechungen bei Moreno verglichen und erhebliche Differenzen herausgearbeitet (→ *Buer/Schmitz*). Wenn wir dagegen Freuds Schüler oder einige heutige Psychoanalytiker und Psychoanalytikerinnen nehmen, können wir in vielerlei Hinsicht Übereinstimmungen oder zumindest Anknüpfungspunkte finden: im Verständnis von Therapie als „Therapie der emotionalen Erfahrung", der Analyse als „Beziehungsanalyse" oder der Verbindung von Therapie und Gesellschaftskritik.

Dieser Dialog mit der Psychoanalyse kann aber nur weiterführen, wenn beide daran festhalten, Irrationales mit Rationalem, Unbewußtes mit Bewußtem, Phantasie mit Vernunft versöhnen zu wollen, gegen die herrschende Irrationalität einer rationalistisch-naturwissenschaftlich-technologischen Medizin. Insofern wären die therapeutischen Ansprüche — nicht nur Morenos, auch in gewissem Sinne Freuds — erst noch einzulösen!

2.3.3 Die theatralischen Vorstellungen

Moreno verband ab 1921 seine religiösen Überzeugungen und seine therapeutischen Ansprüche mit theatralischen Vor-Stellungen: Die Erfahrung, im Schein der Bühne allmächtig über die Universalia Zeit, Raum, Realität und Kosmos verfügen zu können, sollte im Sein des alltäglichen Lebens unvergeßlich bleiben. Die Realität des Lebens soll auf die Bühne, die Phantasie der Bühne ins Leben gebracht werden. Das Theater wurde für ihn Zufluchtsort für seine verdächtigen revolutionären Experimente (vgl. Moreno, 1947, S. 7; Kent & Carter, 1974).

Die heilsame Wirkung des Theaterspielens war schon im griechischen Theater bekannt und wurde immer wieder auch zur Krankenbehandlung genutzt (vgl. Weiß, 1985, S. 17ff.; Petzold, 1979, S. 14ff.; Petzold & Schmidt, 1978).

Ulrike Fangauf zeichnet in ihrem Beitrag (→ *Fangauf*) die theatralischen Experimente Morenos nach und weist auf, daß viele seiner Begriffe, Konzepte und Techniken aus der Theaterarbeit stammen und von dort ihre Bedeutung erhalten, wie Rolle, action, director, warming up, a-part-Reden, Protagonist, Antagonist, Katharsis u.a. Den Doppelgänger, den Spiegel, den Dialog hat er aus der Literatur entnommen. Ohne diese Hintergründe sind also zentrale Begriffe Morenos gar nicht zutreffend verstehbar.

Hinter der Theatermetapher steht die des Spiels. Gerade im Kinderspiel hat Moreno noch den Glauben an die Allmacht und die nötige Spontaneität gefunden, die er meint, ständig herausfordern zu müssen.

Damit vertritt Moreno eine Position, wie sie etwa auch der Historiker Johan Huizinga (1987) in seinen Interpretationen früher Kulturen erarbeitet hat: Kultur, d.h. humanisierte Welt, entsteht und entfaltet sich im Spiel. Anthropologisch gewendet: „Der Mensch spielt nur, wo er in voller Bedeutung des Worts Mensch ist, und er ist nur da ganz Mensch, wo er spielt." Diese Bestimmung des Menschen formuliert Friedrich Schiller am 15. Brief „Über die Erziehung des Menschen".

Goethe hat in seinem Singspiel „Lila" eine psychische Kur als Sujet verwendet, „wo man den Wahnsinn eintreten läßt, um den Wahnsinn zu heilen" (Goethe, zitiert in Diener, 1971, S. 147). Gottfried Diener hat die verschiedenen Textfassungen dieses Stücks untersucht und unter Berücksichtigung der „psychischen Kuren" der damaligen Zeit interpretiert. Moreno sieht in diesem Singspiel viele Elemente des Psychodrama vorweggenommen (vgl. Moreno, 1972b).

Die Bedeutung des Spiels war zu Zeit vor allem durch die Jugendbewegung und die mit ihr verbundene Reformpädagogik hervorgehoben worden.

Gemeinsames Spiel, durch Theater- und Musikelemente angereichert, war oft Höhepunkt der Gruppenaktivitäten. Auch in der Jugendmusikbewegung stand das Selbstausführen an erster Stelle (vgl. Keupp, 1977, S. 530f.). Künstlerischer Höhepunkt dieser Tendenzen war die kurze Blüte von Schulopern und Lehrstücken nach 1929, an der neben Brecht/Weill auch Döblin/Toch und Reuter/Seitz/Hindemith beteiligt waren (vgl. Voigts, 1980, S. 249ff.).

Insofern stand Moreno mit seiner Vorstellung, Veränderung durch Theaterspielen erreichen zu wollen, keineswegs allein.

Auch in der damaligen Psychologie wurde der Wert des Spiels betont. So wehrt sich der Wiener Psychologe Karl Bühler in „Die Krise der Psychologie" von 1927 gegen Freuds pathologische Spiel-Auffassung und bescheinigt dem Kinderspiel Formwille und Funktionslust. Damit verteidigt er — ohne daß er es weiß — Morenos Position gegen Freud (vgl. Bühler, 1965, S. 200ff.).

2.3.4 Die soziologischen Hoffnungen

Wenn Moreno sein soziometrisches Projekt zur Neuordnung der Gesellschaft auch erst in den USA ausarbeitet, so sind die Grundideen schon in seiner Wiener Zeit vorhanden. Seit er sich als „gefallener Gott" erkannt hat, als jemand, der durch die isolierenden und entfremdenden gesellschaftlichen Verhältnisse aus dem Himmel auf die Erde geholt wurde, will er mit wissenschaftlicher Akribie diese Verhältnisse analysieren und verändern. Aus dem vergangenen „Königreich der Kinder" blieb ihm die Ahnung, wie die Formen menschlichen Zusammenlebens eigentlich gemeint waren. Diesen utopischen Formen wollte er zur Geltung verhelfen (vgl. Moreno, 1978a, S. XIX).

Schon das Studium *Max Schelers* (vgl. Bühl, 1978) könnte seine soziologischen Vorstellungen beeinflußt haben.

Wie Moreno lehnt dieser den Kapitalismus grundlegend ab. Zwar räumt er wie Moreno den politischen und wirtschaftlichen Faktoren einen wichtigen Einfluß auf die gesellschaftliche Entwicklung ein; Ursache der kapitalistischen Gesellschaftsordnung sei jedoch der „kapitalistische Geist", „die sozialethisch gutgeheißene und als gut und vorbildlich geltende Vorherrschaft unbegrenzten Erwerbsstrebens in der Sphäre ökonomischer Werteträger über alle anderen gleichzeitigen menschlichen Triebe und Bedürfnisformen" (Scheler in Mader, 1980, S. 86).

An Marxens Entwurf kritisiert er wie Moreno dessen Materialismus (Unterschätzung des schöpferischen Geistes), Kollektivismus (Unterschätzung von bedeutenden Einzelpersonen und Gruppen) und Chiliasmus (Definition eines gesellschaftlichen Endzustandes) (vgl. Mader, 1980, S. 87). Scheler propagiert statt dessen einen dritten Weg, den er „Christlichen Sozialismus" oder „prophetischen christlichen Sozialismus" nennt. Im Mittelpunkt dieser neuen Weltordnung müsse der Gedanke der „wechselseitigen realen Solidarität aller für alle" stehen (Scheler, in Mader, 1980, S. 89). Scheler schwebt ein Völkerbund vor, in dem dezentral pluralistisch kleinere autonome Gruppierungen miteinander vernetzt sind. Der Weg dahin verlange Umkehr, Gesinnungsänderung und lange, stille Aufbauarbeit.

Besonders interessant für Morenos Konzept des Tele, der Zweifühlung, die er im „Stegreiftheater" „mediale Verständigung" nennt (1923b, S. 57), ist Schelers Lehre von den Sympathiegefühlen, 1913 veröffentlicht. Er unterscheidet das Nachfühlen, das Miteinanderfühlen, das Mitgefühl, die psychische Ansteckung, die Einsfühlung, Liebe und Haß. Der Mensch erfährt sich in diesen Gefühlsströmungen immer als ein auf das Du verwiesener. Die Du-Evidenz wird von Scheler gar der Ich-Evidenz in der Eigenwahrnehmung vorangestellt (vgl. Stegmüller, 1965, S. 110; Becker, 1956).

Neben Scheler nennt Moreno *Georg Simmel* (1858-1918), vor allem dessen „Philosophie des Geldes" von 1900, als Einflußfaktor für seine soziologischen Theorien (vgl. Moreno, 1981, S. 269). An anderen Stellen weist er darauf hin, daß Simmel manche seiner Konzepte vorweggenommen habe (z.B. Moreno, 1974, S. XXI; 1978a, S. LX).

Simmel (vgl. Schnabel, 1976; Dahme, 1987) geht davon aus, daß die Soziologie die Wechselwirkungen zwischen Personen, Gruppen und sozialen Aggregaten untersucht.

Gesellschaft wird als Resultat von Wechselwirkungen, Handlungen, gefaßt. Aus diesen Interaktionen entstehen objektive Gebilde, die wiederum Handeln sichern; sie können als einmal entstandene wiederum den Handelnden als schon existierende entgegentreten. Diese Dialektik beschreibt Moreno als Prozeß von schöpferischer Aktion und Konserve. Soziale Elementarformen entstehen nach Simmel auch dort, wo sich einzelne zufällig und spontan treffen und in Interaktion treten; hier ist die Gesellschaft „im status nascens".

Diesem „status nascendi" gilt auch Morenos Interesse. In diesem Stadium entspringt Neues, z.B. echte Begegnung, eine kongruente Tele-Beziehung (vgl. Moreno, 1970, S. 23; Moreno, 1977, S. 25). Die Kraft, die nach Simmel Beziehungen herstellt, ist eben jenes Tele als Zement der Gesellschaft.

Die gesellschaftlichen Formen der Interaktionen nennt Moreno Rollen, bei (fast) totaler gesellschaftlicher Prägung Rollenkonserven. Simmel verwendet den Begriff der Rolle nur gelegentlich, obwohl inhaltlich sein Ansatz eine Rollentheorie enthält (vgl. Gerhardt, 1971, S. 27ff.). In seinem Aufsatz „Zur Philosophie des Schauspielers" von 1920 schreibt er:

„Wir tun nicht nur Dinge, zu denen die Kultur- und Schicksalsschläge uns äußerlich veranlassen, sondern wir stellen unvermeidlich etwas dar, was wir nicht eigentlich sind ... das Individuum geht wirklich in die vorgezeichnete Rolle hinein, es ist jetzt seine Wirklichkeit, nicht nur der und der, sondern das und das zu sein. Im großen und kleinen, chronisch und wechselnd finden wir ideelle Formen vor, in die unsere Existenz sich zu kleiden hat" (Simmel, in: Petzold/Mathias, 1982, S. 40).

Die sozialen Wechselwirkungen sieht Simmel als Beziehungsnetz:

„All die tausend, von Person zu Person spielenden, momentanen oder dauernden, bewußten oder unbewußten, vorüberfliegenden oder folgenreichen Beziehungen ... knüpfen uns unaufhörlich zusammen. In jedem Augenblick spinnen sich solche Fäden, werden fallen gelassen, wieder aufgenommen, durch andre ersetzt, mit andern verwebt. Hier liegen die, nur der psychologischen Mikroskopie zugänglichen Wechselwirkungen zwischen den Atomen der Gesellschaft, die die ganze Zähigkeit und Elastizität, die ganze Buntheit und Einheitlichkeit dieses so deutlichen und so rätselhaften Lebens der Gesellschaft tragen" (Simmel, 1968, S. 15).

Genau diese Sicht ist die Sicht der Soziometrie Morenos! Die Vernetzung dieser Konfigurationen hat Simmel unter dem Stichwort „Kreuzung sozialer Verkehrskreise" diskutiert (vgl. Simmel, 1968, S. 305ff.).

Während nach Simmel die Soziologie als Wissenschaft diese Phänomene kausal erklären soll, bleibt der Philosophie, ihre apriorischen Vorannahmen zu entwickeln und zu begründen bzw. die vielen Einzelerkenntnisse zu einer Gesamtsicht zu verschmelzen. Simmel trennt also scharf die wissenschaftliche Erkenntnis von der philosophisch-spekulativen, der metaphysischen Erkenntnis. Dieses Bedürfnis nach Metaphysik, zunächst aus dem Spieltrieb des Menschen abgeleitet, hält Simmel später für eine Grundkonstante menschlichen Lebens.

Morneo bewegt sich wie Simmel und Bergson (→ *Schmitz*) zwischen diesen beiden Erkenntnisweisen (vgl. Moreno, 1974, S. 19); er nennt sie Religion und Wissenschaft. Im Unterschied zu jenen will er sie jedoch miteinander versöhnen (vgl. Kraus, 1984, S. 52ff.).

Aus einer empirisch-naturwissenschaftlichen Orientierung der Soziologie verspricht sich Simmel wie Moreno Aufschlüsse und Anleitungen für politisches Handeln (vgl. Dahme, 1987, S. 34).

Gesellschaftliche Entwicklung ist nach Simmel durch Ausdifferenzierung gekennzeichnet; sie führt auf der einen Seite zur Individualisierung, aber auch zur funktionalen Gliederung größerer sozialer Gebilde. Damit ist zum einen eine Entlastung für den einzelnen gegeben, zum anderen aber auch eine gewisse Entfremdung. Diese Dialektik sieht Moreno generell in der Technikentwicklung, insbesondere in der technischen Verdoppelung des Menschen, dem Roboter. Wie Moreno sieht Simmel diese Dialektik nicht nur in der Gesellschaft, sondern im gesamten Kosmos.

Vor allem in der „Philosophie des Geldes" zeigt Simmel, daß Vergesellschaftung durch soziale Wechselwirkung primär als Austauschbeziehung auftritt. Wie Marx sieht Simmel im Geld ein soziales Verhältnis, das das Handeln typisiert. Allerdings: In jedem Individuum gibt es einen Rest, der nicht vergesellschaftet ist. Und in diesem individuellen Anteil des sozialen Rollenhandelns sieht Simmel die einzige Chance, den entfremdenden Tendenzen der Vergesellschaftung zu entkommen.

Während auf der einen Seite — ähnlich bei Moreno — Individualität quantitativ bestimmt wird als die Summe der sozialen Rollen, faßt Simmel sie auf der anderen Seite qualitativ auf, als eigensinnige Kraft, gegen die herrschende Norm zu leben. Wie bei Moreno entspringt dieser lebensphilosophische, qualitative Individualismus einem „mystisch-anarchistischen Vertrauen in die Kraft des Lebens" (Landmann, 1976, S. 6). Künstler, z.B. Goethe, Rembrandt und George, sind für ihn solche Schöpfer eigener ethischer Normen (vgl. Dahme, 1987, S. 85).

Die kritische Sicht der bürgerlichen Kultur teilt Moreno mit Simmel, auch sieht er wie dieser als einzigen Ort des Widerstands die schöpferische Kraft des Individuums. Allerdings ergänzt Moreno Simmel, wenn er nicht nur die quantitative Bestimmung des Individuums als soziale Wechselwirkung betrachtet, sondern auch die qualitative. D.h. der widerständige Schöpfergeist wird geboren im Zwischen, in der Begegnung, in der Gruppe. Erst die spontane Inter-Aktion weckt die Kreativität des Individuums und verleiht ihm Macht. Vor allem aber entwickelt Moreno soziale Arrangements, um diese Schöpferkraft zu entfalten. Hier liegt seine eigentliche Bedeutung über Simmel hinaus.

Die soziologischen Hoffnungen entsprangen einer Kritik an der alten, erstarrten Gesellschaft, erhielten durch die schrecklichen Erfahrungen des Ersten Weltkrieges neue

Nahrung und fanden in der Aufbruchstimmung des sozialistischen Wien mit der Rätebewegung (vgl. Hautmann, 1987) und vielen Sozialreformen vielfältigen Ausdruck.

Franz Werfel schildert in seinem Roman „Barbara oder die Frömmigkeit" (1988) diesen Umbruch, gerade auch die revolutionären Aktionen im Wien der ersten Nachkriegsjahre. Werfel selbst beteiligt sich in Berlin zusammen mit Buber, Landauer und Scheler an einem Geheimbund gegen den Militarismus und sympathisierte zeitweise mit anarchistischen und kommunistischen Ideen (vgl. Jungk, 1987, S. 47, 65, 109 ff.). Er war auch mit dem anarchistischen Schriftsteller Franz Jung bekannt, der — inspiriert von Otto Gross (→ *Buer/Schmitz*) — 1921/23 seine Lebensphilosophie entfaltete mit interessanten Parallelen zu Morenos Philosophie (vgl. Jung. 1987; Rieger, 1987). Selbst die Lektüre von Spinoza könnte nicht nur der Beschäftigung mit religiösen Fragestellungen gedient haben: Spinozas Werk enthält auch einen Entwurf einer freien Gesellschaft (vgl. Negri, 1982).

In dieser sozialen Umbruchsituation war die Beschäftigung auch mit revolutionären Theorien für Moreno selbstverständlich. Er las nicht nur die marxistischen Klassiker, sondern setzte sich auch mit zeitgenössischen Theoretikern auseinander, wie George Sorel (vgl. Portis, 1983), und interessierte sich für die revolutionären Vorgänge in Rußland wie den Spartakusaufstand in Deutschland. Max Adler und Georg Lukács sollten, Ernst Bloch hat an seiner Zeitschrift mitgearbeitet.

In meinem Beitrag zu Morenos Auseinandersetzung mit dem Marxismus (→ *Buer, Marxismus*) arbeite ich heraus, daß er zwar ein sehr eingeschränktes Marxismusverständnis hatte — was damals allerdings gang und gäbe war —, er aber doch in vielen Punkten mit der Marx'schen Kapitalismuskritik übereinstimmte. Seine Kritik an Marx ist teilweise seinem einseitigen Marxismusbild geschuldet, zum anderen Teil deckt sie aber durchaus Schwächen der Marx'schen Analyse auf, wie sie auch von heutigen marxistischen Theoretikern gesehen werden. Erst ein Dialog etwa zwischen Moreno, Marcuse, Fromm und Bloch kann weiterführende Anknüpfungspunkte zwischen Morenos Philosophie und dem Marxismus aufzeigen. Diese Dialogebene müßten Morenos heutige Kritiker marxistischer Provenienz erst einmal aufnehmen.

Daß Morenos soziologische Hoffnungen auch viele anarchistische Elemente enthält, darauf weist auch Petzold hin (1987, S. 137). Diese Tendenzen liegen aber weniger offen zu Tage, sie müssen erst entdeckt werden. Morenos Mitarbeiter am „Daimon" Franz Werfel hatte Kontakt zu Franz Jung, Otto Gross, Erich Mühsam und Gustav Landauer.

Martin Buber hat später in „Pfade in Utopia" seine soziologischen Hoffnungen aus eben diesen anarchistischen Quellen entwickelt.

In meinem Vergleich von Morenos Philosophie mit anarchistischen Ideen (→ *Buer, Anarchismus*) wird deutlich, daß Morenos Vision einer „therapeutischen Weltordnung" de facto in der Tradition eines utopischen Sozialismus steht. Gerade diese Verbindung mit Martin Buber weist darauf hin, daß dieser Sozialismus starke religiöse Wurzeln hat, die vor allem im jüdischen Gedankengut gewachsen sind.

So gründen Morenos soziologische Hoffnungen auf eine Welt, in der einer dem anderen Helfer ist, letztlich in seiner religiösen Überzeugung, daß diese Welt eine unzerstörbare Kraft enthält, die sich mit Hilfe der Menschen entfalten will, um sich durch die Welt und die Welt durch sich zu vollenden.

3. Morenos Zeit in New York

Von New York aus begann Moreno sich mit Spontaneitätstheater, Gruppenarbeit und soziometrischen Untersuchungen im Rahmen verschiedener Projekte in die Arbeit von Schulen, Nachbarschaftshäusern, Gefängnissen, Krankenhäusern, Erziehungsheimen, Siedlungsvorhaben etc. einzumischen. 1936 gründete er das Beacon Hill Sanatorium und 1942 das Sociometric Institute and New York Theatre of Psychodrama in New York City; er gründete Zeitschriften und wissenschaftliche Vereinigungen zur Verbreitung seiner neuen Methoden. Sie vor allem fanden großes Interesse: die Untersuchungsmethoden der Soziometrie und die Handlungsmethoden von Gruppenpsychotherapie, Soziodrama und Psychodrama.

In der Zeit des New Deal unter Präsident Roosevelt hatte Moreno ein Klima vorgefunden, in dem die demokratische Aktivierung und Beteiligung der Bevölkerung an der Beseitigung von sozialen Mißständen unter Führung der sozialwissenschaftlichen Intelligenz Programm war. 1934 fiel das Erscheinungsdatum von „Who Shall Survive?" genau in diese Phase des sozialen Aufbruchs (vgl. Moreno, 1978a, S. LXV f.).

Kehrseite dieses Reformoptimismusses war, daß die Bedingungen für soziale Veränderungen gar nicht ausreichend geklärt wurden. So sollte das Zusammenleben der Gefangenen in Sing Sing und das der Mädchen in Hudson verbessert werden; die Institutionen selbst wurden jedoch überhaupt nicht kritisch untersucht.

Obwohl Moreno sich in dieser Zeit im sozialwissenschaftlichen Forschungsbetrieb etabliert — er wird von 1951 - 1966 Adjunct Professor of Sociology an der New York University —, bleibt er Außenseiter, weil er hartnäckig an seiner religiösen Inspiration festhält. Teile seiner Frühschriften gibt er neu heraus, manche erweitert und kommentiert, wie „Das Testament des Vaters" 1941 in „The Words of the Father" (1970). Außerhalb seines engeren Kreises findet er damit aber keinen Anklang.

Einfluß gewinnt er jedoch vor allem durch seine soziometrische Forschungsmethodik.

In seiner Zeitschrift „Sociometry", die 1956 von der American Sociological Society übernommen wird, und in mehreren Sammelbänden wird sein Ansatz verbreitet: 1951, „Sociometry, experimental Method and the Science of Society"; 1956, „Sociometry and the Science of Man"; 1960, „The Sociometry Reader". Hier weist er immer wieder auf die Fundierung der Soziometrie in seiner therapeutischen Philosophie hin, läßt aber eine reduktionistische Verwertung seines Ansatzes zu.

Wenn er seine Soziometrie als Synthese von Soziologie in der Tradition von Comte und dem Wissenschaftlichen Sozialismus präsentiert (vgl. Moreno, 1974, S. XIX ff.; → *Buer, Marxismus*), begibt er sich damit zwar auf ein hohes Reflexionsniveau, kann aber mit seinem Vorschlag dennoch kaum einen bedeutenden Sozialwissenschaftler überzeugen. Interesse wird ihm seitens der deutschen Soziologie von Leopold von Wiese, zeitweise auch von René König entgegengebracht (vgl. Moreno, 1974, S. XI ff.; Becker, 1956a). Von seiten der französischen Soziologie hat vor allem George Gurvitch seine Ansätze aufgegriffen (vgl. Moreno, 1974, S. 384, 403, 428).

Mit Mead setzt er sich kritisch auseinander (vgl. Moreno, 1981, S. 166 f., 256, 277; in Petzold/Mathias, 1982, S. 264, 269 f., 276, 280; vgl. auch Petzold/Mathias, 1982). Auch mit Pierce, Cooley, Murdock, Parsons und Bales; diese interessieren sich aber nicht für ihn. Persönliche Kontakte gab es aber z.B. zu Howard Becker, Margaret Mead und Paul F. Lazarsfeld (vgl. Moreno, 1978a, S. LXXVIII ff.).

Ähnlich ist es ihm mit der Kleingruppen- und Aktionsforschung ergangen.

Petzold (1980a; 1980b) hat die persönlichen Beziehungen von Kurt Lewin und Moreno nachgezeichnet. Deutlich wird dabei, daß Moreno viele Konzepte, die heute Lewin zugeschrieben werden, schon zuvor entwickelt hatte und andere zumindest inspirierte (vgl. Moreno, 1978a; S. XCIX ff.). Lewins Mitarbeiter Lippitt, Benne, Bradford, Bavelas, Zander u.a. waren zugleich Schüler Morenos und haben bei ihm die Anfänge der Kleingruppenarbeit und der Aktionsforschung gelernt. Darüber haben sie in Morenos Zeitschriften publiziert, noch bevor sie dann ihre eigenen Wege gingen und die National Training Laboratories gründeten.

Therapeutische Arbeit in und mit Gruppen auf wissenschaftlicher Grundlage wurde von Moreno 1931 in der Arbeit im Gefängnis Sing Sing, N.Y., entwickelt und 1932 auf dem „Philadelphia Symposium" der American Psychiatric Association unter Leitung von W.A. White vorgestellt, bei dem sich u.a. auch Franz Alexander zu Wort meldete (vgl. Moreno, 1973, S. 116 ff.). 1951 gründete er das International Committee of Group Psychotherapy und leitete damit die Gruppentherapie-Bewegung ein (vgl. Z. Moreno, 1966), in der sein eigener Ansatz nur einer unter mehreren sein sollte.

Damit paßte Moreno seine Ideen in eine Bewegung ein, die in dem Begriff „Gruppe" ein Abstraktum gefunden hatte, auf das sich viele reformerische Kräfte einigen konnten. Während in Morenos originärer Philosophie die Gruppe der Ort der Begegnung ist, durch die Kontakte geknüpft werden, die Netzwerke der Sympathie und Kooperation wirklich werden lassen und damit zur Basis einer therapeutischen Neustrukturierung der Vergesellschaftung von unten beitragen, verflacht der Gruppenbegriff in vielen anderen Ansätzen von Gruppendynamik und Gruppenpsychotherapie zum kleinsten Behälter der Manipulation und Kontrolle (vgl. Hörmann, 1986; 1987): Indem oft so getan wird, als sei Gruppe schon Gesellschaft, werden die unversöhnlichen Gegensätze und Widersprüche kapitalistisch bestimmter Gesellschaftssysteme verleugnet (→ *Buer, Marxismus*). Die Einordnung des Psychodrama in diese Formen der Gruppenarbeit (vgl. Z. Moreno, 1966) hat — im Ganzen betrachtet — wohl eher zur Anpassung, als zur kritischen Qualifizierung dieser Bewegung geführt (vgl. Horn, 1972).

Morenos therapeutische Philosophie findet in dieser New Yorker Zeit keine weitere Ausarbeitung; sie findet in der wissenschaftlichen Öffentlichkeit kaum Anhänger; Moreno versteckt sie hinter seinen Methoden. Aber ist das nicht der Kern seiner Lebensphilosophie, daß sie eben keine Botschaft, keine Lehre, kein System enthält, sondern eine Einladung ausspricht, einen Ort weist, ein Arrangement anbietet, einen Weg zeigt, den wir selbst gehen müssen, autonom, in freier Entscheidung, getragen vom Glauben an die unzerstörbare und nie versiegende Schöpferkraft im Menschen, getrieben vom Anspruch, dem anderen ein Helfer zu sein, animiert von spielerischen und phantastischen Vorstellungen und orientiert an der Utopie einer herrschaftsfreien, kommunitären Weltordnung?

Anmerkungen

1 Die Bezeichnung „Daimon" dürfte „die innere Stimme des schöpferischen Geistes" meinen. In dieser Bedeutung jedenfalls verwendet Moreno das engl. „demon", wenn er davon spricht, daß in Sokrates und Kierkegaard der „demon" nicht laut genug sprach, um eine neue Idee zur Vollendung zu bringen (vgl. Moreno, 1978a, S. XXIII f.).
„Die Gefährten" meint in etwa das, was Moreno später unter „die Therapeuten" verstanden hat, nämlich: Diener und Helfer (vgl. Moreno, 1973, S. 6).

2 Die Nachprüfung dieser Angaben zeigt, daß die Genannten keineswegs Mitherausgeber waren; manche waren als Mitarbeiter nur angekündigt, manche (wie Kafka) tauchen gar nicht auf. Immerhin wird der geistesgeschichtliche Kontext für Morenos Denken deutlich!

3 Moreno beschreibt in „Die Rede vor dem Richter" (1925) einen öffentlichen Skandal, den er quasi als Happening inszeniert hat. Das erinnert auch an die soziologischen Experimente von Brecht.

Literatur

Anz, Th. & Stark, M. (Hrsg.) (1982). Expressionismus. Manifeste und Dokumente zur deutschsprachigen Literatur 1910-1920. Stuttgart.
Becker, H. (1956a). Systematic Sociology and Leopold von Wiese. In J.L. Moreno (Hrsg.), Sociometry and the Science of Man. (S. 518-524). Beacon.
— (1956b). Empathy, Sympathy, and Scheler. Int. Journal of Sociometry, Sept., 15-22.
Bergner, E. (1978). Bewundert viel und viel gescholten ... München.
Berner, P. et al. (Hrsg.) (1986). Wien um 1900. Aufbruch in die Moderne. München.
Buber, M. (1984). Ich und Du. In Ders., Das dialogische Prinzip. (S. 7-136). Heidelberg.
von Boehn, M. (1925). Der Tanz. Berlin.
Bühl, W.L. (1978). Max Scheler. In D. Käsler (Hrsg.), Klassiker des soziologischen Denkens. Bd. 2. (S. 178-225, 520-533). München.
Bühler, K. (1965). Die Krise der Psychologie. Stuttgart.
Buer, F. (1989). Die Philosophie des J.L. Moreno. Die Grundlage des Psychodrama. Int. Therapie, 2 (im Druck).
Burkart, V. (1971). Befreiung durch Aktionen. Die gemeinsamen Elemente in Psychodrama und Theater. Wien.
Carkoff, P. (1988). Friedlaender (Mynona) zur Einführung. Hamburg.
Clark, J. (1984). Bruno Schönlank und die Arbeitersprechchorbewegung. Köln.
Conti, Ch. (1984). Abschied vom Bürgertum. Alternative Bewegungen in Deutschland von 1890 bis heute. Reinbek.
Dahme, H.-J. (1987). Soziologiegeschichte. Die Zeit der Riesen: Simmel, Durkheim, Weber. Kurseinheit 1: Georg Simmel. (Fernuniversität Hagen).
Daimon. Eine Monatsschrift. (1969). Hrsg. v. J. Moreno Levy. Wien (Brüder Suschitzky Verlag 1918, hier: Kraus Reprint. Nedeln/Liechtenstein).
Denser, H. (1983). S. Kierkegaard: Existenzdialektik. In J. Speck (Hrsg.), Grundprobleme der großen Philosophen. Philosophie der Neuzeit III. (S. 125-159). Göttingen.
Diener, G. (1971). Goethes „Lila". Heilung eines „Wahnsinns" durch „psychische Kur". Frankfurt/M.
Eichberg, H. et al. (1977). Massenspiele. NS-Thingspiel, Arbeiterweihespiel und olympisches Zeremoniell. Stuttgart-Bad Cannstadt.
Ellenberger, H.F. (1985). Die Entdeckung des Unbewußten. Zürich.
Falk, W. (1977). Der kollektive Traum vom Krieg. Heidelberg.
— (1988). Die Literatur vor dem Ersten Weltkrieg. In Funkkolleg Jahrhundertwende. Studienbegleitbrief 4. (S. 39-75). Weinheim.
Fischer, J.M. (1988). Décadence. In Propyläen Geschichte der Literatur. 5. Bd. Das bürgerliche Zeitalter 1830-1914. (S. 559-581). Berlin.
Fischer, M. (1986). Augenblicke um 1900. Literatur, Philosophie, Psychoanalyse und Lebenswelt zur Zeit der Jahrhundertwende. Bern.
Fiedler, L.M. (1975). Max Reinhardt in Selbstzeugnissen und Bilddokumenten. Reinbek.
Frei, A.G. (1984). Rotes Wien. Austromarxismus und Arbeiterkultur. Sozialdemokratische Wohnungs- und Kommunalpolitik 1919-1934. Berlin.
Frenzel, I. (1966). Friedrich Nietzsche in Selbstzeugnissen und Bilddokumenten. Reinbek.
Frings, M.S. (1973). Max Scheler: Drang und Geist. In J. Speck (Hrsg.), Grundprobleme der großen Philosophen. Philosophie der Neuzeit II. (S. 9-42). Göttingen.
Fox, J. (Hrsg.) (1987). The Essential Moreno. Writings on Psychodrama, Group Method, and Spontaneity by J.L. Moreno, M.D. New York.

Die Gefährten. (1969). Heft 1 - 12. (Wien, Leipzig: Genossenschaftsverlag. 1920/21, hier: Kraus Reprint, Nedeln/Liechtenstein).
Gerhardt, U. (1971). Rollenanalyse als kritische Soziologie. Neuwied.
Glaesner, G.-J. & Scherer, K.-J. (Hrsg.) (1986). Auszug aus der Gesellschaft? Gemeinschaften zwischen Utopie, Reform und Reaktion. Berlin.
Grossinger, R. (1982). Wege des Heilens. Vom Schamanismus der Steinzeit zur heutigen alternativen Medizin. München.
Hamann, R. & Hermand, J. (1977). Epochen deutscher Kultur. 5 Bd. Frankfurt/M.
Hautmann, H. (1987). Geschichte der Rätebewegung in Österreich 1918-1924. Wien.
Hepp, C. (1987). Avantgarde. Moderne Kunst, Kulturkritik und Reformbewegungen. München.
Hermand, J. & Trommler, F. (1978). Die Kultur der Weimarer Republik. München.
Hesse, H. (1982). Die Morgenlandfahrt. Eine Erzählung. Frankfurt/M.
— (1988). Franz von Assisi. Frankfurt/M.
Hörmann, G. (1986). Gruppentherapien. In G. Rexilius & S. Grubitzsch (Hrsg.), Psychologie. (S. 223-241). Reinbek.
— (1987). Gruppentherapien. In H. Zygowski (Hrsg.), Psychotherapie und Gesellschaft. (S. 235-260). Reinbek.
Hofmann, W. (Hrsg.) (1981). Experiment Weltuntergang. Wien um 1900. München.
Holthusen, H.E. (1965). Rainer Maria Rilke in Selbstzeugnissen und Bilddokumenten. Hamburg.
Honsza, N. (1988). Die Oktoberrevolution und ihre literarischen Auswirkungen. In Propyläen Geschichte der Literatur. 6. Bd. Die moderne Welt. 1914 bis heute. (S. 54-71). Berlin.
Horn, K. (1972). Einleitung: Bemerkungen zur Situation des ‚subjektiven Faktors' in der hochindustrialisierten Gesellschaft kapitalistischer Struktur. In Ders. (Hrsg.), Gruppendynamik und der ‚subjektive Faktor', (S. 17-116). Frankfurt/M.
Huizinga, J. (1987). Homo Ludens. Vom Ursprung der Kultur im Spiel. Reinbek.
Illig, H. (Hrsg.) (1988). Das Friedell-Lesebuch. München.
Janik, A. & Toulmin, St. (1984). Wittgensteins Wien. München.
Johannesson, A. (1982). Der Bewegungs-Sprechchor. In W. van der Will & R. Burns (Hrsg.), Arbeiterkulturbewegung in der Weimarer Republik. Bd. 2. (S. 143-148). Frankfurt/M.
Johnson, P.E. (1949). The Theology of Interpersonalism. Sociometry, Vol. XII, 1-3, 225-234.
— (1959). Interpersonal Psychology of Religion. Moreno and Buber. Group Psychotherapy, Vol. XII, 3, 211-217.
Johnston, W.M. (1980). Österreichische Kultur- und Geistesgeschichte. Wien.
Jung, F. (1987). Die Technik des Glücks. Mehr Tempo! Mehr Glück! Mehr Macht! Werke Bd. 6. Hamburg.
Jungk, P.St. (1987). Franz Werfel. Eine Lebensgeschichte. Frankfurt/M.
Kahl, J. & Wernig, E. (Hrsg.) (1981). Freidenker. Geschichte und Gegenwart. Köln.
Kent, D. & Carter, C. (1974). The Origin and Development of Psychodrama and in Relationship to radical Theatre. Group Psychotherapy and Psychodrama, Vol. XXVII, 1-4, 71-82.
Keupp, D. (1977). Musik der 20er Jahre. In Kunstamt Kreuzberg & Institut f. Theaterwissenschaft der Universität Köln (Hrsg.), Weimarer Republik. (S. 517-540). Berlin.
Klein, H.M. (1988). Literarische Reaktionen auf den Krieg. In Propyläen Geschichte der Literatur. 6. Bd. Die moderne Welt. 1914 bis heute. (S. 37-53). Berlin.
Konitzer, M. (1987). Wilhelm Reich zur Einführung. Hamburg.
Kraus, Ch. (1984). Psychodrama for ‚Fallen Gods': A Review of Morenian Theology. Journal of Group Psychotherapy, Psychodrama and Sociometry, 37, 47-66.
Krojanker, G. (Hrsg.) (1922). Juden in der deutschen Literatur. Berlin.
Landmann, M. (1976). Georg Simmel. Konturen seines Denkens. In H. Böhringer & K. Gründer (Hrsg.), Ästhetik und Soziologie um die Jahrhundertwende: Georg Simmel. (S. 3-17). Frankfurt/M.
Linse, U. (1983a). Barfüßige Propheten. Erlöser der zwanziger Jahre. Berlin.
— (1986). Ökopax und Anarchie. Eine Geschichte der ökologischen Bewegungen in Deutschland. München.
— (Hrsg.) (1983b). Zurück, o Mensch, zur Mutter Erde. Landkommunen in Deutschland 1890-1933. München.

Lorenzer, A. (1983). Intimität und soziales Leid. Archäologie der Psychoanalyse. Frankfurt/M.
Mader, W. (1980). Max Scheler in Selbstzeugnissen und Bilddokumenten. Reinbek.
Mattenklott, G. (1988). Spuren eines gemeinsamen Weges. Deutsch-jüdische Zeitschriftenkultur 1910-1930. Merkur, 42, 7, 570-581.
Marschall, B. (1983). „Ich bin der Mythus alles Daseins selber." Morenos Theater der Unwiederholbarkeit. Geschichte, Konzeption, Wirkung. (Dissertation). Wien.
— (1988). „Ich bin der Mythe." Von der Stegreifbühne zum Psychodrama Jakob Levy Morenos. Wien.
Moreno, J.L. (1919). Die Gottheit als Komödiant. Der Neue Dämon, 1-2, 48-63.
— (1923a). Der Königsroman. Potsdam.
— (1923b). Rede über den Augenblick. Potsdam.
— (1924). Rede über die Begegnung. Potsdam.
— (1925). Rede vor dem Richter. Potsdam.
— (1947). The Future of the Man's World. Beacon.
— (1969). Voslau Ceremony. Group Psychotherapy, Psychodrama and Sociometry, XXII, 1-2, 43-46.
— (1970). Das Stegreiftheater. Beacon.
— (1971). The Words of the Father. Beacon.
— (1972a). The Religion of God-Father. In P.E. Johnson (Hrsg.). Healer of the Mind. (S. 197-215). New York.
— (1972b). Comments on Goethe and Psychodrama. In Goethe and Psychodrama. Beacon.
— (1973). Gruppenpsychotherapie und Psychodrama. Stuttgart.
— (1974). Grundlagen der Soziometrie. Wege zur Neuordnung der Gesellschaft. Opladen.
— (1975). Psychodrama. Vol. III. Beacon.
— (1977). Psychodrama. Vol. I. Beacon.
— (1978a). Who Shall Survive? Foundations of Sociometry, Group psychotherapy and Sociodrama. Beacon.
— (1978b). Die Psychiatrie des Zwanzigsten Jahrhunderts als Funktion der Universalia Zeit, Raum, Realität und Kosmos. In H. Petzold (Hrsg.). Angewandtes Psychodrama. (S. 101-112). Paderborn.
— (1981). Soziometrie als experimentelle Methode. Paderborn.
— (Hrsg.) (1956). Sociometry and the Science of Man. Beacon.
— (Hrsg.) (1960). The Sociometry Reader. Glencoe.
— (Hrsg.) (1966). The International Handbook of Group Psychotherapy. New York.
Moreno, J.L., Z. & J. (1964). The first psychodramatic Familiy. Beacon.
Moreno, Z. (1966). Evolution and Dynamics of the Group Psychotherapy Movement. In J.L. Moreno (Hrsg.), The International Handbook of Group Psychotherapy. (S. 27-125). New York.
— (1979). Über Aristoteles, Breuer und Freud hinaus: Morenos Beitrag zum Konzept der Katharsis. Int. Therapie, 5, 1/2, 24-35.
— (1988). „Moreno has been absorbed by the culture." Interview mit U. Klein. Psychodrama, 1, 4-12.
Mühsam, E. (1905). Ascona. (Nachdruck, Berlin, o.J.).
Negri, A. (1982). Die wilde Anomalie. Baruch Spinozas Entwurf einer freien Gesellschaft. Berlin.
Der Neue Daimon. (1969). (Wien, Prag, Leipzig: Genossenschaftsverlag 1919, hier: Kraus Reprint, Nedeln/Liechtenstein).
Nitschke, A. (1988). Turnen, Rhythmik und neue Tänze. In Funkkolleg Jahrhundertwende. Studienbegleitbrief 4. (S. 76-110). Weinheim.
Novy, K. (1983). Genossenschafts-Bewegung. Zur Geschichte und Zukunft der Wohnreform. Berlin.
Petzold, H. (1979). Psychodrama-Therapie. Paderborn.
— (1980a). Moreno und Lewin und die Ursprünge der psychologischen Gruppenarbeit. Z.f. Gruppenpädagogik, 6, 1-18.
— (1980b). Moreno — nicht Lewin — der Begründer der Aktionsforschung. Gruppendyn., 2, 142-160.
— (1987). Die ganze Welt ist eine Bühne. Das Psychodrama als Methode der Klinischen Psychotherapie. In Ders. (Hrsg.), Wege zum Menschen. Bd. 1. (S. 111-216). Paderborn.
Petzold, H. & Mathias, U. (1982). Rollenentwicklung und Identität. Paderborn.
Petzold, H. & Schmidt, I. (1978). Psychodrama und Theater. In H. Petzold (Hrsg.), Angewandtes Psychodrama. (S. 13-44). Paderborn.
Peukert, D.J. et al. (1988). Die Jahrhundertwende und unsere Gegenwart. In Funkkolleg Jahrhundertwende. Studienbegleitbrief 1. (S. 11-63). Weinheim.

Pfau-Tiefuhr, U. (1976). Begegnung als Ereignis. J.L. Morenos Konzept der therapeutischen Interaktion. (Dissertation). Hannover.
Plessner, H. (1963). Zum Situationsverständnis gegenwärtiger Philosophie. In A. Diemer & I. Frenzel (Hrsg.), Philosophie. (S. 9-17). Frankfurt/M.
Pörtner, P. (1978). Moreno und das moderne Theater. In H. Petzold (Hrsg.), Angewandtes Psychodrama. (S. 45-61). Paderborn.
Portis, H. (1983). Sorel zur Einführung. Hannover.
Power, J.P. (1975). Moreno and the God Controversy. Group Psychotherapy and Psychodrama, XXVIII, 164-167.
Quitmann, H. (1985). Humanistische Psychologie. Zentrale Konzepte und philosophischer Hintergrund. Göttingen.
Raabe, P. (1985). Die Autoren und Bücher des literarischen Expressionismus. Stuttgart.
— (Hrsg.) (1987). Expressionismus. Der Kampf um eine literarische Bewegung. Zürich.
Rieger, W. (1987). Glückstechnik und Lebensnot. Leben und Werk Franz Jungs. Freiburg.
Ries, W. (1987). Nietzsche zur Einführung. Hamburg.
Ritter, G. & v. Bruch, R. (1988). Die Jahrhundertwende in Selbstzeugnissen. Eine kommentierte Dokumentation. In Funkkolleg Jahrhundertwende. Studienbegleitbrief O. (S. 72-106). Weinheim.
Roth, J. (1985). Juden auf Wanderschaft. Köln.
Sachs, H. (1982). Freud. Meister und Freund. Frankfurt/M.
Scheible, H. (1976). Arthur Schnitzler in Selbstzeugnissen und Bilddokumenten. Reinbek.
Schmidt, H.J. (1983). Friedrich Nietzsche: Philosophie als Tragödie. In J. Speck (Hrsg.), Grundprobleme der großen Philosophen. Philosophie der Neuzeit III. (S. 198-241). Göttingen.
Schnabel, P.-E. (1976). Georg Simmel. In D. Käsler (Hrsg.), Klassiker des soziologischen Denkens, Bd. 1. (S. 267-311; 493-501). München.
Schnitzler, A. (1978). Der Weg ins Freie. Roman. Das erzählerische Werk. Bd. 4. Frankfurt/M.
Schöbel, U. (1983). Die Frühschriften J.L. Morenos. (Magisterarbeit). Bonn.
Schorske, C.E. (1982). Wien. Geist und Gesellschaft im Fin de Siècle. Frankfurt/M.
Schreiber, W. (1977). Gustav Mahler in Selbstzeugnissen und Bilddokumenten. Reinbek.
Schröter, K. (1978). Alfred Döblin in Selbstzeugnissen und Bilddokumenten. Reinbek.
Simmel, G. (1958). Philosophie des Geldes. Berlin.
— (1968). Soziologie. Untersuchungen über die Formen der Vergesellschaftung. Berlin.
Speck, J. (1981). Martin Buber: die Aporetik des Dialogischen. In Ders. (Hrsg.), Grundprobleme der großen Philosophen. Philosophie der Gegenwart IV. (S. 48-105). Göttingen.
Spiel, H. (1987). Glanz und Untergang. Wien 1866-1938. München.
Stegmüller, W. (1965). Max Scheler. In Ders., Hauptströmungen der Gegenwartsphilosophie. (S. 96-134). Stuttgart.
Stuckenschmidt, H.H. (1981). Neue Musik. Frankfurt/M.
Szeemann (Hrsg.) (1980), Monte Verità. Berg der Wahrheit. Lokale Anthropologie als Beitrag zur Wiederentdeckung einer neuzeitlichen sakralen Topologie. München.
Varnedoe, K. (1987). Wien 1900. Kunst, Architektur & Design. Köln.
Voigts, M. (Hrsg.) (1980). 100 Texte zu Brecht. Materialien aus der Weimarer Republik. München.
Volke, W. (1967). Hugo von Hofmannsthal in Selbstzeugnissen und Bilddokumenten. Reinbek.
Wagenbach, K. (1966). Franz Kafka in Selbstzeugnissen und Bilddokumenten. Reinbek.
Wassermann, J. (1918). Der Jude als Orientale. Daimon, 1, 28-32.
Weber, R. (1978). Proletarisches Theater und revolutionäre Arbeiterbewegung 1918-1925. Köln.
Wehr, G. (1984). Martin Buber mit Selbstzeugnissen und Bilddokumenten. Reinbek.
Weiß, R. (1985). Bühne frei für eine politische Supervision. Experimente mit Psychodrama und Lehrstücktheater. München.
Werfel, F. (1988). Barbara oder die Frömmigkeit. Roman. Frankfurt/M.
van der Will, W. & Burns, R. (Hrsg.) (1982). Arbeiterkulturbewegung in der Weimarer Republik. 2 Bd. Frankfurt/M.
Willett, J. (1981). Explosion der Mitte. Kunst und Politik 1917-1933. München.
Worbs, M. (1988). Nervenkunst. Literatur und Psychoanalyse im Wien der Jahrhundertwende. Frankfurt/M.
Zweig, St. (1986a). Die Welt von Gestern. Erinnerungen eines Europäers. Frankfurt/M.
— (1986b). Die Heilung durch den Geist. Mesmer, Mary Baker-Eddy, Freud. Frankfurt/M.

I. Akt: Einflüsse

Judentum und Psychodrama

Friedel Geisler

Einleitung

Das Lebenswerk Morenos nährt sich aus seiner Zugehörigkeit zum jüdischen Volk. Das jüdische Leben, Denken, seine Philosophie, ja seine traditionsreiche Geschichte sind die Grundlagen, auf denen er seine Lebensarbeit aufbaut.

Morenos Auffassungen von Menschsein, Name, Anonymität, Gott, Kosmos und sein Umgang damit sind nur zu begreifen, wenn wir uns die Mühe machen, die jüdische Tradition der Sephardim und Chassidim zu studieren, aus denen er kommt und auf die er sich bezieht.

In den grundlegenden Teilen des Psychodrama lassen sich die jüdischen Elemente seiner Lebensphilosophie nachweisen.

1. Jüdische Tradition

1.1. Das jüdische Dasein

Das jüdische Volk findet sich in seinem Dasein traditionell auf der Wanderung durch die Kontinente. Viele Male erlitt es Verfolgungen, manchmal bis zur völligen Vernichtung. Oft konnte es sich über Generationen integrieren und wurde ein Teil des „Gast"-Volkes. Viele Juden konnten bis in die höchsten Ämter gelangen, beeinflußten die Kultur und hatten Anteil am Reichtum des Landes.

Der einzelne Jude erfährt sich in einer Tradition von außergewöhnlicher Weisheit, unabhängig vom sozialen Standort.

Jüdische Weisheit ist stets religiöser Bestandteil der Auffassung von Mensch und Welt oder Kosmos.

Es finden sich in jeder Tradition unabhängige, freie und schöpferische Heilige und Weise gegenüber den Traditionalisten, die ihr Leben damit verbringen, die großen, Bibliotheken füllenden Auslegungsschriften zum Alten Testament zu studieren und im Leben einzuhalten.

Die gegensätzlichsten Traditionsstränge existieren lebendig nebeneinander. Sie haben Platz in den Dörfern und in den Großfamilien (Fromm, 1983, S. 58). Viele jüdische Philosophen sind Beispiele für ein Leben im Spannungsfeld zwischen der äußersten Konsequenz des Konkreten und der höchsten Brillanz von Verallgemeinerung (z.B. B. Spinoza, M. Buber, J. Bloch, S. Freud, K. Marx u.a.).

Jüdische Menschen haben gelernt, aktiv die Welt in ihrem Handeln zu erfassen:

„Die Bedingungen der geschichtlichen Situation prägen den Wesensbestandteil des Judentums mit. Im Judentum dürfen, ja teils müssen wir von den pragmatischen Erfordernissen, heute von den pragmatischen, politischen Erfordernissen der Stunde her denken ... es ist authentisch jüdisches Denken." (Bloch, 1970, S. 65)

Martin Buber sagt das für den einzelnen, indem er ausführt:

„Der Mensch muß in den Akt der Selbstbestimmung in Wirklichkeit ganz eingehen, um der menschlichen Ganzheit innewerden zu können. Mit anderen Worten: er muß diesen Akt des Hineingehens in jene einzigartige Dimension als Lebensakt vollziehen, ohne vorbereitete philosophische Sicherung, er muß sich also alledem aussetzen, was einem widerfahren kann, wenn man wirklich lebt." (M. Buber, 1982, S. 20).

Jüdische Menschen kommen so vom Handeln zum Denken und dann zum Verallgemeinern. J. Heschel nennt das „situatives Denken", und er meint jenen induktiven Weltzugang, um den auch Moreno kämpft.

„Beim situativen Denken ist der Mensch unmittelbar interessiert, das Subjekt ist sich bewußt, daß es in eine Situation hinein verflochten ist, die es zu verstehen gilt." (Heschel, 1980, S. 94)

Auch das Reden ist ein Reden über Taten. Die Verallgemeinerungen verbergen sich darin.

Dieser Ansatz ist immanent jüdisches Leben. Man lese einmal den Pentateuch (die fünf Bücher Mose). Viele jüdische Philosophen haben diesen Sprachstil verwendet.

Handeln, sich selbst, seine Situation, seine Umgebung, seine ganze Welt verändern, das ist auch Morenos Ansatz, ein nachweislich jüdischer Lebensansatz, der sich aus dem Alten Testament und durch die jüdische Geschichte bis in die heutige Zeit fortsetzt (Geisler, 1984, S. 10).

1.2 Die Sephardim

Die Sephardim, genannt nach dem biblischen Ort Sephard, sind nach der jüdischen Tradition die auf die Pyrenäen-Halbinsel versprengten Überlebenden des Stammes Juda.

Aus der Fülle der Informationen über Leitgedanken der Sephardim werden hier diejenigen genannt, die sich in der Philosophie Morenos wiederfinden. Sie besagen im 12. Jahrhundert:

„Der Mensch ist imstande, eine greifbare Natur zu erkennen, die er mit Vernunft und Sinnen wahrnimmt. Er kann das, was ihm sein Verstand aufzufassen gestattet, nach eigenem Willen verändern. Er kann jedes Phänomen, das er erkennt, mit einem Teilchen von Göttlichkeit ausstatten, denn der Mensch ist frei, darin besteht sein größter Triumph ... Die Frucht seines Denkens, die er frei ist infrage zu stellen, ist die Entdeckung der Natur; in der Natur aber weilt Gott in einer geordneten und rationellen Natur, die der Mensch wahrnimmt, wann und wie es ihm gefällt. Die Erfüllung, die aus dieser Freiheit des Denkens und aus der Erkenntnis der Gott-Natur erwächst, ist die Freude. Der Mensch lebt für die Freude." (Leroy, 1987, S. 144)

Schon im 13. Jahrhundert ist für die Sephardim die Freude die notwendige Voraussetzung, wenn Gott im Menschen wirken soll. Die christliche Askese ist durch solche jüdischen Thesen schlichtweg negiert. Christliche Landesherren sahen sich immer wieder zu Übergriffen herausgefordert, wenn sie die fröhliche Grundeinstellung jüdischer Gruppen vor Augen hatten.

„Das Göttliche ist in den Elementen der Natur vervielfacht", sagt Spinoza und gerät in Amsterdam (1656) in die Nähe des verbotenen Pantheismus. Bei Moreno finden sich ähnliche Formulierungen in seinen Gottesvorstellungen (Moreno, 1914, S. 207).

Im 16. Jahrhundert bringen die Sephardim nach einer Reihe unabhängiger eigenwilliger Geister einen „Messias" hervor, der Dinge tut, die dem gewöhnlichen Sterblichen verboten sind (Leroy, 1987, S. 173). Sabbatai Zwi, nach dem später diese extreme Richtung Sabbatianismus genannt wird, beeinflußte die Entstehung der Chassidim (Scholem, 1980, S. 362-363). Überhaupt können im Laufe der Geschichte Beeinflussungen und Überschneidungen, ja Aufeinandertreffen der verschiedenen jüdischen Richtungen in den Exilen nachgewiesen werden.

„Das Gefühl einer starken Hervorhebung der Bruchstellen der jüdischen Existenz ‚ist schon den spanischen Exilanten' mit ungeheurer Intensität gegenwärtig". (Scholem, 1980, S. 273)

Um zu überleben, mußten sie notwendigerweise einen Umgang mit den heiligen Schriften entwickeln, der alles zur Zeit lebenswichtige zuläßt: „Die Heilige Schrift hat 70 Gesichter und zeigt jedem Geschlecht ein anderes" (Scholem, 1980, S. 271). Im Dasein liegt das Sein, sagen die Juden und entwickeln eine unvergleichliche Philosophie des Umgangs mit Leben und (Vor-)Schriften.

Meist kann nicht behauptet werden, die großen Geister haben sich von der Tradition gelöst, wohl aber, sie haben daraus gänzlich Neues gestaltet. Auch mit der steten Umwandlung und Neuschöpfung sind sie Teil ihrer Tradition.

Unter den Sephardim hat sich eine lange Tradition von kollektiven Verhaltensformen entwickelt, die allerdings nur von den Männern besetzt waren (Leroy, 1987, S. 46). Schon in seiner jüdischen Erziehung erfährt ein Junge im Schoß der Großfamilie die Grundlagen für das miteinander Handeln. Er erfährt auch, daß der Weise oder Heilige Sonderrechte hat und die heiligen Schriften originell und aus der Situation heraus ausgelegt werden können. So kommt er ganz selbstverständlich in Kontakt zu der revolutionären Kraft der alten Schriften, die in den jetzigen Bedeutungszusammenhängen völlig entgegengesetzt oder mit völlig anderen Deutungen der Symbole eingesetzt werden. Er lernt nach und nach die unübersehbare Fülle von Auslegungsvorschriften kennen, die geradezu dazu auffordern, eigene Wege zu finden, will man nicht sein ganzes Leben damit ausfüllen.

1.3 Die Chassidim

Die Chassidim sind eine weltbekannte jüdische Bewegung, viel jünger als die Sephardim.

Sie entstand in Polen und der Ukraine unter dem Einfluß der Sephardim und des Sabbatianismus in der Mitte des 18. Jahrhunderts (Scholem, 1987, S. 356, S. 362-385). Neben den gesetzestreuen Rabbinern, den Thora-Gelehrten, entwickelte sich seit ihrem Führer Baal-Schem eine Bewegung mit dem „idealen Führertypus", dem Erweckten, dem Propheten, der über die rationale Realität mit seinem Charisma verfügt. In ihrer weitverzweigten Bewegung über Generationen haben die Chassidim fast in jedem Dorf einen Heiligen, der eine Gruppe um sich schart.

Hier ist die Vorstellung vom Göttlichen in vielen einzelnen Menschen extrem ausgeprägt, konnten doch völlig entgegengesetzte religiöse Typen nebeneinander ihren Platz finden. Nicht die Lehre war das Wichtigste, sondern vor allem das Thora gewordene Leben, der Thora gewordene Mensch (Scholem, 1987, S. 378). Ohne Teilen, ohne Begegnung muß jede religiöse Bewegung neue Grenzen aufrichten, die letztlich zum Kriege führen. Das gilt auch für jeden Religionsstifter im Sich-Abgrenzen von anderen und Schranken-Aufrichten. Bei den Chassidim wird ein anderes religiöses Modell gelebt. Die Juden in der Diaspora und in ihren Ghettos wären nie auf die Idee gekommen, sich über ihre gegensätzlichen Erkenntnisse und Lebensweisen durch Krieg in ihrem Judesein zu schwächen. Der äußere Druck ließ diese Erscheinungsform zu einer charaktervollen Reife werden. Die Chassidim schafften sich immer wieder direkte Begegnung zu Gott, dem Heiligen, mit dem sie auf Du und Du standen. Die heiligen Schriften erfuhren keine traditionellen Auslegungen mehr, sondern wurden Geschichten, deren Symbole aus dem Mysterium heraus immer neu gedeutet werden konnten. Fromm berichtet, wie in der Paradies-Geschichte der Mensch zum Rebellen gegen den autoritären Gott wird. Die Schlange ist ein Symbol der Weisheit und Rebellion. Der Mensch wird nicht sündig, sondern er rebelliert. Ausgewiesen aus dem Paradies ist er Kreator, Beherrscher, Ebenbild Gottes, der weiß, was gut und böse ist. In der Vollendung wird der Mensch das Paradies und sein Menschsein, Gottsein wieder vereinigen.

Auf Du und Du lebt der Radowitzer Rabbi, der sagte:

„Am ersten Tage des Festes lädt uns Gott ein, einen Tag der Freude zu begehen; am zweiten Tage laden wir den Herrn ein, sich mit uns zu freuen. Die Einladung des ersten Tages hat uns Gott befohlen, den zweiten Festtag haben wir selbst eingesetzt." (Fromm, 1982, S. 67)

Vom Berditschewer Rabbi wird uns folgende Geschichte erzählt:

„Nach dem Jom Kippur rief der Berditschewer Rabbi einen Schneider zu sich und forderte ihn auf, ihm über seine Auseinandersetzung mit Gott vom vorigen Tage zu berichten. Der Schneider sagte: ‚Ich habe Gott erklärt: Du willst, daß ich meine Sünden bereue, aber ich habe nur geringfügige Verfehlungen begangen; ich habe vielleicht übriggebliebene Lappen behalten, oder ich habe in einem nichtjüdischen Haus was gegessen, ohne mir die Hände zu waschen, wenn ich dort gearbeitet habe. Aber du, o Herr, hast schwere Sünden begangen: Du hast Müttern ihre kleinen Kinder und kleinen Kindern ihre Mütter weggenommen. Laß uns quitt sein: Vergib du mir, und ich will dir vergeben'." (Fromm, 1982, S. 127)

Moreno wird hier einwenden, diese Erzählungen bleiben in einer Du-Gott-Beziehung (Moreno, 1978, S. 110-111). Sie wollen aber als Beweis dafür dienen, daß es seit Bestehen der jüdischen Religion und der jüdischen Philosophie einen Traditionsstrang gibt, der eine „bemerkenswerte Entwicklung von einem primitiven Autoritäts- und Standesbewußtsein zur Idee der radikalen Freiheit des Menschen und der Brüderlichkeit aller Menschen ausweist". Schon im Alten und im Neuen Testament läßt sich dieser emanzipatorische Traditionsstrang neben dem konservativ nationalistischen nachweisen (Fromm, 1983, S. 9 - 58).

Die Sephardim wie auch die Chassidim verfügen über eine Tradition von Demokratieformen. Die Korrektive für die Heiligen sind uns ungewohnt. Der Heilige ist wohl der Weiseste, aber auch der Ärmste. Für seine körperlichen Bedürfnisse sorgen die anderen, er selber lebt in dem Paradox der größten Einsamkeit und ist gleichzeitig das Zentrum der tiefsten Gemeinschaft mit den Volksgenossen (Scholem, 1980, S. 376).

Die „sonderbare und exotische Hülle des chassidischen Lebens" brachte einen unendlichen Reichtum an Literatur hervor und setzte große religiöse Werte frei. Aus diesen traditionsreichen Wurzeln konnte das „dialogische Prinzip" eines Buber erwachsen. Was wundert es, daß Moreno, mit dieser Tradition blutsverwandt, aus dieser Fülle inspiriert war. Seine „Wiedergeburt" und der rauschhafte Zustand, in dem er „Das Testament des Vaters" schrieb, seine Berufung zum Heiler und Heiligen, gehören in die Tradition der Sephardim und Chassidim.

2. Ein Jude wächst auf

2.1 Erziehung

Im 19. Jahrhundert kamen zahlreiche jüdische Flüchtlinge aus Rumänien, aus Bulgarien und aus Griechenland nach Wien (Leroy, 1987, S. 185). Zu ihnen gehörte auch die Familie Moreno Levi. Sie war aus Bukarest gekommen.

Die Flüchtlinge hatten vor der Vertreibung in großer Armut gelebt und waren unter dem Druck der Regierung geflohen. Bis dahin lebten sie angepaßt an den Islam. Die Christen in den einzelnen Ländern erboten sich oft, die armen jüdischen Kinder — natürlich zur Bekehrung — in christliche Institute zu übernehmen, und ließen sich das auch bezahlen (Leroy, 1987, S. 181). Die armen jüdischen Familien gaben ihren Mädchen überhaupt keine Schulbildung. Es war eine große Chance, wenn sie in einem Kloster erzogen wurden, wie Moreno von seiner Mutter berichtet. Moreno Nissim Levy, der Vater Morenos, war ebenfalls ein Jude. Es gehört zum jüdischen Dasein in der Diaspora, nach außen hin ein Leben der Anpassung zu führen. Nicht immer durften die Juden ihre religiöse Gebetsstätte, die Synagoge, bauen. Mitunter haben sie sogar die fremde Religion angenommen und verbargen die Pflege der eigenen Tradition im Schoß der Familie (Krypta-Juden). Die Flüchtlinge, die aus den Balkanländern kamen, waren Sephardim mit chassidischer Tradition.

Wir haben nur wenige Daten über Morenos Kindheit. Ein sehr wichtiger Hinweis ist, daß er mit vier bis fünf Jahren in einer sephardischen Schule Hebräisch gelernt hat. Damit bekam der Fünfjährige eine ganz bestimmte jüdisch-religiöse Erziehung. Mit dem Besuch dieser Eliteschule gewann er den Anschluß an jene Tradition des Sabbatai Zwi und Baal-Schem, die für sein eigenes religiöses Leben und Handeln die Grundlage bildete (Moreno, 1972, S. 207). Von jedem dieser Jungen wird mit Beginn des 13. Lebensjahres erwartet, daß er in der Synagoge seinen religiösen Pflichten nachkommt (Leroy, 1987, S. 45). So wächst der junge Moreno in der religiösen Tradition und seiner chassidischen Großfamilie auf (Moreno, 1972, S. 206).

2.2 Der Jude und sein Name

Die jüdischen Familien, wie sie häufig von einem Land in das andere wandern, um einen Pogrom zu entgehen, müssen auf ihren langen Wegen durch die Jahrhunderte eine Menge von Anpassungsstrategien entwickeln.

Um in Spanien unterzutauchen, nicht mehr als Juden aufzufallen, legten sich im 16. Jahrhundert die Sephardim spanische Namen zu, z.B. Moreno, der Dunkelhäutige. Der bis heute in allen Spanisch sprechenden Ländern vorkommende Name kann allerdings noch einen anderen Ursprung haben: Morenu war im 14. Jahrhundert ein verliehener Titel an jüdische Gelehrte, die mit den Kasualien betraut wurden (Schöbel, 1983, S. 8). Kamen sie in ein Land, in dem sie als Juden willkommen waren, erschienen auch die jüdischen Namen wieder, z.B. später in Holland.

Es wurden große Fähigkeiten entwickelt, sich untereinander mit Dokumenten zu helfen. Man lieh sich die Pässe aus, tauschte die Namen, die Geburtsurkunden je nach Erfordernissen. Das Wichtigste war, mit der jüdischen Identität kein Mißtrauen zu erwecken (Roth, 1985, S. 41). Das eigentliche Geburtsdatum konnte selten festgestellt werden. Auch Moreno kennt es nicht. Er weiß auch nicht genau, ob seine Mutter ihn auf einem (Flüchtlings-)Schiff zur Welt brachte oder ob er in Bukarest geboren ist (Moreno, 1972, S. 205). „An verschiedenen Plätzen sind verschiedene Daten angegeben zu meiner Geburt", sagt er selber: 1889, 1890, 1892. Moreno kann nur vergleichend mit seiner Schwester Victoria angeben: Es müßte 1889 oder 1890 gewesen sein. Veronika Burkart hat festgestellt, daß im Original-Meldezettel des Meldeamtes der Stadtgemeinde Vöslau der 20. 5. 1890, Bukarest, angegeben ist (Burkart, 1972, S. 15). G. Bratescu entdeckte die Geburtsurkunde in Bukarest. Die Eintragung nach dem alten Kalender war am 6. 5. 1889. Das ist heute der 18. 5. 1889 (Bratescu, 1975, S. 2-4).

Der Name, die Dokumente und Pässe, die Geburtsurkunden sind von der jüdischen Identität unabhängig. Sie wurden ja jeweils von außen gefordert und dafür auch hergestellt. Der Rabbiner hat das Ehepaar getraut. Kein Staat anerkennt eine solche Ehe (Roth, 1985, S. 41). So muß jeder Jude nach den äußeren, von ihm geforderten Gegebenheiten seine Identität in dem Land, in dem er gerade lebt, regeln. Der eigene jüdische Name bleibt oft über Jahrhunderte im Schoß der Familie verborgen, und dort wird die jüdische Identität gepflegt.

Das Spiel mit den Namen begegnet uns auch bei Moreno. Seine frühesten Schriften, wenn er sie nicht anonym veröffentlichte, zeichnete er mit Jakob Levy, z.B. „Einladung zu einer Begegnung" 1914. 1918 hat er den spanischen Namen in die Mitte gelegt: Jakob Moreno Levy. Mit der Übersiedlung nach USA betrachtet er seine religiöse Periode als beendet. Nun erreicht er — unter dem spanischen Namen — den Anschluß an die Wissenschaft. 1925 in den USA setzt er seinen spanischen Namen an den Schluß, um sich zu „säkularisieren" (Moreno, 1972, S. 213, 210). In der Beibehaltung seiner jüdischen Namen dokumentiert er den nie aufgegebenen jüdisch-religiösen Untergrund (Moreno, 1972, S. 205-206).

Der Name, so äußert er einmal, hat für ihn nur materiellen Wert. Er wird gebraucht für Geld und Ansehen, Geschäft oder Wissenschaftlichkeit. Der Name ist eine persönliche Angelegenheit, und er wird nach den äußeren Gegebenheiten eingesetzt (Moreno, 1925, S. 6).

2.3 Das Pseudonym und seine jüdische Bedeutung

„Selig sind die Unbekannten, denn in der Unsterblichkeit werden sie ohne Störung wandeln" (Moreno, 1918, S. 141).
„Die Himmlischen sind anonym" (Moreno, 1919, S. 9).

Moreno kann als Autor auf seinen Namen verzichten. Seine ersten Schriften von 1907-1910 (Die Gottheit als Autor u.a.) schreibt er anonym und setzt sich mit diesem Ansatz künstlerisch auseinander. Er fordert die Autoren auf, sich aus ihren Werken herauszunehmen; dafür verheißt er ihnen Unsterblichkeit ohne Störung. Nicht der Name soll genannt werden, sondern Geist, Tat und Leben (Moreno, 1918, S. 4, S. 120, S. 140). Weil die Seele eines Autors im Buch verschlossen ist, kann sie nicht in den Himmel gelangen. Die Produkte müssen freigegeben werden für die Allgemeinheit, für neue Erfahrungen, Weiterentwicklungen, Neuschöpfungen, anstatt sie an den Autor zu binden, wo sie zur Konserve erstarren und nur rezipiert werden dürfen (Moreno, 1925, S. O). Er verwendet alt- und neutestamentliche Textformen, Psalmennachdichtungen, Makarismen. Ist das Werk anonym geschaffen, kann der Betrachter es jeweils für seine eigene Situation voll einsetzen. Er kann spontan und kreativ seine eigene Sache daraus machen.

Das Werk, sei es geschrieben oder gestaltet, wird in Verbindung mit dem Namen zu einer „Konserve", müssen sich doch die Betrachter jeweils mit dem auseinandersetzen, was der Schöpfer gemeint hat.

Ein anderer Aspekt ist der des Teilens. Moreno berichtet (1972, S. 208), wie er mit seinen jungen jüdischen, bärtigen Freunden nicht nur das Brot und die Kleidung teilt, sondern auch seine Schöpfungen.

In Anlehnung an Marx besteht er darauf, daß auch der Dichter nicht über sein Werk verfügen kann, genauso wenig wie der Arbeiter, der am Ende über sein Produkt nicht verfügt.

3. Morenos Netzwerk

3.1 Das Netzwerk von kritischen Denkern, Literaten und Künstlern

Moreno war ein Mensch in der Gruppe.

Aus dem Schoß einer jüdischen Großfamilie kommend (Moreno, 1972, S. 208), versammelte er als junger Mann in Wien (1907 - 1910) eine Gruppe von ebenfalls aus dem Osten kommenden Chassidim um sich und gründete mit ihnen eine kabbalistische Sekte (Kraus, 1987, S. 18). Moreno erzählt selbst darüber, wie er durch die Straßen Wiens mit seinen Freunden zog und mit jedem Wiener einen Dialog anzettelte, in großer Armut sein Brot und seine Werke, alles, was er hatte, teilte (Moreno, 1972, S. 208). Deutlich wird hier der unmittelbare Zusammenhang mit der jüdischen Mystik, der Kabbala, gepflegt unter Chassidim und in der sephardischen Sekte. Der Dialog des Sokrates ist hier allerdings ebenso Vorbild wie kabbalistische Heilige, die jeweils in neue Schichten des religiösen Bewußtseins vorgestoßen sind (Scholem, 1980, S. 126).

Acht Jahre später gründet Moreno eine Zeitschrift. Er hielt sie für die bedeutendste seiner Zeit für expressionistische und existentialistische Texte. In der Tat hat er mit „Daimon" und „Die Gefährten" viele Expressionisten und Existentialisten seiner Zeit erreicht.

Er erwärmte sich in fruchtbaren Debatten für seine Ideen bis zu jener Ekstase, in der er stundenlang Wände bekritzelte und nicht wußte, ob er schreibe oder jemand anders ihm diktiere. „Das Testament des Vaters" ist damals entstanden. Eine „Hochzeit zwischen Religion und Wissenschaft" (Moreno, zitiert in Kraus, 1980, S. 10) nennt Moreno jenes mystische Ereignis. In jener „Wiedergeburt" sieht er die großen Gegensätze des wissenschaftlich erklärenden Beschreibens von Fakten und der phantastischen Realität des Ich-Gottes in einem.

Vier Jahre hat Moreno gebraucht, um sein religiöses Ereignis aufzuarbeiten und seine revolutionären Ideen, die aus ihm hervorgebrochen waren, mit sich selbst in Einklang zu bringen (Moreno, 1972, S. 210). Dann beginnt er mit der Aufgabe, seine Ideen in die Wissenschaft zu transferieren.

Bis an sein Lebensende hält er an seiner Idee der Theologie des Psychodrama fest, die in jener Schrift entstand. Vorbedingung dafür aber ist das Wie, in dem sich der einzelne erwärmen kann und an seine Spontaneität und Kreativität herankommt. In seinem persönlichen Netzwerk erlebt er selber, was er später als Erwärmung und Maximierung im Psychodrama gestaltet.

3.2 Spinoza

Ein nicht zu unterschätzender Einfluß geht von Spinoza auf Moreno aus. In seinem Gottesverständnis finden sich einige beachtliche Übereinstimmungen zu ihm. Damit sollen die vielen völligen Gegensätze nicht verwischt werden. Spinozas Verständnis und Beweis eines fernen, unerreichbaren Gottes, der nur über Logik zu erkennen ist, steht im krassen Gegensatz zur Vorstellung Morenos, die Göttlichkeit im Menschen durch Rollentausch lebendig zu machen.

Die Sephardim hatten schon im 12. Jahrhundert in Spanien in ihren Thesen die menschliche Freude als ein göttliches Elemement festgelegt (s.o.). Diese „eminent sephardische Forderung" übernimmt Spinoza im 17. Jahrhundert (Leroy, 1987, S. 144), und wir finden sie bei Moreno ebenfalls (s.u.).

Spinoza war ein Sephardim, der in Amsterdam aus der jüdischen Kultgemeinde ausgestoßen war. Seine Gottesideen konnte die damalige orthodoxe Synagoge nur als atheistisch bezeichnen. Aber Spinozas Leben und Handeln, sein Denken und Tun entspringen aus der Ursprünglichkeit des Gott-Inneseins (Jaspers, 1978, S. 31). Der Sepharde sieht nur das Gute. Was Freude bringt, ist gut. Von jeder Sache ist das Gute ins Auge zu fassen (Jaspers, 1978, S. 74-75). Ebenso weiß sich Moreno dem positiven Denken verpflichtet. Wir sind oft irritiert über seine einseitig positive Lebenseinstellung, sein positives Menschenbild und seinen Optimismus bei seiner Weltidee. Schon Spinoza erregte damit nicht nur das Mißtrauen der jüdischen Gemeinde, sondern auch das der Calvinisten seiner Zeit.

Das Insein Gottes in aller Kreatur, in jedem Menschen und in der Welt brachte Spinoza den Vorwurf des Pantheismus ein (Spinoza, 1963, S. 39):

„Alles, was existiert, drückt ... die Natur oder Wesenheit Gottes auf gewisse und bestimmte Weise aus ...".
„Ohne Gott läßt sich nichts begreifen" (S. 60).
„Wenn der Mensch Gott liebt, liebt er mit der Liebe Gottes, also liebt Gott sich selbst. Die geistige Liebe des Menschen zu Gott ist ein Teil der unendlichen Liebe Gottes" (S. 289).
„Die Immanenz Gottes ist ein Inwendigsein, ein Teil, nicht ein bloßes Drinstecken. Damit ist jeder Mensch und auch jedes Lebewesen gleich in seiner Materie. Der Mensch ist besonders durch seine Seele" gegenüber den Tieren (S. VII).
„Die menschlichen Ideen erschließen sich aus Gottes Wesenheit, sofern sie in Gott Sind" (S. 95).

Heute wird neu erkannt, wie immanent jüdisch und unverkennbar sephardisch das Denken von Spinoza war (Leroy, 1987, S. 145). Moreno hat in Spinoza ein wichtiges jüdisches Vorbild, das ebenso wie er von einem orthodoxen Judentum abweicht und sein eigenes Denksystem konsequent und unabhängig weiterentwickelt hat. Spinoza konnte mit seiner Logik den erdfernen Gott nicht zum Menschen holen, d.h. erfahrbar machen. Die phantastische Vorstellung eines Rollentausches des Menschen mit Gott ließe sich von Spinozas System niemals ableiten. Der Ich-Gott Morenos ist ein immanenter Gott. Ein jeder ist Schöpfer und Verantworter seiner Schöpfung. Moreno setzt sich eindeutig von einer krankhaften göttlichen Wahnidee ab. Er will das Positive, Gute, Unabhängige in jedem Menschen erwecken. Vorbilder, an denen man hochschaut, sind Konserve. Man muß sich für schöpferisches Handeln von ihnen freimachen. (vgl. Schacht, 1983, S. 115-117).

Die logische Weiterentwicklung von einem Du-Gott zu einem Ich-Gott, die Moreno vollzogen hat, findet sich bereits im Neuen Testament:

„Ich und der Vater sind eins" (Joh. 10, 30).
„Wer mich sieht, sieht den Vater" (Joh. 14, 9).

Hier wird der Christus der Vergangenheit (Tod Jesu) und der Christus der Wiederkehr (Wiederkunft Christi) in die Gegenwart geholt, präsent für heute gemacht.

Moreno allerdings setzt in Handeln um, was andere gedacht haben, z.B. der Schreiber des Johannes, Spinoza, Buber. Und Scholem (1980, S. 382) bemerkt dazu: Es ist sephardische Tradition, sich von der Tradition loszureißen. Es entsteht Neues, in dem die Tradition aber erkennbar ist.

3.3 Martin Buber

Der jüdische Religionsphilosoph Martin Buber (1878 - 1965) gehörte zu dem Kreis chassidischer Philosophen, die im „Daimon" Texte veröffentlichten. Moreno berichtet, daß er ca. ein Jahr Kontakt mit ihm gepflegt hat (Moreno, 1972, S. 212).

In seinen späteren Schriften setzt sich Moreno immer wieder mit Buber auseinander:

„Martin Buber hat in einem andern, dem religiösen Bereich meine Erfassung der zentralen Bedeutung der Begegnung des Ich-Du-Themas in sein Denken einzuverleiben versucht. Er ist hier auf der religiösen Ebene, wo sich dieselben Differenzen in dem Konzept der Selbstrealisierung wieder zeigen ...

Buber und die Begegnung bleiben im Buch stecken. Dieses ist abstrakt und in der dritten Person geschrieben. Es ist eine Abstraktion des Lebendigen und nicht das Lebendige selber. Bubers Werk ist eine Intellektualisierung dessen, das nur als Existenz Sinn hat. Die wahre Nachfolge des Baal-Schem ist ein neuer Baal-Schem" (Moreno, 1959, S. 103f.).

Moreno unterscheidet sich in der Tat von Buber und anderen jüdischen Therapeuten (z.B. Freud → Buer/Schmitz; später Hans Trüb), die echte Begegnung erst in einer Endphase des Heilungsprozesses für möglich halten. Moreno nimmt jeweils die Idee des Ganzseins und der Ganzheit, des Heilseins des Menschen in jedem einzelnen Therapie-Abschnitt mit hinein.

Die Begegnung gehört zum jüdischen Dasein wie zur jüdischen Mystik und Philosophie. Buber hat den Begriff philosophisch gefaßt, und Moreno hat ihn in das Leben übertragen. Gerade in der Zeitgeschichte Morenos findet sich dieser Ansatz nicht unter den christlichen Zeugen oder Nichtjuden, die Therapie entwickelt haben (Geisler, 1984, S. 13, 76). Die Theologen beginnen beim Hören auf Gott durch das Wort und kommen dann zu einer innerpsychischen Reaktion. Es ist kein Gruppenprozeß an dieser Stelle vorgesehen.

Hören, Umsetzen und Miteinandersein ereignen sich in der Gruppe:

Halte lieb deinen Genossen dir gleich. Ich bin's" (3. Mos. 19, 19. Übers. Buber).
„Begegnung ist menschliches Sein.
Begegnung ist Religion, weil sich Unendliches ereignet.
Begegnung ist gleichzeitiges und gleichwertiges Anreden des Ich und des Nicht-Ich" (Heschel, 1980, S. 306).

Buber wie Moreno setzen Begegnung nicht von Religion und Gott getrennt, sondern synonym, mal von dem einen, mal von dem anderen her, aber immer konkret. Und so geschieht es auch bei den anderen jüdischen Philosophen, bei den früheren und bei den späteren. Wenn bei Moreno das Handeln, die Aktion in die Welt hinein die wichtigste menschliche Äußerung ist, dann ergibt sich daraus „das Prinzip der Begegnung" mit der Welt, d.h. mit den Personen und den Dingen. Begegnung ist ihm wichtiger als das Individuum:

„Ich bin unmittelbar: in der Begegnung.
Ich bin einzig: bloß in der Begegnung.
Ob ich ein Gott, ein Narr oder ein Dummer.
Ich bin geweiht, gelöst in der Begegnung" (Moreno, 1918, S. 206).

Buber hat die Begegnung in der Philosophie gestaltet, und Moreno hat sie als terminus technicus in die Therapie eingeführt.

3.4 Die Kirchen

In seinen Frühschriften hat sich Moreno mit dem Christentum und dem Judentum intensiv auseinandergesetzt. Die dialogische Form eines Teils seiner Werke erinnert an Friedrich Nietzsche. Aber der Pfarrersohn geht von einem völlig anderen Standort aus: Nietzsche erfindet seine großen Gedanken in der Einsamkeit (Nietzsche 1980). Moreno hat seine Gedanken aus der Begegnung mit Kindern, Prostituierten, Gefangenen, Straffälligen entwickelt und gestaltet daraus sein großes „Erziehungsprogramm".

Sein bedeutendes Frühwerk „Das Testament des Vaters" hat Moreno (1920) in seiner äußeren Form aus dem Alten und dem Neuen Testament nachgebildet. Allein an drei Stellen tauchen Makarismen auf (Matthäus 5, 3-12; Markus 6, 20-26). Diese Form „Selig sind ..., denn ..." findet sich auf den Seiten 8 und 26 seines Werkes. Die Form „Wer da glaubt, ... der ..." (Moreno, 1920, S. 13) stammt aus Mt 10, 22, 24 und 13.

An Tritojesaja und an Jeremias 3 und 4 erinnern Stücke aus „Gebete der Kinder" (Moreno, 1920, S. 6).

Das ganze Werk ist ein Hymnus mit prophetisch-didaktischen Teilen, eine Nachbildung solcher Psalmformen (Moreno, 1920, S. 22 und Geisler, 1984, S. 7). Das Studium dieser Dichtungen fördert eine Feststellung zutage: Von den Kirchen und Jesus wendet Moreno sich in seiner Jugend mit Spott ab. Er nennt ihn aber als Vorbild in seiner Autobiographie (Moreno, 1922, S. 20; 1925, S. 9). Morenos positive Vorbilder sind Juden. Es sind die Stifter der jüdischen Traditionsstränge, aus denen Moreno auch die Elemente für sein Lebenswerk bezieht. Anders als für Christen sind „gewagte" Auffassungen unter Juden nicht tabuisiert. So stellt Moreno (1967) die These auf, daß im Zeitalter der Atombombe und des Computers der Mensch vielleicht einmal Geschlechtsmerkmale, Geburt und Tod überwinden, ja er möglicherweise Millionen anderen Wesen auf anderen Gestirnen begegnen wird (Moreno, 1978, S. 108f.).

Einen solchen Schöpfermenschen hatten große rabbinische Meister im Sinn, von denen Fromm (1983, S. 58) berichtet:

„Es gab eine Tradition, die der Hauptrichtung des jüdischen Denkens widerspricht, nämlich der Mensch, obgleich sterblich und vom Widerstreit zwischen seinem göttlichen und seinem irdischen Aspekt geplagt, ist doch ein offenes System, das sich weiterentwickeln kann bis zu einem Punkt, wo er Gottes Macht und Schöpfertum teilt. Diese Überlieferung hat im 8. Psalm, 6 einen schönen Ausdruck gefunden: ‚Du hast ihn (den Menschen) nur wenig niedriger gemacht als Gott' (oder die Götter oder die Engel; auf Hebräisch elohim)."

Viele PsychodramatikerInnen haben das religiöse Grundkonzept Morenos lange verschwiegen. Sie wollen Naturwissenschaft und Religion nach unseren Regeln streng getrennt wissen (→ Buer, Epilog). Moreno hat mit beiden Prinzipien Hochzeit gefeiert und agiert immer mit beiden gleichzeitig.

4. Die experimentelle Theologie Morenos

4.1 Die Religion von Gott-Vater

Die Erfahrung der Heimatlosigkeit der Juden macht sie fähig für das Äußerste, fähig für ein Leben in äußerster Bedrängnis und fähig für außergewöhnliches Handeln, Denken, Fühlen und Leiden. In jeder jüdischen Familie wird eine Tradition über Sinn und Ursprung des Daseins, über Gott und sein Volk gepflegt. Das Gottesbild eines sich bewegenden, schöpfenden Gottes, der im Sieben-Tage-Zyklus einmal ruht, steht dem christlichen Verständnis von Gott und Schöpfung konträr gegenüber: Im christlichen Verständnis ist die Schöpfung vollendet, Gott ruht deshalb ewig. Der Mensch ist geschaffen, um ihn dafür anzubeten. Er ist in Gottes ewiger Abhängigkeit mit seiner Schuld, nur Gott kann ihn erlösen (Leroy, 1987, S. 139).

Das Ebenbild des jüdischen Menschen mit Gott besteht darin, Gott-gleich kreativ und spontan schöpferisch die Welt weiter zu gestalten.

Moreno schildert aus seiner Jugend eindrücklich seine Begegnung mit der Genesis in der hebräischen Sprache. Er hatte bereits eine Vorstellung von Gott und dem Kosmos entwickelt, als er wenige Jahre später als Gott zu fliegen versuchte und sich den Arm brach (Moreno, 1972, S. 206; Kraus, 1984, S. 9). Der kleine Moreno mußte lernen, wo sein Standort ist, ohne Flügel, aber mit Händen, Füßen, Herz und Kopf, ein Mensch, der sich wünscht, Gott zu sein, mit der Erkenntnis, er ist ein Mensch. Einen Gott unter vielen, die auch Gott sind, hat er daraus gemacht, und er meint Menschen mit der göttlichen Kreativität und Spontaneität. Aber Gott bleibt im Schöpfer-Sein und im Verantwortlich-Sein, Gott gedacht als Gesprächspartner, als Vertragspartner, als Schuldner (Chassidim), Gott als der Allesumfassende dessen, was Menschen sind, wenn sie sich zusammenschließen in göttlichem Verständnis ihrer selbst.

Morenos Gottesvorstellung setzt einen Gott *stets in Aktion*. Gottes Wort *ist* Handeln (Moreno, 1919, S. 59).

Moreno geht davon aus, daß Handeln älter ist als Wort. Er verweist auf die Entwicklungspsychologie. Das Kind handelt lange, bis es dazu die ersten Worte formt. Die Aktion ist vor der Sprachbildung.

Gott ist ein stets spontaner und kreativer Gott, der alle denkbaren Eigenschaften in sich vereinigt. Gott kann so mit den Menschen leiden, daß er auch stirbt (S. 10-18).

„Gott kann uns nur im Leib begegnen. Das Gehen Gottes durch den Raum ist ein Gehen durch sich selber. Sein All entsteht in jedem Augenblick als der handgreifliche Umkreis und mystische Raum seines Blickes und seiner Begegnung" (S. 59).

„Er unterstreicht seine Schöpfung nicht durch Betrachtungen. Wenn ein Mensch lacht, überrumpelt er Gott, denn ‚Gott sah sich selber'" (S. 63).

„Gott bildet sich im Menschen ab und erkennt sich darum in seinem Ebenbild" (S. 10).
„Gott ist männlich und weiblich" (S. 10).
„Gott gibt nicht, du kannst nehmen" (S. 9).
„Vor der Schöpfung ist Gott einsam, ‚noch ungeteilt, noch ganz die Schöpfung'" (Moreno, 1914, S. 207; vgl. auch Schacht, 1983, S. 18).

Auch in den wissenschaftlichen Arbeiten führt Moreno (1974) die schöpferische Kreativität ausdrücklich auf Gott, das Universum, das Unendliche zurück:

„In ihm (Gott, F.G.) ist alle Spontaneität Kreativität geworden; bei ihm sind Spontaneität und Schöpferkraft identisch" (Moreno, 1974, S. 11).
Das Universum ist unendliche Schöpferkraft. Schöpferkraft ist „Ursubstanz". Spontaneität ist der „Erzkatalysator" (S. 12). „Eine Möglichkeit zur Definition der Kreativität ist die Beschreibung ihrer maximalen Erscheinungsform des Universums, das von Urbeginn an von Kreativität durchdrungen war und seit seiner Existenz nicht aufgehört hat, als ‚Kosmos' kreativ zu sein" (Moreno, 1959, S. 4).

Moreno sieht Gott als den, der die Welt geschaffen hat, der spontan schöpfend weiterentwickelt, wenn der Mensch Schöpfer ist, der von anderen abhängig ist, der anderen begegnet, der das Ganze ist und alle Teile, der liebt, lacht und weint und stirbt, mit dem man richten und hadern kann, den der Mensch für sein Handeln zur Verantwortung zieht. Gott ist unendlich und endlich zugleich. Dem Menschen ist diese Spannung aufgegeben. Gott ist der Allerfernste und der Allernächste. Wir können dem schweigsamen Gott in uns helfen, sich uns zu erkennen zu geben (Moreno, 1919, S. 11). Damit beschreibt Moreno einen ganz und gar immanenten und zugleich den fernen Gott, der den Himmel und die Erde erschaffen hat, der die Sterne festgesetzt hat mit ihren Gesetzmäßigkeiten (vgl. auch Zeunert, 1987, S. 25).

4.2 Der Mensch

Jede jüdische Generation lebt in der Spannung zwischen Wissen und Nichtwissen. Das Thema ist nicht Dogmatik, sondern Lernen. Der Jude darf sich mit Gott identifizieren, er ist frei für seine Entscheidung (Geisler, 1984, S. 56).
Heschel grenzt sich als Jude konsequent vom Christentum ab:

„Theologie weiß Antwort im voraus. Der Mensch, der in der ständigen Begegnung mit Gott steht, bleibt in der offenen Haltung des Fragenden, bleibt in der Spannung zwischen Religion und Philosophie, sein Denken ist ‚elliptisch'" (Heschel, 1980, S. 6).

Fromm äußert sich dazu folgendermaßen:

„Obgleich Gott der oberste Herrscher ist, hat er sich doch in seinem Geschöpf seinen potentiellen Herausforderer geschaffen; vom Anfang seiner Existenz an ist der Mensch der Rebell, der die potentielle Gottheit in sich trägt ..." (Fromm, 1983, S. 23).

Die Begegnung zwischen Menschen hat ihren Sinn in der Begegnung zwischen Mensch und Gott. Gottes Eigenschaften sind in dieser Begegnung zu erfahren. Die Begegnung ist das Regulativ. In ihr entsteht Verantwortung, und zwar göttliche Verantwortung und menschliche Verantwortung (Schöbel, 1983, S. 93ff.).

Gott und Mensch stehen sich als Schöpfer, als Ebenbürtige gegenüber; der Mensch, der aus dem Paradies gefallen ist, „ist wie Gott" und erkennt selbst, was „Gut" und „Böse" ist. So übersetzt Buber Gen. 3, 5 und 22:

„Und ihr werdet wie Gott, erkennend Gut und Böse. Da, der Mensch ist geworden wie unsereiner im Erkennen von Gut und Böse."

Redet der Mensch über Gott, so über die erfahrbaren Seiten Gottes, des Ewigen, des Allgegenwärtigen.

„Wer Gott ist, wissen wir nicht, und wir werden es niemals wissen. Und darum ist er auch Gott. Denn Gott kann man nicht definieren ..." (de Bruin, zit. in Geisler, 1984, S. 156).

Im Vergleich mit den Aussprüchen dieser Juden stellen wir bei Moreno fest: Moreno war kein frommer Jude im Sinne des orthodoxen Judentums. Es ist nicht bekannt, daß er die Synagoge besucht hätte oder den frommen, häuslichen Sitten in späteren Jahren gefolgt wäre. Er hielt sich jedoch für einen Heiligen und wurde auch von manchen seiner Freunde so wahrgenommen (Yablonsky, 1978, S. 245). Sein Prinzip hielt er als geeignet für eine Welterneuerung. Seinen Entwurf hat er als religiös bezeichnet und ihn dem orthodoxen Judentum und dem Christentum gegenübergestellt. Er blieb bis zu seinem Ende der Fromme, der einen unendlichen und ewigen Kreator dachte. Die Gottesidee stellte er gleich mit einem Ordnungsprinzip (vgl. Schacht, 1983, S. 115), in dem alle Teile ihre Funktion haben (Kosmos und Netzwerk). Seine Idee war, daß die Menschen sich nicht nur in gesellschaftlichen Bedingungen, in psychischer und sozialer Hinsicht an ihrem Ort erkennen, sondern auch in kosmischer Sicht. Der Mensch erlangt seine größte Identität, wenn er seinen Platz entdeckt, nicht den seines Vaters oder seiner Mutter, sondern seinen eigenen. Im Psychodrama löst er sich von den Vorstellungen seiner Vorbilder und sucht seinen eigenen unverwechselbaren Platz im Kosmos und in der Welt. Er hat als offenes System die Fähigkeit, den Platz schöpferisch und kreativ zu gestalten. Das Lebensprinzip lautet: Der Mensch erfährt handelnd sich und die Welt. Danach folgt die Theoriebildung. Gerade dieser induktive Weltzugang erhält und gestaltet den Menschen zu einem offenen System (Geisler, 1984, S. 8-9; Zeunert, 1987, S. 12).

Natürlich setzt sich Moreno auch mit den Strömungen seiner Zeit, den großen Denkern christlicher und jüdischer Couleur (z.B. Bergson, → Schmitz; Marx, → Buer, Marxismus; Nietzsche; Kierkegaard; Rogers; Freud, → Buer/Schmitz) auseinander. Aber er fragt nicht: Was darf ich? oder was darf ich nicht? Statt in der christlichen Denkweise seiner Zeit sich den Dogmen unterzuordnen, führt er in den Augenblick, in das Erleben hinein und bringt sich und den anderen zu eigener Entscheidung und Handlung. Das nennt er „schöpferisch kreativ" und führt es auf Gott zurück.

Damit steht er in einer der alttestamentlich-israelitischen Traditionen, die im Judentum bis zum heutigen Tag lebendig sind (Schöbel, 1983, S. 91).

Der Ausspruch aus der Genesis „und Gott sah, daß es gut war" (Kap. 1, 12-25) ist für Moreno nicht aufgehoben. Der Sündenfall, der Fall Adams, ereignet sich dadurch, daß Menschen sich wiederholen, auf Konserven zurückgreifen, statt selber Schöpfer zu sein. Moreno sagt:

„Ich werde täglich Gottes Komödiant, um im Wahne himmlischen Lebens Gott zu sein" (Moreno, 1918, S. 49).

4.3 Der Ich-Gott

Moreno sagt: Gott war als Vater und Sohn nicht komplett, er wurde erst komplett durch die Proklamation des Ich-Gott, als Gott in jedem Menschen. Hier kann jeder seine Lebenserfahrung mit Gott proklamieren und so mit anderen kommunizieren. Mit dieser Idee wollte Moreno die praktische Linie zwischen der Person und dem Schöpfer liefern. Der Mensch erfährt seine Existenz als Kreator. In diesem Wissen muß unweigerlich jeder Mensch kreativ werden. Wir sind damit nicht Teil der Schöpfung, sondern Teil des Schöpfers. Die Welt wird unsere Welt, die Welt von unserer Schöpfung. Dadurch sind die Menschen nicht länger Nachahmer aus der Vergangenheit und erfahren sich selber als passiv. Jeder von uns kann mit dieser Energie eine neue Antwort auf eine alte Situation finden. Moreno: „Ich versuche, den Menschen den Mut zu geben, wieder zu träumen. Ich lehre die Menschen, Gott zu spielen" (Moreno, zitiert in Leutz, 1974, S. 139).

Er bezieht sich dabei ausdrücklich auf den Gott des Alten Testamentes und den Christus des Neuen Testamentes und will diesen Gott zu den Menschen holen. Gott ist Mensch im Rollentausch (Moreno, 1972, S. 205, 214). In dieser Übung soll das Ich zum Wir werden, nicht das Ich eines einsamen Menschen, sondern unser aller Ich wird gepriesen (Moreno, 1978, S. 111). Moreno schafft keine neue Religion, sondern verwandelt den Du-Gott zum Ich-Gott, der alle Verantwortung auf uns legt. Er ist nicht tot, er lebt im Psychodrama (Moreno, 1978, S. 109).

Einen Ich-Gott verkündigen, das war die Idee Nietzsches. Er wollte damit beweisen, daß Gott tot ist (Nietzsche, 1980, S. 279-285; 344-346; Jaspers, 1938, S. 14-16). Der Ich-Gott, von dem Moreno redet, lebt. Es kann auch keine Rede davon sein, daß Gott sich bloß „ereignet" (vgl. Bultmann, 1961, S. 347, 314). Moreno meint, typisch chassidisch, daß das Unendliche sich im Endlichen abbildet. Wenn der Mensch ganz er selber ist, ist er Gott gleich.

Daraus folgt allerdings auch die Verantwortung für die Schöpfung. Aber es gilt nicht mehr, die Verantwortung bei anderen außerhalb von sich selber zu suchen (Power, 1975, S. 164-166).

Moreno nahm das alte Konzept von Gott und machte daraus nicht eine Imitation oder Ehrerbietung, sondern eine Lebensmöglichkeit für jede Person, diesen Gott für sich zu aktualisieren zum eigenen Ich-Gott. Seine Gottesidee präsentiert sich in seinem ganzen Entwurf von Weltzugang. Sein Psychodrama ist der Versuch, den Menschen zu seiner wahren, göttlichen Bestimmung zu führen. Moreno stiftet m.E. damit nicht — wie von Schöbel (1983) angenommen — eine neue Religion, sondern praktiziert die jüdische Philosophie und die chassidische Mystik bis in die äußerste Konsequenz. Mit seinem Selbstbewußtsein, Schöpfer einer Idee der Welterneuerung zu sein, bleibt er seinem Judentum jedenfalls treu: Er zieht bis zu seinem Ende Gott nicht in Zweifel (Moreno, 1919, S. 10; 1978, S. 109; so wie auch Spinoza).

„Wir sehen anstelle des toten Gottes Millionen Menschen, die Gott in ihrer eigenen Person verkörpern können ... das Bild Gottes kann in jedem Menschen Gestalt annehmen, — durch den Epileptiker, den Schizophrenen, die Prostituierte, die Armen und Unterdrückten verkörpert werden" (Moreno, 1978, S. 110f.).

Eine solche Auffassung ist für die meisten Christen unannehmbar, eine unverzeihliche Blasphemie. Ein chassidischer Jude hat solche Schwierigkeiten nicht. Jesus ist für ihn ein Mensch, ein Heiliger; jeder Jude kann so heilig werden. Er ist potentiell Gott, wenn er „ohne Bedauern und Reue" handelt (auch Fromm, 1983, S. 23). Nach jüdischer Auffassung ist der Mensch frei in seinem Handeln und Nachahmen Gottes. Gott greift nicht ein mit einem Akt der Gnade, auch nicht zwangsweise (Fromm, 1983, S. 95). Der Mensch nach dem Bilde Gottes soll die Welt immer neu erschaffen (so auch Heschel, 1980, S. 249). Hier schließt sich auch Viktor Frankl (1982) an, indem er ausdrücklich nach seinen Erlebnissen in Auschwitz sagt:

„Letzten Endes wird menschliches Verhalten jedenfalls nicht von Bedingungen diktiert, die der Mensch antrifft, sondern von Entscheidungen, die er trifft" (S. 54).

„Der Mensch ist dann geistig mündig, wenn er die Sinnfrage nicht einfach aus der Tradition löst, sondern selber entscheidet" (S. 38).

Auch die Protestantin Dorothee Sölle (1971, S. 65) geht in ihrer politischen Theologie davon aus, daß „die Welt ... je nach den verschiedenen Bedürfnissen des Menschen infragegestellt und verändert werden" kann.

4.4 Der Vorwurf der Megalomanie

Immer wieder steht Moreno im Verdacht des Größenwahns mit seiner Ich-Gott-Proklamation. Lange Zeit wurde im deutschen Raum darüber nichts publiziert, um der Peinlichkeit zu entgehen, daß Psychodrama auch etwas mit Religion zu tun hat, daß Moreno einen „religiösen Größenwahn" gehabt habe.

In Morenos Rollentheorie beschreibt er den Menschen u.a. in verschiedenen Entwicklungszusammenhängen, die er mit Universum I-IV bezeichnet (Leutz, 1974, S. 38ff.). Im ersten Universum der frühen Kindheit erlebt sich das Neugeborene im Einklang mit der Welt, mit Person und Nahrung, Mutter und Milch. Es ist das Stadium der Megalomanie. Mit dem wachsenden Erkennen und Differenzieren fällt das Kind aus seiner Megalomanie heraus. Den Menschen begleitet die Sehnsucht nach dem Einssein mit dem Kosmos, wie er es als Neugeborenes empfunden hat. In der Idee des Ich-Gott wird diese Sehnsucht erfüllt, sagt Moreno (vgl. Kraus, 1984, S. 3). Nur der in sich Ruhende kann wirklich dem anderen begegnen und mit ihm teilen. Die Welt erfüllt sich mit Gott, je mehr Menschen durch einen Rollentausch mit Gott ihre eigene Kreativität freisetzen können. Je mehr Kreativität unter vielen, umso mehr Gott in der Welt: Viele unter vielen. Gott steht in dieser Begegnung und gegenseitigen Einfühlung auf, er ist nicht mehr tot.

Niemals, seit Moreno, ein gefallener Engel, mit gebrochenem Arm im Garten lag, wollte er etwas Un- oder Übermenschliches und sich über die anderen stellen. Er wollte teilen, was er hatte, und er wollte alle Menschen an ihre innewohnende Schöpferkraft heranführen. Damit allerdings wünschte er, die Menschen zum großen Sabbat in dieser Welt zu führen. Dabei hat er sich der Konserven der Weltreligionen bedient und sie erweckt zu einem übergreifenden System in einer Souveränität, die er in seiner jüdischen Tradition bereits vorgefunden hatte. Er ist jeder orthodoxen Richtung abhold, die die Tradition blind respektiert. Er siedelt sich selber bei den Heiligen an. Die jüdischen Heiligen verleihen ihrem Leben, ihrem Dasein einen religiösen Wert (Scholem, 1987, S. 376). Die Lehre muß Persönlichkeit werden (S. 175). Die Rolle muß eine Lebensrolle für den jetzigen Augenblick sein adäquat dem, was jetzt zum Wohl und zur Freude aller gesagt ist (Moreno, 1978, S. 110). „Mein ganzes Leben hat einen religiösen Untergrund" (Moreno, 1972, S. 240), sagt Moreno im Alter von sich selber. Er braucht nicht explizit auf sein Jude-Sein hinzuweisen, das ist Aufgabe der Betrachter (schon Jaspers über Spinoza, 1978, S. 133-139).

5. Die sieben Teile des Psychodrama

5.1 Der Ritus

„Ein wirklich therapeutisches Verfahren darf nichts weniger zum Objekt haben als die gesamte Menschheit", lautet Morenos Leitsatz (Moreno, 1974, S. 395-396). Er hat eine weltumfassende Idee. Er vergleicht sich mit den großen Heilern der Weltgeschichte und sein Psychodrama als Ritus mit den großen Religionen der Menschheit. Also schafft er auch parallel dazu die „symbolischen Behälter", die kultischen Räume, Symbole und Riten seiner Therapieform (Moreno, 1974, S. 418-423).

Jüdisch ist hier die Erfahrung, daß ein Ritus, auch wenn er noch so alt ist, mit neuer Realität jeweils gefüllt werden kann; er ist dann zu füllen, wenn alle „Zutaten" oder „Werkzeuge" aus der Welt und dem Kosmos des Menschen genommen werden. Mit Hilfe dieser „Zutaten" können die Teilnehmer schöpferisch spontan sich selbst einbringen.

Jüdisch ist auch der Anspruch, die ganze Menschheit in Riten zu erreichen. Das ganze jüdische Leben ist religiöses Dasein, denn die Juden sind Gottes Volk. Der Festkalender wird in der Familie, der Sippe, dem Volk stellvertretend für die ganze Menschheit zelebriert in der Hoffnung, daß sich einmal alle Menschen am großen Sabbat des Herrn beteiligen (vgl. Lohse in Delitz, 1964, S. 2-35; Heschel, 1980, S. 320). In jedem Fest wird das uralte Ereignis ein Ereignis der Heutigen. Die „symbolischen Behälter" sind die „Zutaten".

Die Israeliten hatten viele „Wüsten" und „Exile" zu bestehen, und sie sind bis heute auf dem Weg. Man kann nur ahnen, welch ein Schauspiel sie veranstalteten, wenn sie aus dem ganzen Land nach Jerusalem hinaufpilgerten, um auf den Stufen ihres Tempels mit Chören und Instrumenten unter freiem Himmel singend und jauchzend den alten Ritus des Auszuges aus Ägypten in einen heutigen umzugestalten. Die Psalmen enthalten zahlreiche Ausführungsvorschläge, die im Laufe der Jahrhunderte den alten Texten zugefügt wurden.

„Der Auszug aus Ägypten oder die Offenbarung am Sinai oder Miriams Verleugnung des Mose — das ist Ereignis, nicht Idee, Geschehen, nicht Prinzip".

Die Bibel enthält natürlich auch Idee oder Norm, man kann sie nicht nur als eine Sammlung von Ereignissen bezeichnen.

„Für den Menschen der Bibel aber kommt die letzte Wahrheit vor allem in Ereignissen, nicht nur in Ideen zum Ausdruck ... Wir akzeptieren Ideen und rufen uns Ereignisse ins Gedächtnis zurück. Der Jude sagt: ‚Ich glaube!', und ihm wird gesagt: ‚Erinnere dich!'" (Heschel, 1980, S. 18-19).

„Erinnere ich!", sagt auch Moreno, wenn ein Mensch auf der Bühne an seine Gefühle kommt: „Woher kennst du das?" Und eine alte Szene wird inszeniert und zu einer heutigen gemacht.

Einzelne Teile seines Psychodrama-Ritus' heißen Aktion, Spontaneität und Kreativität, Tele, Rolle, Surplus reality, Sharing. Diese Aktionen wurden zum Vergleich mit jüdischen Vorbildern herangezogen. Sie werden als „symbolische Behälter" eingesetzt, um Aktionen in der Gruppe mit den Protagonisten herbeizuführen.

5.2 Die Aktion

Im Anfang war die Tat. Die Aktion ist das wichtigste Element in Morenos Psychodrama. „Im Anfang war die Tat", veränderte er Joh. 1 Vers 1 (Im Anfang war das Wort) und will damit die christlichen Verkünder treffen, die nach seiner Ansicht den griechischen Begriff Logos durch die Predigt auf das Reden reduziert haben und die Aktion verkümmern ließen (Moreno, 1959, S. 14; Goethe, Faust, 1. Szene).

Schon in Wien erfährt Moreno sich als unterdrückter Täter, unterdrückt von den Wortgewaltigen des öffentlichen Lebens.

Unter Handeln versteht er das ganz naheliegende, einfache, tägliche und umschließt alles menschliche Sein und Dasein. Aktion und Handeln werden bei ihm synonym gebraucht

(Moreno, 1918, S. 118). Alles Reden, Schweigen, Erinnern führt er zur Handlung oder Aktion zurück. In seinen Jugendschriften fordert Moreno die unterschiedlichen Redner (Pseudonym für Kirche, Judentum, Schriftsteller) auf: „Handeln ist wichtiger als Reden". „Nicht am Anfang, am Ende ist das Wort". „Das Reden über eine Sache hat nur Symbolwert" (Moreno, 1919, S. 60).

Die Aktion, die handelnde Form der Psychotherapie, führt Moreno gegen Freud (→ Buer/Schmitz) und das herrschende Klischee seiner Zeit in die Psychotherapie ein. Die Wahrheit ist erst durch das Handeln zu erfahren (Moreno, 1959, S. 4-8).

„Steht auf, geht durch den Raum!", weisen die PsychodramatikerInnen die Gruppe an. Die Begegnung setzt sich gegen steigende Übertragungen im einzelnen Gruppenmitglied durch und dringt in das eigene Befinden. Es kann ein Protagonist aus der Mitte auf die Bühne gehen. Die Aktion, die Bewegung mit den anderen erwärmt den Protagonisten, so daß er letztlich spontan auf der Bühne zu seiner „göttlichen Kreativität" Zugang findet. Ein wahres zweites Mal löst die pathologisch besetzte Kränkung des ersten Mal auf.

5.3 Spontaneität und Kreativität

Nach Moreno sind Gott und seine Eigenschaften nicht zu trennen. Seine Handlungen und seine Worte sind er selber. Unter den Menschen sind sie meist getrennt, kommen aber im Miteinander, in Gruppen vor, können in Bewegung geweckt und erweitert werden. Der schöpfende Gott, der sechs Tage arbeitet und sich dann am Sabbat ausruht, ist eins in seiner Spontaneität und Kreativität, und er ist unerschöpflich. Solange er wirkt, wird die Erde nicht untergehen (Moreno, 1972, S. 215). Die göttliche Eigenschaft der Kreativität trägt der Mensch in sich. Darum ist er auch Gottes Ebenbild (Gen. 1, 27, jüdisch verstanden). Moreno denkt einen spontanen und schöpferischen Menschen, der voller Verantwortung im Zusammenwirken mit dem Mitmenschen Schöpfer ist. Kreativität und Schöpferkraft sind für ihn synonym.

„Der Doppelbegriff verleiht der Soziometrie die Beweglichkeit" (Moreno, 1974, S. 14).
„Schöpferkraft ohne Spontaneität ist wirkungslos. Ihre Wirksamkeit wächst proportional mit der zur Verfügung stehenden Spontaneität. Schöpferkraft ... ist Ursubstanz" (Moreno, 1959, S. 79; s. auch Schacht, 1983, S. 36-37).

Spontaneität ohne Kreativität ist ohne Situationsbezug, ist pathologisch. Kreativität ohne Spontaneität „gleicht einem schlafenden Dornröschen, das zu seiner Erweckung eines Katalysators bedarf" (Moreno, 1974, S. 439). Moreno wünscht diese Eigenschaften für alle Gruppenteilnehmer einschließlich des Leiters. Sie sollen freie Menschen sein. Sie sollen frei und ungehindert teilnehmen (S. 2), sich im Raum bewegen und beliebig physischen Kontakt aufnehmen, sich frei ausdrücken, spielen (S. 18, 70). So erforschen die Teilnehmer ihren Gruppenkosmos. So erforscht der Protagonist auf der Psychodrama-Bühne seine innere psychische Welt.

„Die schöpferische Spontaneität ruft Katharsis als Läuterung und Reinigung des Einzelnen und der Gruppe hervor" ... (Moreno, 1959, S. 79).

Der Mensch greift als Schöpfergestalt in seine Umwelt ein, er ist der Schöpfer seiner Welt. Der Rollentausch mit Gott wird ihn ermutigen, Psychodrama wird ihn dazu befähigen. Für Moreno liegt hier der Ansatz für die Erneuerung der Welt (Moreno, 1959, S. 7).

5.4 Tele — die Zweifühlung in der Gruppe

Im Psychodrama hat Moreno für das Wort Begegnung, den Begriff aus seinen Frühschriften, das Wort Tele gewählt.

Tele, griechisch τῆλε hat er offensichtlich von den großen technischen Errungenschaften seiner Zeit, dem Telegrafen, Telefon und dem Tonband abgeleitet, an denen er selbst erfinderisch gearbeitet hat (Schöbel, 1983, S. 21); aber der tiefere Zugang aus dem hebräischen und koineischen Sprachgebrauch des Alten Testaments mit νομος, dem mosaischen Gesetz, das durch den Menschen vollendet wird (Bauer, 1928, S. 1294-1295; Dellwig in Kittel, 1969, Bd. 8, S. 50-88), war ihm als chassidisch gebildetem Juden bestimmt ebenso geläufig. Moreno hat seine Forschung diesem „Zwischen" gewidmet (Moreno, 1974).

Er versteht unter Tele ein sich gegenseitiges Wahrnehmen und Zueinanderhandeln im Hier und Jetzt (Moreno, 1974, S. 102-103), wobei der Schwerpunkt auf dem *gegenseitig* liegt:

„Begegnung bewegt sich vom Ich zum Du und vom Du zum Ich. Sie ist gegenseitige Einfühlung, sie ist ‚Zweifühlung', ‚Tele'" (S. 54).

Am Anfang jeden Zusammentreffens in der Gruppe entsteht durch die Bewegung im Raum, das Gehen miteinander und das Sich-Wahrnehmen Tele. Die Übertragungen haben ihren Raum darin (→ Buer/Schmitz). Tele umschließt alle gesunden und pathologischen Elemente des Settings. Moreno richtet sein therapeutisches Wirken auf das Kranke *und* das Gesunde. Er fordert nämlich, das Tele als das vorhandene und vorausgesetzte Prinzip in jeder Sitzung sichtbar zu machen (Moreno, 1959, S. 29). Im Sharing wird durch Tele „die soziale Gefühlseinheit" für alle Beteiligten in positiver Form deutlich (Moreno, 1974, S. 122). Hier werden die bestandenen Übertragungsphänomene in der Szene aufgelöst. Dadurch nehmen alle Gruppenmitglieder gemeinsam am Heilungsprozeß teil:

„Je mehr Tele, umso mehr Gruppenpersönlichkeit. Wachsendes Tele ist ein wachsender Gruppenprozeß" (Moreno, 1959, S. 29).

Wie konnte Moreno auf eine solche Idee kommen? Er mußte in seiner Kindheit solches erfahren haben: In der jüdischen Familie wird die eigentliche Identität des Mitgliedes gepflegt. Selbst Name, Geburtsdatum und -ort bleiben außen vor. Die Zweifühlung trägt das Kind und die Erwachsenen im Ghetto, im Exil durch alle Unbilden. „Göttlich" fühlte Moreno sich schon als Kind, aber er war der liebevollen Korrektur der anderen ausgesetzt. Krankhaftes, Komisches konnte gegen Gesundes, Akzeptiertes abgebaut werden.

5.5 Rolle

Indem Moreno Rolle definiert, erfahren wir etwas über sein Menschenbild:

„Die greifbaren Kristallisationspunkte dessen, was ich das Ich nenne, sind die Rollen, in welchen es sich manifestiert. Rollen und die Beziehungen zwischen ihnen sind die wichtigsten Erscheinungen innerhalb einer bestimmten Kultur: Rollen treten nicht isoliert auf, sondern in Konglomeraten, z.B. Vater-Sohn Gatte-Enkel" (Moreno, 1959, S. 33).

Im Psychodrama ist der Mensch Herr und nicht Knecht seiner Zustände. Er regrediert nicht, sondern er ist Schöpfer seines Kosmos. Er verkörpert seine Ideen in der „psychodramatischen Welt", so daß er sie auch einmal in die Wirklichkeit umsetzen kann. Er ist ein sozialer, individueller und kosmischer Mensch. Dazu muß er über viele Rollen verfügen lernen (Moreno, 1978, S. 321). Darum läßt er die einzelnen die Rollen tauschen mit Vater, Mutter, Ehepartnern oder Geschwistern. Im Doppeln durch andere entdeckt der Protagonist seine geheimen oder bisher unerkannten Gefühle, Wünsche und Möglichkeiten. Im Spiegel der anderen kann er selber sehen, was er möchte und was er an sich nicht mag. Er gewinnt in Aktion die nötige Einsicht und kann spontan lernen. Der so ausgestattete Mensch ist Schöpfer und Gestalter seiner Umwelt, sein Regulativ sind die anderen und die Dinge (Moreno, 1959, S. 91).

In seinem Beziehungsnetz zum Mitmenschen, der Mensch in seiner Rolle als kleinster kultureller Einheit, als Teil seines sozialen Atoms, des Netzwerkes, als Teil seiner Volksgruppe, als Teil der gesamten Menschheit, das sind Morenos Dimensionen (→ Buer, Anarchismus). Er möchte eine „bewegliche, spontane Persönlichkeit". Dabei setzt er voraus, daß der Mensch „zur höheren Differenzierung" geeignet ist und innerhalb der jetzt entstandenen Gesellschaftsordnung selbst beweglicher wird. Fehlentwicklungen oder pathologische Elemente werden nicht zum Anlaß genommen, ihn zu verurteilen, sondern er kann innerhalb seines „Netzwerkes", d.h. in Beziehung zu seinen Mitmenschen mit Hilfe des Psychodrama über sich Einsicht gewinnen und sich korrigieren. Seine menschliche Würde bleibt bestehen oder wird innerhalb des therapeutischen Systems immer wiederhergestellt (Moreno, 1959, S. 91).

Sein Begriff der Rolle ist ein Bündel von Verhaltensmöglichkeiten im Zusammenspiel mit den anderen. Schon Spinoza hatte eine Vorstellung davon:

„Wenn mehrere Individuen bei einer Handlung so zusammenwirken, daß sie alle zugleich die Ursache einer Wirkung sind, betrachte ich sie insofern in ihrer Gesamtheit als ein Einzelding" (Spinoza, 1963, S. 50).

Moreno verkündet ebenso ein „Welt-Ich" (Moreno, 1959, S. 91) und hat seine eigenen Ansätze zur Verkörperung dieses Menschenbildes in seinen Frühschriften bereits niedergelegt (vgl. Schöbel, 1983). Das Welt-Ich umschließt die Begegnung. Beide meinen aber keine Verschmelzung. Sie gehen von dem autonomen Menschen aus. Moreno geht in seinem autonomen Menschsein bis zur letzten Konsequenz, wenn er den Ich-Gott proklamiert. Er trennt den Menschen endgültig von der Vaterreligion. Es bleibt das Ebenbild, der Nachahmer, der Kreator, der den Rollentausch mit Gott wagt.

Für Moreno gibt es einen sozialen Tod. Ein Mensch, der ohne soziale Bezüge lebt, ist tot. Das kann durch Krankheit oder im hohen Alter geschehen. Der Mensch, der sich durch seine Rolle definiert, ist ohne Rolle nicht mehr lebendig (Leutz, 1974, S. 12).

Moreno hat sein Menschenbild nicht nur proklamiert, sondern selber gelebt. Er hat es handelnd bis zu seinem Tod durchgehalten. Auch den Zeitpunkt seines Sterbens bestimmte er mit. Nach einer Darminfektion auf strenge Diät gesetzt, nahm er zum Entsetzen seiner FreundInnen nur noch Wasser zu sich und wurde immer schwächer. Er erklärte: „Ich habe mein Werk beendet; ihr habt es übernommen und bringt es weiter. Nun kann ich sterben." — „Er zelebrierte auch sein Ende" (Yablonsky, 1978, S. 247). Einen sozialen Tod hat Moreno so vermeiden können.

Moreno wie Spinoza hatten Anteil an der Überlebenskraft des jüdischen Volkes, und wir erfahren hier ein Stück aus diesem Mysterium, aus dem immer wieder solche revolutionäre Ideen hervorkommen.

5.6 Surplus Reality

Das Psychodrama hat von seinen ersten Anfängen an das Leben abgebildet. Auf die Bühne gehören stets die vier „Universalia" Zeit, Raum, Realität und Kosmos (Moreno, 1978, S. 101). Wie in den Riten des jüdischen Festkalenders wird das Alte in seinen Dimensionen in die Gegenwart geholt, hier auf die Bühne mit Hilfe von vier Elementen:

Die Zeit ist qualitativ in ihren drei Dimensionen — Vergangenheit, Gegenwart und Zukunft καιρός rechte Zeit für den Sabbat und den Festkalender. In der κοινῇ gibt es zwei Begriffe zur Zeit. Hier ist sie ein Symbol für Vergangenheit, Gegenwart und Zukunft; sie ist qualitativ gemeint (Leutz, 1974, S. 74). Im Deutschen können wir die Unterschiede zwischen Zeit als Maß χρόνος und Zeit als Qualität καιρός nur beschreiben. Moreno meint hier καιρός. In den Frühschriften benutzt er das Wort Augenblick für die qualitative Zeit. „Im Psychodrama müssen Vergangenheit, Gegenwart und Zukunft in ihrer lebendigen Bedeutung zum Tragen kommen und in toto als psychologische Aspekte der Zeit in Erscheinung treten" (Moreno, 1978, S. 101).

Auch der Raum ist geschaffen: Die Schöpfungstage und der siebte Tag geben den genauen Platz des Sabbats an. Der Jude erinnert sich an Gottes Schöpfungszyklus, er hat eine Idee der Unabhängigkeit, er erlebt sie jetzt und gestaltet seine Zukunft.

Der Raum bedeutet im Psychodrama das procedere der guten und ästhetischen Bühnenstruktur (Moreno, 1967, S. 418). Die Bühnengestaltung erwärmt den Protagonisten, „sich in einer seinem Lebensraum entsprechenden Umgebung so zu geben, wie er ist" (Moreno, 1978, S. 104). Hiermit sind zum Hier und Jetzt auch das räumliche Erinnern und eine räumliche Zukunft gemeint, Dimensionen des   . Die Bühne wird gestaltet, um die Bilder der Vergangenheit, Gegenwart oder Zukunft in ihren entsprechenden Raum zu versetzen.

Die Realität ist die Szene in der jüdischen Familie: Der Mensch ist nicht allein, er lebt in der Präsenz des Tages. Das einfache Leben ist die Realität. Im Psychodrama wird Realität hergestellt durch die Mitspieler, durch Hilfs-Ich, Doppeln, Spiegeln. Alle Personen und Dinge des Protagonisten werden lebendig auf der Bühne.

Für den belebten Kosmos gibt es schon im Alten Testament zahlreiche Bilder, z.B. in den Psalmen. Dort sind Himmel und Totenreich, Tag und Nacht, Gott und Mensch zusammen besungen (z.B. Psalm 139, 7 - 12).

Der Kosmos, in den Frühschriften Morenos „Universum" oder „Weltall" genannt (auch Schöbel, 1983, S. 82), umschließt den Begriff Welt. Welt ist das soziale Atom und das Netzwerk, alle Menschen und Dinge. Kosmos umschließt auch Gott und All.

Moreno will alle Personen, Tiere, Gegenstände, die religiösen Vorstellungen und Gottesvorstellungen, jedes Alter, Leben und Tod auf der Bühne realisieren. Die therapeutische Situation ist freilich eine Simulation der Realität, auch die auf der Bühne Morenos. Aber auf ihr kann der Mensch sich in seinen individuellen, sozialen und kosmischen Dimensionen „gleich den Astronauten im physikalischen Universum" als „Psychonaut" bewegen (Moreno, 1959, S. 108). Der Mensch kann hiermit ein Stück neue Realität proben, um sie dann in seinen Lebensraum zu übertragen.

Wir haben es mit mehreren Realitäten gleichzeitig zu tun: Vergangenheit des Protagonisten, das Jetzt des Protagonisten und das der Mitspieler, die Realität der Mitspieler im Zuschauerraum, zukünftiges Szenarium, Träume, Wünsche, Erwartungen. Durch die Mittel des Rollentausches, durch die Möglichkeit des Mitspielers und der des Sharing werden alle diese Realitäten im Psychodrama sichtbar. Der Protagonist kann sich wie Gott in seiner Schöpfung fühlen, allmächtig über alle Zeiten und über Tod und Leben, über Mensch, Tier, Pflanze und Stein. Er verfügt über alle diese Realitäten gleichzeitig.

5.7 Sharing

Das Sharing ist der Sabbat des Psychodrama.

„Zweifellos ist der Sabbat eine, vielleicht sogar die zentrale Einrichtung der biblischen und rabbinischen Religion" (Fromm, 1972, S. 156).

Heschel sagt zum Sabbat:

„Was ist der Sabbat? Eine Erinnerung an das Königtum jedes Menschen, an die Abschaffung der Unterschiede zwischen Herren und Sklaven, zwischen Reich und Arm, zwischen Erfolgreichen und Versagern. Den Sabbat feiern heißt, die totale Unabhängigkeit von Zivilisation und Gesellschaft, von Leistung und Streben erfahren. Der Sabbat ist die Verkörperung des Glaubens, daß alle Menschen gleich sind, daß die Gleichheit der Menschen untereinander den Adel des Menschen ausmacht. Die größte Sünde des Menschen ist zu vergessen, daß er ein Königssohn ist.

Der Sabbat ist die Bestätigung, daß Gottes Geist größer ist als das Universum, daß hinter dem Guten das Heilige steht. In sechs Tagen ist das All geschaffen worden; der Höhepunkt der Schöpfung aber war der siebente Tag ... Der Sabbat bedeutet Heiligkeit in der Zeit. Was ist Sabbat? Die Präsenz der Ewigkeit, ein königlicher Augenblick, strahlende Freude. Die Seele ist verzaubert, die Zeit ist Wonne, die Innerlichkeit ist der höchste Lohn ... Der Mensch ist nicht allein, er lebt in der Präsenz dieses Tages" (Heschel, 1980, S. 323).

Und weiter bei Fromm:

„Es ist nicht übertrieben, wenn man sagt, daß die Juden zwei Jahrtausende der Verfolgung und Demütigung geistig und moralisch kaum überlebt hätten, wenn nicht selbst der Ärmste und Elendeste unter ihnen an einem Tag der Woche sich in einen würdevollen und stolzen Menschen verwandelt hätte, wenn der Bettler an diesem Tag nicht zum König geworden wäre ... Der Grund, warum der Sabbat diese zentrale Stellung im jüdischen Gesetz einnimmt, ist darin zu suchen, daß er der Ausdruck der zentralen Idee der vollkommenen Harmonie zwischen Mensch und Natur, zwischen Mensch und Mensch, die Idee der Vorwegnahme der messianischen Zeit und der Überwindung von Zeit, Traurigkeit und Tod durch den Menschen ist" (Fromm, 1972, S. 156-161).

Zugegeben, solches Feiern, solch ein Fest läßt sich nicht an jedem Ende einer Psychodrama-Sitzung im Sharing zelebrieren. Trotzdem, der Sabbat, das Miteinander-Feiern und Teilen, das Ausruhen von der Arbeit beschließt eine Psychodrama-Sitzung. Im Sharing wird der Mensch, der auf der Bühne seine tiefsten Schmerzen, seine größten Fehler, seine geheimsten Gefühle und Gedanken offenbart hat, zurück in die Gruppe geholt. Alle haben Anteil, alle haben in sich ein Stück aus dem Leben dieses einzelnen entdeckt. Er hat für sie alle etwas verarbeitet, für die Gruppenmitglieder und für die Leiter.

So wird in jeder klassischen Psychodrama-Sitzung das Gefälle zwischen Arzt und Patient, zwischen Gesunden und Kranken, mindestens in der Integrationsphase, in Sharing aufgelöst. Es wird ein Stück Gesundheit in der Gruppe hergestellt. Alle Individuen sind Glieder von Gruppengebilden und tragen mit ihrem Spezifikum zur Gruppenkohäsion bei. Sie sind auf dem Weg zu einem sinnhaften, endgültig guten Miteinander, das über eine bloße Anpassung an Bestehendes schöpferisch gestaltend hinausgeht. Weg und Ziel sind gleichbedeutend (Geisler, 1984, S. 20).

Moreno hat diesen neuen Weg beschritten, der Gesundes und Krankes als wichtige Teile eines Ganzen, gemeinsam betrachtet und behandelt hat. Er hat die Vision einer neuen, gesunden Ganzheit und meint damit Familie, Gruppe, Gesellschaft, Welt. Im Psychodrama ist Gesundheit in der Gruppe jeweils am Ende einer Sitzung sichtbar. Nach der Arbeit wird jeweils das Endgültige erträumt, erhofft und geahnt (→ Buer, Anarchismus).

6. Ergebnisse

Wollte Moreno eine neue Religion stiften, wollte er einen neuen Gott proklamieren? Jedenfalls beschrieb er den Gott Israels, den Gott der Juden. Moreno nahm Elemente aus seiner jüdischen Tradition. Er setzte sich mit den großen Vorbildern der Weltreligionen und vor allem mit seinen jüdischen Zeitgenossen auseinander (Geisler, 1984, S. 39; Zeunert, 1987, S. 25).

Moreno wollte die Hochzeit zwischen Wissenschaft und Religion in einer experimentellen Theologie herstellen:

„Ich versuche, ihnen Kraft zu geben, wieder zu träumen. Ich lehre die Völker, Gott zu spielen" (Moreno, zit. bei Kraus, 1984).

„Für einen Augenblick können die sterblichen Menschen Spontaneität gewinnen, für den Augenblick, in dem sie in Kontakt sind mit ihrer Kreativität, und ihre Hoffnungen und Träume auf der Bühne ausspielen. Das therapeutische Verfahren liest die gefallenen Engel auf, gibt ihnen in der surplus reality alle göttlichen Fähigkeiten und stattet sie so mit dem Mut aus, ihr Leben nach ihren Träumen und Wünschen zu gestalten" (Krauss, 1984, S. 2).

Der Rollentausch mit Gott auf der Bühne erinnert den Menschen an sein Einssein mit dem Universum als neugeborener Säugling, ungetrennt in Objekt und Subjekt. Das ist der Zustand Gottes vor der Schöpfung, aus der heraus alles erschaffen werden kann. Eine ungeheure Kraft zur Lebensbewältigung wie das Erlebnis einer Wiedergeburt will Moreno vermitteln. Für einen Augenblick wird aus dem Menschen Gott. Das Ergebnis kann nur sein, daß das Ich zum Wir wird. Mit diesem Ansatz ist die krankhafte Megalomanie, die Moreno immer wieder unterschoben wird, widerlegt. Wir werden aufgerufen zur gemeinsamen Verantwortung für die Welt. „Du sollst weiter schöpfen, weiter entwickeln, du sollst klar getrennt sein zwischen Gott und dem anderen. Ich bleibe ich, und du bleibst du, nur dann kann aus dem Ich Wir werden" (Moreno und Moreno, zit. bei Kraus, 1984, S. 8).

Moreno hat anders als Marx (→ Buer, Marxismus) und Freud (→ Buer/Schmitz), die wie er aus jüdischen Familien kamen, die Religion und Existenz Gottes bis zum Ende als wichtig und real festgehalten. Sein Widerspruch richtet sich gegen die Dogmen, durchgesetzt von Strenggläubigen und Institutionen mit ihrer allgegenwärtigen Macht, die den Menschen von seiner Eigenverantwortlichkeit und seiner Energie abbringen und abhalten. Aus seiner jüdischen Tradition nahm er auch seine große Souveränität und Freiheit, mit der er sein Leben und Werk bis an sein Ende gestaltete.

Moreno war nicht „unbehaust", weil er von einem Gott ausging; er war nicht gehemmt in seiner schöpferischen Spontaneität, weil er sich selbst als Schöpfer und Kreator verstand. Der Chasside braucht sich auch nicht ständig abzusichern, ob er etwas darf oder nicht darf. Ihm gehört die Welt. Da er die Welt und den Kosmos als religiös begreift, braucht er auch nicht zwischen Therapie und Religion oder zwischen Theologie und Philosophie oder zwischen Therapie und Seelsorge oder zwischen Therapie und Ritus ängstlich und besorgt zu unterscheiden. Mensch sein und religiös sein, Mensch sein und Schöpfer sein, Mensch sein und verantwortlich sein, Mensch sein und Du sein — es gibt viele Zugänge zum Menschsein und Miteinandersein, aber sie fallen nicht aus dem Gott-Sein heraus. Jemand, der sich so als offenes System begreift und sich in freier, spontaner Kreativität der Welt zuwendet, ordnet sich nicht leicht Autoritäten unter. Er läßt sie *neben* sich gelten (Geisler, 1984, S. 39-40).

Moreno hat sein Therapiekonzept für das Miteinander der Menschen entwickelt (Leutz, 1974, S. 20). Eine Begegnung findet nach Moreno nicht statt, wenn der Mensch nicht über sich hinauswächst. Nur über Begegnung kann der Mensch gesunden.

Literatur

Bartsch, H. (1970). Geographische Bezeichnung für Israel im Neuen Testament. In W. Eckert, N.P. Levinson & M. Stöhr (Hrsg.), Jüdisches Volk — Gelobtes Land (S. 290-304). München.
Bauer, W. (1928). Wörterbuch zum Neuen Testament (S. 615, 656-657). Gießen.
Block, J. (1970). Der unwiderrufliche Rückzug aus Zion. In W. Eckert et al., Jüdisches Volk — Gelobtes Land (S. 62-81). München.
Bratescu, G. (1975). The date and birth place of J.M. Moreno. In Group Psychotherapy, 1/4, S. 2-4.
Bruin, T. (1983). Adam waar ben je? Hilversum.
— (1984). In F. Geisler, Der religiöse Mensch Moreno. S. 55-65). Solingen.
Buber, M. (1982). Das Problem des Menschen. Heidelberg.
Bultmann, R. (1961). Theologie des Neuen Testaments. Tübingen.
Burkhart, V. (1972). Befreiung durch Aktionen. Wien.
Dellwig, G. (1969). τέλος . In G. Kittel & G. Friedrich. Stuttgart.
Ehrenstein, A. (1982). Zionismus und Menschlichkeit. In Th. Anz & M. Stark (Hrsg.), Expressionistische Manifeste und Dokumente zur deutschsprachigen Literatur 1910-1920. (S. 377-378). Stuttgart.
Frankl, V. (1980). Der Mensch vor der Frage nach dem Sinn. Eine Auswahl aus dem Gesamtwerk. München.
— (1979). Der unbekannte Gott. Psychotherapie und Religion. München.
Fromm, E. (1972). Psychoanalyse und Religion. Gütersloh.
— (1976). Haben oder Sein. Stuttgart.
— (1983). Ihr werdet sein wie Gott. Hamburg.
Geisler, F. (1984). Der religiöse Mensch Moreno (Graduierungsarbeit). Solingen.
Heschel, A.J. (1980). Gott sucht den Menschen.
— (1982). Der Mensch fragt nach Gott. Neukirchen-Vluyn.
Hertzberg, A. (1973). Der Judaismus. Genf.
Himmelmann, F. (1973). Theologie „Spontan" und ihre psychodramatische Verwertbarkeit (Graduierungsarbeit). Lüdenscheid.
Höxter, J. (1982). Der Weg des Juden. In Th. Anz H & M. Stark (Hrsg.), Expressionistische Manifeste und Dokumente zur deutschsprachigen Literatur 1910-1920 (S. 379-381). Stuttgart.
Jaspers, K. (1938). Nietzsche und das Christentum. Hameln.
— (1978). Spinoza. München.
Johnson, P. (1949) The Theology of Interprersonalism. Sociometry, Vol. XII, No. 1-3, 225-234.
— (1959). Interpersonal Psychology of Religion. Moreno and Buber. Group Psychotherapy, Vol. XII, No. 3, 211-217.
Kraus, Ch. (1984). Psychodrama for Fallen Gods: A Review of Morenian Theology. Journal of Group Psychotherapy, Psychodrama and Sociometry, 37, No. 2 (Übersetzung: Himmelmann).
Leroy, B. (1987). Die Sephardim. München.
Leutz, G. (1974). Psychodrama. Berlin.
Moreno, J.L. (1914). Einladung zu einer Begegnung (anonym). Selbstverlag.
— (1918). Die Gottheit als Autor. Daimon, H. 1, 3-21.
— (1919). Die Gottheit als Redner. Daimon, H. 1/2, 3-18.
— (1919). An die Leser zum Aufstand gegen die Autoren. Der neue Daimon, H. 1/2, 29-31.
— (1919). Die Gottheit als Komödiant. Der neue Daimon, H. 3/4, 48-63.
— (1920). Das Testament des Vaters (anonym). Die Gefährten, H. 2, 1-38.
— (1959). Gruppenpsychotherapie und Psychodrama. Stuttgart.
— (1972). The Religion of God-Father. In P.E. Johnson, Healer of the Mind. (S. 197-215). Abington.

— (1974). Die Grundlagen der Soziometrie. Opladen.
— (1978). Die Psychiatrie des zwanzigsten Jahrhunderts. In H. Petzoldt (Hrsg.), Angewandtes Psychodrama (S. 101-112). Paderborn.
Nietzsche, F. (1980). Also sprach Zarathustra. München.
Power, J.P. (1975). Moreno and the God Controversy. Group Psychotherapy and Psychodrama, XXVIII, 164-167.
Reuß, E. (1880). Kabbala. In J.J. Herzog & G. Splitt (Hrsg.), Realencyclopädie, Bd. 7. (375-390). Leipzig.
Schacht, M. (1983). Spontaneität — Universales Konzept J.L. Morenos. (Dipl.-Arbeit). Münster.
Schöbel, U. (1983). Die Frühschriften J.L. Morenos. (Magisterarbeit). Bonn.
Scholem, S. (1980). Die jüdische Mystik. Frankfurt/M.
Simon, E. (1970). Der Wandel des jüdischen Menschenbildes. In W. Eckert et al. (Hrsg.), Jüdisches Volk — Gelobtes Land (S. 126-134). München.
Sölle, D. (1969). Die Wahrheit ist konkret. Freiburg.
— (1971). Politische Theologie. Stuttgart.
Spinoza, B. (1963). Die Ethik. Berlin.
Trüb, H. (1971). Heilung aus der Begegnung. Stuttgart.
Wolfenstein, A. (1982). Jüdisches Wesen und Dichtertum. In Th. Anz H & M. Stark (Hrsg.), Expressionistische Manifeste und Dokumente zur deutschsprachigen Literatur 1910-1920 (S. 382-386). Stuttgart.
— (1922). Das neue Dichtertum der Juden. In G. Krojanker (Hrsg.), Juden in der deutschen Literatur (S. 333-359). Berlin.
Zeunert, B. (1987). Bibliodrama (Abschlußarbeit). Olsberg.

Moreno und Bergson

Therapeutische Philosophie und induktive Metaphysik

Ulrich Schmitz

1. Einleitung

Moreno steht mit seinen Ideen von einer „therapeutischen Gesellschaft" und seiner „therapeutischen Philosophie" ganz in der philosophischen und soziologischen Auseinandersetzung seiner Zeit. Die Jahrhundertwende war geprägt von einem Umbruch im Welt- und Menschenbild. Dieser kann durch Begriffe wie Positivismus vs. Metaphysik, Determinismus vs. Freiheit umschrieben werden. Seit dieser Zeit vereinzelten sich die Wissenschaften immer mehr. Die Philosophie als Mutter der Wissenschaften stellte nicht mehr die bindende Klammer dar. So wurde die Frage nach dem Sein (Ontologie) durch den positivistischen Wissenschaftsansatz ausgegrenzt. Von der so verstandenen Naturwissenschaft wurde gefordert, daß sie nur Beschreibungen der Sinneswahrnehmung zu liefern habe, also nur vom empirisch Sichtbaren auszugehen sei. (vgl. Kaemmerling, 1975)

Moreno beschreibt in seinem Buch „Who shall survive", 1953, sechs geistige Hauptströmungen, die seinen Ansatz beeinflußt haben: Bergsons „Schöpferische Entwicklung", Freuds Psychoanalyse, die ersten Studien der Gruppen und Massen von Bernheim und Liebeault, die positivistische Philosophie Comtes, die marxistische Analyse der Gesellschaft und schließlich die Strömung, die die Eugenik in den Mittelpunkt der Betrachtung stellte. Für Moreno haben diese Strömungen unabhängig voneinander eine gemeinsame Zielrichtung:

„Durch Synthese dieser sechs Strömungen wurde allmählich das Fundament für eine soziometrische und psycho-soziale Neuordnung der Gesellschaft gelegt." (Moreno, 1974, S. 11)

In diesem Zusammenhang spricht Moreno auch von einer „therapeutischen Weltordnung." (Moreno, 1973, S. 17)

In diesem Beitrag zur Philosophie Morenos will ich den Einflüssen Henri Bergsons nachgehen. Ich beschränke mich dabei auf die Basiskonzepte Spontaneität, Kreativität, Lage, Augenblick, Bewegung und Schöpfer. Ich werde zeigen, daß Morenos Ansatz von Bergson mehr beeinflußt ist, als sich dieser in seinem Bemühen, sich abzugrenzen, eingestehen konnte. Bergson war einer der Philosophen, die auf die oben angedeutete wissenschaftliche Herausforderung eine Antwort zu geben versuchten. Er tat es, indem er in seinen Werken eine induktive Metaphysik vertrat. Mit dieser versuchte er, die Ergebnisse der Einzelwissenschaften zu integrieren.

In seinem Werk „Données immédiates", 1889, befaßt er sich mit den Ergebnissen der Psychophysik. Die Begriffe Bewegung, Raum und Zeit stehen im Mittelpunkt. In „Matière et Mémoire", 1896, setzt er sich mit der Psychologie, u.a. mit der Assoziationsmethode und dem sich daraus ergebenden

Determinismus auseinander. „L' Evolution creatrice", 1907, beinhaltet die Evolutionstheorie der Biologie, in die Bergson seine Idee der schöpferischen Entwicklung einfließen ließ. Schließlich wendet sich Bergson in seinem letzten Hauptwerk, „Les Deux sources de la morale et de la religion", 1934, der Soziologie zu.

Zu Lebzeiten Bergsons sprach man in Frankreich geradezu von einem „Le bergsonisme". In Deutschland wurde Bergson durch Simmel populär gemacht. Rudolf W. Meyer geht 1982 in seinem Artikel „Bergson in Deutschland" u.a. diesen Spuren nach und zeigt auf, wie Bergson von den deutschsprachigen Philosophen wie Rickert, Husserl und Scheler aufgenommen oder abgelehnt wurde.

L. Kolakowski schreibt 1985 in seinem kleinen Portrait „Henri Bergson, Ein Dichterphilosoph": „Einige von Bergsons Lehrmeinungen und Einsichten überleben in der Existenzphilosophie — allerdings in einem Zusammenhang, der ihre Bedeutung völlig verändert hat. Die ungewöhnliche große Wirkung ebenso wie der bald darauf eingetretene Verfall seiner Ideen sind als kulturelle Phänomene bemerkenswert und müssen als ein Aspekt der allgemeinen Veränderung des europäischen Geisteslebens im letzten halben Jahrhundert gesehen werden." (Kolakowski, 1985, S. 8)

Sowohl Bergson als auch Moreno gingen von einer göttlichen Schöpfungsidee aus. Bei der Entwicklung dieser Idee benutzten sie unterschiedliche Wege. Bergson wählte den induktiven Weg, während Moreno zunächst spekulativ vorging. Erst in seiner Soziometrie versuchte er, einen empirischen Beweis seiner Metaphysik anzutreten. Bergsons Entwicklung mündet in der mystischen Idee, daß der Mensch im unendlichen Fließen der Zeit die Einheit mit Gott erleben kann, so wie es uns die großen Mystiker in ihrer Zeit vorgelebt haben. (Les Deux sources) Moreno erfährt im „Testament des Vaters", 1920, die direkten Worte Gottes. Er ist überzeugt, daß diese zum ersten Mal in der Geschichte den Menschen ohne Propheten oder Religion erreicht haben. Er schreibt aus dieser Überzeugung 1949:

„Ich fordere daher, daß eine Theorie Gottes an erster Stelle stehen sollte. Diese muß zuerst ausgearbeitet werden und ist unentbehrlich, um dem Leben jedes Teilchens des Universums Bedeutung zu geben, ob es sich um einen Menschen handelt oder ein Protozoon." (Moreno, 1981, S. 262)

Sieht man sich Morenos Werk nur auf die Einflüsse Bergsons hin an, so bedeutet dieses eine Einschränkung. Diese ist vertretbar, da ich einerseits auf die anderen Arbeiten in diesem Buch hinweisen kann, andererseits soll diese Beschränkung auch dem Versuch dienen, Morenos Werk klarer von den oben genannten Basiskonzepten her zu erfassen.

2. Moreno und Bergson — ein Vergleich

2.1 Lage und Bewegung

Moreno benutzt in seinem Werk, „Das Stegreiftheater", 1923, den Begriff der Lage. Er sagt, daß der Spieler auf der Bühne die „Stegreiflage" erreichen muß. Diese erreiche er zuerst in der Körperbewegung, so daß dann die Sprache folgen kann, um dem Erleben sprachlichen Ausdruck zu verleihen.

„Man muß Anlauf nehmen, um sie zu erreichen, wie um hoch zu springen, ist sie erfaßt, so schießt sie heiß und voll an." (Moreno, 1970, S. 28)

Diese Formulierung klingt mehr prosaisch als wissenschaftlich. Erst in der Abgrenzung zu den Begriffen der Psychologie wird annähernd deutlich, was Moreno meint:

„Zudem ist Lage nicht heraufkommend oder bestehend, sondern willkürlich hervorgebracht. Sie ist mit der Tendenz frei zu erscheinen, verknüpft. Es ist nicht die Willkür des Bewußtseins, das vielmehr als Hemmungsorgan wirkt, sondern die Freiheit, das Freisteigen des Unbewußten als Geist. Auch Bezeichnungen wie Gefühl oder Zustand entsprechen nicht völlig. Denn mit Lage ist nicht nur ein innerer Vorgang, sondern auch eine Beziehung nach außen gemeint — zur Lage einer anderen Person. (Moreno, 1970, S. 28f.)

Es ereignet sich also ein Freisetzen von Unbewußtem beim Erreichen der Lage. Dieses bezieht sich dann sowohl auf den intra- wie auf den interpsychischen Bereich.

Nimmt man seine Formulierung „schießt es heiß und voll an" hinzu, so klingt es wie ein elementares Ereignis. Der Mensch scheint mehr der Ort des Geschehens zu werden als sein Verursacher. Hat eine Person einmal die „Lage" erreicht, so wird sie in Prozesse verwickelt, die in ihrer Bewegung spontan, nicht mehr willkürlich sind. Man kann sagen: ist die Lage erreicht, so bewegt es! Das Bewußtsein kann sich dann nur noch störend als Hemmung auswirken. Die Lage ist somit ein räumlicher und situativer Begriff. Er ist zudem ein psychologischer, da Moreno auf unbewußte Prozesse verweist, und schließlich ist er ein metaphysischer, da er beide Bereiche transzendiert. Jede Umschreibung für sich allein genommen, erklärt den Begriff nicht.

Ein Zugang zu dieser Definition der Lage kann durch Morenos Frühwerke, „Rede über die Begegnung", 1924, und „Rede über den Augenblick", 1923, gewonnen werden. Nicht nur der Sprachstil, der an die Bibel erinnert, sondern auch, daß diese Werke unter dem Sammeltitel „Schriften des Vaters" erschienen sind, lassen beim Leser Assoziationen einer göttlichen Begegnung aufkommen. In der „Rede über die Begegnung" macht sich der Ich-Erzähler auf den Weg, um Menschen zu begegnen. Diese kann nur schwer stattfinden:

„Das kommt daher: es kann sein, daß ich auf dem Wege von Einem zum Andern keinen Grund habe und auch kein Grund besteht, nach unserer Lage zu fragen, unsere Lage zu prüfen, unsere Lage zu erkennen und aus unserer Lage hinauszuführen." (Moreno, 1924, S. 11)

Im weiteren Verlauf wird deutlich, daß die absolute, reine, vollkommene Begegnung gesucht wird. Nach der Lage fragen heißt: die andere Person in der Begegnung ganz und umfassend wahrzunehmen. Solange nicht nach der Lage gefragt wird, haftet der Mensch, laut Moreno, an unterschiedlichen Themen, aber nicht am Ich-Erzähler, der offensichtlich Gott ist:

„Da es ihr Thema ist, an mir zu haften, wie müssen sie sich verhalten? Sie müssen sich auf den Weg zu mir machen. Was haben sie aber getan? Sie haben mich gerufen, aber statt an mir zu haften, haften sie bald an diesem, bald an jenem Thema und so wird es klar: sie haben nach ihrer Lage nicht gefragt. Sie haben ihre Lage nicht erkannt. Und so haben sie uns in diese Lage gebracht." (Moreno, 1924, S. 20)

Die zwingend notwendige Heilung sieht Moreno allein darin, daß man nach der Lage fragt, um zur Vollendung zu kommen. „Und haben alle allen entsprochen und begegnest du dann mir, so hast du auch mir entsprochen." (Moreno, 1924, S. 30) Der theologisch-metaphysische Ansatz im Lagebegriff wird deutlich. In der Vollendung liegt die Heilung, aber auch das Ende der Begegnung. Und der Weg ist eigentlich das Erkennen der Lage. In der „Rede über den Augenblick" heißt es, daß die Notwendigkeit zu reden darin liegt, weil der Augenblick nicht mehr frei ist. Moreno spricht hier die mangelnde Spontaneität und Kreativität an. Er beschreibt damit einen Zustand, den er in seinen späteren Schriften als Rollenkonserve bezeichnet hat. Nur im ständig wiederkehrenden status nascendi, im so verstandenen schöpferischen Augenblick, wird Kreativität für Moreno sichtbar. Erst dann kann geschwiegen werden:

„So ist der Grund über den Augenblick zu reden entstanden, weil er nicht da ist. Dasein erzeugt die Lage zu reden." ... „Darum hat nicht da sein dieses Augenblicks die Lage über ihn zu reden erzeugt." (Moreno, 1923, S. 13)

In diesen literarischen Frühwerken wird sein späterer wissenschaftlicher Ansatz im Kern sichtbar: zunächst seine Heiler-Idee, dann seine Soziometrie, in der alle mit allen vernetzt sind, ebenso sein Stegreiftheater, aus dem er das Psychodrama entwickelt.

Zunächst kehre ich zum „Stegreiftheater" zurück, um den Lagebegriff nochmals aufzunehmen. Moreno hat ihn hier auf die Bühnenarbeit übertragen. Er geht von der eben beschriebenen metaphysischen Ebene aus und versucht, die Lage empirisch zu erfassen.

Ausgangspunkt ist die phänomenologische Ebene. Er beobachtet die räumlichen Abstände der Spieler und ihre gegenseitigen Rollenzuweisungen auf der Bühne. Diesen mißt er im nächsten Schritt eine tiefere Bedeutung zu, sieht er doch im Stegreiftheater den Ort der „Metapraxie":

„Metapraxie ist Scheinleben, Produktion unendlicher Gestalten, in ihr ist das All im Nu vergänglich wie in unserer Welt ein Moment. Sie ist allmächtig und kann für einen Augenblick die eben vernichtete Welt, die metaphysische, zum Schein wiederkehren lassen. Metapraxie ist der Ort, in dem unsere Frage nach der Freiheit des Willens beantwortet ist." (Moreno, 1970, S. 21)

Sein und Schein fallen im Spiel zusammen. Aber auch in der realen Lebenssituation gilt für Moreno diese Erfahrung. (vgl. Schöbel, 1983, S. 55) Moreno nochmals zur Metapraxie:

„All inter-interindividual relations, however, are loaded with spontaneous and creative processes which need special treatment in order to make them observable and hence measurable." ... „All operations are carried out from the point of view of the creator, everything is in the operation, for there can be no ‚meta' outside of Him. Metaphysics are totally resolved into a „meta-praxis"". (Moreno, 1971, S. 196)

Moreno hat für das Stegreiftheater den Anspruch, keine Rollenkonserven zu spielen, sondern spontanes, kreatives Geschehen zu ermöglichen. Die Lage soll den kreativen, schöpferischen Akt hervorbringen. Das bedeutet, daß neben dem räumlichen und situativen Bezug auch eine Tiefung erreicht wird, auf der der Schein der Bühne transzendiert und paradoxerweise zur Wirklichkeit wird. Sein und Schein werden identisch.

Dieser Lagebegriff ist ungewöhnlich. Stellt man sich die Frage, wodurch Moreno in seiner Formulierung und Begrifflichkeit angeregt wurde, so stößt man sowohl auf Bergsons „Zeit und Freiheit", 1920, das 1889 in Frankreich unter dem Titel „Essai sur les données immédiates" erschien, als auch auf „L'Evolution creatrice", 1907, das in Deutschland 1921 unter dem Titel „Schöpferische Entwicklung" veröffentlicht wurde.

Bergson analysiert in „Zeit und Freiheit" die Ergebnisse der Psychophysik, um zu seinem Verständnis von Zeit und darüber hinaus zu dem der Freiheit zu gelangen.

Hier soll in bezug zur obigen Fragestellung nur seine Auseinandersetzung mit der Psychophysik interessieren. Günther Pflug hat in seinem Buch „Henri Bergson, Quellen und Konsequenzen einer induktiven Metaphysik", 1959, Bergsons Position zur Zeit des „Données immédiates" herausgearbeitet. Er zeigt, wie Bergson empirischer ist als die Positivsten, indem er einen neuen Realitätsbegriff in bezug auf die Psychologie definiert. In Bergsons Bestimmung fallen Realität und Phänomenalität zusammen, während er den positivistischen Ansatz als konstruiert abwertet. (vgl. Pflug 1959, S. 44ff.) Der Realitätsbegriff der Positivisten ist eng an dem der Naturwissenschaften angelehnt, d.h. das damalige Naturwissenschaftsverständnis erklärt den zu untersuchenden Teilaspekt z.B. den Muskelreflex zur Realität, und sieht seine Aufgabe in der Beschreibung und dem Vermessen der Versuchsabläufe. Damit wird aber eine umfassendere phänomenologische Betrachtung unmöglich. Bergson geht dagegen vom Alltäglichen aus, wie z.B. der Armbewegung oder dem Schlagen der Uhr und verläßt dann analysierend diese phänomenologische Ebene. So erreicht er die Ebene des unmittelbaren Bewußtseins. In Abgrenzung zu Kants Auffassung, daß das „Ding an sich" unerkennbar sein, erklärt Bergson, daß dieses unmittelbare Bewußtsein erlebbar ist. Er fordert daher eine psychologische Wissenschaft, die sich u.a. deutlich von der psychophysikalischen, positivistischen Position Wundts, Machs oder Helmholtz abhebt, um der Komplexität des unmittelbaren Bewußtseins gerecht zu werden.

Er entwickelt seine induktive Metaphysik, die er als Wissenschaft anerkannt wissen will. Diesen Schritt vollzieht er allerdings in „Données immédiates" noch nicht in dieser Deutlichkeit. Er äußert sich auch noch nicht zu den Grenzen seiner phänomenologischen Methode.

Bergson greift die Ergebnisse der Psychophysik auf. Diese legen nahe, daß sich die Bewegungen des Gemütes auch in körperlichen Zuständen äußern. Die Psychophysiker erklären, daß sich emotionale Erregungen auf ein System von Muskelkontraktionen zurückführen lassen, „die durch eine Vorstellung zusammengefaßt werden: bei der Aufmerksamkeit die mehr oder weniger reflektierte Vorstellung des Erkennens: bei der Emotion dagegen die unreflektierte Vorstellung des Handelns. Die Intensität dieser heftigen Emotion braucht also nichts anderes zu sein, als die begleitende Muskelspannung." (Bergson, 1949, S. 29) Das Bewußtsein stört nur in diesen Abläufen und setzt dann ein, wenn es diese Bewegung zu verbergen trachtet. (vgl. Bergson, 1949, S. 30) — Moreno drückt diese Feststellung als Hemmung aus, wie ich oben bereits zitierte. — Bergson kommt zu dem Schluß:

„Man braucht keine Metapher, wenn man die Neigung als Bewegung definiert. Angesichts mehrerer vom Verstand aufgefaßter Lustempfindungen orientiert sich unser Körper spontan, wie durch eine Reflextätigkeit in der Richtung auf eine unter ihnen. Von uns hängt es ab, eine Hemmung herbeizuführen, doch die Anziehungskraft der Lust selbst während des Genusses liegt in der vis inertia des Organismus, der in ihr versinkt und jede andere Empfindung zurückweist. Ohne diese vis inertia, die uns durch das Widerstreben gegenüber ablenkenden Einflüssen bewußt wird, wäre die Lust wiederum ein Zustand und keine Größe. Im Geistigen wie im Physischen dient die Attraktion mehr zur Erklärung der Bewegung, als zu ihrer Erzeugung." (Bergson, 1949, S. 37)

Mit der Postulierung einer „vis inertia" (Beharrungsvermögen) verläßt er aber den phänomenologischen Ansatz, den er zunächst in der Ablehnung eines metaphorischen Gebrauchs des Bewegungsbegriffes einnimmt. Bergson analysiert die beobachtbare Bewegung weiter und kommt zu der Feststellung:

„Meistens sagt man, eine Bewegung finde im Raum statt, und wenn man die Bewegung für homogen und teilbar erklärt, denkt man eben an den durchlaufenen Raum, als ob man ihn der Bewegung selbst gleichsetzen könnte. Sieht man nun näher zu, so überzeugt man sich, daß die sukkzessiven Lagen, die das Bewegte einnimmt, allerdings Raum beanspruchen, daß aber die Operation, durch die es von einer Lage in die andere gelangt, eine Operation, die Dauer in Anspruch nimmt und nur für einen bewußten Beobachter Wirklichkeit besitzt, sich dem Raum entzieht. Wir haben es hier mit keiner Sache, sondern mit einem Fortschritt zu tun: die Bewegung, sofern sie als Übergang von einem Punkt zum andern angesehen wird, ist eine geistige Synthese, ein psychischer Prozeß und folglich unausgedehnt. Im Raum gibt es nur Raumteile, und an welchem Punkt des Raumes das Bewegte auch angenommen wird, man erhält nur immer eine Lage." (Bergson, 1949, S. 93)

Schon sind zwei Aspekte deutlich, die auch bei Morenos Lagebegriff vorhanden sind: es geht erstens um eine bewußte Wahrnehmung von Bewegungswirklichkeit, um sich der Lage bewußt zu werden. Zweitens stellt die Bewegung eine geistige Synthese dar, ohne die man folglich nur Lagen erreicht, aber nicht die Idee der unteilbaren Bewegung, die eine vollkommenere Einsicht darstellt. Bergson leitet nun von diesem Lage- und Bewegungsbegriff seinen zentralen Begriff der Dauer, durée, ab. Hierin erreicht Bergson seine metaphysische Ebene. Daß zwischen dem Begriff der Lage bei Moreno und dem Begriff der Dauer bei Bergson eine Verbindung besteht, macht nicht nur eine sprachliche Parallele deutlich, die in seiner „Schöpferischen Entwicklung" zu finden ist. Hier heißt es: „Nicht auf Umwege ist die Dauer zu erreichen, mit Schwung muß man sie angehen ..." (Bergson, 1921, S. 302).

Die Lage bei Moreno und die Dauer bei Bergson sind also nur in einem Willensakt zu erreichen. Steckt also hinter dem Lagebegriff von Moreno der Bergsonsche Begriff der Dauer? Wenn dem so ist, wie grenzen sich beide Begriffe ab? Wieso hat Moreno diese Parallele nicht deutlicher gemacht? Eine erste Antwort liegt in der Andersartigkeit der metaphysischen Vorstellung beider Personen: bei Moreno ist die metaphysische Realität offensichtlich direkter zu erreichen als bei Bergson. Dieser sieht das Wirken der Dauer in der Entwicklung der Natur, welche letztendlich auf einem göttlichen Prinzip basiert. Aber sein Weg zu dieser Erkenntnis ist kein direkter wie bei Moreno. Bergson hat die Intuition notwendig, die sich der streng positivistischen Erfassung entzieht. Daher kann Moreno zunächst nur die beiden ersten Aspekte des Lagebegriffes von Bergson übernehmen: den physikalischen und den des Bewußtseins, d.h. den der geistigen Synthese. Sobald aber Bergson diesen Ansatz in der Intuition hin zur Dauer überschreitet, geht Moreno seinen direkten „theologischen", metaphysischen Weg. Insofern sind sie sich in der Überhöhung des Begriffes „Lage" einig, um eine ganzheitliche Aussage machen zu können. Sie unterscheiden sich aber jeweils in den Wegen zu dieser Erkenntnis.

Dennoch meine ich, daß Moreno große Anregung von Bergson erhalten hat. Morenos Kritik an Bergsons Werken erscheint vor diesem Hintergrund einseitig:

„To Henri Bergson, for one, goes the honor of having brought the principle of spontaneity into philosophy (although he rarely use the word), at a time when leading scientists were adamant that there is no such a thin in objective science. But his ‚Données immediates', his ‚élan vital' and ‚durée' were metaphors for the one expierence which permeated his life's work — spontaneity — but which he vainly tried to define. There is no ‚moment' in his system, only durée. ‚Duration is not one instant replacing another ... duration is a continuous progress of past which gnaws into the future ... the piling up of the past upon the past goes on without relaxation.' Bergson's universe cannot start and cannot relax, it is a system in which there is no place for the moment. In his justifiable refutation of the mathematical intellectual time construct he went too far. With the time clock, the measure of a mechanical moment, he also threw away the creative moment. But without the moment as locus nascendi, a theory of spontaneity and creativity threatens to remain entirely metaphysical or to become entirely automatic." (Moreno, 1985, S. 8f.)

Welche Aussagen macht denn Bergson? Ich beginne mit seiner Kritik an der Psychophysik, und wende mich damit der Bewegung zu:

Bergson stellt fest, daß Empfindungen als Qualitäten zu sehen sind und sich daher einer Quantifizierung entziehen. Quantifizieren bedeutet, daß etwas als diskontinuierlich anzusehen ist. Das heißt für ihn, daß es homogen zu sein hat. Nur wenn dieses Kriterium erfüllt ist, kann nach Bergson gemessen und gezählt werden. Da sich die Psychophysik aber der Emotion auf dem positivischen Weg nähert, indem sie sie durch Muskelkontraktionen, d.h. Bewegung zu erklären versucht, wird der Unterschied von Qualität und Quantität übersehen. So kommt Bergson zu der Kritik:

„Kurz, jede Psychophysik ist schon durch ihren Ursprung dazu verurteilt, sich im Zirkel zu drehen, denn das theoretische Postulat, worauf es beruht, zwingt sie, nach einer experimentellen Bestätigung dafür zu suchen und sie kann diese Bestätigung nicht finden, wenn man ihr nicht zuvor das Postulat zugestanden hat. Es gibt eben keinen Berührungspunkt zwischen dem Unausgedehnten und dem Ausgedehnten, zwischen Qualität und Quantität. Eines läßt sich zwar durch das andere auslegen, eines zum Äquivalent des andern machen, doch früher oder später, zu Anfang oder am Ende wird man anerkennen müssen, daß diese Gleichsetzung rein konventionellen Charakter hat. In Wahrheit hat die Psychophysik nur eine, dem gemeinen Verstande geläufige Auffassung präzise formuliert und bis in ihre letzten Konsequenzen verfolgt." (Bergson, 1949, S. 60f.)

Wenn wir Bewegung denken, dann sehen wir diese im Raum, d.h. wir unterstellen ihr eine räumliche Dimension. Dabei entgeht uns, laut Bergson, daß wir zwischen der Bewegtheit als Raumerfassung und der Bewegung als Akt zu unterscheiden haben.

„Kurz, es gilt in der Bewegung zwei Elemente zu unterscheiden, den durchlaufenen Raum und den Akt, durch den er durchlaufen wird, die sukzessiven Lagen und ihre Synthese. Das erste dieser Elemente ist eine homogene Quantität, das zweite hat nur in unserm Bewußtsein Wirklichkeit, es ist, wie man will, eine Qualität oder eine Intensität." (Bergson, 1949, S. 94)

Damit wird deutlich, daß es sich bei der Bewegung um eine geistige Synthese handelt (vgl. Bergson 1949, S. 93). Dieser Feststellung liegen zwei verschiedene Realitäten zugrunde: „deren eine heterogen ist, die der sinnlichen Qualitäten, und deren andere homogen, nämlich Raum ist. Diese letztere, die der menschliche Verstand klar begreift, erlaubt es uns, genaue Unterscheidungen zu vollziehen, zu zählen, zu abstrahieren und vielleicht auch zu sprechen." (Bergson, 1949, S. 83)

Auch bei der zeitlichen Vorstellung gehen wir ständig von einer räumlichen Vorstellung aus. Für das Bewußtsein scheint es leichter zu sein, sich die Zeit ebenfalls räumlich vorzustellen, anstatt sie als eine völlig andere Dimension zu begreifen. Wenn uns dieses jedoch gelingt, dann erkennen wir sie als heterogene Dimension, als Zeit, von der Bergson sagt: „Ein Zeitmoment aber, wir wiederholen es, kann nicht festgehalten werden, um zu anderen addiert zu werden." (Bergson, 1949, S. 75)

Im täglichen Leben gehen wir aber ständig additiv vor, so daß wir eigentlich eine neue Dimension schaffen, wie Bergson sagt, „eine vierte Raumdimension, die wir homogene Zeit nennen, und die es uns möglich macht, daß sie sich eigentlich fortschrittlos vollzieht, sich ins Unbegrenzte an sich selber reiht." (Bergson, 1949, S. 92)

Aber, so fährt Bergson fort:

„Es gibt eine wirkliche Dauer, deren heterogene Momente sich gegenseitig durchdringen, von der aber jeder Moment einem Zustand der äußeren Welt, der zur selben Zeit mit ihm eintritt angenähert werden, und von den anderen Momenten eben durch diese Annäherung abgetrennt werden kann. Aus der Vergleichung dieser beiden Realitäten entsteht eine dem Raum entlehnte symbolische Vorstellung von Dauer. Diese nimmt so die illusorische Form eines homogenen Mediums an, und das Verbindende zwischen beiden Terminis, dem Raum und der Dauer ist die Simultaneität, die man als den Schnittpunkt der Zeit und dem Raum definieren könnte." (Bergson, 1949, S. 93)

Das, was uns also verführt, so zu denken, ist die Simultaneität! Wenn es uns möglich ist, diese Gewohnheit zu durchbrechen, d.h. die Zeitvorstellung von der der Raumvorstellung zu trennen, dann kommen wir zu dem Bewußtsein der reinen Dauer. Und diese reine Dauer ist nicht addierbar, so wie der Bewegungsakt nicht teilbar ist, wohl aber die Bewegtheit im Raum.

Moreno schließt sich nicht der Bergsonschen Kritik an der Psychophysik an und lehnt auch den Begriff der Dauer ab, obwohl eine nahe geistige Verwandtschaft im Lagebegriff Morenos bestehen bleibt, wie ich aufgezeigt habe. Das folgende Zitat zeigt, daß Moreno seine eigenen metaphysischen Überlegungen an diesen positivistischen Bewegungsansatz anschließt, wenn er auf die großen Religionen in ihren vitalen Perioden verweist und von den tiefen Bewegungen spricht.

„The weakest point in the reference of Bergson and Peirce to spontaneity is that they are generalized responses to generalized situation. Even if the true meaning of spontaneity could found by pure reflection, it would be a truth unrealized and unlived. It is spontaneity which produces spontaneity, not reflection of it ... Where the philosopher perceives the surface to which he gives aphoristic expression only, the therapeutic actor of the great religions in their vital periods entered into the very essence by means of action and realization. Through them alone the reflective power of genius was applied to actual situations. Psychodramatic analysis has discovered that there is, behind the inspirational exterior of the religious therapist a nucleus of strategies of deep action which are akin to the strategies of action in a therapeutic theatre." (Moreno, 1985, S. 9, 10)

Moreno benutzt hier den Begriff der „action" sowohl physikalisch als auch metaphysisch.

Wie hat Moreno Bergsons Ansatz in „Zeit und Freiheit" für sich nutzen können? Es wird deutlich, daß er den positivistischen Teil übernahm. Moreno geht von der beobachtbaren Bewegung aus, die dann bei ihm den anderen Dimensionen, — sei es die der emotionalen oder die der metaphysischen —, gleichgesetzt wird.

Bergson hingegen entwickelt erst diesen metaphysischen Bewegungsbegriff und bleibt dann auf dieser Ebene, auf der die reine Bewegung in der reinen Zeit erfahren werden kann. Hierzu ist nur das „tiefere Ich" in der Lage und nicht das „Oberflächen-Ich". Diese Teilung des Ichs muß Bergson noch in „Zeit und Freiheit" einführen, um diese metaphysische Ebene von seinem zunächst phänomenologischen Ansatz erreichen zu können.

„Mit einem Worte, unser Ich berührt die Außenwelt oberflächlich, ... je weiter wir in die Tiefen des Bewußtseins eindringen: das innere Ich, das da fühlt und sich leidenschaftlich erregt, das da abwägt und Entschlüsse faßt ist eine Kraft, deren Zustände und Modifikationen sich aufs Innigste durchdringen und eine tiefe Veränderung erfahren, sobald man sie voneinander absondert und in den Raum entfaltet. Da aber dies tiefere Ich mit dem Oberflächen-Ich ein und dieselbe Person bildet, scheinen beide auf gleiche Weise zu dauern." (Bergson, 1949, S. 104f.)

„Für sich betrachtet haben die tieferen Bewußtseinszustände keine Beziehung zur Quantität, sie sind reine Qualität, sie vermischen sich derartig, daß sich nicht sagen läßt, ob sie einer oder mehrere sind, daß sie sich von dem Gesichtspunkt aus gar nicht näher prüfen lassen, ohne alsbald ihre wahre Natur einzubüßen. Die Dauer, die sie so erzeugen, ist eine solche, deren Momente keine numerische Mannigfaltigkeit ausmachen." (Bergson, 1949, S. 114)

Würde Moreno diese metaphysische Sichtweise Bergsons übernehmen, so müßte er auch seine Position in der Frage der Meßbarkeit von Raum und Zeit ändern. Seine Gewißheit, daß die real gemessene Bewegung auch gleichzeitig eine Aussage auf der metaphysischen Ebene zuläßt, lassen ihn den positivistischen Anteil und den des geistig synthetischen Akts in Bergsons Ansatz übernehmen, während er in der Lage seine eigene metaphysischen Implikationen auf der phänonenologischen Ebene hinzufügt. Bergson trennt diese beiden Ebenen genauer voneinander ab. Wenn er von der Lage spricht, dann meint er mehr die Bewegtheit im Raum als sukzessives Ereignis, als teilbare Bewegung im Raum, weniger als Akt, der unteilbar ist.

Dennoch bleibt unverkennbar:

Moreno teilt mit Bergson den willkürlich erzeugten Akt der Bewegung, das Erreichen der Lage, bzw. Dauer. Beide gehen von der hemmenden Wirkung des Bewußtseins aus. Sie sind sich in der Notwendigkeit der Überwindung des zu engen wissenschaftlichen, positivistischen Empiriebegriffes einig.

2.2 Spontaneität und Kreativität

Vom Lage- und Bewegungsbegriff ausgehend, kann Morenos Konzept der Spontaneität und Kreativität entwickelt werden.

Auch hier knüpft er an Bergsons Ideen an, besonders an denen, die dieser in seinem Werk „Evolution créatrice" entwickelte. Bergson geht von der biologischen Evolutionstheorie Darwins aus. Im Unterschied zu „Données immédiates" ereignet sich die Psychologie nicht mehr im Innern, sondern wird von ihm in der Entwicklungslinie von Instinkt und Intellekt nach außen verlagert. Damit kann er auf die Teilung des Ichs, — „tieferes Ich" und „Oberflächen-Ich"—, verzichten.

Diese evolutiven Gedanken werden von Bergson in der Intuition einerseits auf seine Prinzipien des „élan vital" und „durée" und andererseits letztlich auf einen realen metaphysischen Schöpfer zurückgeführt.

Der Schwerpunkt dieses Werkes liegt aber in der Analyse des Realen. Bergson geht verstärkt vom Faktischen aus, um seine Metaphysik, sein ontologisches, ganzheitliches Konzept, zu entwickeln. Die intuitive Schau gibt ihm die Bestätigung für die Herleitung seiner Metaphysik aus dem Faktischen.

Moreno hat diese gedankliche Entwicklung bei Bergson nicht erfaßt. In seiner Kritik wird deutlich, daß er diesen zunächst positivistischen Ansatz bei Bergson nicht gesehen hat. Moreno zielt in seiner Stellungnahme direkt auf die Abstraktion der Begriffe „durée" und „élan vital" ab. Diese Begriffe müssen sich natürlich seinem positivistischen Zugriff entziehen.

„Aber dieser ‚élan vital' an sich war ungenügend. Falls seine kreative Entwicklung der Wahrheit entspricht, erfordert er eine Demonstration, ein Weiterwirken im Bereich der Aktion, oder, wie wir es in der ersten Periode der soziometrischen Forschung formulierten, eine Entwicklung des ‚Schöpfers'. Dieses war die Ursache unseres Versuches, den ‚élan vital' in die Realität des Experimentes, in die Stegreifübung der spontanen Persönlichkeit überzuleiten. Das Experiment stellte uns vor die Aufgabe, eine Psychologie der Kreativität zu entwickeln, die Grenzen des Menschen als spontan kreatives Wesen festzustellen und Methoden der Spontaneität einzuführen, die ihn über diese Grenzen hinauszuheben vermögen." (Moreno, 1974, S. 8)

Moreno macht hier mehr sein empirisches Vorgehen und seinen anderen Ansatz deutlich: spricht Bergson von der schöpferischen Entwicklung, so spricht Moreno von der Entwicklung des Schöpfers. Dieser Unterschied weist auf seinen spekulativen Ausgangspunkt, auf sein Frühwerk, „Das Testament des Vaters", hin. Die Schöpfung ist Ausdruck des Schöpfers. In ihr verwirklicht er sich.

Moreno greift wieder auf seine Erfahrung aus dem Stegreiftheater zurück. Er spricht 1946 in der ersten Auflage von Volume I. von dem „spontaneity state": „It is the state of production, the essential principle of all creative experience ..." (Moreno, 1985, S. 36). Auch hier bestätigt er nochmals, daß diese Lage nur durch einen Willensakt erreichbar ist: „Besides, the ‚state' does not arise automatically, it is not pre-existent. It is brought forth by an act of will." (Moreno, 1985, S. 37) Wie definiert Moreno nun die Spontaneität? Er geht von dem lateinischen Wort „sponte" aus und übersetzt es ins Englische mit „free will" und fährt dann fort:

„Spontaneity is a readiness of the subject to respond as required. It is a condition — a conditioning — of the subject, a preparation of the subject for free action. This freedom of subject cannot be attained by an act of will." (Moreno, 1985, S. 111)

Diese Aussage beinhaltet ein energetisches Modell. Erinnern wir uns: ist die Lage erreicht, so schließt die Spontaneität als unkonservierbare Energie „heiß und voll" an. Moreno sieht in der Spontaneität die Bereitschaft des Menschen, in der Situation adäquat zu reagieren, um zu einer passenden Antwort zu kommen. Dieses Handeln ist dann zunächst ein Reagieren ohne Willen. Die Spontaneität hat zuerst die Bereitschaft hierzu geschaffen. Die Freiheit des Handelns ist nicht in einem Willensakt erreichbar. Der Begriff der Spontaneität ist bei Moreno in seiner ganzen Bedeutung nur schwer zu erfassen. „Spontaneität und Kreativität sind demzufolge Prinzipien verschiedener Kategorien. Kreativität gehört in die Kategorie der Substanz — *sie ist Ursubstanz, Spontaneität gehört in die Kategorie der Katalysatoren — sie ist der Erzkatalysator".* (Moreno, 1974, S. 12)

Dieses Bild des Katalysators, — Katalysator verstanden als „Stoff, der durch seine Anwesenheit chemische Reaktionen herbeiführt oder in ihrem Verlauf bestimmt, selbst aber unverändert bleibt," (Duden, Band 5) —, verweist auf einen energetischen Prozeß. Die Frage, woher die Spontaneität kommt und wie dieser Austausch der Energien erfolgt, also die Frage nach der „chemischen Formel", bleibt unbeantwortet. Moreno bleibt diesen letzten Schritt in diesem Gedankenmodell schuldig. Diese Fragen lassen sich nicht so leicht im positivistischen Modell beantworten, weil sie auch den ontologischen Aspekt der Spontaneität berühren. Ulrike Mathias stellt fest:

„Morenos Spontaneitätsbegriff stellt sich somit als ein metapsychologisches Konzept dar, dessen Bedeutung für die Theorie und Praxis seiner Triade: ‚Soziometrie, Psychodrama, Gruppenpsychotherapie' dem Konzept des Unbewußten in der Psychoanalyse Freuds durchaus vergleichbar ist." (Petzold, Mathias, 1982, S. 196)

Moreno sieht aber diesen Metabegriff zunächst allein auf der positivistischen Seite.

„With my spontaneity theory there is however, a place for a ‚functional operational determinism'. According to this theory there can be, in the development of a person, original moments, truly creative and decisive beginnings without any horror vacui, that is, a fear that there is no comfortable past behind it from which it springs. It is not necessary, indeed it is undesirable to give every moment in the development of a person the credit of spontaneity." (Moreno, 1985, S. 103)

Moreno verläßt nicht seinen Ansatz. Er zeigt aber nicht seine metaphysische Quelle auf, aus der er die Spontaneität ableitet. Er erfaßt im wahren Augenblick (Moment) die Spontaneität jeder Person. Mit dieser Theorie meint Moreno einen Mittelweg in der Wissenschaft gefunden zu haben. Dieser liege einerseits zwischen dem Determinismus Freuds und andererseits zwischen der Leugnung eines Determinismus bei Bergson (vgl. Moreno, 1985, S. 103). — Dabei muß angemerkt werden, daß Bergson in seiner „Schöpferischen Entwicklung" schon determinierende Entwicklungslinien beschreibt. Daß z.B. die Entwicklung vom Instinkt zum Intellekt determiniert ist, ist bei Bergson unbestritten. Allein der élan vital, der Lebensschwung, vermag nicht vorhersehbare Formen der Schöpfung zu erschließen. Moreno beurteilt also in diesem Punkt Bergson zu pauschal.

Sicherlich kann sich kein positivistisches Modell besser darstellen als in einem Energiemodell. Hier steht Moreno in Übereinstimmung mit den Modellen der Physik und mit der energetischen Libidovorstellung der Psychoanalyse Freuds. Insofern ist der oben zitierte Vergleich von U. Mathias mit dem Konzept des Unbewußten völlig zutreffend. Moreno öffnet allerdings dieses streng positivistische Modell, indem er den Zeitaspekt hineinarbeitet.

„Spontaneous states are of short duration, extremly eventful, sometimes crowded with inspirations. I defined them then as bits of time, the smallest wits of time. It is the form of time which is actually lived by an individual, not only perceived or constructed. It is methodologically usefull to differentiate it from other forms, as spontaneous time. Spontaneous time can be considered as the primary structure of time underlying all its concepts as astronomical time, biological time (and Bergson's durée) psychological time (for instance, history of an individual). The high frequency of events during spontaneous time units, the crowding with acts and intentions, may be responsible for the threshold-sensation that they are ‚coming' from somewhere, from a metapsychological source, from an ‚unconscious'." (Moreno, 1985, S. 226)

Zunächst bleibt Moreno bei der real meßbaren Zeit, indem er die Dauer des „spontanous state" bestimmt, um dann die Spontaneitäts-Zeit herauszuarbeiten. Er sieht sie als die Grundstruktur aller anderen Zeitbegriffe an. Damit verläßt er aber das positivistische Modell und konzipiert eine metapsychologische Quelle, die aus dem Unbewußten stammt. Das Geleitwort zum Vol. I gibt die Denkrichtung an, wo diese genau zu finden ist: „God is spontaneity. Hence, the commandment is: ‚Be spontaneous!'" (Moreno, 1985) Hier zeigt sich der spekulative Empiriker, der seine positivistische Wissenschaftsidee spekulativ im Metaphysischen verankert. In „Who shall survive" faßt er diese Schritte wie folgt zusammen:

„Spontaneität und Kreativität sind die Ecksteine der soziometrischen Begriffsbildung. Sie wurde durch die Soziometrie dem metaphysischen und philosophischen Bereich entnommen und mittels der soziometrischen Methode einem empirischen Test unterzogen." (Moreno, 1974, S. 11)

Moreno glaubt also, durch die Einführung eines Tests den Beweis erbracht zu haben, Spontaneität messen zu können. Damit setzt er aber beide Spontaneitätsbegriffe als identisch voraus. Es ist aber zu fragen, ob diese Gleichsetzung möglich ist. Hat Moreno sich nicht vielmehr durch die Sprache verleiten lassen, den wesentlichen Unterschied zwischen Empirie und Metaphysik zu negieren? Innerhalb der Metaphysik kann nicht gemessen werden. Hier wird die Begrifflichkeit induktiv, deduktiv oder spekulativ abgeleitet, um z.B. Antworten auf Seinsfragen zu geben, die sich nicht durch die „reine Wissenschaft" — im positivistischen Sinne — ableiten lassen. Damit sind aber auch diese Bereiche getrennt. Ihre Grenzen sind nicht durch eine sprachliche Gleichsetzung der Begriffe aufzulösen. Was gefordert werden kann, ist die Anerkennung oder Gleichberechtigung von empirischer Wissenschaft und Metaphysik, so wie es Bergson verlangte.

Ich kann Morenos Vorgehen nur vor dem Hintergrund seines unerschütterlichen Glaubens an sein mystisches Erlebnis verstehen (→ M. Schacht). Dieses hält er in seinem „Testament des Vaters" fest. Mit der Feststellung, dieses Testament sei erfahrbare Realität, will er den metaphysischen Bereich für die empirische Wissenschaft öffnen. Dieser Schritt kommt aber einer axiomatischen Setzung gleich. Nur so kann Moreno bei seinen Aussagen über die Spontaneität bleiben:

„Eine Ausnahme macht Gott. In ihm ist alle Spontaneität Kreativität geworden, bei ihm sind Spontaneität und Kreativität identisch." ... „Das Universum ist unendliche Kreativität." (Moreno, 1974, S. 11) „Die Behauptung, das Universum könne ohne speicherbare Energie nicht bestehen ist eine Binsenweisheit. Wichtiger ist die Erkenntnis, daß ohne die andere, unkonservierbare Form der Energie — die Spontaneität — die Kreativität des Universums nicht ausgelöscht und nicht bestätigt werden kann, daß also das Universum zu einem Stillstand käme." (Moreno, 1974, S. 18)

Moreno wechselt anscheinend problemlos von der Metaphysik zur Empirie. Am Bild des Katalysators für die Spontaneität kann noch einmal dieser fließende Übergang verdeutlicht werden. Er beschreibt die Aktivität der Spontaneität wie folgt:

„Sie ist nicht konservierbare Energie, die sich im Augenblick ihres Entstehens verausgabt. Sie muß entstehen, um verausgabt zu werden, und muß verausgabt werden, um neu entstehen zu können — gleich jenen Tieren, die im Akt der Begattung Vollendung und Tod finden." (Moreno, 1974, S. 439)

Der zuvor benutzte physikalische Begriff des Katalysators, wie oben als Stoff definiert, löst sich gleichzeitig in Aktivität auf und entsteht neu. Der Katalysator muß also im Morenoschen Sinne Stoff und Energie zugleich sein. In dieser Begriffsbestimmung hat er die Verschmelzung beider Bereiche erreicht. Spontaneität und Kreativität sind Energien, die sich nur in der Zielsetzung unterscheiden.

„Während die Kreativität auf die Handlung bezogen ist, bezieht sich die Spontaneität auf die Erwärmung für eine Handlung, die Bereitschaft zur Tat." (Moreno, 1974, S. 439)

Dieser Spontaneitätsbegriff weist eine große inhaltliche Nähe zu Bergsons „élan vital" in seinem Werk „Evolution créatrice", das 1907 erschien.

Auch Bergson geht von einem energetischen Denkmodell bezüglich der Entwicklung aus:

„Hier haben wir es mit einer Bombe zu tun, die sofort in Stücke geborsten ist, Stücke, die, weil sie selbst eine Art Bombe sind, auch ihrerseits, und in wieder zum Bersten bestimmte Stücke, zersprangen, und so fort durch lange, lange Zeit." (Bergson, 1921, S. 104)

Gemeint ist damit der „élan vital" als eigentliche Triebfeder der schöpferischen Variationen. Elan vital wie Spontaneität setzen also den kreativen Akt frei. Bergson will mit diesem Vergleich den finalistisch und mechanistisch denkenden Zeitgenossen sein Bild der Entwicklung entgegenhalten.

„Die Richtung dieser Wirkung (des élan vital, U.S.) aber ist keineswegs vorherbestimmt: daher die unvorhersagbare Mannigfaltigkeit der Formen, womit das Leben den Weg seiner Entwicklung besät." (Bergson, 1921, S. 102) ... „Vor der Entwicklung des Lebens dagegen bleiben die Tore der Zukunft breit offen. Schöpfung ist sie, die Kraft einer Ursprungsbewegung folgt und folgt ohne Ende." (Bergson, 1921, S. 110)

Für Bergson hat die Entwicklung einen Anfang, den er mit einer Kettenreaktion einer berstenden Bombe vergleicht. Entlang dieser determinierten Bewegungsrichtung entwickeln sich nicht vorhersehbare Formen. Insofern stimmt Morenos Vorwurf nicht.

„Bergson, by making the élan vital a fetish, developed the other extrem. The total dinial of determinism is just as sterile as it full acceptance." (Moreno, 1985, S. 103)

Er billigt ihm zwar zu, daß er an das Problem der Kreativität näher als andere moderne Philosophen herangekommen sei. Aber

„he was sufficiently sensitive to the dynamics of creativity to postulate time, itself, as being ceaseless change — as being totally creative. In such a scheme, there was no place, however, for the moment as a revolutionary category since every particle of time — ‚duration', as he called it — , was creative in every one of its instants, in any case. One had only the plunge into immediate experience in order to participate in that stream of creativity, in the ‚élan vital' and ‚durée'. But he, Bergson, did not build a bridge between that creative absolute and the man-made time and space in which we live. The result is, then, that even if these immediate experience were to have the quality of final reality be blaimed for them, they have an irrational status and hence are useless to methodology and scientific progress." (Moreno, 1985, S. 106)

Moreno übernimmt hier nicht die Differenzierung des Zeitbegriffes bei Bergson, wie er es bei sich vollzieht, indem er von „man-made time" und „spontaneous time" spricht.

Bergson unterscheidet auch die Zeit, die die Uhr anzeigt, und sein „durée" als diskontinuierliche, nicht teilbare Zeit.

Der Unterschied bei beiden liegt also nicht in der Unterteilung, sondern darin, daß Moreno eine kleinste Einheit konzipiert, während Bergson in seiner Metaphysik nur von der Dauer, die unteilbar ist, ausgeht. Morenos Vorwurf, Bergson habe keine Brücke zwischen den Zeitbegriffen geschlagen, ist daher nur schwer nachvollziehbar. Bergson hat eben nicht die Grenzen der Metaphysik und die der Empirie aufgelöst. Er hätte Morenos spekulativen Ansatz übernehmen müssen, um sich dieses Versäumnisses schuldig zu machen. Moreno hat diese strikte Trennung von Empirie und induktivem Schluß bei Bergson nicht genügend beachtet. Er scheint Bergsons Anliegen mißverstanden zu haben, mit Hilfe der Wissenschaft seine Metaphysik belegen zu wollen. Jedenfalls macht Morenos Ausführung den Eindruck, als wolle er diese Unterschiedlichkeit bei großer Gleichheit im Ansatz nicht wahrhaben. Einig sind sie sich in der Vorstellung, daß die Kreativität von Energie angeregt werden muß, sei es durch die Spontaneität bei Moreno oder den élan vital bei Bergson. Moreno geht immer von einer Einheit in seinem Denken aus, während Bergson die Ebene der Empirie und der der Metaphysik stets getrennt behandelt.

Es wird folgendes deutlich: Moreno kann Bergson nicht auf die Ebene der Intuition folgen, auf der élan vital und durée erlebbar werden. Moreno will operationale Begriffe definieren. Der Begriff der Intuition ist für diesen Ansatz nicht geeignet. Sind sich beide in der Einschätzung der intellektuellen Leistungsgrenze einig, so ist Bergson konsequent, indem er den Begriff der Intuition einführt.

Moreno bleibt positivistisch und zeigt gleichzeitig die Grenzen des Intellekts in plastischen vergleichen auf: das Bewußtsein sei eine Hebamme, die den Geist tötet (vgl. Moreno, 1923, S. 9). Moreno sagt: „Im Augenblick aber, wo er Worte produziert, tritt eine rückläufige Bewegung ein." (Moreno, 1923, S. 41f.) Auch hier wird deutlich: der Bewegungsbegriff ist auf der Ebene der Spontaneität nur metaphysisch zu verstehen. Indem Bergson sauberer zwischen Intellekt und Intuition trennt, kommt er nicht in die Schwierigkeit, die Moreno mit den Begriffen Geist und Bewußtsein hat. Bergson umschreibt die Grenzen des Intellekts klar: „Unser Intellekt stellt deutlich nur die Bewegungslosigkeit vor." (Bergson, 1921, S. 160) Nur die Intuition kann in die Dauer denken. Der Intellekt teilt, denkt in den Raum und zerlegt. Die Abwertung des Intellekts kann kaum noch gesteigert werden, wenn er feststellt: „Der Intellekt charakterisiert sich durch eine natürliche Verständislosigkeit für das Leben." (Bergson, 1921, S. 170) oder „Das Wesen des Intellekts ist es, uns in den Kreis des Gegebenen einzusperren. Die Tat aber durchbricht diesen Kreis." (Bergson, 1921, S. 197) Moreno und Bergson stimmen also in dem Punkt überein, daß die Handlung bzw. die Bewegung dem Intellekt zunächst vorzuziehen ist, daß sich die Schöpfung in der Bewegung vollzieht. Bei Moreno hat diese Schöpfung in der Vollendung ein Ende (vgl. Moreno, 1971, S. 100), bei Bergson ist es eine nicht endende Bewegung und Entwicklung (vgl. Bergson, 1921, S. 17).

Während sich Moreno bemüht, diesen eigentlich auch von ihm spekulativ-metaphysischen Begriff der Bewegung positivistisch zu erfassen, um somit die daraus abgeleiteten Begriffe der Spontaneität und Kreativität empirisch überprüfbar machen zu können, geht Bergson konsequent in seiner Metaphysik weiter. Er schreibt diesen Akt des Erkennens der Intuition zu. Metaphysik und empirische Wissenschaft sind für ihn zwei gleichwertige Wissenschaften, die auf unterschiedlichen Wegen die Erforschung des Lebens betreiben. Für Bergson trägt der Intellekt „ein latentes Mathematikertum in sich" (Bergson, 1921, S. 200), während die Intuition diese Grenze übersteigt. Diese zu erfahren bedeutet für Bergson:

„Im Absoluten sind wir, kreisen wir, leben wir. Unsere Kenntnis von ihm mag lückenhaft sein, nicht aber äußerlich oder relativ. Vielmehr das Wesen selber in seinen Tiefen ist es, zu welchem wir kraft der vereinten und fortschreitenden Entwicklung von Wissenschaft und Philosophie vordringen." Und er fährt fort: „Im Tiefsten unserer selbst suchen wir den Punkt, wo wir uns unserem eigenen Leben innerlichst nahe fühlen. Es ist die reine Dauer, in welcher wir so zurücktauchen, eine Dauer, in der die ewig vorrückende Vergangenheit unablässig um eine absolut neue Gegenwart anschwillt." (Bergson, 1921, S. 204) Dieses „Zurücktauchen", um die Berührung mit dem Absoluten zu erreichen, entwickelt Bergson in seinem Buch „Die beiden Quellen der Moral und Religion" bis hin zur mystischen Schau. Hier in „Evolution Créatrice" bleibt er bei der Intuition stehen, weil er Intellekt, Instinkt und Intuition im Lichte der Evolutionstheorie voneinander abgrenzt und damit klarer faßt.

„Der Intellekt bleibt der leuchtende Kern, den auch der geweitete und gereinigte Instinkt nur als verschwimmende Nebelschicht umgibt. Was uns aber die Intuition, anstelle einer eigentlichen, dem reinen Intellekt vorbehaltenen Erkenntnis greifen lassen kann, ist die Unzulänglichkeit, die den Gegebenheiten des Verstandes hier anhaftet, ist die Ahnung des Mittels zu ihrer Ergänzung. Einerseits nämlich wird die Intuition den Verstandesmechanismus selbst dazu ausnützen, um zu zeigen, wie hier die intellektuellen Rahmen keine strikte Anwendung mehr finden, und andererseits wird sie kraft ihrer eigenen Arbeit ein dumpfes Gefühl wenigstens dessen hervorrufen, was an die Stelle jener Rahmen treten müßte. So kann sie einmal den Intellekt zur Anerkennung davon bringen, daß das Leben weder in die Kategorie des Einen noch des Vielen hineingeht, und daß weder die mechanische Kausalität noch die Zweckmäßigkeit eine ausreichende Deutung des Lebensgeschehens bieten, um uns dann kraft der sympathischen Berührung, die sie zwischen uns und allem Lebendigen herstellt, kraft der Weitung, zu der sie unser Bewußtsein vermögen wird, in den eigenen Bereich des Lebens einzuführen, des Lebens, das wechselseitige Durchdringung, das unendlich fortgesetzte Schöpfung ist." (Bergson, 1921, S. 182)

In seiner „Einführung in die Metaphysik", 1909, definiert Bergson die Intuition wie folgt: „Intuition heißt jene Art von intellektueller Einfühlung, kraft deren man sich in das Innere eines Gegenstandes versetzt, um auf das zu treffen, was er an Einzigem und Unausdrückbarem besitzt." (Bergson, 1909, S. 4) „Die Intuition aber ist, — wenn sie möglich ist —, ein einfacher Vorgang." (Bergson, 1909, S. 5)

Dieser metaphysische Intuitionsbegriff kann von Moreno nicht übernommen werden, will er nicht seine oben erwähnte Absicht, — die Operationalisierung der vormals vagen, mystischen Begriffe —, fallen lassen (vgl. Moreno, 1974, S. 15). Damit sind für ihn die Begriffe „durée" und „élan vital" zu wenig faßbar. Dennoch ist deutlich, daß es Berührungspunkte für die Begriffe der Spontaneität und Kreativität gibt: Moreno und Bergson gehen von einem metaphysischen Bewegungs- und Schöpfungsgedanken aus. Während aber Bergson bei seiner Metaphysik bleibt und diese weiterentwickelt, versucht Moreno mit der Auflösung der Grenzen, wie oben gezeigt, seinen positivistischen Ansatz zwischen Metaphysik und Empirie zu formulieren. Inwieweit dieses nur eine Frage der begrifflichen Umdefinition ist, — von einem metaphysischen Bewegungsbegriff zu einer empirisch objektivierbaren Größe —, ist sehr zu hinterfragen. Zumindest ist keine Textstelle bei Moreno bekannt, in der er die Herleitung seiner Begrifflichkeit so vornimmt, daß nicht der Eindruck entsteht, daß er direkt die Begrifflichkeit aus seinem „Testament des Vaters" in sein positivistisches Wissenschaftsdenken übernimmt, auch wenn Moreno 1947 meint:

„Ich interessierte mich für den schöpferischen Akt und die ‚Evolution des Schöpfers'. Anscheinend sind wir beide von Bergson beeinflußt. Während aber Mead das mystische Element in Bergsons ‚durée' ausließ, verarbeitete ich es und ging darüber hinaus, indem ich Aktions- und Trainingsmethoden entwickelte, die die Kreativität sowohl lernbar als auch meßbar machten." (Moreno, 1981, S. 167)

Zusammenfassend muß man sagen: Spontaneität und élan vital entspringen also derselben Grundidee: sie erregen die Kreativität. Spontaneität und élan vital sind nicht intellektuell faßbar. Intellekt bzw. das Bewußtsein wirken sich nur hemmend auf die Bewegung aus. Während für Bergson der Lebensschwung nur im Akt der Intuition geschaut werden kann, hat Moreno als Empiriker kein „Instrument" nötig, um dieses metaphysische Element der Spontaneität zu erfassen. Auf der Bühne des Stegreiftheaters oder des Psychodrama wird dieses Element im schöpferischen Augenblick sichtbar, erlebbar und für ihn meßbar. Die Kreativität wird bei Moreno wie bei Bergson in der Schöpfung deutlich.

2.3 Schöpfer und Augenblick

Die Konzepte „Augenblick" und „Schöpfer" sind Morenos zentrale Begriffe, die sich auf seine Creator-Theorie, im eigentlichen Sinne auf seine Theologie, beziehen. In seinen literarischen Frühwerken hat er diese Begriffe ausgearbeitet. Bei seiner wissenschaftlichen Arbeit hat er später jeweils auf diese Inhalte zurückgegriffen:

„Immer wenn ich mich von ethisch-philosophischen Zielsetzungen abwandte und mich wissenschaftlichen Zielen zuwandte, konnte ich auf meine früheren Erfahrungen zurückgreifen." (Moreno, 1981, S. 269)

In „The Words of the Father" heißt es:

„We must visualised the Godhead coexisting in all creative act of men — indeed He is the true essence of them. ... (Moreno, 1971, S. 21)

Gott und der Augenblick sind eng miteinander verknüpft. In der bereits erwähnten „Rede über den Augenblick" demonstriert Moreno im expressionistischen Stil, wie sich Form und Inhalt gleichzeitig entfalten und bedingen, um den status nascendi zu erfassen (vgl. Schöbel, S. 77ff.). Moreno kann nicht den Menschen von Gott losgelöst sehen, weil die eigentliche Essenz des Menschen für ihn die Göttlichkeit ist. Daher hat der Mensch die Aufgabe, an der Schöpfung und damit an Gott mitzuarbeiten. Die Notwendigkeit der Erlösung des Menschen beschreibt Moreno in der „Rede über den Augenblick" eindringlich mit den Worten: „Euer Erscheinen ist die Krankheit. ... Dieser Ort ist das Gift, ihr seid das Gift, ich bin das Gift." (Moreno, 1923, S. 26) Da der Mensch vergiftet ist, d.h. er nicht nach der Lage gefragt hat, ist er von seiner eigentlichen Bestimmung entfernt. Moreno bezieht sich 1949 auf diese Rede und versucht den Augenblick nun weniger prosaisch zu erfassen:

„Der Augenblick steht nun in der Beziehung zur Situation und ist ein Teil von ihr. Er ist mehr Teil der ‚Zeit' wie die ständig dahinschwindende Gegenwart, die zu der Vergangenheit und einer Zukunft in Beziehung steht, der Endpunkt vergangener Episoden und Ausgangspunkt zukünftiger Episoden, der Ursache und Wirkung, dem psychologischen und sozialen Determinismus unterworfen ist. Der Augenblick bewegt sich in einer ganz anderen Dimension als die Kontinuität von Vergangenheit — Zukunft, er hat Berührungspunkte mit ihr, ist aber nicht mit ihr identisch." (Moreno, 1981, S. 268)

Beide Aussagen über den Augenblick lassen sich zusammenfassen: das Nicht-Sein zwingt zum Reden, wodurch erschaffen wird, und indem es wird, zwingt es ad hoc zum Schweigen. Dieser Moment, von Moreno „Augenblick" genannt, ist der status nascendi, der nur paradox beschrieben werden kann: seine Existenz zwingt das Werden und dieses

Werden ist notwendig, um zu Entwerden, wie Bergson diese Dynamik beschreibt. Diese Einmaligkeit des Augenblicks mit der Universalität Gottes verbunden zu haben, ist der Kern der Morenoschen Metaphysik. Moreno hat Bergson zugestanden, daß er von allen ihm bekannten Philosophen am nächsten diesem Phänomen gekommen sei (vgl. Moreno, 1985, S. 106). Wie sieht nun Bergsons Metaphysik bezüglich dieser Begrifflichkeit aus?

Bergson erkennt im élan vital „ein Verlangen nach Schöpfung". (Bergson, 1921, S. 265) Dieses Verlangen sieht er in der konkreten Situation und in der beobachtbaren Handlung:

„Denken wir lieber an eine Geste gleich jener des Arms, der sich hebt, nehmen wir ferner an, der sich selbst überlassene Arm sinke herab, während dennoch etwas von dem Wollen beharrt, das ihn beseelt, und ihn bemüht auf neue emporzuheben, dies Bild einer Schöpfergeste, die entwird, gibt schon eine nähere Vorstellung der Materie. Und nun erkennen wir die Lebensaktivität als das, was in der Umkehrungsbewegung von der unmittelbaren Bewegung beharrt: *als eine werdende Realität in der entwerdenden.* ... „Es gibt keine Dinge, es gibt nur Handlung." (Bergson, 1921, S. 252)

Die Parallele zu Morenos Konzept des Augenblicks ist deutlich. Die Schöpferidee Morenos klingt bei Bergson mit den Worten an:

„Alles geht vor sich, als ob ein unbestimmtes und wallendes Wesen, mag man es nun *Mensch* oder *Übermensch* nennen, nach Verwirklichung getrachtet, und diese nur erreicht hätte, daß es einen Teil seines Wesens unterwegs aufgab." (Bergson, 1921, S. 270)

Hier findet man bei Bergson eine Erklärung für Morenos Aussage, daß Gott den Menschen nötig hat: das Wesen hat unterwegs (beim Schöpfungsakt) einen Teil aufgegeben. Die Schöpfung und damit auch der Schöpfer brauchen den Menschen, um sich wieder zu vollenden.

„Gott so definiert, hat nicht Abgeschlossenes. Unaufhörliches Leben ist er, ist Tat, ist Freiheit. Die Schöpfung so begriffen ist kein Wunder, wir erfahren sie in uns, sobald wir frei handeln." (Bergson, 1921, S. 253)

Moreno und Bergson unterscheiden sich bezüglich dieses Konzeptes nicht. Der Unterschied liegt lediglich in dem Weg, diese göttliche Erfahrung zu machen. Bergsons Verstehen dieser metaphysischen Zusammenhänge geht über die Intuition: „Denn von innen her ergreifen wir, von innen her leben wir in jedem Augenblick einer Schöpfung von Form." (Bergson, 1921, S. 244) Moreno sieht in seiner Metapraxis auf der Bühne des Stegreiftheaters, später auf der Bühne des Psychodrama, die Möglichkeit, diese Erfahrung zu machen. „Das Stegreiftheater hat die Aufgabe, ‚dem Augenblick zu dienen'." (Moreno, 1970, S. 66) Ein weiterer Unterschied liegt in den Bedingungen, die Moreno an das Ermöglichen des Augenblickes knüpft. In seiner „Rede über den Augenblick" macht er dieses deutlich: er zeigt, daß der Mensch nach der Lage fragen muß. Er muß seine Rollenkonserven aufgeben, um sein „da sein" (Schreibweise von Moreno) als einen ständigen spontanen und kreativen Akt begreifen zu können. Er führt als Beispiele das Entstehen künstlerischer Werke an (vgl. Moreno, 1971, S. 172, 180 etc.).

Man kann davon ausgehen, daß Bergson diesen kreativen Akt mit den Worten des „freien Handelns" im obigen Zitat angerissen hat. Dennoch kann gesagt werden, daß Moreno die Idee des Augenblicks und die des Schöpfers bei Bergson von der reflektierenden auf die handelnde Ebene gebracht hat. Damit ist er nicht inhaltlich von Bergson abgewichen — beide sind sich in der Göttlichkeit des Universums einig. Der Unterschied liegt in dem, wie jeder Mensch diese göttliche Erfahrung für sich erleben kann. So halten beide letztendlich an ihrem positivistischen Ansatz fest, der jeweils in ihrer Metaphysik überhöht wird: Moreno in seiner Metapraxie und Bergson in seiner Intuition. Für beide bleibt die Erfahrung eine empirische. Moreno meint, diese messen zu können, während Bergson in seiner Ausführung beim qualitativen Erleben stehen bleibt. Insofern zählt Bergson für Moreno zu den betrachtenden Philosophen (vgl. Moreno, 1981, S. 166).

3. Schlußbetrachtung

Ich habe in der Einleitung gesagt, daß Moreno sehr von Bergson beeinflußt war, und daß Moreno mehr vor einem metaphysischen als vor einem positivistisch-empiristischen Hintergrund verstanden werden kann. Daher meine ich, ihn als spekulativen Empiriker verstehen zu dürfen.

Ich will abschließend zusammentragen, was beide verbindet, aber auch, was beide trennt, um zu einer vorsichtigen kritischen Bewertung zu kommen, die die eingangs erwähnte begrenzte Perspektive berücksichtigt.

Bei beiden scheint zentral zu sein, daß das Absolute, Gott, kein abstrakter Begriff ist, sondern eine Realität, mit der jeder Mensch konkret in Kontakt treten kann. Moreno führt diesen Gedanken spekulativ ein, indem er die „Worte des Vaters" als direkte Offenbarung vorgibt. Für ihn nimmt der Mensch an der Vollendung der Schöpfung teil, indem er seine Spontaneität und Kreativität fördert. Er steht dann auch handelnd in der Verantwortung. Ziel des Handelns ist die therapeutische Gesellschaft, da in ihr die unkonservierbare Energie — Spontaneität — optimiert werden kann. Bergsons Weg geht über das Wissen von Zeit und Raum als konkrete Erfahrung und nicht als abstrakte Gedankenkonstruktion. In der Intuition ist die reine Zeit — durée — und die unteilbare Bewegung — élan vital — unmittelbar erlebbar. Wie Moreno sieht auch Bergson in der Empirie den Ausgangspunkt dieser Betrachtung. Letzterer geht aber weiter, wenn er von der „mystischen Intuition" als Fortführung für die an die Wissenschaft sich anlehnende Intuition spricht (vgl. Bergson, 1980, S. 254). Vor diesem Hintergrund wird die schöpferische Energie als Liebe, und Gott als die Energie definiert (vgl. Bergson, 1980, S. 255).

Damit kann für Bergson wie für Moreno die Begegnung des Menschen mit dem Absoluten konkret im Alltag erreicht werden.

Dieser Vollzug ist ein vom Menschen ausgehender aktiver Akt. Moreno wie Bergson sehen im kreativen Handeln den wesentlichen menschlichen Anteil am schöpferischen Werden. Für Bergson ist die Bewegung zunächst das Bindeglied zwischen Innen und Außen, zwischen dem „tieferen Ich" und dem „Oberflächen-Ich". Aus dem Bedürfnis des Menschen nach Handlung — Moreno spricht von Aktionshunger — erwächst bei ihm die Fähigkeit dieses Bewußtseins. Der Mensch ist für Bergson nicht mehr ein „homo sapiens" sondern ein „homo faber" (vgl. Bergson, 1921, S. 144). Hier klingt auch wieder verdeckt die Kritik an der Leistungsfähigkeit des Intellekts an. Ich will an dieser Stelle aber mehr auf den Handlungsaspekt abheben. Die Handlung ist zunächst das konkrete Alltagsgeschehen, das im Sinne Bergsons intuitiv transzendiert werden kann. Indem diese Bereitschaft geschaffen wird, die reine Dauer und die unteilbare Bewegung zu erleben, wird die Alltagsroutine aufgehoben und das Oberflächen-Ich erreicht das tiefere Ich durch die Handlung. Bergson benötigt also zwei Schritte, um dieses Ziel zu erreichen: zunächst die konkrete Handlung und dann den Schritt hin zur intuitiven Schau der reinen Zeit. Moreno zeigt nicht diese Differenzierung. Für ihn ist die konkrete, beobachtbare Handlung alles: meßbare physikalische Bewegung und gleichzeitig emotionaler und metaphysischer Ausdruck. Auf der konkreten Handlungsebene vollzieht sich für ihn auch der göttliche Akt. Moreno ist von seiner Creator-Theorie zutiefst überzeugt. Als kritischer Leser möchte man die Aussagen hierüber gern als Metaphorik begreifen. Es läßt sich aber in Morenos Werk keine Hinweise dafür finden.

Es wird deutlich, daß Moreno keine in sich geschlossene, ausdifferenzierte Theorie vorweist, daß sein Sprachstil nicht einheitlich ist, so daß sich die Frage nach der Metaphorik aufdrängt. So ist es zu verstehen, daß Moreno in der Vergangenheit entweder nur als erfolgreicher Praktiker gesehen wurde, dessen theoretische Auslassungen zu unklar sind. Oder man sah nur den Theoretiker Moreno und wertete die inhaltlichen Aussagen aufgrund des heterogenen Werkes ab. Nur selten ist versucht worden, beide Seiten bei Moreno, — Theorie und Praxis —, als Einheit zu betrachten und zu würdigen.

Moreno wie Bergson sehen den Menschen als Handelnden im Kosmos (Moreno) oder in der schöpferischen Entwicklung (Bergson).

Beide sind sich in der Bewertung des Intellekts einig. Bergson sieht die Aufgabe des Intellekts in der Bewältigung des realen Alltags. Entwicklungsgeschichtlich bedeutet das für ihn: der Intellekt hatte die Werkzeuge zu schaffen, der Intellekt ist an die Materie gefesselt. „Hier wie immer besteht Denken im Rekonstruieren ..." (Bergson, 1921, S. 168), sagt Bergson und steigert seine Abwertung des Intellekts in dem Satz: „Der Intellekt charakterisiert sich durch eine natürliche Verständnislosigkeit für das Leben." (Bergson, 1921, S. 170) Erst die Intuition ermöglicht es, das Leben als kreativen Akt zu begreifen.

Bei Moreno wird der Begriff der Intuition durch die Spontaneität und Kreativität ersetzt. Diese auch metaphysischen Begriffe sind für ihn im Alltag empirisch meßbar und nachvollziehbar. Das Bewußtsein wird als Hemmung erfahren. Auch im Psychodrama spielt der Intellekt keine entscheidende Rolle. Der Protagonist muß wie der Spieler im Stegreiftheater erwärmt werden, um im spontanen kreativen Akt die Befreiung aus der neurotischen Fixierung zu erfahren. Es ist nicht der Gedankenakt, der befreit, sondern die Handlung. (Inwieweit Sprache und Gedächtnis auch Handlung bedeutet, soll hier nicht diskutiert werden.)

Es zeigte sich, daß die Metaphysik bei Moreno und bei Bergson kein Lückenbüßer ist. Sie betrachten diese als einen eigenständigen Weg zur Erfassung der Lebensprozesse. Die Metaphysik springt nicht dort ein, wo die empirische Wissenschaft noch keine Antwort hat. Das würde auch bedeuten, daß die Metaphysik von der Wissenschaft nach und nach ersetzt werden könnte.

Es macht dann keinen wesentlichen Unterschied, ob Bergsons Metaphysik induktiv und Morenos spekulativ ist. Empirische Wissenschaft und Metaphysik sind für Bergson gleichwertige Wege zur Erkenntnis der Welt. Der Unterschied zu Moreno liegt in dessen Versuch, Wissenschaft und Metaphysik als identische Größen zu erfassen. Bergson will hingegen die Metaphysik als eigenständige Wissenschaft anerkannt wissen, da er die Methode der Intuition als empirisch für jedermann erlebbar ansieht. Damit wird deutlich, daß Bergson auch einen positivistischen Ansatz beibehalten will. Nicht nur in seinem Versuch, seine Metaphysik ausgehend von der Einzelwissenschaft induktiv zu belegen, liegt dieses positivistische Element, sondern auch in dem von ihm geforderten Wissenschaftsverständnis für die Metaphysik.

Moreno hingegen ist ein überzeugter Positivist seiner Zeit, der glaubt, die Metaphysik meßbar machen zu können. Damit entgeht er einem Vorwurf, dem sich Bergson nicht entziehen kann: durch seine Betonung der Innenwelt im Erleben der Intuition kommt der Außenwelt weniger Bedeutung zu. Man könnte sagen, daß bei ihm die Außenwelt nur metaphorisch wahrgenommen wird. Damit würde er dem Leben in seinem konkreten Realitätsanspruch nicht mehr gerecht. Bergson hat versucht, diesem Vorwurf entgegenzuwirken, indem er die Erfahrung als Realität aufwertet. Er hat allerdings diese Position nur in seinen beiden ersten Werken so konsequent verfolgt. Es kommt nur zu einer Überbewertung der psychologischen Betrachtungsweise, wenn man nicht sein Gesamtwerk in Betracht zieht.

Die gemeinsamen Ausgangspunkte in ihren jeweiligen Theorien machen dann auch eine gemeinsame kritische Bewertung möglich.

Peter Gorsen stellt in seinem Buch „Zur Phänomenologie des Bewußtseinsstroms" an Bergson die Frage, inwieweit die philosophische Erkenntnis mit dem Fortschritt mithalten kann, oder ob die Philosophie „auf den traditionellen Anspruch einer Herrscherin über alle Wissenschaften verzichten und der Spezialforschung Platz machen will ..." (Gorsen, 1966, S. 27). Er meint, Bergson sei sich dieser Fragestellung bewußt gewesen und habe „die Spaltung in Philosophie und Wissenschaft noch einmal aufzuhalten" versucht (Gorsen, 1966, S. 27). Inwieweit man sich seiner Kritik anschließt, daß in der Irrationalität des Lebensstromes bei Bergson ein vergeblicher Versuch zu sehen sei, hängt davon ab, ob man bereit ist, den Schritt zur Intuition nachzuvollziehen. Dieser Schritt ist eben kein rationaler, gleichwohl ihn Bergson rational erfassen und begründen will. Wäre er rational, so hätte die Intuition einen Zusammenhang mit dem Intellekt. Aber genau dagegen grenzt Bergson den weiterführenden Begriff der Intuition ab. Intuition ist die innere Schau der Dinge, während das rationale Schauen das Erkennen der Oberfläche darstellt. Bergson weiß, daß er die Erkenntnis der Intuition nur in Bildern ausdrücken kann (vgl. Bergson, 1921, S. 261).

Inwieweit Moreno diese kritische Distanz zu seinen eigenen Basiskonzepten hatte, kann mit Recht angezweifelt werden. Moreno muß mehr als Praktiker gesehen werden, der seine Theorie aus der Erfahrung heraus entwickelte. Bei der Erfassung dieser praktischen Erfahrung können vom kritischen Leser sprachliche Mängel und fehlende theoretische Stringenz aufgezeigt werden.

Für beide gilt aber sicher Gorsens Kritik, daß die Prinzipien bei Bergson und die Basiskonzepte bei Moreno zu allgemein und für den Alltag weniger faßbar sind. Sie seien nicht für Jedermann, sondern für die Aristokratie gemacht. (vgl. Gorsen, 1966, S. 143) Aber gerade gegen diese Gesellschaftsform spricht sich Moreno aus: er will die Revolution von unten (→F. Buer, Marxismus). Außerdem soll in jedem Menschen das Göttliche gefördert werden.

Dennoch gilt: die therapeutische Philosophie und das Psychodrama sind bis heute nicht jedem Menschen zugänglich.

Literatur

Bergson, H. (1949). Zeit und Freiheit. Meisenheim am Glan.
— (1909). Einführung in die Metaphysik. Jena
— (1921). Schöpferische Entwicklung. Jena.
— (1980). Die beiden Quellen der Moral und der Religion. Olten.
Duden, (1974). Fremdwörterbuch. Mannheim.
Gorsen, P. (1966). Zur Phänomenologie des Bewußtseinsstroms. Bonn.
Kaemmerling, E. (1975). Aspekte des Positivismus. In: M. Gerhardt, Die Zukunft der Philosophie. (S. 9-3) München.

Kolakowski, L. (1985). H. Bergson. Ein Dichterphilosoph. München.
Meyer, R. W. (1982). Bergson in Deutschland. In: Studien zum Zeitproblem in der Philosophie des 20. Jahrhunderts. (S. 110-125) Freiburg.
Moreno, J. L. (1923). Rede über den Augenblick. Potsdam.
— (1924). Rede über die Begegnung. Potsdam.
— (1970). Das Stegreiftheater. Beacon.
— (1971). The Words of the Father. New York.
— (1973). Gruppenpsychotherapie und Psychodrama. Stuttgart.
— (1974). Die Grundlagen der Soziometrie. Opladen.
— (1981). Soziometrie als experimentelle Methode. Paderborn.
— (1985). Psychodrama. Vol. I, Beacon.
Petzold, H. / Mathias, U. (1982). Rollenentwicklung und Identität. Paderborn.
Pflug, G. (1959). H. Bergson, Quellen und Konsequenzen einer induktiven Metaphysik. Berlin.
Schöbel, U. (1983). Die Frühschriften J. L. Morenos (Magisterarbeit) Bonn.

Moreno und das Theater

Ulrike Fangauf

„In dieser Nacht haben wir erfahren, daß das Theater gestorben ist. In dieser Nacht haben wir erfahren, daß sich das jüngste Theater um Gott selbst wieder aufbauen wird. Gehen wir ihm entgegen! Kommt!" (Moreno, 1919, S. 63).

Was Theater ist, läßt sich kaum definieren. Das Wort kommt vom griechischen „theatron", bedeutet „Raum zum Schauen" und bezeichnet nur den äußeren Rahmen, selbst wenn man davon ausgeht, daß „schauen" auch „erkennen, erfahren" bedeutet. Es gibt Theater als Kult, als Therapie, als Unterhaltung, Theater als Instrument der Gesellschaftskritik, Theater mit Bildungsanspruch, Theater der Grausamkeit (Artaud), heiliges Theater (Brook), armes Theater (Grotowski), bedingtes Theater (Meyerhold), dokumentarisches Theater (Piscator), Theater der Befreiung (Boal), therapeutisches Theater (Iljine) — es gibt auch: Jakob Levy Morenos Theater der Spontaneität.

Für Moreno bedeutet Theater: kosmisches Theater. Er ist der Überzeugung, die himmlische Bühne spiele das Stück „Erschaffung der Welt" und zahllose Bühnen seien nötig, dieses Stück aufführbar zu machen. „Auf jeder Stufe ein Theater und auf der höchsten Ebene die Bühne des Schöpfers" (Moreno, 1970, S. 79). Theater spielen in Morenos Sinn heißt: die Welt miterschaffen.

Moreno geht über Calderons „Großes Welttheater", Shakespeares Ansicht „Die ganze Welt ist eine Bühne", Senecas „fabula vitae" oder Platons Vorstellung vom Menschen in der Hand Gottes hinaus, indem er den Menschen teilhaben läßt an Gott; Moreno sucht die Überwindung des Gegensatzes Gott — Mensch mittels einer Aktion, die, wie die Erschaffung der Welt, auf Spontaneität und Kreativität gegründet ist.

Für Moreno hat der Mensch dort Anteil an Gott, wo er selbst zum Schöpfer wird; er kann sein Leben ändern — über die Metaebene der Theaterbühne —, er ist nicht ausgeliefert.

Morenos Philosophie ist eng mit seiner Theaterreform verbunden. Zum Verständnis seiner Auseinandersetzung mit dem Theater sind Morenos Kinderspiele, seine Gedichte und Manifeste ebenso wichtig wie sein Stegreiftheater in Wien.

1. Kinderspiele

1.1 Gott und die Engel

Jakob Levy Moreno spielte im Alter von fünf Jahren eines Sonntags mit Nachbarkindern zu Hause in Wien und schlug vor, man solle „Gott und die Engel" spielen — er selbst werde Gott sein. Die Zimmerdecke wurde als Himmel definiert, und um ihn zu erreichen, ein Turm aus Stühlen gebaut; die Kinder hielten ihn fest, während Jakob hinaufkletterte und ganz oben auf dem „Sitz Gottes" Platz nahm. Als ein „Engel" ihn aufforderte zu fliegen, da er doch Gott sei, breitete er seine Arme aus, die Mitspieler ließen die Stühle los, woraufhin Jakob zu Boden fiel und sich den rechten Arm brach (Moreno, 1983, S. 71).

Moreno meinte später, daß es dieses Erlebnis sein könnte, das ihn gelehrt hat, daß sogar das höchste Wesen von anderen abhängt, von „Hilfs-Ichs", und daß ein Protagonist verlangen kann, daß adäquat gespielt wird. Er habe auch gelernt, daß illusionäre Verkennungen am erfolgreichsten durch eine Realitätsprobe abgebaut werden können, außerdem gehe seine Idee der vertikalen Dreistufenbühne des Psychodrama auf dieses Kinderspiel zurück. Meine Arbeit, sagt Moreno (Kobler, 1975, S. 36), ist die Psychotherapie der gefallenen Götter. Als Kinder haben wir eine gottähnliche Empfindung von Kraft, normalen Größenwahn. Das Kind fühlt sich eins mit der ganzen Welt; jedes Ereignis scheint das Ergebnis seiner eigenen spontanen Schöpfung zu sein. Aber da die Gesellschaft ihre Forderungen stellt, schrumpfen unsere grenzenlosen Horizonte, wir fühlen uns vermindert.

Über das Spiel und das Theater ging Moreno auf die Suche nach dem spontanen und kreativen Sein und Handeln, auf die Suche nach gottähnlicher Empfindung von Kraft. „Stegreif und Vogelflug sind urverwandt. Wie ein Vogel fliegen — wenn nicht mit Eigenflügeln, so durch Technik — oder wie ein Gott leben können — wenn nicht wirklich, zumindest im Theater — es sind die zwei ältesten Wünsche der Menschen. Sie haben einen gemeinsamen Ursprung. Es ist der Wunsch zu beweisen, daß das Streben nach Gottähnlichkeit begründet ist" (Moreno, 1970, S. 70).

1.2 Das Königreich der Kinder

Ab 1908, als Medizinstudent, spielte Moreno mit Kindern in Wiener Parks, wie er selbst im „Königsroman" (1923) im expressionistischen Stil beschreibt, Märchen, Phantasiegeschichten, aber auch häusliche Konflikte. „Der Erzähler beginnt. Rasch ordnen sich Kinder um ihn: er ist in der Mitte. Wir haben das Urbild des Theaters vor uns" (Moreno 1970, S. 15).

Moreno erlebte in den Spielen der Kinder eine Freude und Freiheit, einen Reichtum an Phantasie und Verwandlung, die er später auch reiferen Menschen zuteil werden lassen wollte (Leutz, 1974, S. 29). Denn neben dem Spaß am Spiel lernten die Kinder mittels ihrer Rollen (durch Rollenidentifikation) neue Verhaltensweisen (Erweiterung des Rollenrepertoires); durch Rollentausch mit einem bedrohlichen Gegenüber konnte Angst vermindert werden.

Paul Pörtner (1978, S. 46) weist darauf hin, daß die Neuorientierung der Kunst und Literatur um 1910 im Zeichen einer Neuentdeckung der Kindlichkeit stand; Kinderspiele seien dabei nicht im Hinblick auf die sogenannte „heile kindliche Welt" gemeint, sondern sind zu verstehen als Modell des Lebensspiels, der Wechselbeziehung zwischen Fiktion und Realität, Spiel und Leben.

Moreno spielte darüber hinaus aber mit den Kindern aus ganz eigenem Interesse an Begegnung und Liebe und dem Wunsch, über das Spiel Gott zu erfahren.

„Was wollte ich den Klugen sagen? Daß ich verbrenne? Wie eine Motte im Licht meiner Angst vergehe, ihm, den ich suche, in der Spanne meines Lebens nicht zu begegnen; daß ich zu den Kindlein getreten bin, um bei ihnen, wenn auch nur einen Hauch, das Lachen, mit dem sie befreien, den Zipfel seines Rockes zu finden, daß ich unter den Kindern den König suche ..." (Moreno, 1923, S. 123). „Da der König sich nicht herabgelassen hat, damit ich ihm begegne, werde ich mich wohl verwandeln müssen, von nun an keine Maske versäumen dürfen, auf die er verfallen könnte ... Masken her, ich werde sie an meiner Haut abspielen wie ein berühmter Gaukler" (S. 131).

Wie sehr Moreno das Wesen der Kinder begriff, wie sehr er spontanes Spiel und Phantasie als Quelle der Seinserfahrung ernst nahm und die Erweiterung des Rollenrepertoires der Kinder damals schon förderte, mag am Beispiel der kleinen Liesl deutlich werden, die später als Elisabeth Bergner eine weltberühmte Schauspielerin wurde. Liesls Vater beschwerte sich, daß sein Kind nie aufhöre zu flunkern. Moreno versicherte ihm, daß Liesl keine zwanghafte Lügnerin sei, sondern eine natürlich begabte Erfinderin imaginärer Situationen, die wirklicher für sie seien als die Realität. Auf Morenos Vorschlag hin schickte der Vater Liesl auf eine Schauspielschule (Kobler, 1975, S. 42).

Gelegentlich findet man den Hinweis, daß Moreno eine Kinderbühne gegründet haben soll (Fox, 1978; Marschall, 1983). Moreno selbst schreibt dazu (1970, S. 72): „Das erste Stegreifbrett war der Boden der öffentlichen Gärten. In der Mitte einer angetroffenen Menge wurden Märchen aus dem Stegreif erzählt. Die frühesten Bühnenversuche gehen auf das Jahr 1911 zurück. Auf ungehobelten Brettern wurde von Kindern gespielt. Die Versuche der ersten Jahre waren bloß auf Spielmächtigkeit gestellt."

Morenos Manifest „Die Gottheit als Komödiant" trägt zwar den Untertitel „Kinderbühne 1911", kann jedoch unmöglich von Kindern gespielt worden sein. Da dieses Manifest wesentliche Teile aus Morenos Theaterkritik enthält, kann man auch schließen, daß der Nachsatz „Kinderbühne 1911" darauf hinweisen soll, daß die Idee zu diesem Aufsatz aus Morenos Spielen mit Kindern entstand. Schließlich lautet Morenos erster Satz in Ich-Form auf die Frage, warum er so lange geschwiegen habe: „Aus Freude darüber, daß die Kinder, zum erstenmal seit die Menschen das Theater vom Himmel zum Geschenk bekamen, vollkommenes Theater spielen" (1919, S. 55). Mit „Kindern" bezeichnet Moreno an dieser Stelle Erwachsene. „Kinderbühne" wäre somit ein Synonym für „Stegreifspiel".

2. Gedichte und Manifeste

Bereits 1914 veröffentlichte Moreno Gedichte unter dem Titel „Einladung zu einer Begegnung", die anonym als „Flugberichte" erschienen. Ab 1918 gab Moreno die expressionistischen Zeitschriften „Der Daimon" und „Der Neue Daimon", (1920/21 unter dem Titel „Die Gefährten" weitergeführt) heraus (Leutz, 1974, S. 30). Er veröffentlichte darin neben seinen eigenen Arbeiten (Gedichte und Prosa), Werke von Franz Werfel, Max Brod, Paul Kornfeld, Franz Blei, Paul Claudel, Yvan Goll, Béla Balázs, Albert Ehrenstein, Otokar

Březina, Alfred Wolfenstein, Georg Kaiser und vielen anderen. Morenos Gedichte in dieser Schriftenreihe beschreiben sein Gottesbild; die längeren Manifeste beinhalten zusätzlich eine Auseinandersetzung mit Literatur und Theater.

2.1 Moreno und der Expressionismus

Anfang des 20. Jahrhunderts verstärkten sich bei Musikern, Malern, Dichtern, Bühnenbildnern und Regisseuren Tendenzen, gegen die Wirklichkeitsnachbildung im Naturalismus einerseits und die Wiedergabe äußerer Eindrücke im Impressionismus andererseits anzugehen (→ Buer, Prolog). Der sich anbahnende gesellschaftliche Umbruch vor dem 1. Weltkrieg, die Kriegserfahrungen, die Enttäuschung über ungenügende Veränderungen der Gesellschaftsstruktur danach führten zu radikalen Forderungen der Künstler. Mit ekstatischem Pathos proklamierten sie den Glauben an und die Sehnsucht nach einer neuen Harmonie, einer neuen Humanität. Der Krieg hatte auch eine seit langem fragwürdige Welt zerstört — nun wurden Energien freigesetzt, die eine neue Bestimmung der menschlichen Werte forderten. Der schöpferische Mensch sollte die Welt neu gestalten, herkömmliche Formen sprengen und die Weltharmonie mittels der Läuterung des Einzelnen herstellen. Moreno trat dieser Protestbewegung bei — gegen ein Roboterdasein, gegen das wachsende Vordringen des Materialismus, gegen Entfremdung des Menschen von sich selbst.

Das, was heute als „Expressionismus" bezeichnet wird, war eine vielseitige, maßlose, fast undefinierbare Strömung verschiedenster künstlerischer Ausdrucksweisen, Manifeste, Programme, vornehmlich in den Jahren 1910 - 1920. Es gab eine Vielzahl von Zirkeln und Zeitschriften (darunter „Der Sturm", „Daimon", „Die Aktion"); fast jeder „Expressionist" hatte seinen eigenen „Expressionismus" (vgl. Pörtner, 1961; Martini, 1978).

Dem Expressionismus lag der innige Wunsch zugrunde, dem Geheimnis Gottes und der Menschenseele auf die Spur zu kommen, Sein und Schein in Frage zu stellen, den „Kosmos aus dem Ich" zu gebären, den „neuen Menschen" zu entwerfen, der die Welt neu gestaltet.

Yvan Goll (1921, S. 8) schreibt, der Expressionismus sei nicht eine künstlerische Form sondern eine Gesinnung gewesen; kein Expressionist sei Reaktionär gewesen, sondern alle „Anti-Krieg", kein einziger habe nicht an Brüderschaft und Gemeinschaft geglaubt. Goll zitiert in seinem Aufsatz unter der Überschrift „Der Expressionismus stirbt" seine Kollegen Ludwig Rubiner, Kasimir Edschmid und Walter Hasenclever und stimmt deren Forderung, sich als Künstler in die Politik einzumischen und damit Verantwortung für mehr Menschlichkeit zu tragen, empathisch zu. Aus dem Protest gegen die behagliche Selbstzufriedenheit im Wohlstand des Bürgertums entstand der Kampf der Generationen, der in häufiger Verwendung des „Vater-Sohn-Motivs" Niederschlag findet; als Beispiele seien Werfels „Nicht der Mörder, der Ermordete ist schuldig" (1920) und Hasenclevers „Der Sohn" (1914) genannt.

Theaterreformen zu dieser Zeit sollten das bisherige Gesellschafts- und Bildungstheater ersetzen durch ein Gemeinschaftstheater, in dem Zuschauer und Schauspieler eine Einheit bilden; Gesamtkunstwerke sollten entwickelt werden, das „totale Theater" oder die „monumentale Kunst"; man wendet sich zu den Ursprüngen des Theaters zurück, wo die Spontaneität und Kreativität der Teilnehmer angeregt, schöpferische Talente aktiviert wurden (Giese-Hix, 1974, Sl 57).

Lothar Schreyer, von 1916 bis 1928 Schriftleiter der Zeitschrift „Der Sturm", von 1921-23 Meister am Bauhaus in Weimar, beschrieb, daß Kunst mehr sei als Verkündigung; sie solle den Menschen wandeln, den Künstler selbst und die anderen; er bestand auf der Inszenierung von Weihespielen (zit. nach Giese-Hix, 1974, S. 254); Gropius (ab 1919 Direktor des Bauhaus) übertrug der Bühne die Aufgabe, die religiöse Sehnsucht des Menschen zu befriedigen. Während Lazslo Mahoy-Nagy (von 1923-28 Meister am Bauhaus) und Walter Gropius für Publikumsbeteiligung sind, stellen sich Kandinsky und Schlemmer dagegen; während Franz Werfel sein Drama „Spiegelmensch" im Stil eines Puppentheaters aufgeführt haben will, beschäftigt sich Wassily Kandinsky mit dem „synthetischen Gesamtkunstwerk" und Gropius mit einer möglichst unpersönlichen Licht- und Raummaschinerie (vgl. Brauneck, 1982, S. 229f.). Moreno betont, daß sein Werk zurückgehe zu den primitiven Religionen und daß er eine neue kulturelle Ordnung schaffen wollte (1955, S. 19).

Es gab eine Fülle von Ideen, wie man dem zerbrochenen oder antiquierten Wertesystem mittels der Kunst begegnen wollte und Moreno befand sich mit seiner Kritik an den „Kulturkonserven", wie er tradierte Kunstwerke nannte, mit seiner Forderung nach „Begegnung", mit seiner Hinwendung zu Gott in guter Gesellschaft. Es ist anzunehmen, daß er mit den Schriftstellern, die im Daimon veröffentlichten, Kontakt hatte.

G.A. Leutz (1974, S. 30) gibt sogar an, daß Moreno mit seinen Künstlerfreunden allerlei Rollen- und Stegreifspiele veranstaltet habe; Paul Pörtner nennt die Namen Georg Kaiser, Franz Theodor Csokor, Arthur Schnitzler, Béla Balázs, F.T. Marinetti als Autoren, die sich in Morenos Stegreiftheater in der Maysedergasse in Wien aktiv beteiligten.

Werfel, Blei, Claudel, Březina, Brod und Kornfeld kannten sich jedenfalls und werden, da sie im „Daimon" veröffentlichten, auch Moreno gekannt haben (vgl. Foltin, 1972; Mattenklott, 1988). Daß Moreno mit Frederick J. Kiesler bekannt war, der als Architekt 1923 zur Berliner Avantgarde, dem Kreis um Schwitters, Mahoy-Nagy und Mies van der Rohe, stieß, ist von ihm selbst belegt (Moreno, 1955, S. 55; 1925); vor allem wegen des Vertrauensbruchs, den Kiesler in Morenos Augen beging, als er anläßlich der internationalen Ausstellung neuer Theatertechnik in Wien einen Bühnenentwurf zeigte, von dem Moreno behauptete, daß er ein Plagiat seiner, Morenos, Ideen darstelle.

Wer wen beeinflußte und welcher der Expressionisten wessen Ideen übernahm, läßt sich jedoch schwer feststellen. Moreno hat beispielsweise für seine Stufenbühne in Beacon, N.Y., Scheinwerferlicht in den typischen Bauhaus-Farben verwendet: gelb für Trauer, blau für Introspektion, rot für Aggression (vgl. Kobler, 1975). Wer so aktiv in der Gegenwart lebte wie Moreno, wie die Expressionisten überhaupt, der mußte unweigerlich beeinflußt werden durch die revolutionären Strömungen der Zeit, die über individuelle Bedeutung hinausgingen, auch wenn jeder Künstler sein Anliegen individuell erlebte und ausformte.

2.2 Daimon

Morenos Veröffentlichungen im „Daimon", „Die Gottheit als Autor" (1918), „Die Gottheit als Redner" (1919) und „Die Gottheit als Komödiant" (1919) sind, Morenos eigenen Angaben zufolge (1955, S. 15), beeinflußt durch Sokrates und seine Form des Lehrens durch den Dialog.

Sokrates habe bereits die Technik des Rollentausch angewandt, indem er selbst die Rolle des fragenden Schülers übernahm und den Sophisten zum Lehrer erhob; die Zuhörer wurden in den Dialog verwickelt, der mit einer „dialektischen Katharsis" endete. Moreno beschreibt weiter, daß Sokrates nie ins Theater gegangen sei; erst, als er erfuhr, daß Aristophanes eine Komödie geschrieben habe, in der man sich über Sokrates lustig machte, ging er „in psychodramatischer Art" zur Aufführung, um sich dem Athenischen Publikum zu präsentieren und „zu beweisen, daß der Schauspieler, der ihn auf der Bühne spielte, Unrecht widerfahren ließ ... Diesmal war es eine reale Lebenssituation, in der er selbst Protagonist war" (Moreno, 1955, S. 15).

Morenos Kenntnis der Antike hat ihn offensichtlich inspiriert, in Anlehnung an Sokrates und dessen Theatererlebnis „Die Gottheit als Komödiant" zu schreiben. Dieses Werk setzt sich auseinander mit der Frage der Rollenidentifikation des Schauspielers, der Frage nach dem wirklichen Theater, mit Morenos Gottesbild sowie seinem Kunst- und Lebensverständnis: Das Publikum will den „göttlichen Komödianten" sehen. Als der Theaterdirektor verkündet, daß „Zarathustra" seine Rolle vergessen habe und der Herr des Himmels dem Dichter die Einbildungskraft genommen habe, sagt der Älteste der Zuschauer: „Der Dichter ist aus. Das Theater schließt sich von selbst", während der Jüngste der Zuschauer kontert: „Der große Mensch geht auf. Ich bin der Makrokosmos" (Moreno, 1919, S. 48f.). Hier zeigt sich Moreno ganz im Sinn der revolutionären Bestrebungen der Expressionisten; während der Älteste nicht ohne seine „Kulturkonserve" auszukommen glaubt, freut sich der Jüngste auf den neuen Menschen, der die Welt neu gebiert.

Als ein Schauspieler in der „Maske Zarathustras" auftritt, geht Johann, ein Zuschauer, auf die Bühne und stellt ihn in Frage:

„Deine Augen sind nicht die Augen Zarathustras! ... wo sind die Runzeln und die siebzig Jahre Zarathustras! ... Sein Leben wird gespielt? Das kann nur Zarathustra. Wer warst du auf der Straße, sag? Wann wurdest du Zarathustra? Als der Vorhang aufging? Angenommen, Zarathustra ist nicht tot, sondern lebt irgendwo ... oder das Schrecklichste für dich: er sitzt im Zuschauerraume. Jetzt! Dort! Sieht, Abend für Abend, die Fratze seines Lebens aus der Büchse dieser Hölle stürzen: O Hilfe, halt! ...".

Johann belehrt den Schauspieler, daß es eine Möglichkeit gebe, Darsteller und Zarathustra plötzlich ein Leib und eine Seele werden zu lassen, gleichzeitig, gleichräumlich. Da aber tritt der Dichter auf, der behauptet, Zarathustra erschaffen zu haben, woraufhin der Schauspieler ihn anfährt, „warum erlaubst du deinem Wahnsinn in fremden, meinen Gliedern zu tanzen? Warum bist du nicht Held, dein Dichter und dein Schauspieler zugleich?"

Hier spielt Moreno auf die „Personalunion" an, die es eine zeitlang in Griechenland tatsächlich gab. Zu Beginn des griech. Theaters traten Dramatiker nicht nur als ihr eigener Regisseur sondern auch als Schauspieler auf (noch Aischylos); erst im 5. Jahrhundert v.C. gab es eine fortschreitende Spezialisierung.

Schließlich wird Moreno selbst von einem der Schauspieler gerufen, geht auf die Bühne, schweigt lange und erklärt schließlich, daß die „Kinder, zum erstenmal seit Menschen das Theater vom Himmel zum Geschenk bekamen, vollkommenes Theater spielen".

„Das Theater hat uns bisher die Schmerzen fremder Dinge vorgespiegelt, heute nacht aber spielt es das eigene Leid vor." ... „Vor der Herstellung des wesentlichen Theaters müssen alle seine bisherigen Elemente, Stück für Stück, restlos bis auf den ursprünglichen Grund vernichtet sein. Verdammnis der gesamten Maschinerie. Wiederherstellung des Chaos. Wenn es am Ende des Gesprächs nur mehr Vernichtete, also keine Schauspieler, Dichter und Zuschauer mehr gibt, so kann aus dem Urzustand die Geburt des Theaters neu entspringen, der vollkommene Schein entwickelt werden." .. „Die Gottheit als Dichter ist die Rettung der Kunst." (1919, S. 55ff.)

Das Thema „Zarathustra", die Begriffe „Urzustand", „Geburt des Theaters", „Gottheit als Dichter ist Rettung der Kunst" erinnern an Nietzsches „Also sprach Zarathustra" (1885) und „Die Geburt der Tragödie" (1872) und seinen Hinweis auf die Dionysien als Urform des Theaters. Auch in Franz Werfels Dichtung finden sich, wie Helga Meister anmerkt (1964) dionysische Elemente, auch für Werfel soll die Kunst mit dem göttlichen Ursprung verbunden bleiben. Paul Kornfeld beschreibt in seinem Aufsatz „Der beseelte und der psychologische Mensch" (1918) die Gestalten des neuen Dramas als die „Rasenden", die ekstatisch und wahnsinnig dahinstürmen (die „Rasenden" sind die Mänaden, Anhängerinnen des Gottes Dionysos); der von den Expressionisten für das Theater wiederentdeckte Bewegungschor mit Tanz und Pantomime knüpft ebenfalls an die Dionysien an. Fritz Martini (1978, S. 543) gibt an, daß Reinhard Johannes Sorge von Nietzsche über die Beschäftigung mit dem Katholizismus zu einem Weihespiel kam; die Bühne sah Sorge als eine Stätte der Heiligung. (1911 erschien Sorges „Zarathustra — eine Impression").

Etliche Jahre vor der Gründung und Beschreibung des „Stegreiftheaters" beschreibt Moreno aber auch schon die Möglichkeit der „Handlungskatharsis". „In dem ich meine einstige Tragödie noch einmal scheine, wirke ich auf mich, den ursprünglichen Heros der Tragik, komisch, befreiend, erlösend. Ich breche, indem ich mich doch zugleich tiefernst vor dem Volk, nackt, wie ich war, wiederspiele, innerlichst in Gelächter aus; denn ich sehe meine Welt des vormaligen Leidens aufgelöst im Schein" (1919, S. 62). Noch einmal sei an Nietzsches „Also sprach Zarathustra" erinnert; dort steht (S. 115): „Die Vergangenen zu erlösen und alles ‚es war' umzuschaffen in ein ‚So wollte ich es' — das hieße mir erst Erlösung!" Allerdings zieht Nietzsche gleich einen anderen Schluß: „Wille — so heißt der Befreier". Bei Moreno heißt „der Befreier": „schöpferische Spontaneität".

In den beiden anderen, wie Theaterstücke bzw. Sokrates-Dialoge aufgebauten Stücke „Die Gottheit als Autor" und „Die Gottheit als Redner" kritisiert Moreno, daß Autor und Redner das „eindeutige, ursprüngliche, sächliche Du" verleugnen, die Liebe vernachlässigen. Die Bedingung der Gottheit sei die Begegnung; man habe sich die Frage zu stellen, wie man ein vollkommener Liebender werde (S. 13, S. 15).

2.3 Das Narrentheater der Königsnarren

Wie Brigitte Marschall (1983) beschreibt, ist unklar, ob das „Narrentheater der Königsnarren" tatsächlich aufgeführt wurde; veröffentlicht wurde das Werk als Teil des „Königsromans" (1923). Moreno gibt den 1. April 1921 als Aufführungsdatum an (1977, S. 1) und die häufige Nennung des Begriffs „Narr" könnte als Aprilscherz ausgelegt werden. Andererseits gibt Moreno (1977, S. 2) an, daß er durch das Ereignis viele Freunde verloren habe. Nun ist ein Narr immerhin ein durch Unvernunft auffallender Mensch; Moreno bezeichnet sich selbst häufig als Narren. Der alte Fastnachtsbrauch der Narrenherrschaft (mit Königszepter!) findet auch heute noch Ausdruck in eigenen „Narren-Gerichten", die die Torheiten der Menschen auf närrische Art aburteilen. Es ist schwer vorstellbar, daß Moreno dies nur hinter seinem Schreibtisch getan haben soll — er, der so gegen das schriftlich fixierte Wort und für die Augenblickshandlung eintrat wird in irgendeiner Form sein „Narrentheater" in der Begegnung aufgeführt haben — vielleicht im Freundeskreis im Theater in der Maysedergasse, das vermutlich ebenfalls am 1. April 1921 (Leutz, 1974, S. 31); (Moreno, 1923 — 2. Aufl. 1970, S. III) eröffnet wurde.

Moreno skizziert in diesem Werk seine Theaterreform noch präziser und schärfer als im „Daimon". Zusätzlich ergeben sich beim Lesen Assoziationen zum Ersten Weltkrieg:

„Die Könige, Präsidenten und Päpste, Wortbesorger aller Länder, ihre Gesandten und Namensgleichen erhielten einen echten Teilnehmerschein für die Schaukelreise um den Kaiser" (S. 141), „die Inszenierung des Weltuntergangs ist nur erlaubt, wenn alle anwesend sind" (S. 141), „Politisches Meeting, monarchistische Demonstration", „Leichenzug der ausgepumpten Welt" (S. 149).

Moreno, so der Inhalt des „Narrentheater", will die Welt untergehen lassen; er schneidet den Herrschenden auf der Bühne den Faden ab, der sie mit den Welttrieben verband, woraufhin sie tot umfallen und verwesen — die inneren Teile der Könige hatten sich als Masken erwiesen und auch die äußeren Zeichen (Kleider, Königsbart) waren nicht echt; schließlich verflucht Moreno „eins, zwei und überall. Ihr seid im Schein nicht Schein, ihr scheint im Sein".

Moreno geht es auch hier um die Suche nach dem „wirklichen Sein": „Jeder scheine hier ohne Grund, was er wegen guter Gründe in der Welt erscheint" ... „wer hier im freien Scheine König ist, der währt es ewig" (S. 152). Er stellt ererbte (Adel) oder erhaltene (Politiker) Rollen, die einer in der Welt vorspielen kann, in Frage; wenn einer aber grundlos auf der Bühne König sei, dann sei er wirklicher König.

In die Kritik an Politik und Gesellschaft webt sich Kritik am Theater, dessen Elemente für Moreno die „Sklaverei" der Zeit (erstarrte Theaterhandlung), des Raumes (entfernte Örtlichkeit des Konflikts auf der Bühne) und der Einheit (Spaltung des lebendigen Geistes in drei fixe Rollen, Dichter, Schauspieler, Publikum) sind. Moreno wünscht sich das „reine" Theater, einmalige Zeit, einmaligen Raum, einmalige Einheit, den „Schöpfer" (S. 151).

„Anstelle der alten Dreiteilung tritt unsere Einheit ... Unser Theater ist Einheit des Seins und des Scheins. Wir spielen das Theater des Augenblicks, der identischen Zeit, commédie immediate ... Unser Theater ist das der Vereinigung aller Widersprüche, des Rausches, der Unwiederholbarkeit" (S. 152).

Moreno ruft dazu auf, kreativ zu sein und Theater und Leben nicht zu trennen. Es ärgert ihn, wenn im Leben schlechtes Theater mit falscher Rollenbesetzung gespielt wird und auf dem Theater in unzulänglicher Weise Leben oberflächlich imitiert wird. Noch genauer äußert Moreno diesen Zusammenhang am Ende seines Buches „Das Stegreiftheater" (1970, S. 79/80):

„Das Repertoire der himmlischen Bühne besteht in der ewigen Wiederholung eines einzigen Stücks: der Erschaffung der Welt ... Im himmlischen Theater ist Schein kein Schein, sondern wahres Sein, die Erschaffung der Welt bis zum jeweiligen Augenblick von Gott und seinen Geschöpfen zum zweiten Male gelebt ... Was Gott spricht, wird sofort Wirklichkeit. Auch im Theater setzt er seine Schöpfung fort."

3. Stegreiftheater

Stegreifspiel ist definiert als improvisiertes Theaterspiel, wobei der Handlungsablauf skizziert ist, Figuren (Typen) und allgemeine Verhaltensweisen vorgegeben sind. In diesem Rahmen gestaltet der Spieler den Text frei, spezifiziert und konkretisiert die Situation durch eigene Erfindungen, aktuelle Anspielungen usw. Das Stegreifspiel durchzieht alle Epochen der Theatergeschichte; seine bekannteste Ausprägung ist die „Commedia dell' Arte" (Rischbieter, 1983).

3.1 Wiens Stegreiftheatertradition

Stegreiftheater hatte in Wien eine lange Tradition (vgl. Urbach, 1973; Haider-Pregler, 1971; Kindermann, 1968; Prandl, 1948).

Schon zu Beginn des 13. Jahrhunderts sind Osterfeiern aus einem Kloster bei Wien überliefert sowie heidnische Frühlingsspiele, die später zu Massenspektakeln mit Musik, Tanz und Gesang wurden. Große religiöse Spiele erreichten Ende des 15. Jh. ihren Höhepunkt, doch blühte ebenfalls das vorchristliche kultische Fastnachtsspiel wieder auf; gleichzeitig bemühten sich gelehrte Humanisten um die Wiederbelebung des antiken Dramas.

Im 16. Jahrhundert gab es in Wien katholische und protestantische Schultheater; die Stücke wurden von Lehrern geschrieben, pädagogische und didaktische Interessen standen im Vordergrund. Klöster unterhielten eigene Ordensbühnen, wo Legendenspiele zur heilsamen Erniedrigung des Gottesgeschöpfs aufgeführt wurden, während gleichzeitig am höfischen Theater der Renaissance die Herrschenden Ritterspiele, Hoffeste und Hofjagden abhielten und sich glorifizieren ließen.

Im Barock durchzogen italienische (Commedia dell'Arte) und englische Wandertruppen das Land und gaben den Anstoß zu einem berufsmäßigen Sprechtheaterwesen in Österreich. Die deutschen Komödianten, die Anfang des 18. Jahrhunderts in Wien ihre Buden aufschlugen, reduzierten die Künstlichkeit der Commedia dell'Arte und die überladene Ausstattung lateinischer Ordenstheater auf ein handwerkliches Maß — es entstand der „Hanswurst".

Die Stegreifspiele der wandernden, später seßhaften Komödianten brachten auch heikle soziale und politische Situationen zur Darstellung, manchmal kritisch, oft grob und derb. Ende des 18. Jahrhunderts wurden wegen politischer und moralischer Bedenklichkeit Stegreifspiele verboten. Nun mußte der aufgeführte Text vorher niedergeschrieben und auswendig gelernt werden, damit gegebenenfalls eingegriffen werden konnte. 1794 hatte es in Wien 84 Haustheater gegeben, die durch einen Erlaß in diesem Jahr aufgehoben wurden. „Kasperletheater" durfte nur noch ungefährlich und gefällig gespielt werden. Die Figuren enthielten noch sozialkritische Tendenzen, verletzten das Wiener Publikum aber nicht mehr; die Zuschauer mußten sich nicht identifizieren, sie wußten die Handlung immer voraus. Erst Nestroys Figuren, Mitte des 19. Jahrhunderts, wurden wieder aggressiv; ihm ging es darum zu zeigen, wie der menschliche Charakter durch seine Umwelt beeinflußt, verändert, verdorben wird.

In der Zeit des fin de siècle, als Sigmund Freud mit seinen psychoanalytischen Studien Neuland erschloß, zeigten Schnitzler und Strindberg die Problematik des Individuums, das im Korsett des gesellschaftlichen Zwanges zur Anpassung nicht es selbst sein kann. Die Wiener Komödie zog sich in dieser Zeit dagegen auf ihren traditionellen Fundus zurück; das Stegreifspiel verkam zunehmend zu einem sinnlosen Theater aus Stichwortgags und Genreszenen. Eine Ausnahme hiervon bildeten jedoch die zwischen 1906 und 1912 gegründeten Kabaretts „Nachtlicht", „Fledermaus" und „Simplizissimus", wo mit improvisatorischer Schlagfertigkeit und Witz gespielt wurde (Otto & Rösler, 1977).

Ebenfalls um die Jahrhundertwende wurden in einigen europäischen Ländern sogenannte „Intime Theater" gegründet, 1902 und 1905 in Wien. Sie zeichneten sich dadurch aus, daß Bühne und Zuschauerraum klein waren, oft nur ein Zimmer, so daß sich eine räumliche Verbundenheit zwischen Publikum und Schauspielern herstellte und daß sie sich nicht am Geschmack des breiten Publikums orientierten. Die aufgeführten Stücke thematisierten als „intime Dramen" private, familiäre und alltägliche Situationen und wollten psychische Vorgänge zur Darstellung bringen; aus diesem Grund wurden „intime Dramen" häufig auch „Seelendramen" genannt (Delius, 1976).

August Strindbergs Beschreibung eines „intimen Theaters" in Paris (in: Kesting & Arpe, 1966) sei hier erwähnt zum Vergleich mit Morenos Stegreiftheater.

Der Leiter dieses „Théâtre libre", M. Antoine, war Angestellter der Gasanstalt und begann mit Laiendarstellern in der Freizeit zu proben. Zu den Aufführungen wurden Einladungen verschickt. Es gab nur spärliche Dekoration, einfache Inszenierungen; M. Antoine fungierte als Direktor, Schauspieler, Maler, Kostümverwalter und Beleuchter. Strindberg feiert in seiner Schrift „Über Drama und Theater" (in: Kesting & Arpe (Hrsg.), 1966, S. 56) euphorisch dieses Unternehmen: „Ist dies nicht womöglich eine Emanzipation der Kunst, eine Renaissance, eine Erlösung von greulicher Ästhetik, die im Begriff stand, die Menschen unglücklich zu machen? ... Mögen wir dann auch ein Theater bekommen, wo man erschauern kann vor dem Schaurigsten, lachen über das Lächerliche, wo man jegliche Freiheit hat, außer, kein Talent zu besitzen und Heuchler oder Dummkopf zu sein!"

Moreno hat mit der Gründung seines Stegreiftheaters einerseits an die Wiener Stegreiftradition angeknüpft, andererseits den Begriff „Stegreif" auf seine Ursprünge zurückgeführt. Stegreifspiele waren immer dann spontan und kreativ, wenn sie unabhängig von Institutionen (Theater, Schule, Kirche, Hof) entstanden aus dem Spieltrieb der Darsteller und ihrer Hoffnung auf Verwandlung. Sobald Stegreifspieler sich abhängig machten vom Geschmack des Publikums, finanzieller Unterstützung oder der Eingliederung in das bestehende Kulturleben verloren sie ihre Spontaneität und entwickelten sich in Richtung des literarischen Theaters. Auch die Commedia dell'Arte, auf die Moreno sich bezieht (1970, S. XVIII, S. 39, S. 65) arbeitete schließlich nur noch mit festgelegten „Typen", wiederholte stereotype Handlungsmuster, die beim Publikum Gefallen fanden.

Mit der Ausschaltung des geschriebenen Stücks befindet sich Moreno auf der Grundlage der frühen Stegreifspiele; bereits mit der Forderung, Zuschauer auszuschalten und jeden zum Mitspielen zu bewegen, geht er darüber hinaus. Raumbühnen, offene Bühnen, die die Nähe zwischen Zuschauer und Schauspieler erleichtern, gab es auch im „Intimen Theater"; Moreno jedoch wollte alles im Augenblick entstehen lassen: Spiel, Handlung, Motive, Worte, Begegnung und die Lösung der Konflikte.

3.2 Morenos Stegreiftheater

1921 eröffnete Moreno ein privates Stegreiftheater in einer angemieteten Wohnung im obersten Stockwerk des Hauses Maysedergasse Nr. 2 im 1. Wiener Gemeindebezirk. Paul Pörtner (1978, S. 47) beschreibt den Raum anhand zeitgenössischer Kritiken:

„Ein kleiner Theatersaal. Die Stühle stehen locker, ungeordnet herum. Das Publikum nimmt Platz, wo es will; zwanglos lockere Formation. Die Bühne enthält einige Versatzstücke zur Markierung von Spielorten: Tische, Stühle, Wandschirm u.a. Moreno fordert das Publikum auf, Themen für die Stegreifspiele vorzuschlagen und selbst mitzuspielen."

Veronika Burkart (1972, S. 19) fand heraus, daß das Theater 20 bis 30 Zuschauer faßte, kein Eintrittsgeld verlangt wurde und ohne Gage gespielt wurde. Aufführungen fanden 2 bis 3 mal pro Woche statt (Marschall, 1983, S. 87); teils wurde „Die lebendige Zeitung" gespielt, das heißt, ein der Presse entnommenes Ereignis dargestellt, teils nannten die Zuschauer das Thema.

Ein Spielleiter besprach die Stegreifhandlungen mit den Spielern, verteilte die Rollen, legte die Spielzeit für jeden Einzelnen in einem Diagramm fest. Als Kulisse diente eine Stegreifzeichnung durch den sog. „Schnellmaler" (Moreno, 1970, S. 58), die Spieler schminkten und kleideten sich vor dem Publikum. Daran anschließend fand der Stegreifakt statt, wobei ein Stegreifregisseur darüber wachte, daß die Spielzeiten eingehalten wurden; notfalls ließ er einen Gong ertönen, schickte einen „Rettungsspieler" oder einen „Schlußspieler" auf die Bühne. Es stand auch in der Macht des Regisseurs, das Spieltempo zu beeinflussen oder jäh abzubrechen und vor das Publikum zu treten mit der Frage, ob es eine komische oder tragische Lösung wünsche. Kurz, alles was sonst in zahlreichen Proben stattfindet, wurde im Stegreiftheater als „Augenblickskunst" an Ort und Stelle erschaffen.

Warum nun hat Moreno, der das freie und spontane Spiel der Kinder liebte, eine derart strenge Ordnung für die Stegreifbühne festgelegt? Eine Spieleinheit (E) als Identität von Bewegung (b), Lage (l) und Zeit (t) definiert er als „goldenen Theaterschnitt" (1970, S. 44); er legt Wert auf Ästhetik und Qualität einer Aufführung (1970, S. XIV) und spricht von begabten und weniger begabten Stegreifspielern und Direktoren (ebd). Offensichtlich war es sein Interesse an der Soziometrie, das ihn dazu veranlaßte, die räumliche Distanz zwischen Schauspielern zu messen und den Effekt zu beurteilen, die Anzahl der Rollen und die Partnerwahl zu beachten (1955, S. 27). Er suchte nach Prinzipien, die wesentlich waren für die spontane Interaktion zwischen Schauspielern. Ein vorgegebenes Theaterstück bietet kaum Möglichkeiten, soziometrische Forschungen anzustellen, da zu viel festgelegt ist; also ging es darum, spontane Interaktionen im Stegreifspiel zu ermöglichen. Schließlich erkannte Moreno, daß seine Forschung umso bedeutungsvoller wurde, je persönlicher und privater die Darsteller in den Rollen involviert waren.

Zwar schreibt Moreno ausdrücklich (1970, S. XIV), daß die zentrale Aufgabe des Wiener Stegreiftheaters die Revolution des Theaters und die Änderung des Charakters des theatralischen Ereignisses gewesen sei; dies sollte durch vier „Maßnahmen" erreicht werden: Ausschaltung des Theaterschriftstellers, Teilnahme des Publikums, freie Improvisation und Raumbühne. Andererseits stellt er sich (1955, S. 10) die Frage, warum er das Theater gewählt habe, anstatt eine religiöse Sekte zu gründen, in ein Kloster einzutreten oder ein theologisches System zu entwickeln und weist darauf hin, daß man dies nur verstehen könne, wenn man betrachte, woher seine Ideen kamen. Schließlich sei seine „fixe Idee" als beständige Quelle seiner Produktivität die Überzeugung, daß es eine Art ursprüngliche Natur gebe, die unsterblich sei und die in jeder Generation von neuem wiederkehre — ein erstes Universum, das alle Lebewesen enthalte und in dem alle Ereignisse geheiligt seien. Dieses „Königreich der Kinder" habe er dann verlassen — aber immer vor Augen behalten, wann immer er in eine neue Dimension des Lebens eingetreten sei. Er habe gegen alle festgelegten Formen revoltiert — Familie, Schule, Kirche ... —, da er sich seiner Visionen für ein neues Modell sicher gewesen sei. Ziel des Stegreiftheaters sei es gewesen (1955, S. 26), spontane und kreative Spieler inmitten einer Gruppe entstehen zu lassen, aber nicht in einem religiösen Klima sondern unter Berücksichtigung des „Zeitalters der Naturwissenschaft".

Während unter Theaterreform üblicherweise die Veränderung der Kunstform zu verstehen ist, geht es Moreno um die Aufhebung der Spaltung von Leben, Religion, Theater und Therapie; diese Grundidee entnimmt er den „primitiven Religionen" (1955, S. 19) mit dem Ziel, eine übergreifende kulturelle Ordnung neu zu schaffen. In seinem Buch „Das Stegreiftheater" (1970) beschreibt er drei Möglichkeiten dieser Theaterreform, die auch chronologisch in seinem Leben und Werk bedeutsam sind: Konflikttheater, Stegreiftheater und Weihetheater. Während das Konflikttheater die Chance wahrnimmt, mit dem etablierten Theater in Konkurrenz zu treten, entsteht das Stegreiftheater „als wäre das alte Theater nie dagewesen" (1970, S. 26); das Weihetheater schließlich ist schon eine Sonderform des Psychodrama.

Für Moreno ist das historische Theater „Totendienst, Auferstehungskult", bar jeder Spontaneität, bar des Augenblicks der Entstehung, abgespalten von der Schöpfung. „Im Konflikttheater springt der Zuschauer auf die Bühne des ‚alten' Theaters, die alten Komödianten wehren ab. Die Kunst des Angriffs und des Widerstands gibt Feuer. Das Konflikttheater ist ein Theater aus zwei Theatern: der historischen Bühne und dem Zuschauerraum" (1970, S. 11); Kritiker übernehmen die Lenkung der Zuschauspieler im Kampf gegen die Schauspieler. „Die Gottheit als Komödiant" (1919) ist ein Beispiel für Konflikttheater.

Im Stegreiftheater wird mit der Auflösung des Gegensatzes zwischen Spieler und Zuschauer der gesamte Raum Theaterfeld. „Hier ist der Ort der Überwinder, jeder, wieviel er scheint" (1970, S. 15) — das „Narrentheater der Königsnarren" (Königsroman, 1923) ist ein Beispiel dafür.

Für Morenos Stegreifmächtige wird das gesamte Ich zum „Material des Bildners", das Unbewußte kann „unverletzt aufsteigen", „arteigenes Material und arteigener Geist" sind im Spieler vereint, das authentische Kunstwerk entsteht hier und jetzt. Im Gegensatz zum Schauspieler eignet sich der Stegreifmächtige die Rolle nicht zentipetal an, sondern schöpft sie zentrifugal aus sich heraus; die Rolle ist nicht in einem Buch, sondern in ihm; der Stegreifspieler zeigt damit seine „Lage".

Moreno weist darauf hin, daß „Lage" nicht gleichzusetzen ist mit Affekt oder Gefühl, denn Lage bezeichne sowohl den inneren Vorgang als auch eine Beziehung nach außen — zur Lage einer anderen Person. Aus der Begegnung zweier Lagen kann der Konflikt entstehen (1970, S. 28). Übrigens verwendet man am Theater bezeichnenderweise statt „Lage" den Begriff „Situation"; die Schauspieler schaffen eine Situation nach der Vorlage des Autors; auch dies berücksichtigt äußere Vorgänge, Spielpartner und Gefühl in der Rolle, jedoch von einem äußeren Standpunkt aus gesehen. Morenos „Lage" bezeichnet eine Sichtweise, die schon einen unvollständigen Rollentausch voraussetzt.

Der meiner Meinung nach wesentlichste Unterschied zwischen herkömmlichem und Morenos Theater ist das Ziel der Aufführung. Das traditionelle Theater will im Zuschauer Emotionen/Erkenntnisse auslösen (vgl. Katharsis des antiken Theaters), in Morenos Theater wird die Erfahrung/Veränderung primär im Spieler bewirkt (vgl. Handlungskatharsis). „Vom Standpunkt des Zuschauers scheint es unwesentlich, auf welche Weise eine Vorführung zustande kommt: ob nach dogmatischem oder Stegreifverfahren. Aber der Standpunkt des Spielers ist maßgebend" (Moreno, 1970, S. 73). Zum Vergleich sei hier aus einem Lehrbuch der Schauspielkunst (Gaillard 1947, S. 62) zitiert: „Und es ist Sache der Künstler, die stärkere seelische Kraft auszustrahlen, die, die Seele der Zuschauer gefangen nimmt und verwandelt."

Moreno merkte sehr bald, daß das Stegreiftheater anderen Gesetzen gehorcht als das literarische Theater. Er fand heraus, daß die einzelnen Szenen kürzer gespielt werden müssen, da sonst die Spannung abfällt, daß zwischen den einzelnen Akten Ruhepausen eintreten müssen und daß die Akte eines Stückes voneinander gelöst sind und nicht, wie im Drama, jedes Bild das folgende vorbereitet. Der Stegreifspieler muß schnell und spontan reagieren können, in jedem Augenblick produktiv sein und ein Gespür für das Zusammenspiel bekommen; dafür braucht er einen „sechsten Sinn". „Es gibt Spieler, die durch eine geheime Korrespondenz miteinander verbunden sind; sie haben eine Art Feingefühl für die gegenseitigen inneren Vorgänge, eine Gebärde genügt und oft brauchen sie einander nicht anzusehen" (1970, S. 57). Möglicherweise hat diese Theatererfahrung der „Zweifühlung" beigetragen zu Morenos Begriff des „Tele".

Im „Stegreiftheater" entwirft Moreno ein virtuoses Programm, das Körper-, Einzelspiel-, Zusammenspieltechnik und Stegreifnoten (timing der Stegreifaufführung) beinhaltet sowie Stegreifregie und Stegreifeignung berücksichtigt. „Zum Stegreif gravitieren die Lebensmächtigen, die Nichtschauspieler. Ihre Quelle ist das Leben" (1970, S. 64) und „Spontaneität ist trainierbar" (1970, S. V) sind Morenos Schlußfolgerungen. Er spart nicht mit Kritik an seiner „Versuchsbühne", fragt sich, warum ästhetische Qualität so selten eintritt, betont aber auch die Wirkung des Stegreifspiels als Heilmittel.

„Absicht ist, die Krankheit sichtbar zu machen, nicht gesund, sondern krank zu werden. Der Kranke treibt selbst seine Krankheit aus. Die Wiederholung in der Illusion macht ihn frei ... Das Stegreifspiel korrigiert unglückliches Schicksal. Es kann im Schein die Erfüllung eines gewünschten Zustands gewähren" (1970, S. 71).

Hier wird bereits die „surplus-reality" beschrieben, die im Psychodrama als Bewußtseinserweiterung eine wichtige Stellung einnimmt. Auch der Begriff der „Antirolle" geht vermutlich auf Morenos Stegreifexperimente zurück, speziell auf den berühmten Fall der Schauspielerin Barbara, die mit Vorliebe edle Heldenrollen übernahm, sich in ihrer Ehe jedoch streitsüchtig und ordinär gebärdete. Moreno schlug ihr vor, ihr Rollenrepertoire zu erweitern, woraufhin sie begeistert eine Dirne spielte. Schon dadurch habe sich, wie Moreno schreibt (1973, S. 14), die Beziehung zum Ehemann zu Hause gebessert, mehr noch, nachdem Moreno die häuslichen Konflikte mit beiden Ehepartnern auf der Bühne spielte.

Das Weihetheater (Moreno, 1970, S. 75) ist bereits eine Sonderform des Psychodrama. Die Spieler sind die Bewohner eines Privathauses. „Die Personen spielen sich wie einst aus Not in selbstbewußter Täuschung dasselbe Leben vor. Der Ort des Konflikts und seines Theaters ist gleich. Sein und Schein werden gleichnamig und gleichzeitig ... Zuschauer der Weihebühne ist die gesamte Gemeinde." Das Stegreiftheater (1970, S. 78) sei die Entfesselung des Scheins, das Weihetheater die Entfesselung des Lebens. Das wahre zweite Mal (des Erlebens) sei die Befreiung vom ersten, das erste Mal bringe durch das zweite Mal zum Lachen.

Da im Weihetheater alle am Konflikt beteiligten Personen anwesend sind, benötigt es keine „auxiliary egos", die stellvertretend Rollen übernehmen; ein Leiter oder Stegreifregisseur ist auch nicht vorgesehen. Die handelnden Personen packen sich selbst bei ihren Fesseln und begreifen, daß ihr Dasein in Fesseln Tat ihres eigenen freien Willens war.

Eine kurze Beschreibung eines „Weihetheaters" mit einem schizophrenen Patienten und 23 Verwandten im Haus des Patienten (über zwei Jahre dauernde „Aufführungen") findet sich bei Kobler (1975, S. 40). Moreno hat übrigens in den USA bei der Behandlung von Patienten die Einbeziehung der realen Personen dem Spiel mit „Hilfs-Ichs" vorgezogen (Kobler, 1975, S. 36).

3.3 In den USA

1925 wanderte Moreno in die USA aus und führte dort seine soziometrischen Forschungen in größerem Stil weiter. Tatsächlich erhielt er Gelegenheit, an Kliniken, Schulen, in Gefängnissen seine Studien zu unternehmen; sein Interesse am Theater ließ dabei keineswegs nach.

1929 eröffnete er das „Impromptu Group Theatre in Carnegie Hall", wo zwischen 1929 und 1931 dreimal in der Woche öffentliche Sitzungen durchgeführt wurden (Moreno, 1955, S. 34). 1930 veranstaltete er im Civic Repertory Theatre Stegreifproben mit Da Silva, Burgess Meredith und John Garfield; 1931 wurde im „Guild Theatre" eine Vorstellung der „lebendigen Zeitung" gegeben und schließlich eröffnete Moreno 1948 das „Mansfield Theatre" mit Stegreifspielen verschiedener Art.

John Kobler (1975) beschreibt, leider ohne Jahresangabe und Benennung des Theaters, ein dreistöckiges Gebäude in New York mit einer Rundbühne und hundert Sitzplätzen in jedem Stockwerk. Fast täglich, so Kobler, fanden dort öffentliche Sitzungen statt, die Moreno oder einer seiner Mitarbeiter leiteten; 2,50 Dollars Eintrittspreis seien erhoben worden, um die laufenden Kosten zu decken. Kobler selbst (1975, S. 41) habe dort beobachtet, wie Paare ihre Eheprobleme darlegten, Freunde ihre sozialen und religiösen Verschiedenheiten klarstellten, Studenten ihre Rassenvorurteile überprüften. Die Grundidee dieser Veranstaltung war, die Bühne als Probe fürs Leben zu nehmen. Moreno war der Überzeugung, daß die Erfahrungen auf dieser Stegreifbühne im täglichen Leben angewandt werden konnten.

Spontaneität und Kreativität blieben für Moreno die Essenz des Psychodrama. Während orthodoxe Psychiater sich lediglich Krankheiten oder krankhaften Störungen zuwandten, interessierte sich Moreno für den Alltag und die gewöhnlichen sozialen zwischenmenschlichen Probleme. Moreno blieb auch in den USA nicht nur der Mann, der das Lachen in die Psychiatrie eingeführt hat, sondern der Mann, der Spontaneität und Kreativität in jedem Menschen fördern wollte. Seinen größten und langfristigsten Erfolg hatte er aber unzweifelhaft mit seiner Psychodrama-Bühne in Beacon, N.Y., die vorwiegend der Therapie diente.

4. Psychodrama und Theater — Wechselwirkungen

4.1 Theater-Elemente im Psychodrama

„Historisch ging das Psychodrama aus der Grundlage des Spiels hervor ... Es hat uns zum Stegreiftheater geführt und später zum therapeutischen Theater, das im Rollenwechsel, im Psychodrama und im Soziodrama unserer Zeit seinen Höhepunkt erreichte" (Moreno, 1973, S. 80f.).

Moreno weist darauf hin, daß die Spiegelmethode in Shakespeares „Hamlet" beschrieben ist, die Doppelgängermethode in Dostojewskijs Roman „Der Doppelgänger", die Traummethode in Calderons Stück „Das Leben ein Traum", der Rollenwechsel in den Sokratischen Dialogen (1973, S. 85, S. 99). Aus Morenos Theaterexperimenten stammen, wie in Abschnitt 3.2. dieses Beitrags beschrieben, vermutlich die Ideen zum „Tele", zur „surplus-reality", zur „Antirolle". In diversen Komödien wird die Methode des „a part-Redens" verwendet, d.h. der Schauspieler drückt seine Gedanken (z.B. hinter vorgehaltener Hand) dem Publikum gegenüber aus — eine Abwandlung dieser Geste findet sich als „therapeutisches Selbstgespräch" im Psychodrama wieder.

Die Begriffe „Protagonist", „Antagonist", „Katharsis", sowie die Idee der Personalunion von Schauspieler, Autor und Regisseur kommen vom griechischen Theater.

Der Inhalt der Begriffe verändert sich aber bei Moreno. Unter „Katharsis" verstanden die Griechen eine Zuschauerkatharsis durch Mitleid und Furcht, Moreno legt darüber hinaus größeren Wert auf eine Handlungskatharsis des Protagonisten (Zerka T. Moreno, 1979). Protagonist ist im griechischen Theater die Bezeichnung für den ersten Schauspieler — bei Moreno erweitert sich seine Sonderstellung. Wenn im Theater „a part" gesprochen wird, so, damit die Zuschauer informiert oder belustigt werden; im Psychodrama dient das „therapeutische Selbstgespräch" einer Klärung des Ist-Zustandes für den Protagonisten und den Leiter.

Auch bei der Formulierung seiner Rollentheorie geht Moreno vom Theater aus und verwendet den Begriff „Rolle" im Sinne oder im Vergleich zur Theaterterminologie (Moreno 1982, S. 287ff.). Eine Beschreibung von Morenos Rollentheorie in Beziehung zum Theater würde den Rahmen dieser Arbeit sprengen (vgl. hierzu Petzold 1978, Petzold 1982, Zeintlinger 1981), doch soll erwähnt werden, daß für Moreno sich das „Selbst" durch die Rollen, in denen ein Mensch handelt, bildet, Rollen in der Interaktion entstehen und gelebt werden und die Rollenentwicklung ein lebenslanger Prozeß ist. Dabei ist Moreno wichtig, daß das übliche Rollenspielen als bloße Wiederbelebung konservierter Rollenmuster ersetzt wird zugunsten einer freien, spontan-kreativen Rolleimprovisation (Zeintlinger, 1981, S. 192). Zwar ist eigentlich unbedeutend, ob das „role creating" auf einer Bühne oder im Leben stattfindet, doch ist „der Lebensraum der Wirklichkeit oft eng und beengend", der Bühnenraum daher „eine Erweiterung des Lebens über das wirkliche Leben hinaus" (Moreno 1973, S. 77). Das Spiel erleichtert also den Ausdruck und die Integration bisher fremder Rollen oder Rollenanteile in das eigene Rollenrepertoire.

Verglichen mit dem Protagonisten, der sich durch das „wahre zweite Mal" des Erlebens seiner eigenen Problematik „vom ersten befreit" (Moreno 1983, S. 75), wird die Bedeutung der Rolle der „auxiliary egos" für ihr Selbst vernachlässigt. Dabei haben sie, wie Moreno selbst betont (1973, S. 73), dreifache Funktion: „die des Schauspielers, indem er Rollen spielt, die der Patient sich wünscht oder braucht, die des therapeutischen Helfers, der das Subjekt leitet und drittens die Funktion eines sozialen Beobachters". Bereits im Wiener Stegreiftheater Morenos wurden „die Schauspieler in auxiliary egos — Hilfs-Ichs — verwandelt" (Moreno, 1970, S. VIII).

4.2 Psychodrama-Elemente im Theater

In etlichen Theaterstücken findet Moreno Psychodrama-Elemente, manchmal zu seinem Ärger, manchmal zu seiner Freude.

In „Rede vor dem Richter" (1925) erwähnt er, daß Pirandellos Stück „Sechs Personen suchen einen Autor" seine, Morenos, Ideen aus dem Zusammenhang reiße und dadurch „bequem genießbar" sei (S. 34). 1964 (S. 113ff.) freut sich Moreno über Arthur Millers Stück „After the Fall", in dem der Autor seine eigene tragische Liebesgeschichte mit Marilyn Monroe bearbeitet, bemerkt aber, daß Miller nicht den „ganzen Weg" gegangen sei, denn das Produkt eines Protagonisten im Psychodrama sei spontan und ungeschrieben; Millers Stück sei nur die Konserve eines Psychodramas. Moreno behauptet auch (1974), daß schon Goethe psychodramatisch gedacht habe. Er sei für Stegreiftheater als Training für Schauspieler eingetreten und ließ in seinem Schauspiel „Lila" eine vom Wahnsinn befallene Frau geheilt werden durch eine psychische Kur, die den Wahnsinn zuläßt, um ihn zu heilen; ähnlich verhalte es sich auch mit Cervantes' „Don Quixote". Überhaupt haben in Morenos Augen viele Schriftsteller, von Aristophanes bis Ibsen und Strindberg, psychodramatische Techniken in ihren Stücken verwendet.

Moreno behauptet (1970, S. IX), daß seine Ideen langsam die Anhänger Stanislawskijs und des Group Theatre beeinflußten; Elia Kazan habe die psychodramatische Methode im „Actors Studio" angewendet. Nachzuweisen ist (Pörtner 1967, 1978), daß Paul Pörtner, Schriftsteller und Promotor von „Mitspielen" am Theater und Peter Brook (1970), Regisseur, sowie Vladimir Iljine, Begründer des „therapeutischen Theaters" (1978) von Morenos Ideen fasziniert und beeinflußt wurden.

Moreno konnte das Problem, die ästhetische Qualität eines Stegreif- bzw. Psychodrama-Spiels auf ein höheres Niveau zu bringen und damit übliche Ansprüche an ein „Kunstwerk" zu erfüllen, Zeit seines Lebens nicht lösen, betont aber sein Bestreben danach nicht nur in seiner Beschreibung des Stegreiftheaters in Wien sondern auch an anderer Stelle (1964, S. 118):

„We have had in the past hundreds of psychodramas taperecorded, conserved, and used for reenactment on a stage or elsewhere. We have been engaged in the conserving of psychodramas for therapeutic, pedagogic and aesthetic reasons. I have attempted many times to overhaul a particularly effective psychodramatic production and prepare it for the legitimate stage, especially „Psychodrama of a Marriage" which appeared in „Les Temps Modernes", Paris 1956-7".

Von seinen frühen radikalen Ideen, daß es nichts Festgelegtes im Spiel, keine Dichter, Schauspieler, Zuschauer geben solle, geht Moreno später graduell ab. Im Psychodrama haben die auxiliary egos Schauspieleraufgaben zu erfüllen, es gibt Zuschauer, die die Darstellung auch nicht stören dürfen. In seinem Buch „Sociometry and the Science of Man" (1956) räumt er sogar ein, daß ohne Kulturkonserven der göttliche Schöpfungsprozeß anders verlaufen wäre, nämlich als Kreativität ohne Welt. Die radikale Idee bleibt aber im Hinblick auf die Stellung des Protagonisten voll bestehen und macht vor allem den Unterschied zu allen anderen Versuchen von Theaterreform aus.

4.3 Moreno — ein Theaterreformer?

Während Moreno sich in Wien mit seinen Theaterideen beschäftigte, erhoben einige europäische Theaterreformer ganz ähnliche Forderungen an ein „neues Theater" (vgl. Artaud 1969, Brauneck 1982, Stanislawskij 1983, Simhandl 1985).

Konstantin Sergeevič Stanislawskij beispielsweise setzte sich vehement für die schöpferische Gestaltung der Rolle des Schauspielers ein, für Spontaneität und gegen verlogenes Pathos, jedoch immer in Bezug auf die von ihm sogenannte „als ob-Wirklichkeit" der Guckkastenbühne. Ziel seiner Technik war, Aufführungen in hoher ästhetischer Qualität wiederholbar zu machen.

Gordon Craig ging von der Überzeugung aus, daß die Rettung der Welt vorrangig durch die Kunst erfolgen müsse, jedoch solle der Künstler sich von Politik fernhalten und die Kunst als „Ersatzwirklichkeit" nehmen.

Craig hob den kultisch-religiösen Charakter eines zukünftigen Theaters hervor, sein Aufruf galt aber, im Gegensatz zu Moreno, dem Unterordnen unter die unsichtbaren Gewalten. Theater sollte für Craig aus den Visionen des Künstlers entstehen, indem er Symbole für die ewigen Wesenheiten finde. Während Moreno die Abschaffung des Autors, der Rampe usw. forderte, wollte Craig eine unnatürliche Sprache des Autors, unnatürliche Darstellungsweise des Schauspielers, unnatürliches Licht usw. Er ging so weit, den Darsteller durch eine „Über-Marionette" ersetzen zu wollen, relativierte dies aber später wieder.

Jacques Copeau meinte mit Erneuerung des Theaters eine Reduzierung auf seine schlichten, ursprünglichen Mittel; er wendete sich gegen das naturalistische Illusionstheater wie gegen ein Aufgebot an großer Raummaschinerie. Theaterarbeit war für ihn auch Lebensprogramm, sein Ensemble lebte als Gemeinschaft zusammen, jedoch blieb das Ziel seiner Arbeit die getreue Interpretation der Klassiker der dramatischen Literatur.

Für *Filippo Tommaso Marinetti* war das Varieté das einzige Theater, das Kunst und Leben miteinander verbinden konnte. Die Zuschauer sollten Lärm veranstalten, mitsingen, so daß es zu improvisierten Dialogen zwischen Publikum, Schauspielern und Musikern kommen konnte; Verrückte und Exzentriker sollten freien Eintritt haben, damit sie mit obszönen Gesten und Unfug lebendiges Durcheinander verursachten.

Schon Anfang des 20. Jh. hatte *Guillaume Apollinaire* ein Totaltheater gefordert mit einer Zweistufenrundbühne ohne Zuschauer; die Schauspieler sollten gleichzeitig Akrobaten, Clowns und Tänzer sein, während die Zuschauer schreiend herumtoben könnten, jeder in einer improvisierten Rolle.

Die Mitglieder des *Bauhauses* entwickelten, vorwiegend in den zwanziger Jahren, breitgefächerte Ansätze zu Theaterexperimenten; z.B. Raumbühnenkonstruktionen, Farblichtspiele und einfache Formelemente, die den apathischen Zuschauer überwältigen sollten. So ästhetisch-technisch diese Versuche wirken mögen, hatten sie doch das Ziel, das Theater im Sinne seines Ursprungs zu erneuern, der in religiöser Handlung, Kult, Ritual gesehen wurde. Theater sollte sinnlich erfahrbar gemacht, die Phantasie der Zuschauer angeregt werden.

Antonin Artaud, der häufig als Jahrhundertgestalt des Künstlers und Wahnsinnigen gerühmt wird, kommt mit seinen Reformideen, die einige Jahre nach denen Morenos entstanden, Moreno wohl am nächsten.

Auch Artaud wollte keine Zugeständnisse an das „alte Theater" machen, strebte eine Erneuerung der Welt an, gründete ein Theater, das nur drei Jahre (1927-1930) bestand, wo er auch eigene Stücke aufführte. Sein ausdrücklicher Wunsch war, alles, was es im Menschen an Dunklem und Verstecktem gebe, offenbar werden zu lassen, doch meinte er damit vor allem sich selbst in seiner Selbstdarstellung. Leben und Theater verstand Artaud als Einheit, auch sollte die Trennung von Bühne und Zuschauerraum aufgehoben werden, doch wollte er dies erreichen, indem er die Zuschauer auf Drehstühle in die Mitte des Raumes setzte, vom darstellenden Geschehen auf mehreren Ebenen allseitig umhüllt. Der Zuschauer sollte enthemmt werden und dann, durch die Äußerung verdrängter Triebe und Leidenschaften, geheilt. Artaud sprach und schrieb von der Unwiederholbarkeit des Schauspiels, von spontaner Improvisation, vom kranken, pervertierten literarischen Theater, von der Notwendigkeit, auf vorgefertigte Texte zu verzichten, von einer Theaterreligion, die die Welt verbessern müsse. Mit einem Ensemble konnte Artaud seine Ideen aber nicht verwirklichen; in berüchtigten Soloauftritten (beispielsweise 1933 an der Sorbonne) versuchte er zu zeigen, was er meinte. Auch Artaud zog die Handlung dem Wort vor, setzte sich mit „Schein und Sein" auseinander, mit Darstellung und Wirklichkeit. Doch ging es ihm, im Gegensatz zu Moreno, vorrangig um Selbstdarstellung in Verbindung mit einer gewünschten Veränderung im Zuschauer.

Ein Vergleich der Theater-Ideen Morenos mit denen von Jerzy Grotowski, Peter Brook, Julian Beck, Richard Schechner und Augusto Boal ist lohnend, z.T. bereits geschehen (Marschall, 1983; Brook, 1970; Petzold und Mathias, 1982; Feldhendler, 1987; Pörtner, 1978), doch wurden diese Reformpläne lange nach Moreno formuliert und praktiziert.

5. Schluß

Theater hat zu allen Zeiten Erlebnisse und Erkenntnisse im Zuschauer auslösen wollen, gleichgültig, ob es pädagogische, religiöse, therapeutische, politische oder unterhaltende

Ziele in Anspruch nahm. Daß diese Erlebnisse und Erkenntnisse durch Einfühlung in die handelnden Personen bis zur Katharsis führen konnten, war seit alters her bekannt. Im spontanen Spiel der Kinder stören Zuschauer eher das natürliche Verhalten; Zuschauer bergen die Gefahr einer Bewertung des Geschehens.

Moreno hat über das Spiel mit Kindern die schöpferische Kraft kennengelernt, die im Menschen frei werden kann, wenn er sich erlaubt, seine Wünsche und Möglichkeiten nicht an der vermeintlichen Realität zu messen. Seine Versuche im Stegreiftheater zielten darauf ab, ohne Zuschauer und ohne Einengung durch einen Autor spontane Interaktionen zu ermöglichen, scheinbar fixierte Lebensumstände zu hinterfragen, Rollenrepertoires zu erweitern. Seine Ansicht war, daß Handeln mehr erreicht als Zuschauen und eine Handlungskatharsis wirkungsvoller ist als eine Zuschauerkatharsis.

Im Psychodrama schließlich ist der Protagonist ein Handelnder und ein Schauender, denn für ihn spielen Menschen in den Rollen die er braucht. Er will nichts in anderen auslösen, sondern in sich; er spielt nicht Theater für andere, sondern für sich. Den Anspruch vieler Theaterstücke, die Menschen mögen erkennen, daraus lernen und sich verändern, setzt Moreno sofort um im Geschehen auf der Bühne. Zusätzlich ist durch den Realitätsgehalt des Psychodrama-Geschehens eine Distanzierung der Gruppenmitglieder nicht in dem Ausmaß möglich wie im Theater. Theaterstatistiken zeigen, daß Aufführungen die entspannen oder eine große Distanzierungsmöglichkeit bieten, nach wie vor am beliebtesten sind (Komödien, Opern, Operetten). Morenos Theater aber braucht mutige Freiwillige, die ihr Leben/die Welt verändern wollen und bei sich selbst anfangen.

Mit viel Mut könnte man Moreno als einen der erfolgreichsten und bedeutendsten Theaterreformer der Geschichte bezeichnen, dann nämlich, wenn man Psychodrama als „eigentliches Theater" bezeichnet, das Leben, Religion, Therapie und Spiel miteinander verbindet. Dagegen kann eingewendet werden, daß Moreno das etablierte Theater nicht erreichte, das sich auch in unserer Zeit weitgehend reduziert hat auf ein Unterhaltungs- und Bildungstheater mit seltenen revolutionären Ansätzen in außergewöhnlichen Inszenierungen oder bei den sog. „freien Gruppen". Das etablierte Theater lebt weiter, als wäre Moreno nie dagewesen.

Literatur

Artaud, A. (1969). Das Theater und sein Double. Frankfurt/M.
Brauneck, M. (1982). Theater im 20. Jahrhundert. Reinbek bei Hamburg.
Brook, P. (1970). Der leere Raum. Hamburg.
Burkart, V. (1972). Befreiung durch Aktionen. Wien, Köln, Graz.
Craig, E.G. (1969). Über die Kunst des Theaters. Berlin.
Delius, A. (1976). Intimes Theater. Kronberg/Ts.
Feldhendler, D. (1987). Psychodrama und Theater der Unterdrückten. Frankfurt.
Foltin, L.B. (1972). Franz Werfel. Stuttgart.
Fox, J. (1978). Moreno and his Theater. Group Psychotherapy, Psychodrama & Sociometry, XXXI, 109-115.
Gaillard, O.F. (1947). Das Deutsche Stanislawskij-Buch. Berlin.
Giese-Hix, J.B. (1974). Das integrierte Total-Theater: Vom Mythos zur konkreten Utopie. Dissertation. Bochum.
Goll, Y. (1921). Der Expressionismus stirbt. Zenit, 8, 8-9.
Haider-Pregler, H. (1971). Theater und Schauspielkunst in Österreich. Wien.

Iljine, V. (1978). Das therapeutische Theater. In H. Petzold (Hrsg.), Angewandtes Psychodrama (S. 238-245). Paderborn.
Kindermann, H. (1968). Theatergeschichte Europas, VIII. Band. Salzburg.
Kobler, J. (1975). The Theater that heals Men's Mind. In F.S.A. Greenberg (Hrsg.), Psychodrama Theory and Therapy (S. 36-46). London.
Leutz, G.A. (1974). Psychodrama. Berlin, Heidelberg, New York.
Marschall, B. (1983). Ich bin der Mythus alles Daseins selber. Dissertation. Wien.
Martini, F. (1978). Deutsche Literaturgeschichte. (17. erweiterte Auflage). Stuttgart.
Mattenklott, G. (1988). Spuren eines gemeinsamen Weges. Merkur, 7, 570-581.
Meister, H. (1964). Franz Werfels Dramen und ihre Inszenierungen auf der deutschsprachigen Bühne. Dissertation. Köln.
Moreno, J.L. (1918). Die Gottheit als Autor. Daimon, 1, 3-21.
— (1919). Die Gottheit als Redner. Der Neue Daimon, 1-2, 3-18.
— (1919). Die Gottheit als Komödiant. Der Neue Daimon, 3-4, 48-63.
— (1923). Der Königsroman. Potsdam.
— (1925). Rede vor dem Richter. Potsdam.
— (1955). Preludes to my Autobiography. Beacon, N.Y.
— (1956). Sociometry and the Science of Man. Beacon, N.Y.
— (1964). The First Psychodramatic Family, Beacon, N.Y.
— (1970). Das Stegreiftheater. 2. Auflage. Beacon, N.Y.
— (1973). Gruppenpsychotherapie und Psychodrama. 2. unveränderte Auflage. Stuttgart.
— (1974). Comments on Goethe and Psychodrama. Group Psychotherapy and Psychodrama, XXVII, 1-4.
— (1977). Psychodrama Vol. I. Beacon, N.Y.
— (1982) Die einheitliche Rollentheorie und das Drama. In H. Petzold & U. Mathias (Hrsg.), Rollenentwicklung und Identität (S. 287-289). Paderborn.
— (1983). Gedanken zu meiner Gruppenpsychotherapie. In H. Petzold (Hrsg.), Dramatische Therapie (S. 70-79). Stuttgart.
Moreno, Z.T. (1979). Über Aristoteles, Breuer und Freud hinaus: Morenos Beitrag zum Konzept der Katharsis. Integrative Therapie, 1/2, 24-34.
Nietzsche, F. (1974). Also sprach Zarathustra. München.
— (1976). Die Geburt der Tragödie. In K. Schlechta (Hrsg.), Werke III (S. 554-558). (6. Auflage). Frankfurt, Berlin, Wien.
Otto, R. & Rösler, W. (1977). Kabarettgeschichte. Berlin, DDR.
Petzold, H. (1978) (Hrsg.). Angewandtes Psychodrama. Paderborn.
— (1982). Die sozialpsychiatrische Rollentheorie J.L. Morenos und seiner Schule. In H. Petzold & U. Mathias (Hrsg.), Rollenentwicklung und Identität (S. 13-188). Paderborn.
Pörtner, P. (1961). Literaturrevolution 1910-1925. In Akademie der Wissenschaften und der Literatur, 13/II. Neuwied am Rhein.
— (1967). Theater der Spontaneität. Theater Heute. 9, 10-14.
— (1978). Moreno und das moderne Theater. In H. Petzold (Hrsg.), Angewandtes Psychodrama (S. 45-60). Paderborn.
Prandl, R. (1948). Wiener Kammerspielbühnen und ihre Vorläufer. Dissertation. Wien.
Rischbieter, H. (1983). Theater-Lexikon. Zürich und Schwäbisch-Hall.
Simhandl, P. (1985). Konzeptionelle Grundlagen des heutigen Theaters. Theaterpädagogik. Sonderheft, Berlin.
Stanislawskij, K.S. (1983). Die Arbeit des Schauspielers an der Rolle. 2. Aufl., Berlin.
Strindberg, A. (1966). Über modernes Drama und Theater. In M. Kesting & W. Arpe (Hrsg.), August Strindberg. Über Drama und Theater. (S. 38-56). Köln.
Urbach, R. (1973). Die Wiener Komödie und ihr Publikum. Wien, München.
Zeintlinger, K.E. (1981). Analyse, Präzisierung und Reformulierung der Aussagen zur psychodramatischen Therapie nach J.L. Moreno. Dissertation. Salzburg.

II. Akt: Kontroversen

Psychodrama und Psychoanalyse

Ferdinand Buer / Ulrich Schmitz

„If I have to die I would rather die of diarrhea than of constipation. As I see it, this is the difference between you and Freud."

Peter Altenberg zu Moreno (1978a, S. XXVIII)

Einleitung

„Es läßt sich ... nicht leugnen, daß die Psychoanalyse als ein ‚negativer' Faktor einen starken Einfluß auf meine Formulierungen hatte" (Moreno, 1981, S. 269). Seit Moreno 1912 Freud begegnet war, wollte er die Psychoanalyse übertreffen, überwinden oder integrieren. Er konnte sich niemals mit ihr abfinden: Seine therapeutische Philosophie stand der Freudschen diametral gegenüber. Das läßt sich nachweisen in der persönlichen Haltung dieser beiden Männer, in ihrem Menschen- und Gesellschaftsbild, in ihren Theorien und Konzepten, sowie ihren Handlungsmodellen bis hin zur Konzipierung ihres jeweiligen Ansatzes als Wissenschaft.

Freud ist aber nicht die ganze Psychoanalyse. Schon seine Analytikerkollegen variierten die Technik erheblich und formulierten Konzepte, die das Mißfallen Freuds erregten. Schon diese „Dissidenten" wie Ferenczi und Rank, Adler und Jung, Reich und Gross standen Morenos Ansatz wesentlich näher als Freud. Die Psychoanalyse in Amerika differenzierte sich erst recht weiter aus.

Die Analytische Gruppentherapie entstand. S.R. Slavson besuchte 1931 Morenos Stegreiftheater in der Cornegie Hall (vgl. Z. Moreno, 1966, S. 87f.), W.R. Bion und S.H. Foulkles entwickelten ihre Gruppenkonzepte als britische Offiziere im Rahmen der Militärpsychologie (vgl. Moreno, 1981, S. 249ff.). Die Aufarbeitung dieser konkurrierenden Entwicklung in Beziehung zu Morenos Gruppenpsychotherapie muß hier unterbleiben; sie würde diese Studie überfordern.

Die gegenwärtige Psychoanalyse selbst stellt aber auch ein Problem dar: Zum einen ist die Praxis wie die Theorie der heutigen Psychoanalytiker auf internationaler Ebene völlig disparat (vgl. Mertens, 1981; Lorenzer, 1983, S. 13; Cremerius, 1984, S. 367ff.; Thomä & Kächele, 1985, S. 38ff.), so daß Anna Freud von einer „anarchistischen Phase der Psychoanalyse" spricht, in der es kaum „einen einzigen theoretischen oder technischen Begriff gibt, der in der Literatur nicht von dem einen oder dem anderen Autor attackiert wird" (1972, zitiert nach Cremerius, 1984, S. 367). Das gilt nun für die orthodoxe Psychoanalyse. Geht man mit Cremerius (1984, S. 374) davon aus, daß die tatsächlichen Abspaltungen weniger aus inhaltlichen Gründen erfolgten, sondern aus ungelösten Konkurrenzbeziehungen, so muß man auch sie in die Betrachtung mit einbeziehen. Dann wird allerdings das Bild noch verwirrender. Eine verbindliche Definition dessen, was Psychoanalyse im Kern ist, wird nur schwer zu bekommen sein. Psychoanalyse ist das, was Psychoanalytiker als Psychoanalytiker tun. Und das ist nur selten dokumentiert. Wie Cremerius (1984, S. 381ff.)

etwa für Freud nachweist, stimmen seine Darstellungen nicht unbedingt mit seiner tatsächlichen Praxis überein (vgl. Roazen, 1976, S. 130ff.).

Und hier liegt das zweite Problem: Das Freudverständnis ist kontrovers. Ist er nun als Naturforscher, als „Biologe der Seele" (Sulloway), zu verstehen oder als interpretativer Psychologe, als Tiefenhermeneutiker (Habermas, Lorenzer), oder gar als Mantiker, als Seher (Pohlen)? Davon hängt es ab, wie seine Texte selbst interpretiert werden müssen. Wir können und wollen diesen Streit hier nicht entscheiden, müssen diese kontroverse Sichtweise jedoch im Hinterkopf behalten, wenn wir Freud und Moreno vergleichen.

Zur Erhellung des zeitgeschichtlichen Hintergrunds stützen wir uns vor allem auf: Glaser, 1979; Johnston, 1980; Schorske, 1982 und Worbs, 1988. Folgende Biographien halfen uns: Clark, 1981; Fromm, 1961; Jones, 1984; Reich, 1969; Robert, 1967; Roazen, 1976; Schöpf, 1982; Zweig, 1986, S. 375ff. Überblicke über Freuds Theorie vermittelten uns: Bally, 1961; Bernfeld & Cassirer Bernfeld 1988; Brenner, 1967; Ellenberger, 1985; Fromm, 1970a, 1970b, 1984; Jahoda, 1985; Laplanche & Pontalis, 1973; Lohmann, 1976; Lorenzer, 1983; Nagara, 1976; Reichmayr, 1986; Sulloway, 1982. Die psychoanalytische Praxis fanden wir dargestellt in: Cremerius, 1984; Fürstenau, 1979; Greenson, 1973; Goeppert, 1976; Morgenthaler, 1978; Thomä & Kächele, 1985.[1]

Viele psychoanalytische Richtungen konnten wir nicht berücksichtigen, etwa die Kleinianer oder die Lacan-Schule. So mag es noch viele interessante Bezüge zu Morenos Ansatz geben als die hier angesprochenen. Allerdings: Gerade in der gegenwärtigen Szene der bundesrepublikanischen Psychoanalyse gibt es Autoren, deren Konzepte manche Übereinstimmungen zu Moreno erkennen lassen. Das läßt zum Schluß einen hoffnungsvollen Ausblick auf Austausch und Kooperation zu.

Bevor wir nun zur eigentlichen Auseinandersetzung kommen, einige Hinweise auf die bisherige Psychodrama-Psychoanalyse-Kontroverse gleichsam als warming up.

1. Die Psychodrama-Psychoanalyse-Kontroverse

1.1 Morenos Kritik der Psychoanalyse

Schon 1923 schreibt Moreno in „Das Stegreiftheater" (Moreno, 1970, S. 71):

„Stegreif läßt das Unbewußte unverletzt (durch das Bewußtsein) frei steigen. Diese Lösung tritt nicht durch fremden Eingriff ein sondern autonom. Darauf beruht seine Bedeutung als Heilmittel. An die Stelle der Tiefenanalyse tritt Tiefenproduktion, für den Arzt Selbsthilfe. Absicht ist, die Krankheit sichtbar machen; nicht gesund, sondern krank werden. Der Kranke treibt selbst seine Krankheit aus. Die Wiederholung in der Illusion macht ihn frei, wie Schutzimpfung und Entstehung der Blattern koupiert. Der Kranke geht den Weg des Dichters. Das Stegreifspiel korrigiert unglückliches Schicksal. Es kann im Schein die Erfüllung eines gewünschten Zustandes gewähren. Vorwegnahme des idealen Lebenszieles: die kleine Harmonie. Edler ist es, nicht nur auf die fremde sondern auch auf die eigene Hilfe zu verzichten. Der höhere Arzt heilt nicht durch Mittel sondern durch bloße Begegnung."

In diesem frühen Zitat, das sich noch auf das Stegreiftheater bezieht, aus dem sich erst in den USA das Psychodrama entwickelte, sind schon die entscheidenden Kritikpunkte an der Psychoanalyse enthalten: Statt Analyse unbewußter Inhalte des Kranken durch einen fremden, distanzierten Arzt soll die direkte Begegnung mit ihm im Stegreifspiel, in der scheinhaften Wiederholung der Erkrankung als Neuproduktion, die freiwillige und befreiende Bewußtwerdung des Unbewußten ermöglichen. Im Spiel wird die Erfüllung einer konkreten Utopie vorweggenommen und damit das unglückliche Schicksal tatsächlich korrigiert, d.h. zum Guten gewendet. Der Kranke gestaltet jetzt sein Leben autonom, wie der Dichter seine Gestalten erschafft. Die Begegnung mit seinen gespielten Antagonisten, d.h. mit seinen inneren Figuren, also mit sich selbst, hat heilende Wirkung. An die Stelle der Fremdhilfe tritt die Selbsthilfe.

Die Psychoanalyse dagegen läßt den Patienten passiv auf der Couch liegen, statt ihn spontan handeln zu lassen. Sie beläßt ihn in einer künstlichen Laboratoriumssituation mit einem distanzierten Beobachter, statt ihn mit den Schlüsselsituationen seines alltäglichen Lebens im Hier und Jetzt real zu konfrontieren. Sie läßt ihn einsam und allein, statt die gegenseitige Hilfsbereitschaft der Gruppe zu nutzen (vgl. Moreno, 1974, S. 9; 1973, S. 14). Morenos Kritik richtet sich nicht nur gegen die regressionsfördernde und isolierende Praxis, sondern auch gegen den theoretischen Überbau, während er Freuds Entdeckungen durchaus schätzt.

„One of the reasons which makes the battle against psychoanalysis difficult is that Freud's scientific discoveries are continiously mixed up with his metapsychological views, as the theory of the libido, the theories of sublimation, projection and frustation, the theory of the uncouncions, the trilogy of the id, ego and superego, the theory of the death instinct and many others. The psychoanalytic system should be strictly differenciated from Freud's observations" (Moreno, 1978a, S. LIf.).

Diese Position wird heute auch von einigen Psychoanalytikern vertreten wie Roy Schaffer (1982) oder G.S. Klein (vgl. Mertens, 1981). Aber: „As his system contradicts a more imaginative explanation of the universe at the advance of science, it should be rejected" (Moreno, 1978a, S. LII).

Freuds Ansatz war nach Moreno geprägt vom „biological view of life" in der zweiten Hälfte des 19. Jahrhunderts.

„It was fashion to think with Schopenhauer and Darwin that pain and evil dominate the universe. Freud looked at man from below: he saw man ‚upside down' and from the position from which he looked at man he saw first his sexual organs and his rear ... But one can evaluated man more advantageously by looking at him from above. Then one sees him erect, standing on his feet, eyes and head first" (Moreno, 1978a, LIII).

Moreno sah den Menschen als kosmisches Wesen (vgl. Moreno 1974, S. 385), zu Höherem berufen und nicht von dunklen Mächten getrieben. Er lehnt den „psychological materialism of Freud" (Moreno, 1947, S. 6) ab, sondern propagiert eine „positive religion" neuer Art, die die Einsichten der Wissenschaft — insbesondere von Marxismus und Psychoanalyse — integriert (vgl. Moreno, 1978a, S. XV).

Und so wirft er Freud Indifferenz gegenüber sozialen Bewegungen wie Sozialismus und Kommunismus vor (vgl. Moreno, 1977, S. 8). Während seine Theorie mit dem Marxismus vereinbar sei (→Buer, Marxismus), gebe es zwischen der klassischen Analyse und dem Marxismus keine Brücke (vgl. Moreno, 1960a, S. 72f.). Er sieht die Psychoanalyse als nur teilweise geeignet für Kulturen, die saturiert, formiert, stationär und zu Selbstreflektion und Selbstverleugnung geneigt sind (vgl. Moreno, 1960a, S. 75).

Angesichts der weltweiten Verbreitung der Psychoanalyse verglich Moreno sie einmal mit dem Trojanischen Pferd. „Whereever psychoanalysis has caught hold, Psychodrama will step out and take over" (Moreno et al., 1964, S. 105). Er wollte sie eben doch „übertreffen" (Moreno, 1974, S. 385).

„Die Befreiung der Geisteskranken von Ketten (Pinel) symbolisiert die *erste* psychiatrische Revolution. Die Entwicklung der Psychoanalyse (Freud) und die Schaffung der Psychotherapie als eines integralen Teiles der Medizin symbolisiert die *zweite* psychiatrische Revolution. Die Entwicklung der Gruppentherapie, Psychodrama, Soziometrie und Soziatrie symbolisiert die *dritte* psychiatrische Revolution" (Moreno, 1973, S. 15f.).

1.2 Die implizite Kritik der therapeutischen Philosophie Morenos durch psychoanalytisch orientierte Psychodramatiker

Realität ist, daß weder in der Psychiatrie noch in anderen Bereichen der bürgerlichen Gesellschaft eine grundlegende Umwälzung stattgefunden hat, die diesen Namen tatsächlich verdiente (vgl. Basaglia et al., 1980; Castel, 1980; Jervis, 1978). Realität ist vielmehr, daß die Psychoanalyse sich in weiten Bereichen der herrschenden Normalität unterworfen hat (vgl. Castel, 1976), insbesondere durch die weitgehende Medizinisierung (vgl. Parin & Parin-Matthèy, 1983; R. Jacoby, 1985; Lohmann 1986). So stellte die etablierte Psychoanalyse immer eine gefährliche Versuchung für das Psychodrama dar, gesellschaftliche Anerkennung durch Anpassung an psychoanalytisches Denken und Handeln zu erkaufen. Moreno selbst ist da keine Ausnahme. Er machte schon 1944 den Vorschlag, „Psychodrama mit psychoanalytischen Theorien zu verbinden und diese Verbindung ‚analytisches Psychodrama' zu nennen" (Moreno, 1973, S. 90).

In Frankreich interessieren sich Psychoanalytiker für psychodramatische Techniken und begründen zwischen 1945 und 1955 das „analytische Psychodrama" (vgl. Petzold, 1987, S. 121ff.). Dazu gehören D. Anzieu (1984), M. Basquin (1981), R. Diatkine, E. Kestemberg, S. Lebovici (1971; 1978), G. u. D. Lemoin (1982) und D. Widlöcher (1974). In diesem Konzept wird der Analysand gebeten, statt seine Einfälle nur zu erzählen, sie mit Hilfe der Therapeuten als Mitspieler direkt vorzuspielen. So werden die belastenden Szenen und Interaktionsmuster zwar mit Leib und Seele wiedererlebt; es handelt sich aber um reine Reproduktion, um die Wiederholung pathologischer Muster, die dann gedeutet werden. Die kreativen Seiten des psychodramatischen Bühnenspiels in der surplus reality werden nicht gesehen und somit auch nicht genutzt. Methode und Interpretationskonzepte bleiben psychoanalytisch orientiert. Einzelne Techniken werden übernommen, die meisten Konzepte Morenos werden abgelehnt oder erheblich modifiziert.

Moreno gelang es nicht, seine psychodramatische Orientierung auch in direkten Demonstrationen in Paris 1954 durchzusetzen (vgl. Z. Moreno, 1966, S. 96). Er lenkte ein:

„Die französischen Modifikationen des Psychodramas stehen nicht im Widerspruch mit den amerikanischen Methoden; nur dann wenn sie darauf bestehen, daß eine bestimmte Form die *einzige* Form ist, die in allen Fällen angewandt werden muß ... Interpretation sollte gelegentlich erlaubt sein, genauso wie ein gewisses Unbeteiligtsein des Hilfs-Ichs. Alles zusammen genommen ist die wachsende Annäherung zwischen psychoanalytischer und psychodramatischer Theorie offensichtlich. Je mehr wir uns auf die Beschreibung unserer Tätigkeiten einstellen und nicht theoretische Auseinandersetzung in den Vordergrund stellen, um so besser werden wir einander verstehen" (Moreno, 1973, S. 108).

In Deutschland wurde Morenos Stegreiftheater schon 1925 von Adolf Friedemann in der klinischen Arbeit mit Patienten aufgegriffen (vgl. Friedemann, 1975). Seit 1961 wendet A. Ploeger psychodramatische Techniken in der stationären Psychotherapie an (vgl. Ploeger, 1979, S. 841). Im Gegensatz zu den Franzosen werden diese aber nicht in die Psychoanalyse integriert, sondern psychoanalytische Techniken und Begriffe in das Psychodrama. Daraus entstand die „tiefenpsychologisch fundierte Psychodramatherapie" (vgl. Ploeger, 1983). Ploeger knüpfte zwar an das Psychodrama an, bestreitet aber seine ausreichende theoretische Fundierung und lehnt Morenos therapeutische Philosophie vehement ab (vgl. Ploeger, 1968, S. 67ff.). In seinen Schriften findet allerdings keine angemessene Auseinandersetzung statt, weder mit den vielfältigen soziometrischen und soziatrischen Methoden Morenos, noch mit dessen Basiskonzepten, noch mit dessen Philosophie.

Mit der Gründung der Sektion Psychodrama im DAGG 1970 und der Morenoinstitute 1974 erhält das Psychodrama in Deutschland entscheidende Impulse. Viele Schüler und Schülerinnen aus diesen Instituten sind allerdings mehr psychoanalytisch orientiert (z.B. Binswanger 1977, 1980; Binswanger & Fröhlich, 1985; Eibach, 1980; Elias 1980; Gerstenberg, 1980a, 1980b; Jeschek & Ruhs 1980; Kellermann 1980; Klosinski, 1980, 1981; Krüger 1978, 1980; Oberborbeck 1979, 1980; Peichl 1988; Rohde-Dachser 1980; Strauss 1975). Diese Psychodramatherapeuten versuchen — mehr oder weniger —, „das Psychodrama mit psychoanalytischen Konzepten zu fundieren. Sie stehen von ihrem Herkommen in der medizinischen und der tiefenpsychologischen Tradition, haben Mühe, sich auf das sozialwissenschaftliche Paradigma Morenos vom Menschen als ‚sozialem Atom und Rollenspieler' einzulassen. Zum anderen haben sie die relevanten Originalschriften Morenos kaum rezipiert" (Petzold, 1987, S. 188). Anscheinend halten sie Morenos Philosophie für wenig geeignet, die Psychotherapie, so wie sie sie verstehen, „weiterzubringen".

„Richtige" Psychoanalytiker nehmen das Psychodrama — jedenfalls in Deutschland — erst gar nicht — jeweils in ihren Publikationen — zur Kenntnis. Genauso wie die „Dissidenten" Adler, Jung oder Fromm nur in Nebensätzen mit abfälligen Bemerkungen erwähnt werden, so wird auch das Psychodrama nur in verzerrter Gestalt zugelassen. So konstatiert etwa Lorenzer (1983, S. 11f.), daß das Psychodrama zwar durch eine andere Praxis gekennzeichnet sei als die Psychoanalyse, für geringfügig hält er aber die theoretischen Differenzen. Den „Theoriekern bildet ... eine modifizierte Persönlichkeitstheorie nach dem Muster der allgemein anerkannten psychoanalytischen Grundannahmen".

Deutlich dürfte geworden sein: Eine gründliche Auseinandersetzung von Psychodrama und Psychoanalyse hat bis heute noch gar nicht stattgefunden.

2. Freud und Moreno — ein Vergleich

2.1 Persönlicher Habitus von Freud und Moreno im gesellschaftlichen Kontext

„I met Dr. Freud only on one occasion. It occured in 1912 when, while working at the Psychiatric Clinic in Vienna University, I attended on of his lectures. Dr. Freud had just ended his analysis of telepathic dream. As the students fill out he asked me what I was doing. ‚Well, Dr. Freud I start where you leave off. You meet people in artificial setting of your office, I meet them on the street and in their home, in their natural surroundings. You analyze their dreams. I try to give them the courage to dream again. *I teach the people how to play God*'. Dr. Freud looked at me as if puzzled" (Moreno 1977, S. 5f.; vgl. Moreno, 1982, S. 71).

1912 nahmen etwa 50 oder 60 Hörer an Freuds Vorlesungen teil (vgl. Jones, 1984 II, S. 123). Zu dem Zeitpunkt, als Freud als Privatdozent zu lesen anfing, kamen zunächst nur wenige Interessierte (vgl. Sachs, 1982, S. 37ff.). Später wuchs die Zahl an. Als Freud 1915 die Vorlesungen zur Einführung in die Psychoanalyse hielt, setzte sich die Hörerschaft „zum größten Teil aus Freuds Schülern, aus Intellektuellen und Neugierigen zusammen ... Freud machte es sich zur Regel, jeden Studenten kennenzulernen, einige Worte mit ihm zu wechseln und ihm die Hand zu geben" berichtet Max Schur (1973, S. 9).

1911 / 12 arbeitete Moreno als Medizinstudent bei Otto Pötzl an der Psychiatrischen Klinik der Universität Wien. Freud lud Pötzl 1917 ein, an den Sitzungen der Wiener Vereinigung teilzunehmen (vgl. Jones, 1984, II, S. 233). Für einen Medizinstudenten wie Moreno, der sich für Psychiatrie interessierte und allem Neuen aufgeschlossen gegenüber stand, war es somit selbstverständlich, auch einmal in die Vorlesungen des stadtbekannten Außenseiters Freud zu gehen. Hier mußte es zwangsläufig zur Begegnung kommen (s.o.). Die beiden Männer (Freud im 56., Moreno im 23. Lebensjahr) waren aber so unterschiedlich, daß sie sich gleich für immer abstießen.

Moreno war zu dieser Zeit „Hauslehrer" bei den Bergners, veranstaltete seine Stegreif- und Märchenspiele mit Kindern in den Wiener Parks und war Mitglied einer religiösen Gruppe, die umherzog, um Menschen zu einer „Begegnung" einzuladen (→ Buer, Prolog). Seine zentrale Kindheitserfahrung des „Gottspielens" (vgl.Moreno, 1972, S. 206f.) prägte ihn noch total. Er wollte predigend spielen und spielend predigen. Ein Mann wie Freud mit dem Habitus eines distinguierten Gelehrten im Stil des 19. Jahrhunderts mußte ihn daher abstoßen.[2]

Die Unterschiedlichkeit von Freud und Moreno läßt sich schon am Habitus, am Charakter wie am Bild von sich selbst deutlich aufzeigen (vgl. auch Corsini, 1956; Anzieu, 1984, S. 75ff.). Freud war ein typischer Vertreter des Bildungsbürgertums des 19. Jahrhunderts, der noch einmal die humnistische und naturwissenschaftliche Bildung miteinander vereinte (vgl. Worbs, 1988, S. 7). Seine Manieren, seine Umgangsformen, seine Gewohnheiten, sein Auftreten, seine Kleidung, alles entsprach den gehobenen Konventionen dieses Typus. Seine Arbeit für die Psychoanalyse beherrschte sein Leben (vgl. Roazen, 1976, S. 187). Er war ein unermütlicher Arbeiter, der nach den Patientenbehandlungen am Tage abends seine umfangreiche Korrespondenz erledigte und seine Werke schrieb. Zudem hielt er lange Zeit donnerstags und samstags seine Vorlesungen an der Universität und diskutierte mittwochs in der psychoanalytischen Gruppe. Diese Arbeitsethik, die eigentlich für das 19. Jahrhundert charakteristisch war, hatte Freud internalisiert und nie in Frage gestellt (vgl. Riesman, 1969).

Freud schrieb 1909 an Jung: „Wenn sie sich als Gesunder zum hysterischen Typ rechnen, so muß ich den Typus ‚Zwang' für mich in Anspruch nehmen, von dem jeder Teilhaber wie in einer für ihn abgeschlossenen Welt dahinlebt" (zitiert in: Roazen, 1976, S. 233). Diese Zwanghaftigkeit zeigt sich in seiner Distanziertheit, seiner Selbstkontrolle, seiner Sammlerleidenschaft (Bücher, archäologische Funde, Briefmarken etc.), seiner Pünktlichkeit, seiner Ordnungsliebe, seinem unermüdlichen Systematisierungsversuchen der Metapsychologie, seiner Ironie, die in Zynismus und Bissigkeit übergehen konnte. Oft hatte er nur noch Verachtung über für „Geisteskranke" (vgl. Roazen, 1976, S. 151, 156), seine Schüler (vgl. Reich, 1969, S. 39) oder seine Mitmenschen schlechthin (vgl. Roazen, 1976, S. 155). Diese Zwanghaftigkeit wurde von ihm zu einer gewissen stoischen Haltung stilisiert (vgl. Roazen, 1976, S. 187); ideologisch äußerte sie sich als Kulturpessimismus, politisch als Konservatismus (vgl. Roazen, 1976, S. 506).[3]

Freuds Resignation, die sich 1920 in der Einführung des Todestriebes auf der Theorieebene zeigte, hatte nach Reichs Meinung wesentlich sexualökonomische Ursachen. Freud, der die Kosten der herrschenden Sexualunterdrückung wohl sah, war selbst äußerst prüde und schätzte die Möglichkeit einer tiefen sexuellen Befriedigung sowieso pessimistisch ein (vgl. Roazen, 1976, S. 71). Jones (1984, II, S. 453) berichtet, daß Freud schon vor 1911 Emma Jung gestand, ,,seine Ehe sei schon seit langem amortisiert, und jetzt sei nichts mehr übrig als der Tod" (Roazen, 1976, S. 69). Zudem hatte er sich gesellschaftlich isoliert und persönlich zurückgezogen. Diese Einsamkeit, seine sexuelle Entsagung, wie sein Rauchzwang führten nach Wilhelm Reich (1969, S. 13f.) auch zum Rachenkrebs.

Freud setzte auf den Intellekt. Er verstand sich als Naturforscher, der die Natur analysiert, sie in ihre Bestandteile auflöst. Da er sich und seine Familie als Privatdozent ohne Stelle nicht ernähren konnte, eröffnete er eine ärztliche Praxis. Freud bekennt, er ,,sei eigentlich kein richtiger Arzt gewesen ... Aus früheren Jahren ist mir nichts von einem Bedürfnis, leidenden Menschen zu helfen, bekannt." An anderer Stelle schreibt er: ,,Eher bewegte mich eine Art von Wißbegierde, die sich aber mehr auf menschliche Verhältnisse als auf natürliche Objekte bezog ..." (zitiert in Roazen, 1976, S. 82f.). Als Vorbild für diese analytische Operation empfahl Freud den Chirurgen, ,,der alle seine Affekte und selbst sein menschliches Mitleid beiseite drängt" (zitiert in Roazen, 1976, S. 143). Was entdeckte er aber in der Tiefe der menschlichen Natur? Das Unbewußte, die Unterwelt, ,,eine intellektuelle Hölle, eine Schicht hinter der anderen; im dunkelsten Kern die Umrisse von Luzifer — Amor." (Brief von Freud an Fließ vom 10. 7. 1900).

Diese Beschäftigung mit dem Unverständlichen, dem Verwirrenden, dem Irrationalen, das Aufspüren, Nachvollziehen und faszinierende Entdecken von Triebhaftem, das ist das eigentliche Thema Freuds. Es ist eine romantische Haltung, die die Konzepte der Naturphilosophie und der romantischen Medizin wiederbelebte (vgl. Ellenberger, 1985, S. 637). Diesem Irrationalen wollte er aber nicht zum Ausdruck verhelfen, sondern er wollte es kontrollieren, ,,trockenlegen" wie den Zuidersee, denn er bewertete es negativ. Darin war er Aufklärer. Dennoch blieb das Irrationale trotz aller Analyse virulent vorherrschend: Der Reiter versucht das Pferd zu zähmen, was ihm jedoch kaum gelingt. So resignierte Freud gegen Ende seines Lebens, was die Heilkraft der Psychoanalyse betraf (vgl. Reich, 1969, S. 45).

Freud war fasziniert vom Irrationalen, aber er versuchte es der Vernunft zu unterwerfen. Er glaubte sowohl als Psychoanalytiker, als auch als Schriftsteller an die Magie der Worte. Er ist mit einem Rabbi (vgl. Ellenberger, 1985, S. 629), einem Schriftgelehrten, einem Ausleger schwer verständlicher Texte, einem Exegeten zu vergleichen, der — wie ein Archäologe Geröllschichten — Sinnschichten entdeckt und geduldig abträgt.

Ganz anders Moreno: Ludwig von Wiese charakterisiert ihn so: ,,Ihm ist eine reiche, zum überschwenglichen neigende Phantasie, ein erstaunlich starker Optimismus und ein unerschütterliches Selbstvertrauen eigen. Er ist mehr Künstler, Dichter und nicht zuletzt Schauspieler als vorsichtig folgender und mühselig handwerkender Gelehrter" (zitiert in Moreno, 1974, S. XV).

Für Moreno bestand Freuds Dilemma darin, daß er nie ein Prophet sein wollte. ,,He didn't feel comfortable with heroes and prophets" (Moreno et al., 1964, S. 43), während er sich eben als Held, als Prophet, als Genie begriff. Gegenüber Yablonski (1978, S. 241) hat Moreno sein Werk so charakterisiert:

,,Mein Werk ist die Psychotherapie der gefallenen Götter. Wir alle sind gefallene Götter. Als Kinder haben wir ein Gefühl göttlicher Allmacht — ich nenne das den normalen Größenwahn ... Psychodrama hilft den Menschen, etwas von ihrem ursprünglichen Selbst, von ihrer verlorenen Gottähnlichkeit zurückzugewinnen."

Moreno sah sich als Heiliger im Sinne von heil oder ganzheitlich. Er wollte seine Überzeugungen verkörpern, vorleben, ausleben. Freud warf er vor, daß er Angst vor dem acting out und seinen Konsequenzen gehabt habe (vgl. Moreno, 1978a, S. LV). Moreno akzeptierte seinen Größenwahn, das Irrationale in ihm (vgl. Moreno, 1978a, S. XIX). Er bewertete es positiv und wollte andere damit anstecken. So meinte er zu Yablonski (1978, S. 248f.): „Ich bin vielleicht verrückt, ... aber ich mache eine Menge anderer Leute wie dich gleichfalls verrückt; und mit jedem Jahr, in dem noch mehr Leute zu uns stoßen, werden es weniger, die mich für verrückt halten."

Freud und Moreno waren durch eine existentielle Krise gegangen, um zum Thema ihres Lebens zu kommen, das sie als fixe Idee bis zum Ende ihrer Tage beherrschte (vgl. Ellenberger, 1985, S. 610ff.). Freud blieb jedoch als der 33 Jahre ältere dem niedergehenden 19. Jahrhundert verhaftet, dem fin de siècle (vgl. Schorske, 1982). Moreno dagegen hatte den ersten Aufschwung der Moderne (→ Buer, Prolog) miterlebt. Freud blieb der europäischen Perspektive verhaftet. Moreno bereiste die Welt und fand in Amerika seine „unbegrenzten Möglichkeiten".

2.2 Menschen- und Gesellschaftsbild

„Das gern verleugnete Stück Wirklichkeit hinter alledem ist, daß der Mensch nicht ein sanftes, liebesbedürftiges Wesen ist, das sich höchstens, wenn angegriffen, auch zu verteidigen vermag, sondern daß er zu seinen Triebbegabungen auch einen mächtigen Anteil von Aggressionsneigung rechnen darf ... *Homo homini lupus*; wer hat nach allen Erfahrungen des Lebens und der Geschichte den Mut, diesen Satz zu bestreiten? Diese grausame Aggression ... enthüllt den Menschen als wilde Bestie, der die Schonung der eigenen Art fremd ist."

Das schreibt Freud 1930 in „Das Unbehagen in der Kultur" (G.W., XIV, S. 470f.). Und dieser asoziale „Urmensch" lebe in jedem Menschen in seinem tiefsten Innern fort. Wir seien, „wenn man uns nach unseren unbewußten Wunschregungen beurteilt, wie die Urmenschen eine Rotte von Mördern", meint Freud schon 1913 in „Totem und Tabu" (G.W. IX, S. 351). Dementsprechend ist für ihn das Gebot der Nächstenliebe illusionär. Mit dieser Auffassung zeigt sich Freud klassisch-bürgerlichem Denken verhaftet, wie es etwa bei Thomas Hobbes formuliert ist (vgl. Waibl, 1980).

Wie Hobbes war Freud materialistischer Monist, der alle Wirklichkeit — und so auch den Menschen — als Materie in Bewegung betrachtet. Daher auch Freuds mechanistische, funktionalistische, hydraulische Vorstellungen vom Menschen (vgl. Fromm, 1970a; Wyss, 1970, S. 352ff.). Der Geist wird als identisch mit der Bewegung der Materie betrachtet. Dem widersprach Moreno (1981, S. 261f.) entschieden:

„Freud sah die Stellung des Menschen als die Stellung eines Reisenden zwischen Geburt und Tod; der ihn umgebende Kosmos war zerstört. Ich stellte den Menschen in das Universum zurück. Der Mensch ist mehr als ein psychologisches, soziales oder biologisches Wesen. Die Einschränkung der Verantwortung eines Menschen auf den psychologischen, sozialen oder biologischen Lebensbereich macht ihn zu einem Ausgestoßenen. Wenn er nicht für das ganze Universum mitverantwortlich ist, hat seine Verantwortung keinen Sinn. Das Leben und die Zukunft des Universums sind wichtig, ja, das einzige, das zählt — wichtiger als das Leben oder der Tod des Menschen als Individuum, als bestimmte Zivilisation oder Art. Ich forderte daher, daß eine *Theorie Gottes* an erster Stelle stehen sollte."

Kultur — das Wort benutzt Freud synonym mit Zivilisation — entstehe aus äußerer realer Not. „Diese äußere Versagung zwang ihn ... zur Arbeitsgemeinschaft und zum Zusammenleben mit seinesgleichen, womit bereits ein Verzicht auf mancherlei sozial nicht befriedigende Triebregungen verbunden war" (Freud, G.W., XIII, S. 424). Damit wird das menschliche Zusammenleben grundsätzlich — und nicht nur ihre konkret-historische Formierung etwa als bürgerliche Gesellschaft — als repressiv betrachtet. Überlebensnotwendige Kultur gelänge nur durch Sublimierung, d.h. als Triebunterdrückung. Freud kann sich somit auch keine Gesellschaft vorstellen, in der diese Dialektik von Kulturentfaltung und Triebrepression aufgehoben werden könnte. Entsprechend ablehnend stand er dem sozialistischen Experiment in der Sowjetunion nach 1917 gegenüber. Obwohl Freud sah, wie die Neurosen durch die ödipale Situation in den Familien geradezu provoziert wurden, lehnte er die radikale Kritik seines Schülers Wilhelm Reich an der bürgerlichen Zwangsfamilie und seine sozialpolitischen Aktionen strikt und eindeutig ab. Er sah es nicht als „Aufgabe der Psychoanalyse an, die Welt zu retten" (vgl. Reich, 1969, S. 37).

Ziel der Psychoanalyse war für Freud, „die praktische Genesung des Kranken, die Herstellung seiner Leistungs- und Genußfähigkeit" (Freud, G.W., V, S. 8). Die Psychoanalyse soll nicht etwa die Triebverdrängung aufheben und die unbewußten Wünsche befreien, im Gegenteil, der Erfolg der Verdrängung soll nicht rückgängig gemacht werden. Die problematische, weil automatische Verdrängung soll nur ersetzt werden durch eine *bewußt gewollte* Verurteilung (vgl. Freud, G.W., VII, S. 375). Freud war Moralist in höchstem Maße! (Vgl. Roazen, 1976, S. 156)

Freuds Grundeinstellung zur Frau kann als patriarchalisch, phallozentrisch angesehen werden. Diese Ansicht wurde rationalisiert u.a. im Konzept von der intellektuellen Minderwertigkeit der Frau (vgl. Fromm, 1961, S. 39ff.; Mitchell, 1976; Langer, 1986, S. 170; M. Mitscherlich, 1987).

Auch Freuds Religionskonzept war in erster Linie patriarchalisch. Für ihn basiert Religion auf religiösen Gefühlen, die aus der Gefühlsambivalenz gegenüber dem Vater stammen. Religion war für ihn eine kollektive Zwangsneurose; er hielt sie für eine Illusion (vgl. Freud, G.W., XIV, S. 323ff.).

Wie bei Hobbes wird Vergesellschaftung nicht durch theologische Argumente begründet, sondern rein rationalistisch aus dem Interesse des Menschen am Eigennutz. Gesellschaft wird als verstaatlichte gedacht, in der die konkurrierenden Interessen vertraglich geregelt sind und von allen Beteiligten notgedrungen akzeptiert werden (vgl. Waibl, 1980, S. 59ff.).

Freuds „tragisches Menschenbild" (Jahoda, 1985, S. 187) äußert sich schlagend in dem Satz aus „Unbehagen an der Kultur" (Freud, G.W., XIV, S. 424): „Man möchte sagen: die Absicht, daß der Mensch ‚glücklich' sei, ist im Plan der ‚Schöpfung' nicht enthalten." Auch die „Einrichtungen, welche die Beziehungen der Menschen zueinander in Familie, Staat und Gesellschaft regeln" (Freud, G.W., XIV, S. 444), tragen zur Erzeugung menschlichen Leids bei, obwohl sie zur Entlastung geschaffen wurden. Statt hier Herrschaftsstrukturen zu diskutieren, bringt Freud aber wieder die destruktive Natur ins Gespräch.

Psychologie und Naturkunde waren für Freud auch hinreichend zur Gesellschaftsanalyse: „Die Soziologie, die vom Verhalten der Menschen in der Gesellschaft handelt, kann nichts anderes sein als angewandte Psychologie. Strenggenommen gibt es ja nur zwei Wissenschaften, Psychologie, reine und angewandte, und Naturkunde" (Freud, G.W., XV, S. 194).

Dieses naturalistische Gesellschaftsverständnis, das der psychoanalytischen Theorie wie Therapie inhärent ist (vgl. Roazen, 1971; Schülein, 1975) können auch kritische Interpreten in Marx'scher

Tradition nicht aus der Welt schaffen (z.B. Caruso, 1972; Dahmer, 1973). Wenn Lohmann (1988, S. 65ff.) Freuds „Massenpsychologie und Ich-Analyse" von 1921 als politisch sensible Vorwegnahme einer Analyse der faschistischen Massenbewegung interpretiert, mag das eine interessante Perspektive auf diese Schrift eröffnen. Interessanter jedoch ist, daß Freud seine Psychoanalyse als Bewegung ins Rollen brachte und nach dem Führerprinzip strukturierte (vgl. Fromm, 1961).

Moreno dagegen sah den Menschen einerseits als Rollenspieler, der gesellschaftliche Erwartungen und Anforderungen — mehr oder weniger souverän — mit seinen subjektiven Interessen im konkreten Rollenhandel ermitteln kann. Andererseits sah er ihn als Sozialatom, als Zentrum eines unterschwelligen Beziehungsnetzes, das seine Wünsche nach liebevoller Anziehung und kritischer Distanz regulieren will. Er fordert Wahlfreiheit gegen jeglichen Determinismus, sei er natürlich oder gesellschaftlich gedacht (→ Buer, Marxismus; → Buer, Anarchismus). Damit reflektiert sich in Morenos „Persönlichkeitstheorie" der Wandel der Subjektformation in der bürgerlichen Gesellschaft. Während sich in Freuds Anthropologie noch das „innengeleitete Individuum" zeigt, wird bei Moreno schon das „außengeleitete Individuum" vorausgesetzt (vgl. Riesman, 1970).

Die Bisozialität des Menschen, sein Streben nach Anziehung und Abstoßung, sieht Moreno sozio-physiologisch verankert. Die Freudsche Bisexualität sei nur ein Teil davon (vgl. Moreno, 1974, S. 177). Der Geschlechterkampf ist für Moreno kein besonderes Thema mehr wie noch bei Freud. Für ihn ist „der Emanzipationskampf der Frauen" eine Selbstverständlichkeit, der der soziogenetischen Analyse bedürfe (Moreno, 1974, S. 68).

Moreno sieht im Gegensatz zu Freud primär die positiven Entwicklungsmöglichkeiten der Menschen, ihre kreativen Potentiale. Er glaubt an eine bessere Zukunft der Menschheitsgattung, weil sie prinzipiell von unzerstörbarer Lebenskraft getragen werde. Diese Entwicklung kann aufgehalten, gehemmt und zurückgeworfen werden, aber nicht zur Vernichtung führen. Durch seine soziometrischen und soziatrischen Methoden will Moreno soziale Situationen schaffen, in denen diese Kreativität freigesetzt werden kann, so daß befriedigende Sozialbeziehungen entstehen und eine neue Gesellschaft von unten nach oben aufgebaut werden kann. Mit seinem religiösen Optimismus will er die ganze Menschheit inspirieren. Er hatte die Vision „einer Gesellschaft, in der unser tiefstes Selbst verwirklicht wird" (Moreno, 1981, S. 262).

2.3 Theorie

Die empirischen Ergebnisse, die Freud durch seine Psychoanalysen gewonnen hatte, versuchte er auf einer höheren theoretischen Abstraktionsebene modellhaft zu begreifen. Zu dieser „Metapsychologie" sah Moreno seine „Mikrosoziologie" in Konkurrenz. Mal betrachtete er seine Theorie als Antithese, mal bot er sie als Synthese aller therapeutischen Methoden an (vgl. Moreno, 1975, S. 3).

Die Freudsche Theorie umfaßt drei Gesichtspunkte, von Rapaport (1973) um weitere ergänzt: Den dynamischen, den topischen, den ökonomischen, den strukturellen, den genetischen und den adaptiven (vgl. auch Jahoda, 1985, S. 116ff.). Daran wollen wir uns hier orientieren.[4]

2.3.1 Triebdynamik oder Soziodynamik

Entsprechend seinem Diktum, daß es im Grunde nur zwei Wissenschaften gäbe, nämlich Naturkunde und Psychologie, führt Freud die Dynamik menschlichen Lebens „auf das

Spiel von Kräften zurück, die einander fördern oder hemmen, sich miteinander verbinden, zu Kompromissen zusammentreten usw. Diese Kräfte sind ursprünglich alle von der Natur der Triebe, also organischer Herkunft, durch ein großartiges (somatisches) Vermögen (Wiederholungszwang) ausgezeichnet, finden in affektiv besetzten Vorstellungen ihre psychische Vertretung" (Freud, G.W., XIV, S. 301).

Das, was die Psycho-Analyse untersucht, sind nicht die Triebe, sondern deren Repräsentanzen. Die Dynamik wird vielmehr zurückgeführt auf den Konflikt zwischen den Trieben, in der späteren Fassung zwischen Eros und Destruktionstrieb bzw. Todestrieb. „Das Ziel des ersten ist, immer größere Einheiten herzustellen und so zu erhalten, also Bindung, das Ziel des anderen im Gegenteil, Zusammenhänge aufzulösen und so die Dinge zu zerstören" (Freud, G.W., XVII, S. 71). Damit verläßt Freud sein ursprünglich eher mechanistisches Modell des Menschen und nähert sich vitalistischen Auffassungen an (vgl. Fromm, 1984a, S. 103ff.). Und weiter schreibt er: „Über den Bereich des Lebenden hinaus führt die Analogie unserer beiden Grundtriebe zu dem im Anorganischen herrschenden Gegensatzpaar von Anziehung und Abstoßung" (S. 71).

Binden und Lösen, das entspricht Morenos Anziehung und Abstoßung: Eros und Thanatos oder Eros und Eris, das sind die Bilder, die Freud und Moreno aus der griechischen Mythologie entnehmen, um die grundlegende Dynamik menschlichen Lebens zu deuten (vgl. Moreno, 1974, S. 137). Allerdings: während Freuds Triebtheorie naturwissenschaftlich bleibt — auch wenn sie die innere Natur „verstehen" will —, ist Morenos Gegensatzpaar der sozialen Interaktion zugeordnet — also sozialwissenschaftlich gedacht. Nicht das Individuum, sondern das Sozialatom ist die kleinste Analyseeinheit. Die menschliche Dynamik ereignet sich somit nicht „Innen", sondern „Zwischen". Sie ist eine Sozio- oder Interaktionsdynamik.

Diese wird aber nicht nur unterschwellig auf der Ebene der soziometrischen Strömungen gesehen, sondern auch in der Dynamik von Rolle und Gegenrolle in jeder konkreten Handlung. Diese wiederum ist eingespannt in die Dynamik von spontan-kreativem Akt und Konserve, von Neuschöpfung und stereotyper Wiederholung. Die Dynamik menschlichen Lebens zeigt sich also nach Moreno in der Dialektik auf drei Ebenen: Zwischen Anziehung und Abstoßung auf der soziometrischen, zwischen Rolle und Gegenrolle auf der interaktionalen und der von Neuproduktion und Reproduktion auf der der äußeren Gesellschaft. Zudem kann es Konflikte zwischen diesen Ebenen geben: Insbesondere der Konflikt zwischen den soziometrischen Wünschen und den konservierten Rollenmustern ist in der bürgerlichen Gesellschaft zentral (vgl. Moreno, 1981, S. 177).

Aber auch Freud sah nicht nur Konflikte zwischen den Trieben, sondern auch zwischen den seelischen Instanzen und zwischen diesen und der „Realität". Zentral war für ihn der Konflikt im Ödipuskomplex. Während Freud diese Konfliktkonstellation als naturgegeben ansah (vgl. Laplanche & Pontalis, 1973, S. 351), versuchte Moreno, diese Konstellation einer differenzierten Beziehungsanalyse zu unterziehen:

„Die psychoanalytische Auslegung des Ödipusdramas ist verständlich, solange die Ödipussituation als individuelle, die menschliche Umgebung des Ödipus spiegelnde Reaktion aufgefaßt wird. Zur Darstellung des tatsächlichen und vollständigen Ödipusdramas ist eine ‚Beziehungsanalyse' erforderlich. Die drei Personen Ödipus, sein Vater Laius und seine Mutter Jocaste müssen einzeln einer individuellen und einer Beziehungsanalyse unterzogen werden. Wir sehen dann, daß Ödipus' Vater, Laius, Ödipus und Jocaste gegenüber einen Komplex hat (Jocastekomplex), der dem Ödipuskomplex mit seinem Haß gegen den Vater und seiner Liebe zur Mutter entspricht. Die Verwicklung dieser drei

Menschen, ihre Reibungen und der Zusammenprall ihrer Komplexe löst den tatsächlichen Prozeß ihrer zwischenmenschlichen Beziehungen aus, der sich qualitativ unterscheidet von der Spiegelung des dramatischen Prozesses in Ödipus allein, seinem Vater allein oder seiner Mutter allein. Durch eine solche Beziehungsanalyse erhalten wir Einblick in die innere mikroskopische Organisation der ganzen Familie" (Moreno, 1974, S. 215ff.).

Moreno hat mit seinem mikrosoziologischen Standpunkt den heimlichen Familialismus der Freudschen Theorie (vgl. Reiche, 1972) überwunden, indem er nicht ein festes Muster voraussetzte, sondern je konkret herausfinden wollte. Auch hielt er die freie Wahl der Familienmitglieder für ein sinnvolles utopisches Experiment (vgl. Moreno, 1923a, S. 105ff.).

Zwar postulierte Freud für die Sexualität immer eine somatische Triebquelle, doch Gegenstand seiner Analysen war die Psychosexualität. In „Massenpsychologie und Ich-Analyse" von 1921 schreibt er (Freud, G.W., XIII, S. 98):

„Den Kern des von uns Liebe Geheißenen bildet natürlich, was man gemeinhin Liebe nennt und was die Dichter besingen, die Geschlechtsliebe mit dem Ziel der geschlechtlichen Vereinigung. Aber wir trennen davon nicht ab, was auch sonst an dem Namen Liebe Anteil hat, einerseits die Selbstliebe, andererseits die Eltern- und Kindesliebe, die Freundschaft und die allgemeine Menschenliebe, auch nicht die Hingebung an konkrete Gegenstände und an abstrakte Ideen."

Moreno (1978a, S. XV) ging aus von „the idea of community which is based on spontaneous love, unselfishness and sainthood, on positiv goodness and naive cooperativeness." Während Freuds Triebe konservativ aufgefaßt werden — die Liebe will Bindungen erhalten, ist also egoistisch —, ist die Liebe bei Moreno progressiv: Sie will Bindungen eingehen, sie ist selbstlos, sie entspricht der Nächstenliebe. Geschlechtsliebe ist für Moreno nur eine Art der psychosozialen Strömungen zwischen den Menschen (vgl. Moreno, 1974, S. 267). Basis der emotionalen Strebungen sind für Moreno Wünsche und Überlegungen, Beziehungen einzugehen oder abzulehnen (vgl. Moreno, 1974, S. 182), und nicht körperliche Bedürfnisse. Allerdings umfaßt das konkrete Handeln immer auch psychosomatische Rollen, also auch den Leib. Wichtiger für Moreno sind aber die Handlungsimpulse, die aus den im Leib gespeicherten, „verkörperten" Rollen ausgehen, als somatische Antriebe. Das dialektische Konzept von Anziehung und Abstoßung macht das dialektische Konzept von Lebens- und Todestrieben überflüssig.

Auch Freud kennt „Abneigungen und Abstoßungen" (Freud, G.W., XIII, S. 111). Dahinter sieht er eine Haßbereitschaft, eine Aggressivität, die er als elementar auffaßt. Für Moreno dagegen ist der Haß eher sekundär. Er entsteht, wenn die autonomen Strebungen, zu binden und zu lösen, von außen behindert werden, etwa durch rigide Rollenmuster. Er unterstellt eher einen primären Aktionshunger, einen Handlungsdrang, den die heutige Psychoanalyse nur als positive Form der Aggression, als Neugierverhalten, fassen kann (vgl. A. Mitscherlich, 1969). Der psychosoziale Tod des Individuums ist bei Moreno Ergebnis einer Schrumpfung seiner Soziodynamik, seiner sozialen Atome (vgl. Moreno, 1981, 93ff.) und nicht Resultat seiner Triebdynamik, etwa des Sieges der Todestriebe über die Lebenstriebe.

2.3.2 System Ubw oder soziometrische Matrix

Mit dem topischen Gesichtspunkt will Freud deutlich machen, daß sich seelische Vorgänge quasi in unterschiedlichen Räumen abspielen (vgl. Freud, G.W., XI, S. 305). „Bewußt" ist

„das Bewußtsein der Philosophen und der Volksmeinung. Alles andere Psychische ist für uns das Unbewußte" (Freud, G.W., XVII, S. 81). Was leicht davon wieder bewußt werden kann, nennt er vorbewußt. Das eigentliche System Ubw sei nur schwer bewußt zu machen; es enthalte das Verdrängte und die Triebrepräsentanzen. Seine Inhalte würden eher als Bilder sichtbar und seien vom Primärvorgang, die Verdichtung und Verschiebung, beherrscht, ähnlich wie der Traum.

Lorenzer stellt klar (1988, S. 848ff.),

„daß das Unbekannte die allen anderen Schichten vorangehende Matrix eines ‚systematischen Unbewußten' bildet. ... Das Unbewußte ist nicht der Schatten des Bewußtseins, es unterliegt nicht dessen Bildungseinflüssen, sondern entsteht ‚vorsprachlich' nach anderen, eigenen Regeln, es besteht als Gegensystem zum herrschenden Bewußtsein der Sprachgemeinschaft und zu den herrschenden Verhältnissen [...]. Der Trieb ist ein System von ‚Erinnerungsspuren', die als ‚Niederschlag' abgelaufener Ereignis- bzw. Erlebnisfolgen die ‚innere Lebensgeschichte' von Anfang an ausmachen, zugleich aber auch das Tableau der Beziehungsanforderungen (so und nicht anders), der Wünsche (so und nicht anders), als ein Netzwerk von Lebensentwürfen abgeben. Das Tableau dieser sinnlichunmittelbaren Körperrunen, das ist das Unbewußte. Als nichtsprachlich eingezeichnetes Sinn-System."

Aufgabe der Psychoanalyse sei es, die beiden Sinnstrukturen des Bewußtseins und des Unbewußten, der Sprache und der Bilder, der Kultur und der Natur, verstehbar zu machen.

Während also für Freud die unbewußte Triebstruktur, die Libidoorganisation, menschliches Handeln prägt, ist es für Moreno die soziometrische Matrix als Konfiguration von Anziehung und Abstoßung in sozialen Atomen, Molekülen und Netzen um einen menschlichen Körper herum (vgl. Moreno, 1973, S. 64). „Gleich dem physikalischen Atom hat auch das soziale Atom an der Oberfläche des sozialen Lebens keine sichtbare Struktur. Es muß entdeckt werden" (Moreno, 1974, S. 160). Dieses unterschwellige Muster ist den Beteiligten nicht bewußt; es kann durch soziometrische Untersuchung von den Beteiligten selbst bewußt gemacht werden. Über diese Konfigurationen können falsche Vorstellungen bestehen. Diese falsche Perzeption kann zu Beziehungsproblemen führen; deshalb muß sie mit den realen Wahlen konfrontiert werden. Die echte Begegnung mit den Interaktionspartnern wird dann heilsam sein (vgl. Anzieu, 1984, S. 76).

Die soziometrische Matrix enthält die Strebungen, die befriedigende soziale Beziehungen zum Ziel haben. Im Anwärmprozeß einer Gruppe werden diese Strebungen aktiviert. Insofern kann Moreno sagen (1978a, S. LIV): „The unconscious lives on as a by-product of the warming up process." Diese Konfigurationen sind aber nicht nur von den soziometrischen Wünschen gespeist, sie reflektieren auch die realen unterschwelligen Gefühlsströmungen in den Sozialatomen.

„In unseren sozialen Atomen vollziehen sich dauernd nach innen und außen gerichtete Veränderungen. Im Verlauf der soziometrischen Verinnerlichung hat das Individuum alle Individuen seines sozialen Atoms in ihre Beziehungen verinnerlicht" (Moreno, 1974, S. 377).

Ferner prägen die Rollenmuster die Innenwelt des Individuums als innere Figuren. Insofern arbeitet auch Moreno mit dem Konstrukt des Ubw als Niederschlag der Muster in den sozialen und kulturellen Atomen der Individuen, gespeist von Beziehungswünschen. Die Innenwelt ist also auch bei ihm durchaus gesellschaftlich geprägt. Er faßt das Ubw aber interaktional als Co-unconscious. Dieses gemeinsame Ubw einer Gruppe, das durch das gemeinsame Zusammenleben entsteht (vgl. Moreno, 1973, S. 51), ist aber nicht vom gemeinsamen Bewußtsein völlig abgespalten. „The sharp distinction which Freud made between unconsicious and preconscious has not proven productive." Moreno formuliert dagegen die Hypothese von „a scale from Cs (highest level of conscious) to Bcs and Ucs with many intermediary stages down to the lowest level of unconsciousness" (Moreno, 1975 S. 48f.).

Moreno konzipiert nicht wie Freud eine innere Zensurinstanz, die die unbewußten Inhalte zurückhält. Für ihn enthält das Ubw wenig Verpöntes. Es enthält kreative Kräfte, die allerdings durch die gesellschaftlichen Verhältnisse gehemmt werden. Sie können aber schnell aktiviert werden: In einer bestimmten „Begegnungslage" steige das Ubw unverletzt auf. Diese Lage „ist mit der Tendenz, frei zu erscheinen, verknüpft. Es ist nicht die Willkür des Bewußtseins, das vielmehr als Hemmungsorgan wirkt, sondern die Freiheit, das Freisteigen des Unbewußten als Geist", schreibt Moreno schon 1923 im „Stegreiftheater" (1970, S. 28f.). Es geht also nicht um körperliche Bedürfnisse, sondern um den Geist, geistige Wünsche und Vorstellungen. Diese werden nicht einfach vom Körper hervorgetrieben, sondern entstehen spontan in einer Situation, die Begegnung ermöglicht.

Entsprechend ist für Moreno der Traum nichts Repressives, Infantiles, dessen Deutung in die Vergangenheit führt (vgl. Nagara, 1976, S. 239ff.), sondern etwas Progressives, auf die Zukunft gerichtetes, eng der Phantasie und Imagination verwandt (vgl. Moreno, 1977, S. 58ff.).

2.3.3 Libido oder Spontaneität-Kreativität

Die Libido hat bei Freud einen qualitativen Aspekt: sie ist sexueller Art, und einen quantitativen: sie umfaßt das psychische Energiequantum eines Individuums. Den Widerspruch, daß auch der Todestrieb psychische Energie „besitzt", aber eben nicht sexueller Art ist, kann Freud auch im „Abriß einer Psychoanalyse" 1938 nicht lösen. Er behilft sich damit, gelegentlich von desexualisierter Libido zu sprechen, eine contradictio in adjecto!

Freud geht — schon seit seiner Arbeit mit Breuer (vgl. Sulloway, 1982, S. 105ff.) — von der Hypothese eines verschiebbaren Affektbetrages aus, der der „Abfuhr" unterliegt und dem Gesetz des psychischen „Konstanz" gehorcht (vgl. auch Wyss, 1970, S. 331ff.). Im System Ubw strömt die psychische Energie gemäß dem Primärvorgang frei ab. Sie strebt danach, Vorstellungen zu besetzen, die mit Lusterlebnissen zusammenhängen. Unlust wird vermieden (Lustprinzip). Im System Vb-Bw ist die Energie gemäß dem Sekundärvorgang zunächst gebunden, bevor sie in kontrollierter Form abströmt (Realitätsprinzip). Das Energiequantum bleibt aber insgesamt konstant. Man kann den Konstanzbegriff mit dem Homöostasebegriff gleichsetzen (vgl. Laplanche & Pontalis, 1973, S. 263).

Moreno sieht die Libido als „subform of creativity" (1978a, S. LIX). Neben Sexuellem wirken nach Moreno kulturelle, zwischenmenschliche, ökonomische (d.h. wirtschaftliche) und physische Faktoren auf die Kreativität ein (vgl. Moreno, 1974, S. 445). Kreativität ist für ihn die Erzsubstanz des Kosmos, sie hat maternelle Funktion, ist Substanz der Materie (vgl. Moreno, 1974, S. 448). Um sie zum Leben zu erwecken, zum Fließen zu bringen, bedarf sie der Spontaneität. Diese hat prokreative Funktionen; ist Erzkatalysator, Befruchter. Spontaneität entspringt aus sich selbst, sie kann nicht abgeleitet werden.

„Bei der Beschreibung der spontanen Handlung kann von nichts anderem als von ihr selbst ausgegangen werden. Sie ist sich selbst genug, gehorcht einem Gesetz, das alles oder nichts fordert, und läßt keine Vermittlung zu; in einem bestimmten Augenblick ist man spontan oder ist es nicht. Die Quelle der Spontaneität ist die Spontaneität selber. Sie kann also nicht über irgendetwas erlernt werden, das außerhalb ihrer selbst liegt. Sie muß befreit werden, und dafür muß man sich in einen Zustand versetzen, in dem sie von selbst ausgelöst wird" (Anzieu, 1984, S. 52).

Da Freud einen materialistischen Determinismus vertrat, mußte er jegliches Leben als Bewegung von Materie begreifen, die letztlich durch Zufuhr und Abfuhr von Energie erzeugt wurde. Moreno stellt fest, die Suche nach den Determinanten der Determination mußte Freud zu einer endlosen Suche nach Ursachen treiben (1977, S. 102). Bergson dagegen habe jegliche ursächliche Bestimmtheit verleugnet.

„Whereas Freud's psychic determinism did not leave any room for thes factor, Bergson left, so to speak, so much room to the creative that everything outside of it became a demonic destortion ... Within my spontaneity theory there is however, a place for a ‚functional, operational determinism' ... From time to time moments spring up which become locii nascendi which push that person into a new track of experience or as I often say, into a new ‚role'" (Moreno, 1977, S. 103).

Spontaneität wird also nicht aufgefaßt als Energie mit einem konstanten Volumen, sondern als Katalysator, der in einem bestimmten Moment, einer „Begegnungslage", Energie, d.h. Kreativität, freisetzt (vgl. Moreno, 1974, S. 13ff.). Die Energie des Universums kann also ansteigen; das Universum wird als offen begriffen (vgl. Moreno, 1977, S. 87). Spontaneität kann aus sich heraus vorhanden sein, sie kann aber auch gebunden sein in einer Konserve. Diese wiederum kann einen Zustand, der neue Spontaneität freisetzt, hervorrufen, er kann aber auch das Auftreten von Spontaneität behindern (vgl. Moreno, 1974, S. 16ff.).

Ähnlich wie Freud die Sexualentwicklung an das Funktionieren „erogener Zonen" gebunden hat (Freud, G.W., V, X, S. 150), so verortete Moreno die Entwicklung der Spontaneität in bestimmten Körperzonen.

„The infant ... is compelled to form his world on the basis of small and weakly related zones, scattered unevently over the body ... Certain zones — the visual zone, the nasal zone, the mouth zone, etc. — are already in formation during the first week of the infant's life [...] Every zone is the vocal point of a physical starter in the process of warming up to a spontaneous actuality state — such state or states being components in the shaping of a ‚rôle'" (Moreno, 1977, S. 56f.).

Diese physischen Starter werden mit der Entwicklung des Kindes ergänzt durch Starter aus der Umwelt und der Mitwelt (als Hilfs-Ichs). Diese schaffen eine Zone, einen Ort, eine Lage, ein sozio-physisches Arrangement, in dem Spontaneität frei entstehen kann. Sie kann jedoch nicht erzeugt werden, bleibt also letztlich in einem unabhängigen Bereich verortet „between heredity and environment, influenced but not determined by heredity (genes) and social forces (tele)" (Moreno, 1977, S. 51). Das meint der operationale Determinismus Morenos. Letztlich muß die Spontaneität sich selbst entzünden, sich selbst starten (vgl. Schacht, 1983).

2.3.4 Seelischer Apparat oder Rollenmuster

Um das Seelenleben zu strukturieren, nimmt Freud an, daß es „die Funktion eines Apparates ist, dem wir räumliche Ausdehnung und Zusammensetzung aus mehreren Stücken zuschreiben" (Freud, G.W., XVII, S. 67f.).

„Die älteste dieser psychischen Provinzen oder Instanzen nennen wir das Es; sein Inhalt ist alles, was ererbt, bei Geburt mitgebracht, konstitutionell festgelegt ist, vor allem also die aus der Körperorganisation stammenden Triebe ... Unter dem Einfluß der uns umgebenden realen Außenwelt hat ein Teil des Es eine besondere Entwicklung erfahren. Ursprünglich als Rindenschicht mit den Organen zur Reizaufnahme und den Einrichtungen zum Reizschutz ausgestattet, hat sich eine besondere Organisation hergestellt, die von nun an zwischen Es und Außenwelt vermittelt. Diesem Bezirk unseres

Seelenlebens lassen wir den Namen des Ichs [...]. Als Niederschlag der langen Kindheitsperiode, während der werdende Mensch in Abhängigkeit von seinen Eltern lebt, bildet sich in seinem Ich eine besondere Instanz heraus, in der sich dieser elterliche Einfluß fortsetzt. Sie hat den Namen des Über-Ichs erhalten ... Eine Handlung des Ichs ist dann korrekt, wenn sie gleichzeitig den Anforderungen des Es, des Über-Ichs und der Realität genügt, also deren Ansprüche miteinander zu versöhnen weiß".

Das Es ist unbewußt und umfaßt die Triebdynamik die wir in vorherigen Abschnitten behandelt haben. Das Ich wird nun zum Ort der Versöhnung zwischen widerstreitenden Anforderungen gemacht, die ihm allesamt Angst machen:

„Realangst, d.h. durch eine Realität hervorgerufene Furcht, Triebangst, ausgelöst durch Druck vom Es her, und Schuldangst aufgrund des vom Über-Ich ausgelösten Drucks. Freud endet mit einer Beschreibung des jämmerlichen Zustands des Ichs, das unter der Bedrückung seiner drei Herren leidet. Es war klar, daß die Hauptaufgabe der Psychotherapie nun darin liegen mußte, durch Verminderung dieses vielfachen Drucks, das Ich zu erlösen und ihm dazu zu verhelfen, eine gewisse Stärke zu erwerben" (Ellenberger, 1985, S. 714f.).

Freud selbst wird noch deutlicher, wenn er das Ich mit dem dummen August im Zirkus vergleicht, der den Zuschauern bedeutet, alles liefe in der Manege nach seinem Kommando (vgl. Freud, G.W., X, S. 97).

In dieser Auffassung vom schwächlichen Ich reflektiert sich der Verfall des bürgerlichen Individuums in der Spätphase der bürgerlichen Gesellschaft (vgl. Buer, 1978, S. 134ff.). Radikaler noch als bei Freud zeigt sich das bei Moreno:

„Jeder Mensch ist ebenso Brennpunkt zahlreicher Anziehungen und Ablehnungen wie auch der Brennpunkt zahlreicher Rollen, die mit den Rollen anderer Menschen verbunden sind ... Die erfaßbaren Aspekte dessen, was als ‚Ich' bekannt ist, sind die Rollen, in denen der Mensch handelt" (Moreno in: Petzold & Mathias, 1982, S. 305).

Das Ich ist nur mehr Brennpunkt; es geht in soziometrischen Konfigurationen, entschiedener jedoch in Rollenmustern auf. Diese Rollenmuster sind aber nicht allein sozial bestimmt, sondern immer auch individuell. Der Mensch ist immer ein Interagierender, der von außen bestimmt wird, aber auch nach außen mitbestimmt. Je mehr Spontaneität freigesetzt wird, auch in dazu hilfreichen soziometrischen Konfigurationen und Rollenkonstellationen, um so kreativer wird das Rollenspiel. Die Ich-Vorstellung als Entität wird aufgelöst in Interaktion. Um von der „Ich-Seuche" (Moreno, 1925, S. 9) zu befreien, wird das Ich anonym und löst sich in der Gruppe auf (vgl. Moreno, zitiert in Yablonski, 1978, S. 242). Moreno reflektiert in diesem Prozeß aber nicht nur die Auflösung des Individuums, sondern auch seine Neuproduktion: die Selbstverwirklichung in kollektiven Beziehungsnetzen.

Das Über-Ich als eigene Instanz ist in Morenos Sicht überflüssig. Moralität wird nicht wie bei Freud ödipal erzwungen, sondern wird vorausgesetzt. Denn spontan-kreatives Handeln kann sich nie isoliert ereignen, es entsteht nur in der Begegnung, in der Abstimmung mit den Interaktionspartnern. Daß alle daran Interesse haben, ist Morenos Vorannahme. Da Destruktion nicht als primärer Trieb gesehen wird, sondern als sekundäre Reaktion auf Hemmung der Selbstentfaltung, hätten alle Interesse daran, diese abzuschaffen. Daß in Herrschaftsverhältnissen manche von Destruktion gegen andere zeitweise profitieren, bleibt davon unberührt. Zudem sind in den Rollen selbst gesellschaftliche Erwartungen enthalten. Sie brauchen also nicht als eigene Instanz fixiert zu werden. Rollenspiel ist nach Moreno immer ein Kompromiß zwischen gesellschaftlichen Anforderungen und individuellen Vorstellungen bzw. Wünschen. Kann der Mensch seine Konfigurationen und Muster im konkreten Leben zusammenfügen, dann bildet sich das „Selbst" mit einem Gefühl der Identität. Das „Selbst" ist dann die Gesamtheit der spielbaren Rollen, das „Ich" die konkret gespielten Rollen, also das „Selbst in aktu" (vgl. Petzold, 1987, S. 149ff.).

2.3.5 Ätiologie oder Hier-und-Jetzt-Prinzip

Die Psychoanalysen sind auf die Zurückverfolgung der „Erinnerungsspuren" angelegt. Im Hier-und-Jetzt der analytischen Situation wird der Patient schon durch die autoritäre Position des Analytikers und sein Vor-ihm-liegen auf der Couch zu einer infantilen Regression veranlaßt. Zwar ist jede Deutung des Analytikers nur relevant, wenn sie auf eine in der Übertragung aktuell wiedererlebte Vorstellung stößt, sie bleibt aber vergangenheitsorientiert. Freud geht davon aus, daß die Pathologie der Gegenwart von unbewußten, aber ständig aktuell wiederholten, subjektiv nicht befriedigend verarbeiteten Erlebnissen aus der Biographie des Patienten hervorgerufen wird (vgl. Nitzschke, 1988). Diese traumatisch erlebten Szenen können Realereignisse, aber auch Vorstellungen, Phantasien, Bilder sein. Diese verletzenden „Affektereignisse" sind nach Freud Ursache der aktuellen Pathologie.

Diese praktische Vergangenheitsorientierung entsprach Freuds mechanistisch-kausalem Denken, ohne das es de facto damit kompatibel wäre. Dementsprechend verstand er seine Arbeit als archäologische und formulierte eine genetische Theorie der Sexualtriebe, in der die infantilen Stadien eine große Rolle spielen, auf die seine Patienten in der Analyse wie im Leben in bestimmter Hinsicht regrediert seien.

Moreno sah Freud als Historiker:

„Freud and Nietzsche were essentially historians. ... Freud, the physician, circled around the traumatic origins of mental disturbance ... To them the ‚now and here' seemed superficial. They did not know what to do with the *moment*. They did not take the moment in earnest, they did not think it through. It seemed them that the only thing to do with the moment and its conflicts was to explain them, that is, to uncover the associations back to their causes. The other alternative would have apeared an absurditiy to them: to live, to act out in the moment, to act unanalyzed. It would have seemed to be the end of psychology and of the psychologist. Spontaneity and spontaneous acting would have been refused by them because it appeared to be an affirmation of immaturity, of childhood, of unconscious living, a dangerous disregard for just that which the psychoanalyst tried to illumine. But *there is an alternative: to step into life itself, as a producer, to develop a technique from the moment upward in the direction of spontaneous-creative evaluation of society, in the direction of life and time*" (Moreno, 1960b, S. 7).

Statt die unbefriedigenden, verletzenden Erinnerungen aufzuarbeiten, will Moreno Spontaneität freisetzen und zwar im richtigen Moment. Schon in seiner „Rede über den Augenblick" schrieb er (1923b; S. 15):

„Dieser Augenblick selbst, dadurch daß er nicht da ist, erpreßt mir diese Rede. Weil er abwesend ist, machte er sich zum Knoten, der uns würgt. Greift euch doch schnell an den Hals. In diesen Knoten ist der Augenblick gewickelt. Löset ihn, hauet ihn durch, dann wird der Augenblick frei".

Wer krank ist, kann sich in eine Begegnungslage bringen, in der der Augenblick gekommen ist, sich durch die Katharsis von Rollenkonserven zu befreien, um mit der entfesselten Spontaneität zu kreativer Aktion zu kommen (vgl. auch Moreno, 1978b, S. 101f.), d.h. im Morenoschen Sinne: um zu gesunden.

Von der Kategorie des „Augenblicks" muß die Kategorie der „Gegenwart" differenziert werden.

„The present is a universal, static and passive category, it is a correlate of every experience, so to speak, automatically. As a transition of the past to the future it is always there. The present is a *formal* category in contradistinction from one moment which is dynamic and a *creative* category; it is through a spontaneous-creative process that the formal category of the present attains dynamic meaning, when it turns into a moment" (Moreno, 1975, S. 268f.).

Genauso wie in der Gegenwart der richtige Augenblick für selbstbestimmte Veränderung freigesetzt werden kann, so kann die Situation aber auch fesseln. Nach Moreno sind es die jeweils aktuellen Rollenmuster und soziometrischen Konfigurationen, die die Interaktionen zu einem bestimmten Zeitpunkt prägen. Diese haben auch eine Geschichte, die im Leib eingeschrieben ist (vgl. Petzold & Matthias, 1982, S. 159ff.). Entscheidend jedoch zur Erklärung aktueller Interaktionen sind die gegenwärtigen Muster in den sozialen und kulturellen Atomen. Moreno will daher weniger den einzelnen Menschen ändern, als vielmehr seine Position im sozialen Gefüge (vgl. Moreno, 1974, S. 5). Umgruppierung ist sein probates Mittel; dann wird sich der „Beziehungskranke" wieder wohl fühlen (vgl. Moreno, 1981, S. 99ff.). Entscheidend sind also für ihn die gegenwärtig wirkenden Kräfte, sowohl die hemmenden wie die befreienden. Dazu rechnet er Anlage, Spontaneität, Mitwelt und Umwelt (vgl. Moreno, 1977, S. 83). Auch die Entwicklung eines jeden Menschen wird von diesen Faktoren geprägt (vgl. Petzold & Matthias, 1982, S. 191ff.). Der Spontaneitätsfaktor aber sorgt dafür, daß ein eingrenzender Kausaldeterminismus vermieden wird.

Während die Gegenwart nur Durchgangsstadium von der Vergangenheit zur Zukunft ist, steckt im Augenblick ein qualitatives Moment (→ Schmitz). In ihm ist eine bessere Zukunft enthalten. In „The Magic Charter of Psychodrama" schreibt Moreno (1973b, S. 131):

„Psychodrama is the way to change the world in the here and now using the fundamental rules of imagination without falling into the abyss of illusion, halluzination or delution".

Im Psychodrama wird die lineare Zeit überwunden und die Zeit, in der man leben möchte, frei gewählt. Damit wird im Schein vorweggenommen, was im Sein werden kann und soll: Die schöpferische Entfaltung der Lebenszeit.

Während Freud als Analytiker die Vergangenheit hinter der Gegenwart wirken sah, erkannte Moreno als Visionär die bessere Zukunft vor der Türe liegend: Im Hier-und-Jetzt (vgl. Petzold, 1981).

2.3.6 Objektbesetzung oder Tele

Freuds bürgerliches Weltbild ging von der cartesianischen Subjekt-Objekt-Spaltung aus. Beziehungen zwischen Menschen werden als Objektbesetzungen bezeichnet (vgl. Wyss, 1970, S. 357f.). Diese gehen zunächst einmal von den Trieben aus, die reale Personen oder Vorstellungen libidinös besetzen, um letztlich Angst und Unlust abzuwehren. Das Ich kann diese Prozesse beeinflussen, es wird dann an der Organisation von Abwehrprozessen beteiligt. Freud beschreibt den „Liebesverlust" folgendermaßen:

„Es hatte eine Objektwahl, eine Bindung der Libido an eine bestimmte Person bestanden; durch den Einfluß einer realen Kränkung oder Enttäuschung von seiten der geliebten Person trat eine Erschütterung dieser Objektbeziehung ein. Der Erfolg war nicht der normale einer Abziehung der Libido von diesem Objekt und Verschiebung derselben auf ein neues, sondern ein anderer, der mehrere Bedingungen für sein Zustandekommen zu erfordern scheint. Die Objektbesetzung erwies sich als zu wenig resistent, sie wurde aufgehoben, aber die freie Libido nicht auf ein anderes Objekt verschoben, sondern ins Ich zurückgezogen. Dort fand sie aber nicht eine beliebige Verwendung, sondern diente dazu, eine Identifizierung des Ichs mit dem aufgegebenen Objekt herzustellen. Der Schatten des Objekts fiel so auf das Ich, welches nun von einer besonderen Instanz wie ein Objekt, wie das verlassene Objekt, beurteilt werden konnte. Auf diese Weise hatte sich der Objektverlust in einen Ichverlust verwandelt, der Konflikt zwischen dem Ich und der geliebten Person in einen Zwiespalt zwischen Ichkritik und dem durch Identifizierung veränderten Ich" (Freud, G.W.X, S. 435).

Dieses Zitat macht sehr gut deutlich, wie Freud menschliche Interaktion dachte, nämlich als Austausch zwischen den Inhalten einzelner Energiebehälter.

Für Moreno dagegen ist der einzelne Mensch identisch mit dem Kern seiner sozialen und kulturellen Atome, kann also gar nicht sinnvoll unabhängig von seinem Interaktionssystem bedacht werden. Dieses System bewegt sich nun zwischen zwei idealtypisch formulierten Handlungsmodi (vgl. Stimmer, 1982, S. 133ff.): Auf der einen Seite der Begegnung, auf der anderen Seite der Rollenkonserven.

„Das Wort Begegnung umfaßt verschiedene Lebensbereiche. Es bedeutet Zusammensein, Zusammentreffen, Berührung zweier Körper, Sehen und Beobachten, Berühren, Einfühlen, Teilen und Lieben, Verständigung miteinander, intuitives Erkennen durch Schweigen oder Bewegung, Sprache oder Gesten, Kuß oder Umarmung, Einswerden — una cum uno. Das Wort Begegnung enthält als Wurzel das Wort ‚gegen‘. Es umschließt daher nicht nur liebevolle Beziehungen, sondern auch feindselige und drohende: einander Gegenüberstehen, Zuwiderhandeln, Streiten. Begegnung ist ein Seinsbegriff, einmalig und unersetzbar ... Begegnung drückt aus, daß sich zwei Personen nicht nur treffen, sondern einander erleben, sich erfassen, jeder mit seinem ganzen Wesen. Es ist nicht ein begrenzter Kontakt ... Die Teilnehmer werden nicht durch eine äußere Macht in die Situation gedrängt; sie sind da, weil sie da sein wollen aufgrund der höchsten Berufung, den selbstgewählten Weg. Das Zusammentreffen ist unvorbereitet, nicht konstruiert, nicht geplant, ungeprobt, es findet unter der Ägide des Augenblicks statt. Die Personen treffen sich mit all ihren Kräften und Schwächen, erfüllt von Spontaneität und Kreativität, die Begegnung im Hier und Jetzt ... Sie bewegt sich vom Ich zum Du und vom Du zum Ich. Sie ist ‚Zweifühlung‘, ‚Tele‘ (Moreno, 1973, S. 54; vgl. auch Moreno, 1960c, S. 15f.; 1960d, S. 17f.).

Auf der anderen Seite steht die totale Ausrichtung auf soziale, kulturelle und technologische Konserven, d.h. auch durch Institutionen geprägte zwanghafte Rollenmuster.

Durch den Tele-Begriff versuchte Moreno, die philosophische Kategorie der Begegnung als wissenschaftliches Konzept zu formulieren. In unreflektiert szientistischem Denken hieß das: sie meßbar zu machen. Der Tele-Faktor zeigt sich für Moreno in der Gruppenkohäsion, die soziometrisch erhoben werden kann:

„Die Objektivität der Tele-Struktur wurde indirekt durch quantitative Kalkulationen bewiesen. Unter den Individuen des realen Soziogramms kam es zu wesentlich mehr Kontakten als unter den Individuen des Chance-Soziogramms. Für eine diese Chance-Möglichkeiten übertreffende Tendenz zur Wahlgegenseitigkeit ist der ‚Tele‘-Faktor verantwortlich" (Moreno, 1973, S. 30; vgl. Moreno, 1974, S. 174).

Daß mit dieser Operationalisierung von Begegnung/Tele als hohe Kohäsion durch Wahlgegenseitigkeit der Sinnhorizont des Begegnungsbegriffs reduziert wird, ist evident (vgl. Pfau-Tiefuhr, 1976).

Je nach der Konfiguration der Wahlen im soziometrischen Test kann dann zwischen verschiedenen Telestrukturen differenziert werden (vgl. Moreno, 1974, S. 170). Entsprechen die gegenseitigen Wahlen einander, dann handelt es sich um ein kongruentes Tele, also um eine authentische Begegnung. Entsprechend gilt für die Rollenbeziehungen: Sind die Rollen komplementär, dann sind Störungen und Verzerrungen unwahrscheinlich (vgl. Petzold & Matthias, 1982, S. 97f.).

„Tele-Gegenseitigkeit ist der gemeinsame Charakterzug aller Begegnungserlebnisse. Sie ist der überspringende Funke zwischen den Beteiligten — zwischen Mutter und Kind oder zwei Liebenden. Es sind keine gesprochenen Worte nötig. Ein intimes Gefühl hüllt sei ein, sie werden durch ein unbegreifliches Gefühl füreinander zusammengeschweißt ... Liebe ist eine Telebeziehung [...] Telische Gegenseitigkeit bedeutet, daß A und B eine Interaktions- und Kooperationseinheit, zwei Teile desselben Prozesses darstellen, obwohl sie sich zeitweise an verschiedenen Orten in Raum und Zeit befinden" (Moreno, 1974, S. 393).

Von dieser Annahme aus hielt Moreno telepathische Prozesse für durchaus möglich (vgl. Moreno, 1981, S. 43). Und hier trifft sich Moreno wieder mit Freud. Dieser schrieb an Eduardo Weiss: „Ich bin allerdings bereit zu glauben, daß hinter allen sogenannten okkulten Phänomenen doch etwas Neues und sehr Wichtiges steckt. Die Tatsache der Gedankenübertragung, d.h. Fortpflanzung psychischer Vorgänge durch den freien Raum auf andere Individuen" (Freud, zitiert in: Roazen, 1976, S. 242). Und weiter soll er gesagt haben: „Wenn ich mein Leben neu beginnen müßte, würde ich mich lieber der Parapsychologie als der Psychoanalyse widmen" (Jones, 1984, III, S. 456).

2.4 Praxis

2.4.1 Voraussetzungen und Ziele

Freud sieht die Aufgabe der Psychoanalyse darin, den Menschen von seinen neurotischen Symptomen zu befreien. Er vergleicht das Symptom mit einem Fremdkörper, das aufgelöst werden muß (vgl. Freud, G. W., XIV, S. 125). Wie ein Chirurg oder Archäologe will er hinter den äußeren Schichten „zum Kern der pathogenen Organisation" vordringen (Freud, G. W., I, S. 296). Freud spricht metaphorisch vom Widerstand als „Infiltrat". „Therapie besteht ja auch nicht darin, etwas zu exstirpieren — das vermag die Psychotherapie heute nicht, — sondern den Widerstand zum Schmelzen zu bringen und so der Zirkulation den Weg in ein bisher abgesperrtes Gebiet zu bahnen" (Freud, G. W., I, S. 295). Ziel der Therapie ist nicht eine Heilung im ganzheitlichen Sinn, sondern die Symptomauflösung durch Bewußtmachung der traumatischen Ur-Szene (vgl. Nitzschke, 1988, S. 64).

Freud will „dahinterkommen". Seine Metaphern für seine Tätigkeit sind die des Kampfes, des Brechens, des Übertölpeln, des Jagens, des Austrocknens. Im „Kampf zwischen Arzt und Patient, zwischen Intellekt und Triebleben, zwischen Erkennen und Agierenwollen" (Freud, G.W. VIII, S. 374) leistet der Patient gegen die Angriffe des Arztes „Widerstand". „Wo die analytische Forschung auf die in ihr versteckt zurückgezogene Libido stößt, muß ein Kampf aufbrechen, alle die Kräfte, welche die Regression der Libido verursacht haben, werden sich als ‚Widerstand' gegen die Arbeit erheben, um diesen neuen Zustand zu konservieren" (Freud, G.W. VIII, S. 368). „In der Bekämpfung dieser Widerstände liegt die Aufgabe der Therapie" (Freud, G.W. VIII, S. 123). Damit ist eine saubere Differenzierung zwischen psychodynamischem Widerstand und berechtigter Abwehr aggressiver Übergriffe autoritärer Analytiker unmöglich gemacht.

Die offensichtliche Akzeptanz fundamentaler gesellschaftlicher Tabus und die Abneigung gegen jeden, der sie verletzt, wie sie für Freud galt, wird verschleiert durch die scheinbare Toleranz in der abstinenten Haltung des Arztes (vgl. Fromm, 1935, S. 374f.). Diese Neutralität des Analytikers ist selbstverständlich eine Fiktion (vgl. Langer, 1986, S. 218), oft eine Täuschung. Allerdings hat Freud die damit verbundene Abstinenz eindringlich von seinen Analytikern gefordert, da sofortige Befriedigung von Patientenwünschen nur Ersatzbefriedigungen seien und Einsichten geradezu verhinderten (vgl. Freud, G.W. XII, S. 189).

Vor allem Cremerius hat nun aufgezeigt, daß Freud zwar diese rigide Disziplin in seinen Schriften gefordert hat, selbst aber durchaus auch ganz anders handeln konnte. Neben der öffentlich idealisierten „Einsichtstherapie" praktizierte er nämlich durchaus eine „Therapie der emotionalen Erfahrungen" (vgl. Cremerius, 1984, S. 190).

Diese Technik umfaßt folgende Maßnahmen: „Manipulation, Provokation, symbolische Wunscherfüllung, symbolische Reparationsleistung, die Zurhilfenahme nichtanalytischer Mittel wie der Suggestion, der Erziehung, der Ratschläge und Tröstungen, des Einsatzes der Persönlichkeit des Analytikers (d. u. die Aufhebung der Anonymitätsregel) wie des Einsatzes subjektiver Wertvorstellungen (d. i. die Aufhebung der Neutralitätsregel)" (Cremerius, 1984, S. 381). Diese Praxis Freuds entspricht also keineswegs seinen theoretischen Schriften wie der heutigen dominanten psychoanalytischen Praxis (vor allem in den USA, vgl. z.B. Greenson, 1973). In dieser Praxis, nicht in ihrer theoretischen Absicherung, liegen die Anknüpfungspunkte für die Praxis Morenos, ohne daß dieser sich dessen bewußt gewesen sein dürfte.

Moreno wollten den ganzen Menschen in der und durch die Gruppe heilen und von da in Gesellschaft und Kosmos eine therapeutische Weltordnung aufbauen (→ Buer, Anarchismus; → Buer, Marxismus). Auch wenn er im Psychodrama stärker auf private, persönliche Probleme fokussierte (vgl. Moreno, 1975, S. 270), so bleibt auch diese Methode Teil seines soziometrischen Gesamtprojektes. Er wollte nicht nur Einsicht durchsetzen, sondern Spontaneität und Kreativität hervorlocken. Dazu hielt er ein Einmischen nicht nur in Therapiegruppen, sondern auch in politische Auseinandersetzungen für unverzichtbar. Die direkte, unmittelbare, spontane, authentische, kongruente Begegnung in Sympathie oder Antipathie sollte zur Klärung und Aktivierung provozieren. Daher wandte er sich mit seinen Methoden an alle Menschen. Freud dagegen hielt seine Psychoanalyse nur für die Symptomgruppe geeignet, die er als Neurosen klassifizierte. Dementsprechend entwickelte die Psychoanalyse eine zwar neuartige, aber eben doch eine Krankheitslehre. Moreno dagegen war nicht auf das Symptom fixiert, sondern entwarf ein ganzheitliches Bild vom Menschen. Statt eines therapeutischen Blicks zurück auf die negative Vergangenheit richtete er alle Potenzen nach vorne auf die Realisierung einer utopischen Zukunft[5].

„Nur zu oft vergessen wir, daß die großen Manifestationen sozialer Unausgeglichenheit, wie Kriege und Revolutionen, Produkte normaler Durchschnittsgruppen sind. Die Mitglieder dieser Gruppen beeinflussen sich gegenseitig durch die mächtigen, von ihnen unbewußt geschaffenen Netzwerke, durch die ihre Liebes- und Haßgefühle und ihre direkten und symbolischen Vorurteile fließen. Der Pathologie und Therapie normaler Gruppen wurde bis jetzt nur wenig Rechnung getragen, obgleich die soziale Gesundheit der Menschheit gerade von diesen Gruppen abhängt. Gleichgewichtsstörungen im sozialen Atom und ihre Wirkung auf die Entwicklung psychologischer Strömungen und Netzwerke geben der sozialen Psychiatrie eine nosologische Grundlage und unterscheiden sie von der eigentlichen Psychiatrie. Psychiatrische Begriffe wie Neurose und Psychose können nicht auf sozioatomare Prozesse angewendet werden. Eine Menschengruppe kann höchstens ‚soziotisch' werden. Das diesem Zustand zugrunde liegende Syndrom können wir ‚Soziosis' nennen. Die Einführung der ‚Soziosis' als Wissenschaft ... befaßt sich in erster Linie mit Erforschung der ‚Pathologie normaler Gruppen'. Ihre therapeutische Aufgabe liegt in deren Diagnose, Prophylaxe und Behandlung" (Moreno, 1974, S. 219).

Freud forderte — viel pessimistischer — für das Gelingen der Psychoanalyse einige Voraussetzungen (vgl. Freud, G.W. V, S. 19ff.): Volle Aufrichtigkeit, einen gewissen Bildungsgrad, einen verläßlichen Charakter, ausreichenden Leidensdruck und ein nicht zu hohes Alter, also Umgang mit seinesgleichen, mit Bildungsbürgern (vgl. Schülein, 1975, S. 29ff.). Von seinen Analytikern forderte er ähnliche Eigenschaften, zudem eine Selbstanalyse, später eine Lehranalyse.

Als berufliche Voraussetzung hielt er die Medizin für denkbar ungeeignet. Die ärztliche Ausbildung sei sogar eher „ein beschwerlicher Umweg zum analytischen Beruf" (Freud, G.W. XIV, S. 288). Er sah schon damals sehr deutlich: Ärzte-Analytiker fühlten sich unter der „Macht des Standesbewußtseins ... unbehaglich in der Isolierung von den Kollegen, möchten gerne als vollberechtigt von der *Profession* aufgenommen werden und sind bereit, für diese Toleranz ein Opfer zu bringen, an einer Stelle, deren Lebenswichtigkeit ihnen nicht einleuchtet" (Freud, G.W. XIV, S. 273).

Moreno ging es genauso. Er, der schon sehr früh mit der etablierten Medizin brach (→ Buer, Prolog), sah eher Akzeptanz seiner Ideen bei Sozialpsychologen, Soziologen, Anthropologen und Sozialpsychologen, als bei Ärzten (vgl. Lohmann, 1986, S. 78). Wie Freud sah Moreno die Zukunft seines Ansatzes eher in den Sozialwissenschaften aufgehoben als in einer naturwissenschaftlich orientierten Medizin (vgl. Z. Moreno, 1966, S. 118ff.).

Da er die gegenseitige Hilfe als Grundprinzip seines Ansatzes verstand (→ Buer, Anarchismus), dehnte er die Verpflichtung zur therapeutischen Unterstützung vom Arzt auf alle Gruppenmitglieder aus (vgl. Z. Moreno, 1966, S. 109ff.). Und da alle Menschen in einer therapeutischen Weltordnung an diesem Gruppenprozess teilnehmen sollten, wird dieser Mutualismus zur Grundforderung einer Menschheitsethik (vgl. Moreno, 1973, S. 73f.).

2.4.2 Setting

Neben vielem Gemeinsamen gibt es einige grundlegende Unterschiede im Setting, die vor allem philosophisch begründet sind (vgl. Leutz, 1979).

2.4.2.1 Dyade oder Gruppe

Das klassische psychoanalytische Setting ist dyadisch konzipiert: Auf der einen Seite sitzt der Analytiker. Er ist der Arzt: er untersucht, forscht, heilt; er hat das Deutungsprivileg. Auf der anderen Seite liegt der Analysand. Er ist der Patient: er wird untersucht, erforscht, geheilt; er hat das Material zur Deutung vorzulegen. Diese nicht umkehrbare, autoritäre Rollenaufteilung ergibt sich schon aus Freuds unerschütterlichem Glauben an seine Profession als Naturforscher, Psychologe und Arzt und dem dazu passenden Menschenbild (s.o.).

Moreno dagegen richtet von Anfang an seine Aufmerksamkeit auf die Gruppe. Hier ist der Ort der Vermittlung von Individium und Gesellschaft. Von hieraus muß die Veränderung von Individium und Gesellschaft ihren Anfang nehmen. Gegenseitige Hilfe, gegenseitige Vernetzung kann nur in der Gruppe erfolgen. Die kleinste unteilbare Einheit ist eben nicht die Monade als In-dividium sonder die Gruppe als A-tomos.

Die Gruppe kann aber damit Objekt und Subjekt der Veränderung zugleich sein: Jeder kann Objekt der Gruppenbehandlung werden; jeder kann als Therapeut Subjekt der Veränderung sein. Der Leiter der Gruppe ist dann zunächst ebenfalls Gruppenmitglied und somit ebenfalls dieser therapeutischen Dialektik unterworfen: die Rollen können wechseln. Sein Spezifikum — gerade am Anfang des verändernden Prozesses — ist seine Rolle als Starter, als Initiator von spontan-kreativen Prozessen, die die eingeschliffenen, konservativen Verhältnisse in den Gruppenbeziehungen „zum Tanzen bringen" sollen. Moreno differenziert also deutlich zwischen Leiterrolle und Therapeutenrolle: Leiter ist der Psychodramatiker, Therapeuten sind alle (vgl. Moreno, 1975, S. 9).

Freud konnte die Bedrohung des Individiums durch die Masse (→ Buer, Prolog) nicht bannen (vgl. Freud, G.W. XIII, S. 71ff.). Moreno fand in der therapeutischen Gruppe die Lösung: Jede natürliche Gruppe soll therapeutisch werden und jede therapeutische zu einer natürlichen.

2.4.2.2 Couch oder Bühne

Lucy Freeman berichtet, wie Berta Pappenheim (Anna O.) und Breuer experimentiert haben, um die Szenen hinter ihrer Symptomatik zu entdecken (zitiert in: Lorenzer, 1983, S. 128f.):

„Da hatte er einen Einfall. ‚Wir wollen das Zimmer so einräumen, daß es aussieht wie das Zimmer Ihres Vaters im Landhaus', schlug er vor. ‚Vielleicht hilft diese Ähnlichkeit Ihnen, sich zu erinnern, was geschah, als Ihr Arm zum erstenmal gelähmt schien.'
‚Sein Bett stand da drüben'. Sie deutete auf die Wandmitte, an der ein kleiner Bücherschrank stand. Breuer nahm die Bücher heraus und zog den Bücherschrank auf die Seite. Dann rückte er ein leichtes Bett an die Wand.
‚Sein Schreibtisch war dort'. Sie zeigte rechts neben das Bett, und Breuer rückte ihren Schreibtisch, nachdem er die Schubladen herausgenommen hatte, an die angegebene Stelle.
‚Und ich saß hier'. Sie wies auf eine Stelle links neben dem Bett. Breuer stellte einen Stuhl dorthin, der denjenigen darstellen sollte, auf dem sie in ihres Vaters Zimmer gesessen hatte. Sie setzte sich auf den Stuhl neben dem leeren Bett, und er zog sich einen anderen heran und hypnotisierte sie.
‚Stellen Sie sich vor, ihr Vater läge dort im Bett', sagte er. ‚Sie sind mit seiner Pflege betraut und sollen dafür sorgen, …' "

Das Erinnern unter Hypnose soll erleichtert werden durch das Einrichten des Zimmers, in der die erzählte Szene stattfand. Das Erinnern bleibt aber verbal, auch als Freud später die hypnotische Beeinflußung wegließ. Die Alternative dazu hätte schon 1881 zum Psychodrama geführt, nämlich die Szene tatsächlich durchzuspielen. Vielleicht hätte diese Therapieform zur Heilung geführt; die Behandlung durch Breuer war jedenfalls erfolglos (vgl. Ellenberger, 1985, S. 659ff.). Während Freud die Hypnose durch das entspannte Liegen auf der Couch ersetzte, das die Hervorbringung infantilen Materials in der Regression fördern sollte, überwandt Moreno sie, indem er den Patienten in die surplus reality der Bühne versetzte, um so die im Leib gespeicherten Rollen in diesem schützenden und unterstützenden Rahmen wieder ins Spiel zu bringen (vgl. Moreno, 1973, S. 91).

Die Couch-Lage bleibt der künstlichen Situation der Labor-Situation verhaftet, die Bühne läßt die Aufführung, das Vor-Stellen des alltäglichen Lebens, aber auch der Phantasien, Wahnvorstellungen und Utopien zu. Insofern kann diese Methode „die Psychotherapie dem wirklichen Leben näher bringen" (Moreno, 1973, S. V; vgl. Moreno, 1981, S. 57). Der „symbolische Behälter" der Couch (Moreno, 1974, S. 418) fördert die Regression, orientiert also auf die Aufarbeitung traumatischem Materials der Lebensgeschichte. Die Bühne fördert die Progression, die Entwicklung spontan-kreativer Kräfte in der Gruppe für die konkrete Gestaltung der Zukunft[6].

2.4.2.3 Erzählen oder Handeln

„Der Schwerpunkt des Psychodramas liegt auf Leben und Tat" (Moreno, 1974, S. 419). Freud hatte schon auf die Mitarbeit der Patienten gesetzt; sie sollten in freier Assoziation spontan erzählen und damit die Initiative übernehmen (vgl. Lorenzer, 1983, S. 118). Moreno will sie aber zu Handelnden machen, zu Akteuren ihres eigenen Schicksals.

„Ich gestaltete die experimentelle Situation in der Weise, daß sie für das Individuum ein Abbild des Lebens, eine Miniaturausgabe seiner Lebenssituation sein konnte. Der Klient wurde nicht nur aufgefordert, über sich selbst zu sprechen, sich frei zu äußern, sondern er wurde auch aufgefordert zu handeln, sich auszuleben, ein Handelnder zu sein. Die Wortassoziation wurde durch die Handlungsassoziation erweitert" (Moreno, 1981, S. 57).

Freud hatte kein sonderliches Verhältnis zum Spiel, weder zum Kinderspiel, noch zum Theaterspiel. Moreno unterstellte ihm „fear of acting out" (Moreno, 1978a, S. LV). Für Moreno war das acting out ein Ausspielen von kreativen Prozessen, die nun ins Spiel gebracht werden konnten, während Freud nur die Gefahr der bloßen Abreaktion oder der Ersatzbefriedigung sah und Spiele als neurotisch interpretierte.

So werden im Psychodrama alle Teilnehmer aktiviert — nicht nur im Bühnenspiel, sondern auch in der soziometrischen Untersuchung und konkreten Begegnung, die durchaus Körpernähe zuläßt. Zur Einsicht kommt es im Psychodrama im Verlauf des Ausspielens, des ganzheitlichen Handelns, während in der Psychoanalyse geradezu durch Abwehr des acting out Erkenntnis in sublimer Form ermöglicht werden soll. In praxi hat Freud allerdings durchaus befriedigende emotionale Erfahrungen in der Therapie zu schützen gewußt. Das Wiederholen muß affektiv getönt sein, wenn es zu Veränderungen führen soll. Daß dazu das Spielen besser geeignet ist als das bloße Erzählen, ist offensichtlich. Die Veränderung soll aber nicht nur auf symbolischer Ebene erfolgen, sondern tatsächlich, d.h. im ganzheitlichen Handeln (vgl. Moreno, 1974, S. 377). Dadurch wird der Übergang von der therapeutischen Situation auf die reale Lebenssituation wesentlich erleichtert.

2.4.2.4 Übertragung oder Begegnung

Freud sah das Erzählen und Ausagieren des Patienten vom Wiederholungszwang gesteuert; diesen galt es zu handhaben. Das Regressionsangebot durch Couch und autoritären Analytiker ermöglicht eine Übertragung infantiler Wünsche und Vorstellungen auf den Analytiker. Dadurch wird die „gemeine Neurose durch eine Übertragungsneurose" (Freud, G.W. X, S. 134) ersetzt, die jetzt vom Analytiker durch seine Deutungen und Konstruktionen, am Widerstand entlang, geheilt werden könne.

Aus eigener Erfahrung, vor allem aber als Konsequenz aus dem „Liebesverhältnis" C.G. Jungs mit seiner Patientin Sabrina Spielrein, erkannte Freud die Gefahr der Gegenübertragung und forderte deren Begrenzung durch eine Lehranalyse (vgl. Carotenuto, 1986, S. 28).

Freud führte mit seinem Übertragungskonzept eigentlich nur die Praxis des Rapports aus der Hypnose fort (vgl. Ellenberger, 1985, S. 723). Während der Hypnotiseur autoritär die Heilung steuert, darf der Patient in der Psychoanalyse immerhin „frei" assoziieren, die Deutung und damit die Heilung kommt aber nur von außen durch den Zuhörer. Im Psychodrama dagegen wird ein Rahmen angeboten, in dem hemmende und befreiende Kräfte des Protagonisten aufeinanderstoßen. Das Bündnis mit dem Analytiker in der Psychoanalyse wird im Psychodrama erweitert durch die Übertragung innerer Figuren an die realen Mitspieler als „Hilfs-Iche". Das Ich wird Subjekt durch Übertragung seiner Rollen auf die Mitspieler und somit zum Objekt therapeutischer Hilfe. Der Kontakt bleibt nicht auf symbolischer, möglicherweise neurotischer Ebene, sondern wird von vornherein durch die echte Begegnung ersetzt. Der Widerstand des Patienten ist daher nicht von vornherein als neurotisch zu qualifizieren, er muß als echte Äußerung dieser Person im Hier-und-Jetzt ernstgenommen werden. Moreno will nicht wie Freud die Widerstände abbauen oder auflösen. Blatner (1973, S. 63) berichtet von Moreno: „We don't tear down the protagonist walls; rather, we simply try some of the handles of the many doors, and see which one opens."

Da Freud die Psychoanalyse als ärztlichen Eingriff in die Neurose des Patienten begreift, wird er der existeniell-interaktionistischen Dimension des Geschehens von vornherein nicht gerecht. Übertragung ist für Moreno nur eine pathologische Form des zugrunde liegenden Teleprozesses. „Übertragung ist negativ und verantwortlich für die Auflösung und den Zerfall sozialer Beziehungen. Tele dagegen ist verantwortlich für zunehmende Interaktion zwischen den Gruppenmitgliedern und eine häufigere, die Wahrscheinlichkeit übertreffende Gegenseitigkeit der Wahlen" (Moreno, 1974, S. 174). Entsprechend ersetzt Moreno den Begriff der Empathie, der Einfühlung, durch die gegenseitige Zweifühlung. Aufgrund dieser interaktionellen Struktur der Gruppe ist ein gemeinsames Bewußtsein und ein gemeinsames Unbewußtsein möglich. Entscheidend für die therapeutische Veränderung ist aber der Rollentausch:

„Je verschiedener und fremder sich die einzelnen Mitglieder sind, um so wichtiger ist es, daß sie die Rolle miteinander wechseln, um zu einer erfolgreichen, gegenseitigen Therapie zu gelangen. Vertauschung der Rollen ist die Krise der Begegnung zwischen ‚Ich und Du', ein ‚Sich-Begegnen'. Sie ist der Höhepunkt, der die Einheit, Identität und Zusammengehörigkeit der Gruppe vollkommen macht" (Moreno, 1973, S. 51).

2.4.2.5 Analyse oder Produktion

Stefan Zweig schreibt 1931 in seinem bedeutenden Essay über Freud (Zweig, 1986, S. 375):

„Für diesen Hunger der Seele nach Gläubigkeit hat die harte, die streng sachliche, die kaltklare Nüchternheit der Psychoanalyse keine Nahrung. Sie gibt Erkenntnis und nicht mehr ... Hier ist ihre Grenze. Sie vermochte näher als irgendeine geistige Methode vor ihr den Menschen bis an sein eigenes Ich heranzubringen, aber nicht — und dies wäre zur Ganzheit des Gefühls notwendig — über dies eigene Ich wieder hinaus. Sie löst und heilt und trennt, sie zeigt jedem Leben seinen eigenen Sinn, aber sie weiß nicht dies tausendfach Vereinzelte zu einem gemeinsamen Sinne zu binden. Darum müßte, um sie wahrhaft schöpferisch zu ergänzen, zu ihrer Denkform, der zerteilenden und erhellenden, noch eine andere treten, eine verbindende und verschmelzende — die Psychosynthese zur Psychoanalyse: diese Vereinigung wird vielleicht die Wissenschaft von morgen sein."

Während Freud noch — ganz im Stil der Naturforschung des 19. Jahrhunderts — interessiert war an der „Scheidung und Gliederung dessen, was sonst in einem Urbrei zusammenfließen würde" (Freud, zitiert in Roazen, 1976, S. 171) und eine Psychosynthese für selbstverständlich hält, ist der Generation von Moreno bereits diese Sicherheit verlorengegangen. Angesichts der Gefahr eines Zerfalls der Lebenswelten wie einer Zerstörung des realen Universums will Moreno die Zusammengehörigkeit der Menschheit und die Einheit der Welt erst herstellen. Seinen soziometrischen Ansatz bezeichnet er daher als „synthetisches Verfahren, das durch seine Inhärenz alle tatsächlichen Beziehungen, seien sie ökonomischen, soziologischen, oder biologischen Ursprungs freisetzt" (Moreno, 1981, S. 45). Diese Tiefenproduktion hat bei ihm jetzt eindeutig Vorrang vor einer vielleicht zu lange dauernden Tiefenanalyse (vgl. Moreno, 1970, S. 71). Er will nicht mehr im Abseits stehen und nur beobachten, sondern eingreifen (vgl. Moreno, 1981, S. 166). Die „Tiefenproduktivität" der Gruppe (Moreno, 1974, S. 114) soll unverletzt, d.h. spontan, direkt und nicht durch den Intellekt gehemmt, freigesetzt werden. In der „Aktionskatharsis" entsteht Klarheit über das, was die Menschen gemeinsam hoffen und wie diese Utopien konkret produziert werden können. Zerka Moreno (1979, S. 34) formuliert Morenos Aufforderung zum Handeln so:

„Wirf das alte Rollenbuch weg. Mach es neu, hier und jetzt. Spiele Dich selbst, so wie Du nie warst, dann kannst Du vielleicht beginnen, so zu sein, wie Du hättest werden können. Laß es geschehen! Sei Deine eigene Inspiration, Dein eigener Dichter, Dein eigener Darsteller, Dein eigener Therapeut und letztlich Dein eigener Schöpfer."

Und das ist kein rein innerpsychischer Vorgang, sondern läßt sich nur in Auseinandersetzung mit der Mitwelt und der Umwelt verwirklichen. Es geht Moreno nicht allein ums Durcharbeiten psychischen Materials, sondern um das Schaffen einer neuen Welt.

2.5 Wissenschaftsstatus

Die Diskussion um ihren Status als Wissenschaft begleitet die Psychoanalyse seit ihren Anfängen. Bis heute gibt es in Wissenschaftskreisen keinen Konsens darüber, ob die Psychoanalyse überhaupt eine Wissenschaft sei und wenn ja, welche. Diese Klärung ist ebensowenig für das Psychodrama sowie den gesamten soziometrischen Ansatz von Moreno erfolgt. Ja, diese Diskussion hat bisher nicht einmal das Niveau des Diskurses über die Psychoanalyse annähernd erreicht. Wenn unsere These richtig ist, daß Statusprobleme von Psychodrama und Soziometrie ganz ähnliche wie die der Psychoanalyse sind, dann könnte der psychodramatische Diskurs nur vom psychoanalytischen lernen.[7]

Freud kam aus der Physiologie und hatte im Labor von Ernst Brücke neurologische Experimente durchgeführt (vgl. Sulloway, 1982; Bernfeld & Cassirer Bernfeld, 1988). Sein Interesse galt der Fragestellung, wie Reizleitungen ablaufen, wie Energiepotentiale aufgebaut, abgerufen und verarbeitet werden. Er fragte sich, wie diese Erkenntnisse dann in ein entwicklungsgeschichtliches, biologisches Erklärungsmodell im Sinne Darwins integrierbar sind. Diesen positivistisch-deduktiv-rationalistischen Denkansatz hat Freud nie verlassen, auch als er sich der Erforschung der Hysterie zuwandte. In seiner Neurosenlehre bleibt er einem energetischen Denkmodell treu und hofft, daß seine Metapsychologie vom wissenschaftlichen Biologismus abgelöst werden kann, so daß eine andere Form der Therapie (Pharmakotherapie) möglich wird. „Für das Psychische spielt das Biologische wirklich die Rolle des unterliegenden, gewachsenen Felsens" (Freud, G.W. XVI, S. 99). Freuds Ansatz ist aus der experimentellen Einzelsituation heraus geboren. Ihm geht es dem damaligen positivistischen Denkansatz folgend (vgl. Jahoda, 1985, S. 167; Ellenberger, 1985, S. 727), um die Beobachtung, Beschreibung und Klassifizierung der sichtbaren Phänomene, für die er dann in seiner Metapsychologie Erklärungsmodelle konstruiert hat. Vorläufig erhob sein Ansatz also den Anspruch einer allgemeinen Tiefenpsychologie, die er quasi naturwissenschaftlich formulierte.

De facto entsprach seine Wissenschaftspraxis allerdings nicht der reinen Lehre. Vielmehr waren die Erkenntnisse der Selbstanalyse (Introspektion) eine wesentliche Quelle seiner Forschung (vgl. Lorenzer, 1983, S. 142). Auch hatte er durchaus philosophische Interessen, wenn er sie auch ungern zugab (vgl. L. Marcuse, 1956; Schöpf, 1982). Das zeigt sich vor allem in den spekulativen Teilen seiner Metapsychologie, die durchaus mythologische Elemente enthalten (vgl. Vogt, 1986). Insofern ist Freud nicht nur als Vertreter der

Aufklärung, sondern auch der romantischen Naturphilosophie zu verstehen (vgl. Fromm, 1970, S. 181; Ellenberger, 1985, S. 637; Marquard, 1987; Düe, 1988).

Seine naturwissenschaftliche Orientierung ist vor allem von Hartmann (1964) und Rapaport (1973) fortgeführt worden. Dieser Szientismus ist aber inzwischen heftiger Kritik ausgesetzt (vgl. Mertens, 1981). Diese Versuche, die Psychoanalyse als rationalistische Wissenschaft zu verstehen, stoßen bei Wissenschaftstheoretikern auf deutliche Ablehnung (vgl. Grünbaum, 1988). Allerdings werden auch Versuche, die Psychoanalyse als hermeneutische Wissenschaft zu begründen, aus dieser Perspektive abgelehnt.

Eine vermittelnde Stellung nimmt Dieter Wyss (1970) ein, der als Tiefenpsychologe von Freuds Entdeckungen ausgeht. Er kritisiert dessen Wissenschaftsverständnis von seiner eher existenzialistischen Position in der Tradition Viktor von Weizäckers her (vgl. auch Adamaszek, 1985). Eine ähnlich kritische Position nimmt Erich Fromm (1984) aus seiner marxistisch-humanistischen Perspektive ein.

Die aus unserer Sicht interessanteste Diskussion kreist um die Frage: Läßt sich die Psychoanalyse als tiefenhermeneutische Erfahrungswissenschaft, also als eine neuartige Wissenschaftsform begründen? Pioniere auf diesem Feld sind Paul Ricoeur (1969) und Jürgen Habermas (1969). Den elaboriertesten Klärungsversuch aber startete der Psychoanalytiker und Soziologe Alfred Lorenzer (vor allem: 1974; 1983).

In seinem neuesten Beitrag zu dieser Debatte „Hermeneutik des Leibes" (1988) knüpft Lorenzer an die frühen Bemühungen von Ludwig Binswanger von 1926 an (1947; 1955), Psychoanalyse als hermeneutische Wissenschaft zu interpretieren. Als zentrale Erkenntnismethode der Psychoanalyse sieht Binswanger das hermeneutische Verstehen an, allerdings ausgerichtet an der Idee des „homo natura", des Menschen in seiner Leiblichkeit. Diesen Gedanken weiterführend bestimmt Lorenzer als Gegenstand der Psychoanalyse das Unbewußte als „Tableau dieser sinnlich-unmittelbaren Körperrunen" (S. 850), als „System von konkreten Lebensentwürfen" (S. 848), den Körper „als ein Gefüge von Sinnfiguren, von Bedeutungen, von Handlungsanweisungen" (S. 844), als ,,‚Leib' als ‚Sinnzusammenhang'" (S. 842). Allerdings ist mit dieser Gegenstandsbestimmung die Psychoanalyse eben nicht wie die Naturwissenschaft als nomothetische Wissenschaft zu verstehen, sondern als tiefenhermeneutische Erfahrungswissenschaft.

„Der Mensch als ein von *zwei* Sinnstrukturen bestimmtes Wesen, das ist der entscheidende Beitrag der Psychoanalyse zur Anthropologie. Psychoanalyse richtet sich auf beide Sinnstrukturen, indem sie in ihrer szenisch-narrativen Analyse sich von der ‚Oberfläche' her, vom sprachlich manifesten Mitteilungssinn her auf den Weg zu den unbewußten Lebensentwürfen macht ... Ihr Ziel ist ... die Aufhebung der Differenz zwischen dem ‚homo cultura' und dem ‚homo natura', indem Psychoanalyse die im Konflikt aktualisierten unbewußten Anteile, ‚bewußt' machen will, und das heißt, ‚nichtsprachliche' und ‚sprachliche' Lebensentwürfe aufhebt in Symbolschichten, in denen die unbewußten Verhaltensmuster mit dem System der bewußten Handlungsanweisungen verbunden werden können. Die Lebensentwürfe des Unbewußten aber, das sind jene Einheiten von Körperfunktion, Körpergestalt und leiblich-basalen Sehnsüchten, die wir Triebwünsche nennen. Im Blick auf diese lebensursprünglichen Wünsche erweist sich Psychoanalyse als ‚Naturwissenschaft' oder, methodologisch genauer ausgewiesen, als Hermeneutik des Leibes" (Lorenzer, 1988, S. 852).

Da Freud auf die Freiheit der Selbstdarstellung des Patienten setzte, mußte er auf der anderen Seite die Gefahr der Ausuferung bannen, so meint Lorenzer. „Einzig die strikte Disziplin, wie sie damals bloß die Naturwissenschaften kannten, konnte gewährleisten, daß die Arbeit mit und an dieser Selbstdarstellung sich nicht in Mythen verirrte ... Lediglich die Ausrichtung nicht auf Gründe, sondern auf Ursachen, verbunden mit der Suche nach Kausalgesetzlichkeit, hat die Erfahrung allmählich in die Tiefe getrieben: Vor das Blickfeld der Tiefenpsychologie" (Lorenzer, 1983, S. 136).

Für Manfred Pohlen (1986, S. 155f.) dagegen hat genau diese Naturwissenschaftlichkeit zur Mythologisierung der Psychoanalyse geführt.

„Das Vorgehen der Psychoanalyse ist empirisch-normativ, ideographisch — entgegen dem empirisch-rationalen, nomothetischen Vorgehen der positiven Wissenschaft. Es muß mit dem Irrglauben aufgeräumt werden, daß sich die Wissenschaftlichkeit eines Verfahrens — hier eines therapeutischen Verfahrens — dadurch erweist, daß man über die Anwendung einer spezifischen Methodologie die Wissenschaftlichkeit dieses Verfahrens unter Beweis gestellt habe ... Dem Terror der herrschenden Rationalität, dem nichts mehr von ihren erkenntnistheroetischen Ursprüngen weiß, ist nur zu begegnen mit Rückbesinnung auf die fundamentalen Bedingungen von Theorie als der Erfahrung einer unbegründeten und begründbaren An-Schauung der Dinge".

Wie Freud in der „Traumdeutung" seine eigenen Träume gedeutet habe, sozusagen Wahrsager in eigener Sache gewesen sei, müsse seine Schöpfung, die Psychoanalyse, als eine sich selbst erfüllende Prophezeiung verstanden werden: „Sie ist eine Weissagung und ‚dichtet' eine Geschichte. Die Tätigkeit des Analytikers ist die des Auguren: er dichtet seinem Analysanden dessen neurotischen Familienroman als Privat-Mythos, darin kann der Analysand seine Geschichte anerkennen .... Seine erfinderische Tätigkeit dient dazu, ein ‚Drama' zu liefern: Seine Deutungen sind ‚Erfindungen', die dem Analysanden seine Geschichte erhellen" (Pohlen, 1986, S. 144f.).

Die Wahrheit dieser An-Schauungen liege darin, „von Deutung zu Deutung für den einzelnen einen Sinn seiner Geschichte zu stiften. Die Richtigkeit von Deutungen erweist sich darin, ob sich von Deutung zu Deutung das Drama ‚fortspinnt'. ‚Wahrheit' ist — wie in der antiken Tradition —, was situativ, zeit- und ortsgebunden, als das ‚Wahre' erscheint; dies ist das ‚Wahr-scheinliche'" (Pohlen, 1986, S. 142f.). Indem die Psychoanalyse das die Gesellschaft beherrschende Ödipus-Drama durchleuchtet, artikuliert sie „die utopische Hoffnung ..., ein Leben jenseits von Ödipus, jenseits einer von Verwandtschaftsbeziehungen bestimmten Gesellschaft, jenseits von Tauschbeziehungen zu führen" (Pohlen, 1986, S. 153f.). Die Erfindungskraft für diese Utopien stecke in der Phantasie: „Die Psychoanalyse ist also in Theorie und Praxis eine Übertragungslehre, die sich als Imaginationstheorie entfaltet" (Pohlen, 1986, S. 148).

Damit wären wir nun endgültig bei Morenos „Erfindungen" angelangt; bei der „Magic Charter of Psychodrama" (Moreno, 1973), in der alles auf Entfaltung der Imagination durch das Psychodrama gesetzt wird. In der surpluce reality der Psychodrama-Bühne werden Bilder vorgestellt und angeschaut (z.B. in der Spiegel-Technik), die im Augenblick der Katharsis Vergangenes und Zukünftiges als Drama enthalten und durch den gemeinsamen Diskurs der Gruppe als Wahrhaftes und Utopisches gedeutet werden könnte. Im Gegensatz zu Freud setzt Moreno nicht auf den großen Seher, sondern auf die imaginativen Fähigkeiten eines jeden Menschen in einer kreativen Gruppe. Die hier auftretenden spontanen Prozesse sind nicht wissenschaftlich deutbar und vorhersehbar. Sie sind letztlich unergündlich und unbegründbar!

Um aber der Gefahr einer schlechten Ideologisierung zu entgehen, wollte Moreno wie Freud seine Theorie präzisieren und überprüfbar machen.

Wie Freud sah er dazu nur die Möglichkeit des Messens: „Es ist noch immer zu betonen, daß jeder Aspekt sozialer Beziehungen bis zu einem gewissen Grade meßbar ist" (Moreno, 1974, S. 390).

Vom vorherrschenden „Positivismus und Operationalismus" setzt er sich aber dezidiert ab. So glaubt er auch nicht an die Sinnhaftigkeit einer nomothetischen Sozialwissenschaft: „An der absoluten Gültigkeit allgemeiner Gesetze ... bestehen berechtigte Zweifel. Der Glaube an allgemeine und einheitliche Gesetze ist das Credo des ‚Szientismus'" (Moreno, 1981, S. 52). Moreno besteht auf der Selbstbestimmung der Untersuchungspersonen während der Untersuchung. Geben sie diese vorher ab, so seien sie keine Menschen mehr. „Der soziale Experimentator, der das Experiment ausführt und die Ergebnisse interpretiert, ist ein Mensch und nicht ein Meerschwein oder eine Ratte" (Moreno, 1974, S. 31). Insofern war die rein quantifizierende Soziometrie eine Sackgasse (vgl. Dollase, 1981). Moreno sah seine „Wissenschaft" weder als „sterile Laboratoriumsmethode", noch als „klinische Methode" sondern als neue Synthese: „Bei der Konstruktion eines Experimentes war ich daher immer bestrebt, soviel wie möglich der Lebenslage zu entsprechen und ihre Komplexität eher zu vergrößern als zu reduzieren" (Moreno, 1974, S. 405).

Sein soziometrisches System mit der soziodynamischen Theorie, dem soziometrischen Aktionsforschungsverfahren und den soziatrischen Methoden will die traditionelle Dichotomie der Wissenschaften aufheben:

„The difference between natural sciences, such as physics and biology, and the human sciences, such as psychology and sociology was already put forth by the classification of Dilthey (1833-1911) — and later by some others, e.g., Rickert — which is based on ‚comprehension' and ‚explanation'. But the distinction of carrying this thought from the philosophical area into sciences and from theory into practice, into the area of experimentation, belongs to sociometry" (Moreno, 1960e, S. 128).

Um die Menschen zu verstehen, können sie nicht nur von außen beobachtet werden wie tote Objekte oder Tiere.

„The only system that first allowed the subjects to participate fully in the experiment as actors was the sociometric system; it sew them as the persons who participate activly in a common purpose, so that they will be ‚actors-participators-observers' and a culturel system will be put into operation piece by piece and portrayed in action" (Moreno, 1960e, S. 129).

Es geht Moreno also um die Selbsterforschung durch die Selbstveränderung in Gruppen als gemeinsame Selbstaufklärung von Menschen, die ihr Leben ändern wollen auf ein besseres hin und dazu Mitwelt und Umwelt neu gestalten.

Diese Umgestaltung wird aber nach Moreno nur gelingen, wenn deren spirituelle Dimension erhalten bleibt bzw. entschieden zur Geltung gebracht wird. Durch die Befreiung der eigenen Spontaneität wird der Zugang in jedem einzelnen zur kosmischen Kreativität ermöglicht. Insofern ist Morenos Ansatz grundsätzlich normativ: am höchsten Wert, der Entfaltung wirklicher Kreativität orientiert. Trotzdem bleibt sie empirisch: Sie will Kreativität spürbar, erfahrbar, überprüfbar, meßbar machen.

„Es gibt keine ‚absolute' Spaltung zwischen der interpersonalen, experimentellen dynamischen Theologie und der interpersonalen, experimentellen Soziometrie. Die alte Kluft zwischen Wissenschaft und Theologie existiert nurmehr für altmodische Theologen und unwissende Wissenschaftler" (Moreno, 1981, S. 262).

Diese schöpferische Dimension des Erkenntnisprozesses enthält ebenfalls ein ästhetisches Moment. Es geht Moreno immer auch um eine schönere, angenehmere, eine zufriedenstellendere neue Welt. Der spontane, kreative Erfindergeist, der Geist der Phantasie, Imagination, Intuition stellt den künstlerischen Teil von Morenos „Wissenschaft" dar. Daher kann Zerka Moreno feststellen, „das ein guter Wissenschaftler in der Lage sein muß, eine Synthese zwischen Kunst und Wissenschaft herbeizuführen und beiden gleiche Gewichtung zu geben" (Z. Moreno, 1979, S. 27).

Der Gegenstand von Morenos „Wissenschaft" sind also die Interaktionsverhältnisse mit ihren soziologischen (soziale, psychosomatische und psychodramatische Rollen) und soziometrischen Dimensionen (Sozialatome und Netze) des gemeinsamen sozialen Bewußt- wie Unbewußtseins. Im Gegensatz zu dieser „Mikrosoziologie" sind der Gegenstand der Freudschen „Tiefenpsychologie" die unbewußten Sinnstrukturen des Leibes. Beide Ansätze bedienen sich einer hermeneutischen Methodik, die nachprüfbare Ergebnisse und nicht vage Spekulationen produzieren will. Dazu sind beide auf den Versuch zum Konsens über die Wahrheit ihrer Erkenntnis in einer größeren Gruppe angewiesen.

3. Die Nähe zum Psychodrama bei Freuds Schülern

Schon die Mitglieder der Psychologischen Mittwoch-Gesellschaft waren alle mindestens 10, zumeist jedoch über 20 Jahre jünger als Freud (vgl. Federn & Nunberg, 1976-81). So blieb Freud immer der Lehrer, alle anderen Analytiker seine Schüler. Und doch haben viele aus seinem Kreis von allem Anfang an trotz aller Pressionsversuche von Freud (vgl. Fromm, 1961) eigenständige Positionen in Theorie und Praxis vertreten (vgl. Wyss, 1970; Fagès, 1981; Roazen, 1976; Rattner, 1981b; Ellenberger, 1985), die denen Morenos in manchen Punkten sehr nahe kommen. Davon soll hier die Rede sein.

3.1 Ferenczi & Rank

Sandor Ferenczi (1873-1933) gehörte zu Freuds engsten Schülern (vgl. Harmat, 1988a). Ganz anders als Freud hatte Ferenczi aber die Fähigkeit, „dem Patienten auf halbem Wege entgegenzukommen, aus der therapeutischen Beziehung eine echte interpersonale Begegnung zu machen" (Roazen, 1976, S. 353). Aus dieser Haltung heraus hatte er in den Jahren 1919-26 die „Aktive Technik" entwickelt.

Ferenczi drängte Patienten mit einer Angsthysterie, „sich aus dem sicheren Versteck ihrer Phobie herauszuwagen und sich versuchsweise der Situation auszusetzen, die sie ob ihrer Peinlichkeit ängstlich gemieden hatten" (Ferenczi, 1964, S. 66). Durch diese realistische Auseinandersetzung mit traumatischen Szenen, die bald auch durch Rollenspiele nachvollzogen wurden, konnte neues verdrängtes Material zugänglich gemacht werden (vgl. Petzold, 1978, S. 63). Trotz der Warnungen Freuds (vgl. Freud & Ferenczi, 1980) ging Ferenczi auf diesem Weg weiter und entwickelte seine „Verwöhnungs"- oder „Relaxations-Technik", in der er den Wünschen und Regungen seiner Patienten wie eine zärtliche Mutter, soweit als irgend möglich, nachgab (vgl. Dahmer, 1976, S. 184).

Gegenüber Freud betonte Ferenczi generell:

„Die psychoanalytische, ideologiekritische Erinnerungsarbeit ist ... keine bloß kognitive, sondern ein Wiedererleben vergangener, unbewältigter Konflikte in der Halbrealität der psychoanalytischen Situation ... Der Weg zum Erinnern geht durch das gebremste Agieren; die Erkenntnis des Verdrängten (die allein den Wiederholungszwang brechen kann) setzt seine Repetition, seine szenische Objektivierung voraus. Ferenczi spricht darum vom Primat des Erlebens in der Kur, unterstreicht die Realität der psychoanalytischen Beziehung" (Dahmer, 1976, S. 182).

Ferenczi betont das Wiedererleben in der Gegenwart. Der Arzt werde dem Patienten „Hilfs-Ich" (S. 183).

Diese Art der Psychoanalyse war Freud so unheimlich, daß er Ferenczi später für paranoid hielt (vgl. Roazen, 1976, S. 360). Diese Stigmatisierung hat Jones dann in die Öffentlichkeit getragen (vgl. Fromm, 1961).

Moreno dagegen sah im Psychodrama die Lösung dieses Problems:

„The famous conflict between Freud and Ferenczi touches on this fundamental question. It is a good illustration of the differences between the psychoanalytic and the psychodramatic techniques. In the years of 1930 to 1931 Ferenczi had been changing his technique toward patients by acting the part of a loving parent. When Freud heard of it, he wrote Ferenczi in a letter of December 13th, 1931, ‚You have not made a secret of the fact that you kiss your patients and let them kiss you ... We have hitherto in our technique held to the conclusion that patients are to be refused erotic gratifications.' Freud had no alternative to offer his old friend and former analysand. Had he been acquainted with the psychodramatic method which was used in the Viennese Stegreiftheater since 1923, he would have had an alternative to offer. He might have written him, ‚If you believe that your patient needs love, the affection of a genuin father or mother, let another person who is a especially trained and equipped for this task, take the part and act it out with a patient under your supervision. But you yourself keep out of it. You will then prevent the accusation of getting some sexual gratification under the cloak of professional service, and of permitting the patient to attain sexual gratification from you" (Moreno, 1975a, S. 232f.).

Indem die Kuß-Szene gespielt wird, können die damit verbundenen Emotionen zugelassen werden, ohne dabei den Verstand zu verlieren (vgl. Scheff, 1983). Das Psychodrama ist genau die Technik, nach der Ferenczi sein Leben lang gesucht hat.

Viele ungarische Psychoanalytiker haben diese Tradition Ferenczis weitergetragen, so Franz Alexander, Alexander Rado, Melanie Klein, René Spitz, Michael Balint, ferner seine Analysanden Clara Thompson und Vladimir Iljine (vgl. Cremerius, 1984, S. 197, Harmatb, 1988).

Mit *Otto Rank* (1884-1939) verband Ferenczi eine tiefe Freundschaft, die auch zu einem gemeinsamen Werk führte: „Entwicklungsziele der Psychoanalyse" von 1924. Beide betonten hier die Bedeutung des emotionalen Wiedererlebens im Hier und Jetzt für den Heilungsvorgang. Rank kritisierte, daß in der Psychoanalyse häufig geglaubt werde, schon das Erforschen des Unbewußten sei an sich therapeutisch wirksam (vgl. Zottl, 1982, S. 21ff.). Erst nach seiner Trennung von Freud 1926 (vgl. Roazen, 1976, S. 394) wagte es Rank, seine eigenen Ansichten deutlich zu formulieren.

Rank betrachtete die Neurose nicht als Krankheit, sondern als „gescheitertes Kunstwerk."

„Anstatt mißtrauisch auf Widerstände zu lauern, müßte der Therapeut dem Patienten helfen, seinen Willen (seine schöpferischen Kräfte) zu behaupten" (Roazen, 1976, S. 400). Durch Auseinandersetzung mit dem Gegenüber (Wille und Gegenwille) — gerade auch in der Therapie — forme sich der schöpferische Eigenwille als integrative Kraft. Wie bei Moreno zwischen Anziehung und Abstoßung muß der Mensch bei Rank eine Balance zwischen Trennung und Vereinigung herstellen (vgl. Quitmann, 1985, S. 142).

Rank war der Überzeugung, daß es in der Therapie mehr auf eine verständnisvolle Einstellung des Therapeuten ankomme, als auf technische Tricks. In einer solchen Beziehung kann der Wille zur Gestaltung, zur Gesundung aktiv werden, so daß die Entwicklung und Befreiung Werk des Patienten selbst ist. Diese Orientierung wurde vor allem von Carl Rogers aufgegriffen und weitergeführt (vgl. Quitmann, 1985, S. 145ff.).

3.2 Adler und Jung

Adler (1870-1937) und Jung (1875-1961) verbindet — trotz aller Unterschiede in ihrer wissenschaftlichen Position —, daß sie sich nicht nur als erste von Freud trennten, sondern auch eigene bedeutende Schulen aufbauten. Mit Adler war auch Wilhelm Stekel gegangen, der sich wie Ferenczi und Adler für eine „aktive Psychoanalyse" einsetzte (vgl. Rattner, 1981).

Als Moreno Gemeindearzt in Bad Vöslau war, arbeitete er mit *Alfred Adler* zusammen.

Seine Wiener Zeitschrift „Der Neue Daimon" bzw. „Die Gefährten" gab er jetzt in einem Genossenschaftsverlag heraus, an dem Adler beteiligt war. Angekündigte Artikel von ihm (z.B. im 2. oder 6. Heft der Gefährten) erschienen jedoch nie; es wurde aber für Adlers Neuerscheinungen geworben. Adler schickte auch eine Reihe von Patienten zu Moreno mit der Empfehlung: „If I could do what he does, I would call myself a genius" (Z. Moreno, 1976, S. 132).

Adler und Moreno werden sich daher schon in ihrer gemeinsamen Wiener Zeit beeinflußt haben. Die Übereinstimmungen in Theorie und Praxis sind enorm, können hier aber nur kurz gestreift werden (zu Adler vgl.: Rattner, 1972; Sperber, 1983; Roazen, 1976, S. 181-226; Ellenberger, 1985, S. 766-878; Jacoby, 1983; Bruder-Bezzel, 1983; Horster, 1984). Moreno selbst hat eher die Differenzen hervorgehoben (vgl. Moreno, 1981, S. 149f.; 1978b, S. 103; Z. Moreno, 1966, S. 82).

Beide Theorien gehen von einem philosophischen Optimismus aus (vgl. Ellenberger, 1985, S. 846): Der Mensch will aktiv werden, um seine gehemmten schöpferischen Kräfte zu befreien und so aus dieser „Unterlegenheitsposition" zu einem autonomen, freien Menschen in der Gemeinschaft zu werden (vgl. Ellenberger, 1985, S. 820). Adler und Moreno berücksichtigen in diesem „Emanzipationsprozeß" mehr die interpersonalen Beziehungen als die biologischen Faktoren, mehr die gegenwärtige psychosoziale Lage als frühere Erfahrungen (vgl. Ansbacher, 1955, S. 179).

Adler legte wie Moreno Wert auf eine egalitäre, offene Beziehung in der Therapie (vgl. Ellenberger, 1985, S. 835); er hielt einen guten Kontakt zwischen Therapeut und Klient für entscheidend für den therapeutischen Erfolg (vgl. Ansbacher, 1955, S. 180). Übertragung war für ihn nur Teil des Gemeinschaftsgefühls, wie für Moreno Teil des Tele (vgl. Ansbacher, 1955, S. 180). Ihm ging es um Ermutigung zum eigenverantwortlichen Handeln (vgl. Ellenberger, 1985, S. 840). Kennzeichnend für ein gut geführtes therapeutisches Gespräch war: Gleichwertigkeit der Gesprächspartner, Echtheit bzw. Selbstkongruenz, Empathie, Anregung zur Aktivität, aktives Zuhören und Sinnverstehen, Aufdecken unbewußter Zusammenhänge, Arbeit im „Hier und Jetzt", Problembezogenheit, positive Wertschätzung (vgl. Antoch, zitiert in Horster, 1984, S. 95f.).

Dabei richteten sich Adlers Aktivitäten wie bei Moreno nicht nur auf psychotherapeutische und psychiatrische Probleme, sondern auch auf pädagogische und soziale. Adler wollte wie Moreno das alltägliche Leben eines jeden verändern, so daß eine neue Gesellschaft von freien, kooperativen Menschen entstehen könnte (vgl. Sperber, 1983, S. 121). Beide Ansätze sind final (vgl. Jacoby, 1983, S. 37ff.) und ganzheitlich (vgl. Jacoby, 1983, S. 36) ausgerichtet. Dieses ganzheitliche Denken steht bei Moreno so auch bei Adler in der Tradition der Lebensphilosophie (vgl. Bruder-Bezzel, 1983, S. 128). Der Mensch wird auch bei Adler als kosmisches Wesen betrachtet. Wie das Tele ist „das Gemeinschaftsgefühl ... ein Abbild der allgemeinen Interdependenz des Kosmos, die in uns lebt, von der wir uns nicht vollständig ablösen können; sie verleiht uns die Fähigkeit, uns einzufühlen, d.h.

anderen Wesen gegenüber Empathie zu empfinden" (Ellenberger, 1985, S. 821). Der Telebegriff umfaßt analog zum Gemeinschaftsbegriff soziale Bindungen, kreative Tätigkeiten und eine ethische Funktion (bei Moreno: Einladung zu einer Begegnung). Moreno und Adler gehen sowohl beim einzelnen, wie bei der Menschheit insgesamt, wie im gesamten Universum, vom Prinzip der spontanen Strukturierung der Teile innerhalb eines Ganzen aus. Umwelt, Mitwelt und Einzelner stehen in ständigem Austausch (vgl. Ellenberger, 1985, S. 821f.). Durch seine Methoden will Adler wie Moreno die Kooperationsfähigkeit der Menschen steigern (vgl. Ansbacher, 1955, S. 180). Behindert wird diese gegenseitige Unterstützung durch den Charakter, den Lebensstil, der stark durch die Position in einem Beziehungsgeflecht bestimmt wird. Diese „Positionspsychologie" Adlers entspricht der Soziometrie Morenos, seine Charakterlehre (vgl. Jacoby, 1983, S. 53ff.) dem Konzept der verinnerlichten Rollenmuster. Der starke Sexualtrieb, von dem Freud noch so fasziniert war, war zu Adlers wie Morenos Zeiten nicht mehr das beherrschende Tabu-Thema (vgl. Bruder-Bezzel, 1983, S. 39ff.). Es fand daher in ihren Konzepten nicht mehr so viel Beachtung.

Die heutige Individualpsychologie (vgl. Seidel, 1987) steht dem Psychodrama relativ offen gegenüber (vgl. Petzold, 1980, S. 208) und verwendet häufig psychodramatische Techniken (vgl. Essen, 1979).

Während die soziale Dimension der Individualpsychologie der Anknüpfungspunkt für Morenos Theorie ist, ist es bei *C.G. Jung* die spirituelle Dimension seines Denkens (vgl. Jaffé, 1967; Wyss, 1970, S. 231-263, 394-405; Roazen, 1976, S. 227-293; Ellenberger, 1985, S. 879-955; Wehr, 1988).

Für Jung wie für Moreno heißt Leben Bewegung (vgl. Jung, 1976, S. 521). Die Libido faßt Jung als Lebensenergie (vgl. Jung, 1973, S. 218), als „kosmisches Schöpferprinzip" (Jung, 1976, S. 218). Eine Stauung der Libido führt dann — wie bei Moreno eine Hemmung der ursprünglichen Kreativität — zu einem Zustand, in dem diese gestaute Energie im Symptom gebunden wird. Psychotherapie ist dann für Jung wie für Moreno ein Verfahren, diese Stauungen aufzulösen (vgl. Jung, 1984, S. 1). In der Begegnung zwischen Arzt und Patient komme die Heilung zustande. Der Arzt selbst sei der entscheidende Heilfaktor (vgl. Jung, 1984, S. 80). Wie Moreno und Adler setzte er nicht auf Übertragung und Widerstandsanalyse.

Während Jung die Bilder in der Tiefe („Archetypen") als allen Menschen gemeinsam betrachtet („kollektives Unbewußtes"), bindet Moreno die Inhalte des gemeinsamen Unbewußten an die konkreten Interaktionspartner. Es ist für ihn gesellschaftlich bestimmt (vgl. Z. Moreno, 1960, S. 116). Für Moreno ist der Zugang zur eigenen Kreativität der Zugang zur Kreativität des Kosmos, ja der göttlichen Schöpferkraft. Gott ist für ihn unvorstellbar, eher eine unerschöpfliche Kraft.

Jung gewinnt im kollektiven Unbewußten Zugänge zu Gottesbildern, zu psychologischen Vorstellungen von Gott. Er befaßt sich ausdrücklich mit diesen Bildern, nicht mit der dahinter möglicherweise stehenden göttlichen Realität. Wenn Jung auch den neurotischen Menschen als erkranktes soziales Beziehungssystem betrachtete (vgl. Jung, 1984, S. 25), so fehlte seiner Theorie doch die systematische Orientierung auf die Zwischenmenschlichkeit (vgl. Evers, 1987, S. 93). Jungs Interesse war auf die Innenwelt des Individuums gerichtet. Nur von daher sind seine Äußerungen bezüglich der politischen Entwicklung in Europa zu verstehen, die aus heutiger Sicht zweifellos einer politischen Fehleinschätzung des Nationalsozialismus Vorschub leisteten (vgl. Evers, 1987, S. 129ff.).

Wenn Freud ein Naturwissenschaftler war, Moreno ein Sozialwissenschaftler, dann war Jung ein Geisteswissenschaftler. Das Versenken in mythische Bilder ist bei ihm dominant; er überbetont damit eine Seite, die auch für Freud wie Moreno wichtig war. Er ist sich mit Moreno und Adler einig, eine Synthese, eine ganzheitliche Zusammenschau und weniger eine Analyse wie Freud zu konzipieren. Moreno und Jung sahen im Unbewußten auch die schöpferischen Kräfte und weniger die destruktiven, die der späte Freud hervorhob. Jung glaubte wie Moreno an die Kraft der Phantasie, die Kraft des Spiels (vgl. Roazen, 1976, S. 268). Wie für Adler und Moreno war für Jung die Psyche ein ganzheitliches, sich selbst regulierendes System (S. 268).

Die heutige analytische Psychologie versucht durchaus, Jungsche Konzepte mit dem Psychodrama zu verbinden (vgl. Petzold, 1980, S. 287f.; Henne, 1979).

3.3 Reich und Gross

Im „Roten Wien" nach 1918 waren viele Psychoanalytiker wie Alfred Adler vom „Austromarxismus" der SPÖ beeinflußt, manche schlossen sich dem Kommunismus an, manche waren stark von anarchistischem Gedankengut durchdrungen.

In diesen Kreisen wurde der Materialismus Freuds von einigen auf die Spitze getrieben, so von Wilhelm Reich, aber auch von Siegfried Bernfeld (vgl. Gubrich-Simitis, 1988). Auf der anderen Seite war für diese Analytiker klar, daß die Entstehung von Neurosen stark gesellschaftlich bedingt war (vgl. Dahmer, 1973, S. 255ff.). So hat Bernfeld (1892 - 1953) den „Gesichtspunkt des ‚sozialen Ortes'" eingeführt, um die soziale Realität in ihrer Bedeutung für Neurose, Verwahrlosung und Pädagogik genauer fassen zu können (vgl. Bernfeld, 1969, S. 198ff.). Bernfeld trat aber auch in seinen Schul- und Kinderheim-Experimenten für Selbstbestimmung und Selbstorganisation der Kinder ein (vgl. Bernfeld, 1969, S. 84ff.). Otto Fenichel bewunderte die autonome Selbstverwaltung der Arbeitskolonie Bolschewo nahe Moskau (vgl. Fenichel, 1972, S. 59ff.).

Diese Kombination von Biologismus, Psychoanalyse, Marxismus und Anarchismus fand in *Wilhelm Reich* (1897 - 1957) seinen bekanntesten Vertreter. Obwohl seine Theorien wie seine Praxen im Verlauf seines Lebens erhebliche Wandlungen durchmachten, so verblieben sie doch innerhalb dieses Koordinatensystems (vgl. Rycroft, 1972; Burian, 1972; Raknes, 1973; Ollendorff Reich, 1975; Mitchell, 1976, S. 165ff.; Boadella, 1981; Laska, 1981; Konitzer, 1987).

Wie Moreno stark von Bergson und Nietzsche geprägt, wollte Reich die Frage beantworten: „Was ist Leben?" Die Freudsche Libido war ihm bald eben diese Lebensenergie, die er später in der Orgonomie experimentell zu analysieren suchte (vgl. Raknes, 1973). Diese Energie werde aber wie Morenos Kreativität in unserer Gesellschaft (später sagt er seit ewigen Zeiten) am freien Strömen gehindert. Dieser Stau manifestiere sich in Körper- und Charakterpanzerungen; Moreno faßt sie als Rollenkonserven. Reich plädiert nun wie Moreno für das Ausagieren, Ausleben dieser Kräfte und nicht wie Freud für deren Sublimierung. Dazu entwickelt er seine aktive Technik, die die Panzerungen attakiert. Dabei verläßt Reich die kühle Distanz des Analytikers und tritt den Patienten offen und authentisch gegenüber (vgl. Laska, 1981, S. 47). Er will — in den Worten Morenos — die Spontaneität aus den psychosomatischen Rollenkonserven befreien.

Die dahinterstehende Philosophie ist — wie bei Moreno — stark von anarchistischen Ideen geprägt (vgl. Laska, 1981, S. 65; F. Jung, 1981, S. 867ff.). Entsprechend sieht er die traditionellen Vergesellschaftungsformen, wie Familie, Schule, Staat als Zwangsinstitutionen an, die beseitigt werden müßten.

Er vertritt als Form freiheitlicher Vergesellschaftung die Arbeitsdemokratie, in der Liebe, Arbeit und Wissen den Lebensfunktionen entsprechend rational geregelt seien (vgl. Konitzer, 1987, S. 67f.). Dieses utopische, psychosomatisch fundierte Konzept einer freien Gesellschaftsordnung (vgl. Laska, 1981, S. 84) könne nur von Menschen umgesetzt werden, deren Entwicklung schon in der Kindheit vom Prinzip der sozialen Selbstregulierung bestimmt worden sei (vgl. Laska, 1981, S. 75). Diese „Kinder der Zukunft" sah er im Projekt seines Freundes Alexander Neill in Summerhill heranwachsen. Moreno hat in seinem Entwurf einer therapeutischen Weltordnung ähnliche Vorstellungen entwickelt (→ Buer, Anarchismus). Später jedoch resigniert Reich in diesem Kampf und führt — ähnlich wie Freud den Todestrieb — die negative Energie, DOR, ein (vgl. Konitzer, 1987, S. 82).

Wie Moreno in dem kosmischen Prozeß von Anziehung und Abstoßung das Grundprinzip allen Lebens gefunden zu haben glaubt, so sieht Reich dieses Prinzip als Pulsation von Kontraktion und Expansion, von Stabilität und Instabilität, von Selbstorganisation und Zerfall der Materie (vgl. Konitzer, 1987, S. 43; Laska, 1981, S. 93). Während Reich diesen Lebensfluß in der lebenden Materie selbst verfolgt, untersucht Moreno ihn in den zwischenmenschlichen Beziehungen.

Ob Moreno Reich jemals zur Kenntnis genommen hat, ist uns unbekannt. Schon in seiner Wiener Zeit 1918-1930 hat Reich jedenfalls durch sein politisches Engagement und sein unkonventionelles Verhalten Furore gemacht. Ähnliches gilt für den Psychiater Otto Gross, von dem Moreno über den gemeinsamen Bekannten Franz Werfel gehört haben könnte.

Otto Gross (1877-1920) hatte die Psychoanalyse durch Lektüre von Freuds Schriften kennengelernt, hatte dann bei Freud gearbeitet und 1908 bei C.G. Jung im Rahmen einer Entziehungskur eine Analyse gemacht, der er sich durch Flucht entzog (vgl. Hurwitz, 1988). Gross lebte etwa ab 1907 als anarchistischer Bohemien, war kokainabhängig und praktizierte — radikaler und offener noch als Reich — die freie Liebe. Gross gehörte zum Kreis um Erich Mühsam und Franz Jung, dessen theoretisches Werk er stark beeinflußt hat.

Früher noch als Reich hat er in seinen Schriften die gesellschaftlichen Zwänge als pathogene Ursachen betont. Deren Analyse betrachtete er aber nicht wie Reich als Natur-, sondern wie Moreno als Sozialwissenschaft (vgl. Hurwitz, 1988, S. 78). Der soziale Konflikt sei entscheidend, nicht der sexuelle, der Konflikt zwischen dem „Eigenen und dem Fremden", zwischen soziometrischen Beziehungswünschen und formaler Gesellschaft, wie Moreno sagen würde. In „Beziehungsstörungen" sah er die letzte Ursache aller psychischen Probleme (vgl. Hurwitz, 1988, S. 85). Sexualität sei immer weniger ein Trieb, als ein Streben nach Kontakt (vgl. Hurwitz, 1988, S. 265), wie bei Moreno ein Aspekt des Tele. Er wollte die „liebende und revolutionäre Urkraft" im Menschen fördern im „Kampf mit dem Milieu, der in kalter Einsamkeit des Kindes innerhalb der Autoritätsfamilie begonnen, zum Kampf des Seienden und Lebenden mit der entsetzlichen Gewalt des Maschinellen ringsum emporwächst — des Maschinellen als Grundprinzip in aller Ordnung, wie sie jetzt besteht" (Gross, zitiert in Hurwitz, 1988, S. 257). Ähnliche Gedanken formuliert Moreno, wenn er schon 1918 die spontane Begegnung gegen die Buchkonserve setzt und später den kreativen Menschen gegen die technologischen, kulturellen und sozialen Konserven.

Gross plante, nach dem ersten Weltkrieg mit Max Brod eine Zeitschrift herauszubringen, in der kulturelle und ethische Probleme der Zeit erhellt werden sollten. Die Zeitschrift sollte heißen: „Daimon" (vgl. Hurwitz, 1988, S. 130).

4. Die amerikanische Psychoanalyse und Moreno

Als Moreno 1925 nach New York kam, war die Popularität der Psychoanalyse in den USA auf ihrem Höhepunkt angelangt (vgl. May, 1976, S. 1229). Angesehene Psychiater wie Adolf Meyer und William Alanson White unterstützten sie; beide sollten später auch entscheidende Förderer Morenos werden. 1931 legte sich Moreno auf dem Kongreß der American Psychiatric Association in Toronto mit Abraham Brill an, der damaligen beherrschenden Figur in der Psychoanalyse-Szene (vgl. Roazen, 1976, S. 368ff.).

In der Diskussion über Brills Vortrag „Abraham Lincoln as a Humorist", in dem er Lincoln eine schizoid-manische Persönlichkeit bescheinigte, wirft Moreno ihm vor, er habe einen Toten ohne dessen Einwilligung analysiert. Da hier eine Übertragung als zentrales Medium psychoanalytischer Erkenntnis wohl nicht zustande gekommen sei, habe es sich wohl eher um eine Analyse seiner eigenen Person gehandelt (vgl. Moreno, 1978a, S. XLIIIff.). Indem Moreno ihn in der Diskussion mit dieser überraschenden Kritik konfrontiert, unterzog er ihn einem psychodramatischen Test, der Gegen-Spontaneität verlangte. In dieser direkten Begegnung versteht Moreno Brills Analyse Lincolns als Kampf des kleinen Immigranten Abraham Brill gegen den amerikanischen Helden Abraham Lincoln. Aber er sei sich des Sieges nicht sicher gewesen. Deshalb habe er unbewußt Moreno als Diskutand gewählt, dessen Psychoanalyse-Kritik ihm seit seinem Aufenthalt in Wien bekannt gewesen sein mußte. Moreno nutzte diese Einladung, weil er sein Psychodrama als Antithese zur Psychoanalyse demonstrieren und weil er Lincoln als Genie verteidigen wollte. Moreno übernahm die Rolle Lincolns gegen Brill — und stellte damit das Psychodrama über die Psychoanalyse.

War die Psychoanalyse in den USA in ihren Anfängen in Theorie und Praxis eher liberal eingestellt, so formierte sich in den 30er Jahren die Orthodoxie mit der Etablierung der klassischen Couch-Technik, theoretisch u.a. mit der Ausformulierung der Ich-Psychologie (vgl. Drews und Brecht, 1975, S. 151ff.) und berufspolitisch mit der Zulassung nur für Ärzte. Die liberalen Traditionen fanden ihren Ausdruck eher in den vielen Abspaltungsbewegungen.

Moreno arbeitete mit diesen Gruppierungen zusammen, so mit Franz Alexander (vgl. Moreno, 1973, S. 122; 1975, S. 124f.), Frieda Fromm-Reichmann (vgl. Moreno, 1975, S. 17) oder Martin Grotjahn (vgl. Moreno, 1975, S. 32). Auf andere bezieht er sich gelegentlich, wie Karl Menninger (vgl. Moreno, 1981, S. 249), Lawrence S. Kubie (vgl. Moreno, 1981, S. 249) oder H.S. Sullivan (vgl. Moreno, 1981, S. 270; Z. Moreno, 1966, S. 86f.).

Die Revision der Psychoanalyse in Theorie und Praxis in den USA hat sicher etwas mit der Anpassungsbereitschaft der Analytiker (vgl. Adorno, 1980; Marcuse, 1980) zu tun und mit dem bei vielen anzutreffenden unverbesserlichen therapeutischen Optimismus (vgl. May, 1976, S. 1220), aber auch mit der Veränderung der realen Lage der Subjekte seit Freuds Zeiten (vgl. Buer, 1978, S. 148ff.). Marcuse spricht von einem Veralten der psychoanalytischen Begriffe (1968), weil das bürgerliche Individuum, wie es Freud noch in seiner Strukturhypothese skizziert hatte, sich zunehmend auflöse und direkt von außen gesteuert werde. Daher — so ist zu folgern — war es nur adäquat, die Annahme der Innendynamik durch die Annahme einer Außendynamik zu ersetzen: die interpersonalen Beziehungen werden bei allen „Revisionisten" (vgl. Wiegand, 1973) wie in der neu formulierten Objektbeziehungslehre (Jappe & Nedelmann, 1980) das vorherrschende Thema.

Indem Moreno seinen Begegnungsbegriff aus den Frühschriften als deutsche Übersetzung von „interpersonal relation" ausgibt (vgl. Nehnevajsa, 1960, S. 712f.), beansprucht er, daß die modernen

Versionen dieses Konzeptes, etwa von Sullivan, Horney oder Fromm, eben von seinen früheren Formulierungen beeinflußt seien. Mit Fromm verbindet ihn aber noch etwas anderes. Und das ist dessen Kritik des „robotism" in „Wege aus einer kranken Gesellschaft" und dessen Utopie eines „humanistic Communitarian Socialism" (vgl. Moreno, 1957, S. 5).

Ohne daß Moreno und *Fromm* (1900-1980) sich direkt beinflußt hätten, kann man doch sagen, daß in beider Habitus und Werk frappierende Ähnlichkeiten anzutreffen sind.

Wenn Fromm auch die Bedeutung der Gruppe und der Gruppentherapie nicht erkannte (vgl. Fromm, 1970c, S. 197), so stand doch die Vermittlung von Individuum und Gesellschaft im individuellen wie im sozialen Charakter und den damit verbundenen Beziehungsmodi im Assimilierungs- und Sozialisationsprozeß im Zentrum seines Interesses (vgl. Funk, 1983, S. 70ff.). Als Soziologe hat er sich schon in den 30er Jahren um die Konzeptualisierung und Durchführung einer interpretativen Sozialforschung verdient gemacht (vgl. Bonß, 1983), ohne damit schon das Niveau der soziometrischen Aktionsforschung erreicht zu haben. Gerade weil ihm die medizinisch-naturwissenschaftliche Orientierung fehlt, konnte er wie Moreno die Gesamtgesellschaft in den Blick nehmen. Er kommt dabei zu einer ganz ähnlichen Kritik entfremdeter Verhältnisse, insbesondere einer technischen Überfremdung wie Moreno (vgl. Fromm, 1981a). Als utopische Perspektive vertritt er einen „kommunitären Sozialismus" (vgl. Fromm, 1981b), in dem wie in Morenos „therapeutischer Weltordnung" das Zusammenleben und -arbeiten gemeinsam dezentral in überschaubaren Gemeinschaften geregelt werden soll (vgl. auch Zilbersheid, 1986). Der Marxismus ist ihm dabei Vermittlungsform zwischen diesen utopischen Zukunftsvisionen mit anarchistischem Akzent (vgl. Fromm, 1981b, S. 266, 306) und einer strengen Gesellschaftskritik. Deutlicher als Moreno fühlt er sich dabei den humanistischen Traditionen der Aufklärung verpflichtet, ohne jedoch gerade auch mystische und religionsphilosophische Traditionen der Philosphiegeschichte (wie Meister Eckard, Spinoza) zu vernachlässigen (vgl. Fromm, 1983a).

Gerade seine jüdische Herkunft hat Fromm eine kritische Position zum Christentum einnehmen lassen (vgl. Fromm, 1983b) und auf die Suche nach einer humanistischen, nicht-theistischen Religion geschickt (vgl. Fromm, 1982; 1984). Die religiöse Dimension seines Denkens — im Gegensatz zu Marx und Freud — verbindet ihn mit Moreno, der wie Fromm (vgl. 1971) auch fernöstliche Religionen in seine Philosophie zu integrieren suchte (→ Schacht).

5. Ausblick: Psychoanalyse und Psychodrama in Kooperation?

Wenn wir die heutige Psychoanalyse-Szene betrachten, dann fällt auf, daß inzwischen vielen Differenzen, die Moreno noch gesehen hat, der Boden entzogen wurde.

So wird etwa das Spiel, dem ja in der analytischen Kindertherapie immer schon eine große Bedeutung beigemessen wurde (vgl. Moreno, 1978a, S. XXVIII), heute auch in seiner Relevanz für das Erwachsenenleben gesehen (etwa bei Winnicott, 1971). Im Zusammenhang damit wird die Kreativität nicht mehr neurotischer Wurzeln bezichtigt, sondern durchaus als autonome Kraft betrachtet (etwa bei Kubie, 1966). Horst Eberhard Richter hat in seiner Analyse von Familien den Rollenbegriff eingeführt, ohne allerdings in irgendeiner Weise auf Moreno Bezug zu nehmen (vgl. Richter, 1969; 1974).

Vor allem *Helm Stierlin* (vgl. Gödde, 1981) hat den Begriff der „menschlichen Beziehung" in den Mittelpunkt seiner psychoanalytischen Theorie und Praxis gestellt. In „Das Tun des Einen ist das Tun des Anderen. Eine Dynamik menschlicher Beziehungen" (1978) geht er davon aus, daß schon Bleuler zunächst die Symptome in die Nähe einer Beziehungsstörung rückte, diese aber hinter Symptomen und Störungen der Patienten wieder versteckte (vgl. Stierlin, 1978, S. 15). Den Versuch einer rein naturwissenschaftlichen Beschreibung dieser Beziehungsebene sieht Stierlin als gescheitert an:

„Die Beziehung des distanzierten, naturwissenschaftlich orientierten psychiatrischen Beobachters zu seinen Patienten ist eine vergleichsweise armselige und unnatürliche Beziehung ... Die Diagnosen und Theorien, die auf dem Boden einer solchen Beziehung entstehen, sind eigenartige Kunstgebilde. Anstatt daß sich in ihnen ein dynamisches Gesehen mitteilt, gaukeln sie isolierbare statische Eigenschaften bzw. Symptome des Patienten vor. Es läßt sich schwer ein wissenschaftliches Gebilde vorstellen, das schwächere Prämissen hat" (vgl. Stierlin, 1978, S. 14). Um diese künstlichen Reduktionen zu vermeiden, arbeitet er den Aspekt der Spaltung in der klassischen Analyse heraus. Sein Weg führt über die Dialektik, geschult an Hegel und Heidegger, zur Aufhebung der Spaltung zwischen Subjekt und Objekt, zwischen Individuum und Gesellschaft, und mündet in seinem Konzept der Versöhnung. Damit ist eine Öffnung von der rein intrapsychischen zur interpersonalen Beziehungshaftigkeit geschaffen. Stierlins Auseinandersetzung mit dem Existenzialismus führt ihn aus der analytischen Laborsituation heraus zu der Frage, wie der Mensch in seiner Sinnhaftigkeit zu verstehen ist. Erst indem es Stierlin gelang, den Menschen durch die Brille der Heideggerschen Philosophie zu sehen, gewannen die Aspekte der Zeit und der Stellung des Menschen in der Welt für ihn neue Dimensionen. Der Aspekt der Begegnung des Menschen rückt in seine Betrachtung, wenngleich er anmerkt, daß damit „eine Vernachlässigung der gewissenhaften Durchleuchtung des sozialen und zwischenmenschlichen Feldes in der Psychotherapie einherzugehen scheint" (Stierlin, 1975, S. 34). „Insbesondere scheint das dynamische Spiel von Übertragung und Gegenübertragung wenig Interesse zu finden" (Stierlin, 1975, S. 39).

Er sieht in dem Ringen der unterschiedlichen Schulen um eine neue Begrifflichkeit den Versuch, der dynamischen Beziehungshaftigkeit des Menschen gerecht zu werden. Andererseits fürchtet er eine sprachliche Entdifferenzierung, „die sich am einschneidendsten auswirkt, wenn wir diese Begriffe dazu verwenden, klinische Phänomene und den Prozeß der Psychotherapie selbst zu erhellen" (Stierlin, 1975, S. 31). Es ist für ihn eine Entdifferenzierung aus einem Reichtum an Begrifflichkeit heraus.

Indem Stierlin diese Wechselbeziehung zwischen Individuum und Sozietät in den Vordergrund stellt, und sie aus einem dialektischen Verständnis heraus begreift, entwickelt er ein therapeutisches Konzept, das auf die Auflösung der Spaltungen abzielt, indem z.B. unter anderem unbewußte Delegationen in der Familie bewußt gemacht werden und das Individuum zur Versöhnung in der Familie führen soll. Aus einer Kritik einer bisherigen Rollentheorie, die er als zu statisch ansieht, erarbeitet er ein Sendungs-Konzept (Delegation), um der Dynamik zwischen den Rollen gerecht werden zu können (vgl. Stierlin, 1978, S. 11ff.).

Begriffe wie „transfamiliäre Übertragung" (Stierlin, 1978, S. 62) und seine Bezeichnung der Interaktionsmodi „Bindung" und „Ausstoßung" (Stierlin, 1978, S. 68), machen einerseits die Herkunft aus der klassischen Analyse deutlich, zeigen aber auch eine wesentliche Erweiterung auf. Nicht erst an dieser Stelle ist die Nähe zu Morenos Ideen deutlich. Stierlins Auseinandersetzung mit dem Existenzialismus und speziell mit Heideggers „Sein und Zeit" ist auch eine indirekte Begegnung mit dem Gedankengut Henri Bergsons, da sich Heidegger, zunächst u.a. diesem in seinem Zeitbegriff zustimmend, dann sich distanzierend auseinandersetzte.

Der philosophische Hintergrund des Stierlinschen Konzeptes legt also mehr eine Nähe zu Morenos Gedankenwelt nahe als die zu Freuds positivistisch-mechanistischem Wissenschaftsverständnis, zumindest in den angesprochenen Punkten. Indem Stierlin die menschliche Begegnung in der Analyse als ungenügend durch die Begriffe der Übertragung und

Gegenübertragung umschrieben betrachtet, ist ein umfassenderes Konzept notwendig. Dieses sieht er u.a. im Konzept der „Tragung" bei L. Binswanger (Stierlin, 1975, S. 28), läßt aber auch wieder an das Tele-Konzept von Moreno denken, der die Künstlichkeit der Freudschen Begriffe in seinem Konzept aufhob.

Weitere wichtige psychoanalytische Konzepte, die eine Nähe zu Morenos Ansatz deutlich machen, hat *Thea Bauriedl* entwickelt. Sie versteht wie Stierlin die Psychoanalyse ebenfalls als einen dialektischen Prozeß. Für sie sind die zwei analytischen Begriffe „Abwehr" und „Ambivalenz" geeignet, ein dialektisches Persönlichkeitsmodell zu entwickeln (Bauriedl, 1983, S. 28). Sie hält es dann für notwendig, diese Begriffe auf den pathologischen Bereich hinaus auszudehnen. „Es handelt sich im Prinzip dabei stets um einen dialektischen Prozeß zwischen Ich und Nicht-Ich, zwischen innerer und äußerer Situation" (Bauriedl, 1983, S. 28f.).

Und damit ist dieser Prozeß auch eine Auseinandersetzung mit Normen in einer jeweils bestimmten Struktur innerhalb eines Beziehungsfeldes (vgl. Bauriedl, 1983, S. 29). So begreift Bauriedl die Abwehr als Normbildung, die als nichtpathologisch anzusehen ist (vgl. Bauriedl, 1983, S. 35), und die Ambivalenz als das Nicht-Entscheiden von Beziehungsnormen bei unterschiedlichen Freiheitsgraden (vgl. Bauriedl, 1983, S. 38ff.). Für sie stellt sich das Leben und die individuelle Entwicklung als ein „fortwährender Prozeß von Normüberschreitungen dar" (Bauriedl, 1983, S. 33). Bei dieser Definition der Entwicklung gerät die Psychoanalyse zur Beziehungsanalyse.

„Die interaktionellen Vorgänge der analytischen Beziehung und die therapeutische Veränderung des Patienten haben von diesem Blickwinkel aus viel mehr damit zu tun, was in der Beziehung zwischen Analytiker und Analysand Bedeutung gewinnt, als damit, was der Analytiker dem Analysand deutet" (Bauriedl, 1983, S. 54).

In ihrem Buch „Die Wiederkehr des Verdrängten" (1986) versucht Bauriedl die Trennung zwischen Psychoanalyse und Politik aufzulösen.

Sie entwickelt die Analogie zwischen der psychischen Krankheit des Individuums und der der Gesellschaft. Beide werden von Strukturen bestimmt, deren Auswirkungen wir uns nicht bewußt sind. „Nur in dem Maße, wie die Psychoanalyse die eigene Befreiung aus struktureller Gewalt und struktureller Verantwortlichkeit gelingt, wird sie politisch bedeutsam sein oder werden können" (Bauriedl, 1986, S. 15). Diese Erweiterung ihres Ansatzes setzt aber immer wieder an der Beziehungshaftigkeit des Einzelnen und der gesellschaftlichen Gruppen an. Bauriedl fragt sich, „warum die Psychoanalytiker selbst das in ihrer eigenen Wissenschaft enthaltene revolutionäre, und das heißt in meinem Verständnis: Beziehung heilende Potential, so wenig nützen. Hier sind meiner Meinung nach dieselben Mechanismen am Werk wie in der übrigen Gesellschaft auch. Es werden mehr oder weniger bewußt ‚Realitäten' vereinbart, die als unausweichlich gelten, und es werden dementsprechend zum Teil aggressive Strategien resignierend als einzig möglicher Umgang von Mensch mit Menschen angesehen." (Bauriedl, 1986, S. 22).

Die zu analysierenden festen, anscheinend unabdingbaren Strukturen „können als Produkte von kollektiver Verdrängung verstanden werden" (Bauriedl, 1986, S. 55). Damit wird wieder die Auflösung der Spaltung, das Bewußtmachen des Verdrängten zum Mittel der Wahl. Bauriedls Theorie ist weniger eine Traumatheorie, vielmehr eine Konflikttheorie.

„Versteht sich nun der Psychoanalytiker grundsätzlich als einer, der Ideologien dadurch aufhebt, daß er sie als Konfliktlösung zwischen Wünschen und Ängsten bzw. zwischen Wünschen und Sicherheitsbedürfnissen begreift, dann erfüllt er meiner Meinung nach in all seinen Tätigkeitsbereichen eine wichtige emanzipatorische und damit im weitesten Sinn politische Funktion" (Bauriedl, 1986, S. 77).

Die Aufgabe besteht also darin, verdrängte und abgespaltene Konfliktanteile wieder in das Bewußtsein zu heben. Damit steht der Psychoanalytiker nicht mehr abstinent, als Spiegel des Patienten, abseits des Geschehens, sondern er ist ebenfalls Agens. Bauriedl stellt fest: „In der Psychotherapie geht die Erkenntnis der Nichtspaltbarkeit von Subjekt und Objekt damit einher, daß man aufhören kann darauf zu warten, daß endlich der andere die Beziehung verbessert, mit Gewalt und Rüstung aufhört" (Bauriedl, 1986, S. 217; vgl. auch Bauriedl, 1988).

Dieser kurz skizzierte Ansatz bei Bauriedl macht die Öffnung der Psychoanalyse zur Gesellschaft, weg von der individuellen, pathologisierenden Sicht zur Analyse der Gesellschaftsstruktur deutlich. Und hierin besteht unserer Meinung nach die Nähe zu Morenos soziometrischem Konzept.

Diese Politisierung der Psychoanalyse — etwa bei Bauriedl und Richter (1988) — ist heute über die marxistisch inspirierte Psychoanalyse hinausgewachsen. Diese war im Gefolge der Aktualisierung der kritischen Theorie durch die Studentenbewegung vor allem im Umkreis des Sigmund Freud-Instituts in Frankfurt entstanden (Horn, Dahmer, Lorenzer u.a.) und hat sich durchaus auf die frühe Konzeption Mitscherlichs zu einem Freien Sozialismus stützen können (vgl. Schwendter, 1986). Diese Tradition einer „linken Psychoanalyse" ist auch von ihren Anfängen bis 1933 (P. Federn, E. Simmel, S. Bernfeld, W. Reich, E. Fromm, O. Fenichel, W. Hoffer, K. Landauer, R. Sterba, B. Lantos u.a.) von einzelnen Psychoanalytikern weitergetragen worden (P. Parin, J. Caruso, E. Borneman, M. Langer u.a.) und hat heute nach wie vor einen wichtigen Stellenwert.

Wichtiger noch als diese Verküpfungspunkte von Psychoanalyse und Psychodrama in der Gesellschaftskritik und im politischen Engagement sowie in den erwähnten theoretischen Annäherungen erscheinen uns die erkenntnistheoretischen Berührungspunkte.

Lorenzer (1974) sieht im psychoanalytischen Erkenntnisprozeß eine hermeneutische Doppelstrategie. Dadurch, daß der Analytiker die Mitteilungen des Patienten als Szene interpretiert, erhalte er einen Rahmen, in dem er die Brüche und Fragmente in der Erzählung des Patienten vervollständigen könne. Auf der anderen Seite werde er durch die Übertragungsbeziehung in ein „unmittelbares Zusammenspiel" mit dem Patienten gebracht. Lorenzer selbst erkennt an, daß diese doppelte Erkenntnisoperation aus szenischer Interpretation des Erzählten und reflektiertem Mitspielen im Hier und Jetzt nicht an das psychoanalytische Setting gebunden bleiben müsse:

„Keines der Merkmale des psychoanalytischen Settings ist auf Dauer gestellt: Weder die Zweiersituation noch das Autoritätsgefälle einer Ungleichseitigkeit zwischen Analytiker und Analysand, auch nicht das Deutungsprivileg des Analytikers, das mit dem einseitigen Abstinenzgebot für den Analytiker bezahlt wird" (Lorenzer, 1974, S. 314).

Genau dieses Verfahren, das szenische Interpretation und reflektiertes Mitspielen verbindet, ohne an autoritäre Abhängigkeit gebunden zu sein, ist das Psychodrama. Breuer und Ferenczi waren diejenigen, die kurz vor der Entdeckung des Psychodrama standen, wenn Freud sie nicht in seiner Ablehnung von Spiel, Theater, Aktion und Phantasie durch seinen Führungsanspruch ins Abseits gedrängt hätte. Diese Angst vor der Aktion, als „Ausagieren" rationalisiert, ist allerdings nicht nur im politischen Bereich (s.o.), sondern auch im therapeutischen Bereich — so von dem psychoanalytischen Psychodrama in Frankreich — überwunden worden. Auch wird die Phantasie wieder als Erkenntnismittel in der Psychoanalyse betont (vgl. Pohlen & Wittmann, 1980).

Wenn wir an diese psychoanalytischen Traditionslinien, der „Therapie der emotionalen Erfahrung", des gesellschaftspolitischen Engagements und der erkenntnistheoretischen Reflexion, anknüpfen, ist der Weg zu einer Kooperation von Psychoanalyse und Psychodrama nicht mehr weit. Allerdings müßte die Psychoanalyse deutlicher als bisher von manchen philosophischen Positionen Freuds Abschied nehmen. Freud und seine orthodoxen Anhänger sind das Hindernis, nicht die Psychoanalyse! Dann könnte es zu einem wirklich offenen und fundierten Dialog kommen, durch den beide Verfahren ihren Auftrag, um viele Einsichten bereichert, besser nachkommen könnten: Das Leid der Subjekte an den herrschenden gesellschaftlichen Verhältnissen zu mindern und gemeinsam bessere Lebensbedingungen durchzusetzen.

Anmerkungen

1 Diese Liste ist sehr heterogen. Wir haben uns bewußt nicht an die gerade in psychoanalytischen Kreisen rigiden Zitierkartelle gehalten! Angesichts der kaum überschaubaren Literatur zur Psychoanalyse dürfte neben dem Prinzip der Prominenz gerade das Zufallsprinzip eine Auswahl ermöglichen, die treffende Aussagen erlaubt.
2 Theodor Reik zeigte Interesse an Morenos Stegreifbühne in Wien und versprach ihm, Freud dessen Buch über das Stegreiftheater zu zeigen. Als ihn 30 Jahre später ein Student Morenos nach Freuds Reaktion frug, konnte sich Reik nicht mehr erinnern. Moreno (vgl. Moreno et al., 1964, S. 105) hat drei Erklärungen für dieses Vergessen: Entweder hielt Freud Moreno für unbedeutend oder zweitens, er war beeindruckt, Reik verdrängte jedoch die damit verbundene Rivalität oder drittens Freud fühlte sich beunruhigt und verdrängte seinerseits diese Unruhe. Moreno fragt: „Who wants to meet his conqueror before his time is up?" Neben Reik und Alfred Adler soll auch August Aichhorn an manchen Sitzungen in Morenos Stegreiftheater teilgenommen haben (vgl. Yablonski, 1978, S. 242).
3 Freud litt tatsächlich an chronischer Verstopfung (vgl. Roazen, 1976, S. 65). Das Bild von Peter Altenberg von der Obstipation (s. Motto) entspricht also durchaus bestimmten Realitäten.
4 Zwar versuchte Freud immer wieder, seine Metapsychologie als geschlossenes System zu formulieren. De facto enthält die Entwicklung seiner Theorie aber erhebliche Brüche, die auch keineswegs von Freud in seinen späteren Jahren aufgehoben werden konnten; die psychoanalytische Theorie blieb Fragment (vgl. Jahoda, 1985, S. 21). Insofern ist diese Darstellung bis zu einem gewissen Grade Fiktion. Wir beziehen uns auf eine spätere Formulierung, etwa in „Abriß der Psychoanalyse" von 1938.
5 Diese Position steht konträr zu einem Gesundheitswesen, das durch seine Fixierung auf die Krankheit (nur sie ist abrechenbar) die Gesundheit weitgehend vergessen hat.
6 Im übrigen entsprach die Unsicherheit des Analytikers Freud persönlichen Ängsten: „Ich kann mich nicht täglich 8 Stunden lang anstarren lassen". Diese Begründung Freuds berichtet Sachs (1982, S. 119).
7 Im Rahmen dieses Abschnitts können selbstverständlich nicht die Wissenschaftsprobleme von Psychoanalyse und Psychodrama gelöst werden. Der psychoanalytische Diskurs kann aber an einigen Stellen mit dem psychoanalytischen verknüpft werden, um ihm ein neues Niveau zu geben. Dabei geht es an dieser Stelle nur um die originären Ansätze von Freud und Moreno.

Literaturverzeichnis

Adamaszek, R. (1985). Trieb und Subjekt. Das Fatale an der Wissenschaftlichkeit der Psychoanalyse. Bern.
Adorno, Th.W. (1980). Die revidierte Psychoanalyse. In B. Görlich (Hrsg.), Der Stachel Freud. (S. 119-138). Frankfurt/M.

Ansbacher, H.L. (1955). J.L. Moreno's „Transference, Countertransference and Tele" in Relation to certain Formulations by Alfred Adler. Group Psychotherapy, Vol. VIII, No 2, 179-180.
Anzieu, D. (1984). Analytisches Psychodrama mit Kindern und Jugendlichen. Paderborn.
Bally, G. (1961). Einführung in die Psychoanalyse Sigmund Freuds. Reinbek.
Basaglia, F. & Basaglia-Ongano, F. (Hrsg.) (1980). Befriedungsverbrechen. Frankfurt/M.
Basquin, M. et al. (1981). Das Psychodrama als Methode in der Psychoanalyse. Paderborn.
Bauriedl, Th. (1983). Beziehungsanalyse. Frankfurt/M.
— (1986). Die Wiederkehr des Verdrängten. München.
— (1988). Das Leben riskieren. München.
Bernfeld, S. (1969). Antiautoritäre Erziehung und Psychoanalyse. Bd. 1, Frankfurt/M.
Bernfeld, S. & Cassirer Bernfeld, S. (1988). Bausteine der Freud-Biographik. Frankfurt/M.
Binswanger, L. (1947). Freuds Auffassung des Menschen im Lichte der Anthropologie. In Ders., Ausgewählte Vorträge und Aufsätze. Bd. 1, (S. 159-189). Bern.
— (1955). Erfahren, Verstehen, Deuten in der Psychoanalyse. In Ders., Ausgewählte Vorträge und Aufsätze. Bd. 2, (S. 67-80). Bern.
Binswanger, R. (1977). Die Doppelgängertechnik im Psychodrama: Probleme ihrer Anwendung durch den Spielleiter. Int. Ther., 3, 1, 45-48.
— (1980). Widerstand und Übertragung im Psychodrama. Gruppenpsychother. und Gruppendynamik 15, 3/4, 222-242.
Binswanger, R. & Fröhlich, R. (1985). Moreno und die Psychoanalyse. Int. Ther., 11, 1, 39-57.
Blatner, H.A. (1973). Acting-in. Practical Applications of Psychodramatic Methods. New York.
Boadella, D. (1981). Wilhelm Reich. Bern.
Bonß, W. (1983). Kritische Theorie und empirische Sozialforschung. Anmerkungen zu einem Fallbeispiel. In E. Fromm, Arbeiter und Angestellte am Vorabend des Dritten Reiches. (S. 7-46). München.
Brenner, Ch. (1967). Grundzüge der Psychoanalyse. Frankfurt/M.
Bruder-Bezzel, A. (1983). Alfred Adler. Die Entstehungsgeschichte einer Theorie im historischen Milieu Wiens. Göttingen.
Buer, F. (1978). Krisensituation und individuelle Praxis. Zur Grundlegung einer Theorie des konkreten Individuums und ihrer Bedeutung für die Sozialarbeitswissenschaft. Frankfurt/M.
Burian, W. (1972). Psychoanalyse und Marxismus. Eine intellektuelle Biographie Wilhelm Reichs. Frankfurt/M.
Carotenuto, A. (1986). Tagebuch einer heimlichen Symmetrie. Freiburg.
Caruso, I. (1972). Soziale Aspekte der Psychoanalyse. Reinbek.
Castel, R. (1976). Psychoanalyse und gesellschaftliche Macht. Kronberg.
— (1980). Die psychiatrische Ordnung. Frankfurt/M.
Clark, R.W. (1981). Sigmund Freud. Frankfurt/M.
Corsini, R.J. (1956). Freud, Rogers and Moreno. Group Psychotherapy, Vol. IX, No 4, 274-281.
Cremerius, J. (1984). Vom Handwerk des Psychoanalytikers: Das Werkzeug der psychoanalytischen Technik. 2 Bd. Stuttgart.
Dahmer, H. (1973). Libido und Gesellschaft. Studien über Freud und die Freudsche Linke. Frankfurt/M.
— (1976). Sándor Ferenczi — Sein Beitrag zur Psychoanalyse. In D. Eicke (Hrsg.), Freud und die Folgen. Die Psychologie des 20. Jahrhunderts. Bd. II. (S. 167-196). Zürich.
Dollase, R. (1981). Gegenstand, Ziel und Methode der soziometrischen Aktionsforschung. In J.L. Moreno, Soziometrie als experimentelle Methode. (S. 7-14). Paderborn.
Drews, S. & Brecht, K. (1975). Psychoanalytische Ich-Psychologie. Frankfurt/M.
Düe, M. (1988). Freudsche Psychoanalyse im Widerstreit von Romantik und Aufklärung. Luzifer-Amor, 1, 32-48.
Eibach, H. (1980). Der Einsatz des Psychodramas bei Psychosomatikern in bezug auf die Kriterien der analytischen Kurztherapie. Gruppenpsychother. und Gruppendynamik, 15, 3/4, 313-329.
Elias, K. (1980). Psychodrama in Kombination mit analytischer Einzel- und Gruppentherapie in der Klinik. In K.W. Oberborbeck (Hrsg.). Psychodrama 1980. Sozialpsychiatr. Informationen, März, 121-132.
Ellenberger, H.F. (1985). Die Entdeckung des Unbewußten. Geschichte und Entwicklung der dynami-

schen Psychiatrie von den Anfängen bis zu Janet, Freud, Adler und Jung. Zürich.
Essen, S. (1979). Individualpsychologie und Psychodrama. Int. Ther., 5, 1/2, 99-118.
Evers, T. (1987). Mythos und Emanzipation. Eine kritische Annäherung an C.G. Jung. Hamburg.
Fagès, J.-B. (1981). Geschichte der Psychoanalyse nach Freud. Frankfurt/M.
Federn, E. & Nunberg, H. (Hrsg.) (1976-1981). Protokolle der Wiener Psychoanalytischen Vereinigung. Bd. I.-IV. Frankfurt/M.
Fenichel, O. (1972). Psychoanalyse und Gesellschaft. Frankfurt/M.
Ferenczi, S. (1964). Bausteine zur Psychoanalyse. Bd. II.: Praxis. Bern.
Freud, S. (1977-87). Gesammelte Werke. London.
Freud, S. & Ferenczi, S. (1980). Sechs Briefe zur Wechselbeziehung von psychoanalytischer Theorie und Technik. In G. Jappe & C. Nedelmann (Hrsg.), Zur Psychoanalyse der Objektbeziehungen. (S. 139-174). Stuttgart.
Friedemann, A. (1975). Psychodrama und sein Platz in der Psychoanalyse. Gruppendynamik, 6, 2, 92-96.
Fromm, E. (1935). Die gesellschaftliche Bedingtheit der psychoanalytischen Therapie. Zeitschrift für Sozialforschung. Nachdruck 1970, S. 365-397.
— (1961). Sigmund Freuds Sendung. Persönlichkeit, geschichtlicher Standort und Wirkung. Berlin.
— (1970a). Freuds Modell des Menschen und seine gesellschaftlichen Determinanten. In Ders., Analytische Sozialpsychologie und Gesellschaftstheorie. (S 174-192). Frankfurt/M.
— (1970b). Die Krise der Psychoanalyse. In Ders., Analytische Sozialpsychologie und Gesellschaftstheorie. (S. 193-228). Frankfurt/M.
— (1971). Psychoanalyse und Zen-Buddhismus. In Ders., D.T. Suzuki & R. de Martino. Zen-Buddhismus und Psychoanalyse. (S. 101-179). Frankfurt/M.
— (1981a). Die Revolution der Hoffnung. Für eine Humanisierung der Technik. Frankfurt/M.
— (1981b). Wege aus einer kranken Gesellschaft. Frankfurt/M.
— (1982). Psychoanalyse und Religion. München.
— (1983a). Haben oder Sein. Die seelischen Grundlagen einer neuen Gesellschaft. München.
— (1983b). Die Furcht vor der Freiheit. Frankfurt/M.
— (1984a). Sigmund Freuds Psychoanalyse — Größe und Grenzen. München.
— (1984b). Ihr werdet sein wie Gott. Reinbek.
Fürstenau, P. (1979). Zur Theorie psychoanalytischer Praxis. Stuttgart.
Funk, E. (1983). Erich Fromm mit Selbstzeugnissen und Bilddokumenten. Reinbek.
Gerstenberg, W. (1980a). Psychodrama mit Eltern und Kindern in der sozialpsychiatrischen Ambulanz. In K.W. Oberborbeck (Hrsg.). Psychodrama 1980, Sozialpsychiatr. Informationen, März, 62-80.
— (1980b). Besonderheiten im Umgang mit Eltern von psychogen erkrankten Kindern und Jugendlichen unter dem Gesichtspunkt der Psychodrama-Gruppentherapie. Gruppenpsychother. und Gruppendynamik, 15, 307-314.
Glaser, H. (1979). Sigmund Freuds 20. Jahrhundert. Seelenbilder einer Epoche. München.
Gödde, G. (1981). Helm Stierlin. In J. Rattner (Hrsg.). Der Weg zum Menschen. (S. 193-221). Wien.
Goeppert, S. (1970). Grundkurs Psychoanalyse. Reinbek.
Greenson, R.R. (1973). Technik und Praxis der Psychoanalyse. Bd. 1, Stuttgart.
Grubrich-Simitis, I. (1988). Siegfried Bernfeld: Historiker der Psychoanalyse und Freud-Biograph. In S. Bernfeld/S. Cassirer Bernfeld. Bausteine der Freud-Biographik. (S. 7-48). Frankfurt/M.
Grünbaum, A. (1988). Die Grundlagen der Psychoanalyse. Eine philosophische Kritik. Stuttgart.
Habermas, J. (1969). Erkenntnis und Interesse. Frankfurt/M.
Harmat, P. (1988a). Freud, Ferenczi und die ungarische Psychoanalyse. Tübingen.
— (1988b). Dichtung und Wahrheit in der Historiographie der ungarischen Psychoanalyse. Luzifer-Amor, 1, 120-132.
Hartmann, H. (1964). Die Psychoanalyse als wissenschaftliche Theorie. In Ders., Zur psychoanalytischen Theorie des Ichs. (S. 127-156). Stuttgart.
Henne, A. (1979). Psychodramatherapie im Rahmen der Analytischen Psychologie von C.G. Jung. Int. Ther., 5, 1/2, 79-98.
Horster, D. (1984). Alfred Adler zur Einführung. Hannover.
Hurwitz, E. (1988). Otto Gross. Paradies-Sucher zwischen Freud und Jung. Frankfurt/M.

Jacoby, H. (1983). Alfred Adlers Individualpsychologie und dialektische Charakterkunde. Frankfurt/M.
Jacoby, R. (1985). Die Verdrängung der Psychoanalyse oder der Triumph des Konformismus. Frankfurt/M.
Jaffé, A. (1967). Der Mythos vom Sinn im Werk von C.G. Jung. Zürich.
Jahoda, M. (1985). Freud und das Dilemma der Psychologie. Frankfurt/M.
Jappe, G. & Nedelmann, C. (Hrsg.), (1980). Zur Psychoanalyse der Objektbeziehungen. Stuttgart.
Jervis, G. (1978). Kritisches Handbuch der Psychiatrie. Frankfurt/M.
Jeschek, P. & Ruhs, A. (1980). Institutionelle Psychotherapie — Institutionelles Psychodrama. Gruppenpsychother. und Gruppendynamik, 15, 3/4, 330-347.
Johnston, W.M. (1980). Österreichische Kultur- und Geistesgeschichte. Wien.
Jones, E. (1984). Sigmund Freud. Leben und Werk. 3 Bd. München.
Jung, C.G. (1973). Symbole der Wandlung. Olten.
— (1976). Psychologische Typen. Olten.
— (1984). Praxis der Psychotherapie. Olten.
Jung, F. (1981). Schriften und Briefe. Bd. 1. Frankfurt/M.
Kellermann, P.F. (1980). Übertragung, Gegenübertragung und Tele — eine Studie der therapeutischen Beziehung in Psychoanalyse und Psychodrama. Gruppenpsychother. und Gruppendynamik, 15, 3/4, 188-205.
Klosinski, G. (1980). Spiel und Psychotherapie unter besonderer Berücksichtigung des Psychodramas. Gruppenpsychother. und Gruppendynamik, 15, 3/4, 165-175.
— (1981). Psychodrama als Interventionstechnik in der Einzelpsychotherapie mit Pubertierenden. In E. Engelke (Hrsg.), Psychodrama in der Praxis. (S. 143-153). München.
Konitzer, M. (1987). Wilhelm Reich zur Einführung. Hamburg.
Krüger, R.T. (1978). Die Mechanismen der Traumarbeit und ihre Beziehung zu den heilenden Vorgängen im Psychodrama. Gruppenpsychother. und Gruppendynamik, 13, 2/3, 172-208.
— (1980). Gruppendynamik und Widerstandsbearbeitung im Psychodrama. Gruppenpsychother. und Gruppendynamik, 15, 3/4, 243-270.
Kubie, L.S. (1966). Psychoanalyse und Genie. Der schöpferische Prozeß. Reinbek.
Langer, M. (1986). Von Wien bis Managua. Wege einer Psychoanalytikerin. Freiburg.
Laplanche, J. & Pontalis, J.-B. (1973). Das Vokabular der Psychoanalyse. 2 Bd. Frankfurt/M.
Laska, B.A. (1981). Wilhelm Reich in Selbstzeugnissen und Bilddokumenten. Reinbek.
Lebovici, S. (1971). Eine Verbindung von Psychodrama und Gruppenpsychotherapie. In St. de Schill (Hrsg.)., Psychoanalytische Therapie in Gruppen. (S. 313-339). Stuttgart.
— (Hrsg.), Angewandtes Psychodrama. (S. 178-187). Paderborn.
Lemoin, G. & D. (1982). Zu einer psychoanalytischen Theorie des Psychodramas. In H. Petzold (Hrsg.). Dramatische Therapie. (S. 127-147). Stuttgart.
Leutz, G.A. (1979). Die integrative Kraft des Psychodramas in der heutigen Psychotherapie. Int. Ther., 5, 1/2, 3-13.
Lohmann, H.-M. (1986a). Freud zur Einführung. Hamburg.
— (Hrsg.) (1986b). Die Psychoanalyse auf der Couch. Frankfurt/M.
Lorenzer, A. (1974). Die Wahrheit der psychoanalytischen Erkenntnis. Frankfurt/M.
— (1983). Intimität und soziales Leid. Archäologie der Psychoanalyse. Frankfurt/M.
— (1988). Hermeneutik des Leibes. Über die Naturwissenschaftlichkeit der Psychoanalyse. In K.H. Bohrer (Hrsg.), Bilder der Seele. Sonderheft Merkur. (S. 838-852). München.
Marcuse, H. (1968). Das Veralten der Psychoanalyse. In Ders., Kultur und Gesellschaft 2 Bd. (S. 85-106). Frankfurt/M.
— (1980). Epilog. Kritik des Neo-Freudianischen Revisionismus. In B. Görlich (Hrsg.), Der Stachel Freud. (S. 149-178). Frankfurt/M.
Marcuse, L. (1956). Sigmund Freud. Sein Bild vom Menschen. Hamburg.
Marquard, O. (1987). Transzendentaler Idealismus, Romantische Naturphilosophie, Psychoanalyse. Köln.
May, U. (1976). Psychoanalyse in den USA. In D. Eicke (Hrsg.), Freud und die Folgen. Die Psychologie des 20. Jahrhunderts. Bd. II. (S. 1219-1262). Zürich.
Mertens, W. (Hrsg.). (1981). Neue Perspektiven der Psychoanalyse. Stuttgart.

Mitchell, J. (1976). Psychoanalyse und Feminismus. Frankfurt/M.
Mitscherlich, A. (1969). Aggression und Anpassung. In: Aggression und Anpassung in der Industriegesellschaft. (S. 80-127). Frankfurt/M.
Mitscherlich, M. (1987). Die friedfertige Frau. Eine psychoanalytische Untersuchung zur Aggression der Geschlechter. Frankfurt/M.
Moreno, J.L. (1923a). Der Königsroman. Potsdam.
— (1923b). Rede über den Augenblick. Potsdam.
— (1925). Rede vor dem Richter. Potsdam.
— (1947). The Future of Man's World. Beacon.
— (1957). Global Psychotherapy and Prospects of a Therapeutic World Order. In Progress in Psychotherapy, 1, 1-31.
— (1960a). Psychiatric Encounter in Soviet Russia. Intern. Journal of Sociometry and Sociatry. II, 63-87.
— (1960b). Social an Organic Unity of Mankind. In Ders. et al. (Hrsg.), Sociometry Reader. (S. 3-7). Glencoe.
— (1960c). The Principle of Encounter. In Ders. et al. (Hrsg.), Sociometry Reader. (S. 15-16). Glencoe.
— (1960d). Tele: A Definition. In Ders. et al. (Hrsg.), Sociometry Reader. (S. 17-18). Glencoe.
— 1960e). The sociometric System. In Ders. et al. (Hrsg.), Sociometry Reader. (S. 127-130). Glencoe.
— (1970). Das Stegreiftheater. Beacon.
— (1972). The Religion of God-Father. In P.E. Johnson (Hrsg.), Healer of the Mind. (S. 197-215). New York.
— (1973a). Gruppenpsychotherapie und Psychodrama. Stuttgart.
— (1973b). The Magna Charter of Psychodrama. Group Psychother. and Psychodrama, Vol. XXV, 131.
— (1974). Die Grundlagen der Soziometrie. Wege zur Neuordnung der Gesellschaft. Opladen.
— (1975a). Psychodrama II. Foundations of Psychotherapy. Beacon.
— (1975b). Psychodrama III. Action Therapy & Principles of Pratice. Beacon.
— (1977). Psychodrama I. Beacon.
— (1978a). Who shall survive? Foundations of Sociometry, Group Psychotherapy and Sociodrama. Beacon.
— (1978b). Die Psychiatrie des Zwanzigsten Jahrhunderts als Funktion der Universalia Zeit, Raum und Kosmos. In: H. Petzold (Hrsg.), Angewandtes Psychodrama. (S. 101-112). Paderborn.
— (1981). Soziometrie als experimentelle Methode. Paderborn.
— (1982). Gedanken zu meiner Gruppenpsychotherapie. In H. Petzold (Hrsg.), Dramatische Therapie. (S. 70-79). Stuttgart.
— (Hrsg.) (1966). The International Handbook of Group Psychotherapy. New York.
Moreno, J.L., Z. & J. (1964). The First Psychodramatic Family. Beacon.
Moreno, Z. (1966). Evolution and Dynamics of the Group Psychotherapy Movement. In: J.L. Moreno (Hrsg.), The International Handbook of Group Psychotherapy. (S. 27-125). New York.
— (1979). Über Aristoteles, Breuer und Freud hinaus: Morenos Beitrag zum Konzept der Katharsis. Int. Ther., 5, 1/2, 24-35.
Morgenthaler, F. (1978). Technik. Zur Dialektik der psychoanalytischen Praxis. Frankfurt/M.
Nagara, H. (Hrsg.) (1976). Psychoanalytische Grundbegriffe. Eine Einführung in Sigmund Freuds Terminologie und Theoriebildung. Frankfurt/M.
Nehnevajsa, J. (1960). Sociometry: Decades of Growth. In J.L. Moreno et al. (Hrsg.), Sociometry Reader. (S. 707-753). Glencoe.
Nitzschke, B. (1988). Freuds „technische Experimente" — Auf dem Wege zum psychoanalytischen Standardverfahren. Luzifer-Amor, 1, 49-78.
Oberborbeck, K.W. (1979). Über den diagnostischen Wert von Rollenspiel- und Psychodramaelementen im Sinne der ‚Grenzsituation' nach Argelander bei der analytischen Anamneseerhebung. Praxis der Kinderpsychologie und Kinderpsychiatrie, 28, 8, 284-293.
— (Hrsg.) (1980). Psychodrama 1980. Praxis des Psychodrama in Sozialpsychiatrie, Psychotherapie und angrenzenden Bereichen. Sozialpsychiatr. Informationen, März.
Ollendorff-Reich, I. (1975). Wilhelm Reich. München.
Parin, P. & Parin-Matthèy, G. (1983). Medicozentrismus in der Psychoanalyse. In: S.O. Hoffmann (Hrsg.), Deutung und Beziehung. (S. 86-106). Frankfurt/M.

Peichl, J. (1988). Psychodrama und psychoanalytisch orientierte Gruppentherapie. Gruppenpsychother. und Gruppendynamik, 23, 3, 223-277.

Petzold, H. (1978). Das Psychodrama als Methode der psychologischen Gruppenarbeit. In Ders., Angewandtes Psychodrama. (S. 62-100). Paderborn.

— (1980). Das Psychodrama Morenos als Methode Humanistischer Psychologie. In K. Völker (Hrsg.), Humanistische Psychologie. (S. 193-217). Weinheim.

— (1981). Das Hier-und-Jetzt-Prinzip und die Dimension der Zeit in der psychologischen Gruppenarbeit. In C.H. Bachmann (Hrsg.), Kritik der Gruppendynamik. (S. 214-401). Frankfurt/M.

— (1987). Die ganze Welt ist eine Bühne. Das Psychodrama als Methode der klinischen Psychotherapie. In Ders. (Hrsg.), Wege zum Menschen. Bd. 1. (S. 111-216). Paderborn.

Petzold, H. & Mathias, U. (1982). Rollenentwicklung und Identität. Von den Anfängen der Rollentheorie zum sozialpsychiatrischen Rollenkonzept Morenos. Paderborn.

Pfau-Tiefuhr, U. (1976). Begegnung als Ereignis. J.L. Morenos Konzept der therapeutischen Interaktion. (Diss.) Hannover.

Ploeger, A. (1968). Die Stellung des Psychodramas in der Psychotherapie. Gruppenpsychother. und Gruppendynamik. Bd. 2, 67-82.

— (1979). Vom Psychodrama zur tiefenpsychologisch fundierten Psychodrama-Therapie. In A. Heigl-Evers (Hrsg.), Lewin und die Folgen. Die Psychologie des 20. Jahrhunderts. Bd. VIII. (S. 840-849). Zürich.

— (1983). Tiefenpsychologisch fundierte Psychodramatherapie. Stuttgart.

Pohlen, M. (1986). Psychoanalyse als Mantik. In: H.-M. Lohmann (Hrsg.), Die Psychoanalyse auf der Couch. (S. 125-157). Frankfurt/M.

Pohlen, M. & Wittmann, L. (1980). „Die Unterwelt bewegen." Versuch über Wahrnehmung und Phantasie in der Psychoanalyse. Frankfurt/M.

Quitmann, H. (1985). Humanistische Psychologie. Zentrale Konzepte und philosophischer Hintergrund. Göttingen.

Raknes, O. (1973). Wilhelm Reich und die Orgonomie. Frankfurt/M.

Rapaport, D. (1973). Die Struktur der psychoanalytischen Theorie. Versuch einer Systematik. Stuttgart.

Rattner, J. (1972). Alfred Adler in Selbstzeugnissen und Bilddokumenten. Reinbek.

— (1981a). Wilhelm Stekel. In Ders. (Hrsg.), Der Weg zum Menschen. (S. 9-33). Wien.

— (1981b) (Hrsg.), Der Weg zum Menschen. Wien.

Reich, W. (1969). Wilhelm Reich über Sigmund Freud. Schloß Dätzingen.

Reiche, R. (1972). Ist der Ödipuskomplex universell? Kursbuch 29, 159-176.

Reichmayr, J. (1986). Psychoanalyse. In G. Rexilius & S. Grubitzsch (Hrsg.), Psychologie. (S. 453-475). Reinbek.

Richter, H.E. (1969). Eltern, Kind und Neurose. Psychoanalyse der kindlichen Rolle. Reinbek.

— (1974). Patient Familie. Entstehung, Struktur und Therapie von Konflikten in Ehe und Familie. Reinbek.

— (1988). Die Chance des Gewissens. München.

Ricoeur, P. (1969). Die Interpretation. Ein Versuch über Freud. Frankfurt/M.

Riesman, D. (1969). Arbeit und Spiel in der Gedankenwelt Freuds. In Ders., Freud und die Psychoanalyse. (S. 7-41). Frankfurt/M.

— (1970). Die einsame Masse. Eine Untersuchung der Wandlung des amerikanischen Charakters. Reinbek.

Roazen, P. (1971). Politik und Gesellschaft bei Sigmund Freud. Frankfurt/M.

— (1976). Sigmund Freud und sein Kreis. Eine biographische Geschichte der Psychoanalyse. Herrsching.

Rohde-Dachser, Ch. (1980). Loslösungs- und Individuationsprozesse in der psychoanalytisch orientierten Psychodrama-Therapie. Gruppenpsychother. und Gruppendynamik, 15, 3/4, 271-306.

Robert, M. (1967). Die Revolution der Psychoanalyse. Leben und Werk von Sigmund Freud. Frankfurt/M.

Rycroft, Ch. (1972). Wilhelm Reich. München.

Sachs, H. (1982). Freud. Meister und Freund. Frankfurt/M.

Schacht, M. (1983). Spontaneität — universales Konzept J.L. Morenos. (Diplomarbeit). Münster.

Schafer, R. (1982). Eine neue Sprache für die Psychoanalyse. Stuttgart.

Scheff, Th.J. (1983). Explosion der Gefühle. Über die kulturelle und therapeutische Bedeutung kathartischen Erlebens. Weinheim.

Schöpf, A. (1982). Sigmund Freud. München.

Schorske, C.E. (1982). Wien. Geist und Gesellschaft im Fin de Siècle. Frankfurt/M.
Schur, M. (1982). Sigmund Freud. Leben und Sterben. Frankfurt/M.
Schülein, J. (1975). Das Gesellschaftsbild der Freudschen Theorie. Frankfurt/M.
Schwendter, R. (1986). Freier Sozialismus. Fragmente, Nr. 19, 69-84.
Seidel, U. (1987). Individualpsychologie. In: R.J. Corsini (Hrsg.), Handbuch der Psychotherapie. 2 Bd. (S. 390-413). München.
Sperber, M. (1983). Alfred Adler oder Das Elend der Psychologie. Frankfurt/M.
Stierlin, H. (1975). Von der Psychoanalyse zur Familientherapie. Stuttgart.
— (1978a). Das Tun des Einen ist das Tun des Anderen. Eine Dynamik menschlicher Beziehungen. Frankfurt/M.
— (1978b). Delegation und Familie. Frankfurt/M.
Stimmer, F. (1982). Der Beitrag J.L. Morenos zu einem interaktionistischen Ansatz einer Theorie der Institutionalisierung. In: H.J. Helle (Hrsg.), Kultur und Institution. (S. 131-155). Berlin.
Strauss, R. (1975). Widerstand und Abwehrmechanismen in der Psychodramatherapie. Gruppenpsychother. und Gruppendynamik, 8, 88-92.
Sulloway, F.J. (1982). Freud, Biologe der Seele. Jenseits der psychoanalytischen Legende. Köln-Lövenich.
Thomä, H. & Kächele, H. (1985). Lehrbuch der psychoanalytischen Therapie. Heidelberg.
Vogt, R. (1986). Psychoanalyse zwischen Mythos und Aufklärung. Frankfurt/M.
Wehr, G. (1988). Carl Gustav Jung. Leben, Werk, Wirkung. Zürich.
Wiegand, R. (1973). Gesellschaft und Charakter. Soziologische Implikationen der Neopsychoanalyse. München.
Widlöcher, D. (1974). Das Psychodrama mit Jugendlichen. Olten.
Winnicott, D.W. (1971). Vom Spiel zur Kreativität. Stuttgart.
Worbs, M. (1988). Nervenkunst. Literatur und Psychoanalyse im Wien der Jahrhundertwende. Frankfurt/M.
Wyss, D. (1970). Die tiefenpsychologischen Schulen von den Anfängen bis zur Gegenwart. Entwicklung, Probleme, Krisen. Göttingen.
Yablonski, L. (1978). Psychodrama. Die Lösung emotionaler Probleme durch das Rollenspiel. Stuttgart.
Zilbersheid, U. (1986). Die Marxsche Idee der Aufhebung der Arbeit und ihre Rezeption bei Fromm und Marcuse. Frankfurt/M.
Zottl, A. (1982). Otto Rank. Das Lebenswerk eines Dissidenten der Psychoanalyse. München.
Zweig, St. (1986). Die Heilung durch den Geist. Mesmer, Mary Baker-Eddy, Freud. Frankfurt/M.

Morenos Philosophie und der Marxismus

Ferdinand Buer

Einleitung

„Als ein in Rumänien gebürtiger Europäer, der seine Jugend- und Studienjahre in Wien verbracht hat, bin ich von jeher zwischen Ost und West gestanden und schon früh marxistischen Theorien ausgesetzt gewesen... Mir war es schon damals selbstverständlich, das marxistische System auf seine von Marx nicht erfaßten schwachen Punkte hin zu untersuchen. Mein soziometrisches System kann daher als eine Erweiterung und Weiterentwicklung des Marxismus betrachtet werden, sozusagen als seine Revision vom Gesichtspunkt der Mikrogruppe aus" (Moreno, 1974, S. 383).

Schon während seines Medizinstudiums an der Wiener Universität liest Moreno mehr soziologische, philosophische und theologische Literatur als medizinische. In einem Klima der Revolution und der Durchsetzung sozialistischer Reformen im „Roten Wien" ist die Lektüre von *Marx* und *Engels* selbstverständlich (vgl. Moreno, 1981, S. 269). Aber schon 1913 hatte er begonnen, neben seinem Studium mit Randgruppen zu arbeiten. Was Marx und Lasalle für die Arbeiterklasse getan hätten, wollte er für die Prostituierten tun: Sie sollten Ansehen und Würde erhalten, indem sie sich organisierten, um ihre Interessen gemeinsam zu vertreten (vgl. Moreno, 1973, S. 134; Moreno, 1978a, S. XXIX).

Die politische Diskussion im damaligen Wien wird bestimmt vom Austromarxismus (vgl. Johnston, 1980, S. 112 ff.), vor allem von *Otto Bauer, Karl Renner, Rudolf Hilferding* und *Max Adler,* von dem im Daimon ein Beitrag angekündigt wird (vgl. Daimon, S. 121, 168, 216). Alfred Adler, der 1919 mit Moreno im Genossenschaftsverlag des „Neuen Daimon" zusammenarbeitet, beteiligt sich an den sozialistischen Reformen, in dem er und seine Mitarbeiterinnen seit 1920 Erziehungsberatungsstellen für Lehrer und Eltern einrichten (vgl. Bruder-Bezzel, 1983, S. 142). 1907, dann 1911 - 1914 hält sich *Leo Trotzki* in Wien auf (vgl. Trotzki, 1981, S. 182 ff.) und ist in dieser Zeit häufig zu Gast bei den Adlers (vgl. Rattner, 1972, S. 123).

Georg Lukacs lebt 1919 bis 1929 im Wiener Exil, wo er zwischen 1919 und 1922 „Geschichte und Klassenbewußtsein schreibt (vgl. Johnston, 1980, S. 368). Schon im ersten Heft des Daimon vom Februar 1918 kann Moreno einen Beitrag von ihm ankündigen (S. 64), der allerdings nie erscheint. Dagegen schreibt dessen Freund *Ernst Bloch* im ersten Heft des neuen Daimon 1919 einen kurzen Artikel, der auf sein neues Buch „Geist der Utopie" hinweist (S. 18 f).

1917 publiziert *Lenin* seine Schrift „Staat und Revolution" in Rußland; 1923 richtet Moreno seinen Königsroman auch an die Leser von „Nikolaus Lenin: Staat und Revolution". 1919 veröffentlicht Moreno in Heft 1/2 des neuen Daimon eine „Erklärung an Spartakus", in der er schreibt, „daß der zweite, der nachkommende, von den Sklaven als Organ der Unterdrückung gerufene Staat einmal wirklich ‚absterbe', wird nie ohne völlige innere Umkehr aller Teile der Gemeinschaft geschehen können" (Moreno, 1919, S. 32), eine Kritik an einer „Schwachstelle" der Leninschen Argumentation (vgl. Moreno, 1981, S. 211 f)!

Zwar entscheidet Moreno sich 1925, nicht in die revolutionäre UdSSR auszuwandern, sondern in die USA, da er dort größere Möglichkeiten sieht, seine „fixe Idee" des „God-playing" auszuleben (vgl. Moreno, 1947, S. 4 ff.; Moreno, 1978a, S. XXXIX). Er hält aber an seinem Programm der Weltrevolution fest (vgl. Moreno, 1934, S. 3; Moreno, 1974, S. 3), meint allerdings eine Revolution nicht mit gewaltsamen Mitteln, sondern durch therapeutische, also dienende (vgl. Moreno, 1973, S. 6).

1959 reist er in die UdSSR auf Einladung der Akademie der Wissenschaft (vgl. Moreno, 1960), nachdem ein Jahr zuvor sein Buch „Sociometry, Experimental Methods and the Science of Society. An Approach to a New Political Orientation" auf russisch erschienen war (Einleitung M. Bachitow). Moreno wiederholt dort in vielen Vorträgen seine Kritik des Marxismus. Vor allem weist er — wie schon 1919 — darauf hin, daß die zweite Phase der kommunistischen Gesellschaft, die Lenin in "Staat und Revolution" in Anschluß an Marx skizziert, nicht von selbst kommt. „There is still much to be done but by means of sociometric methods we can at least ‚begin' to work toward this and we all are able to organize the collectives slowly in such a way that productivity can progress to each according to his ability and to each according to his needs" (Moreno, 1960, S. 69; vgl. Moreno, 1974, S. 425).

1. Die Kontroverse zwischen Morenos System und dem Marxismus

1.1 Morenos Kritik des Marxismus

Während seines ganzen Lebens ist der Marxismus für Morenos soziologische Orientierung die entscheidende Einflußgröße, mit der er sich ständig auseinandersetzt (vgl. Moreno, 1981, S. 269). Diese Faszination erklärt er selbst mit den vielen *Affinitäten* zu seinem eigenen Ansatz (vgl. Moreno, 1981, S. 215):

— Beide seien auf direkte politische Praxis gerichtet (vgl. Moreno, 1981, S. 51, 78).
— Beide forderten eine Revolutionierung der kapitalistischen Gesellschaft (vgl. Moreno, 1974, S. 424).
— Beide gingen davon aus, daß eine wissenschaftliche Untersuchung der Dynamik sozialer Beziehungen und Verhältnisse für eine Theorie der sozialen Revolution unabdingbar sein.
— Beide erklärten die sozialen Probleme aus einem Gesamtzusammenhang heraus.
— Beide wüßten, daß die Utopie einer neuen Gesellschaft sich „eng an ein im Menschen auf traumartige Weise inhärentes Lebensmodell anlehnen und es vorwegnehmen muß" (Moreno, 1981, S. 67; vgl. Moreno, 1981, S. 262).
— Beide bestünden darauf, „daß das Volk für sich selbst handelt und daß es zu universeller sozialer Aktion aufgerufen wird" (Moreno, 1981, S. 215).

Diesen Gemeinsamkeiten stellt er eine Reihe von Unterschieden gegenüber. Seine *Kritik* am Marxismus richtet sich vor allem gegen folgende Punkte:

— Für eine „wahre Veränderung der sozialen Ordnung" reiche die Kenntnis der Ökonomie nicht aus; sie müsse vor allem ergänzt werden durch die Analyse „der interindividuellen und intergruppalen Beziehungen" (vgl. Moreno, 1981, S. 215, 45, 207; Moreno, 1974, S. 384). Marx habe nur die Bedeutung des „ökonomischen Klassenkampfs" auf der Ebene der äußeren Gesellschaft erkannt (vgl. Moreno, 1974, S. 429), nicht die grundlegende soziometrische Struktur auf der informellen Ebene (vgl. Moreno, 1981, S. 79).
— Daher habe er die sozialistische Revolution nur als Revolution des Proletariats begriffen. Die soziometrische Revolution dagegen erfasse alle Klassen, ja die gesamte Menschheit (vgl. Moreno, 1981, S. 216). Alle Individuen in einer Gesellschaft müßten zu aktiv Handelnden werden (vgl. Moreno, 1981, S. 190, 216).
— So sei der Mehrwert „lediglich ein Sonderfall des ‚soziodynamischen Gesetzes' "(Moreno, 1981, S. 230). Moreno bezieht sich dabei auf zwei Stellen des „Kapital" (Moreno 1981, 229; Z. Moreno, 1966, S. 99):

„Der Mehrwert, welchen ein gegebenes Kapital produziert, ist gleich dem Mehrwert, den der einzelne Arbeiter liefert, multipliziert mit der Anzahl der gleichzeitig beschäftigen Arbeiter" (MEW 23, 341). Und: „Ein Dutzend Personen zusammen liefern in einem gleichzeitigen Arbeitstag von 144 Stunden ein viel größeres Gesamtprodukt als zwölf vereinzelte Arbeiter, von denen jeder 12 Stunden, oder als ein Arbeiter, der 12 Stunden nacheinander arbeitet" (MEW 23, S. 345).
Dieser Kooperationseffekt ist für Moreno ein Gruppeneffekt, der durch Abstoßungen und Anziehungen auf der soziometrischen Ebene zustandekomme. Der Mehrwert sei somit ein Sonderfall des „Wirklichkeits-Mehrwerts" (surplus-reality) (vgl. Moreno, 1974, S. 419; Moreno, 1978, S. 105). Die ungleiche Verteilung dieses Effekts in der Bevölkerung sei das eigentliche Problem, das durchaus mit der ungleichen Verteilung der Güter verglichen werden könne (vgl. Moreno, 1974, S. 354; Hart, 1971).

— Da Marx diese grundlegenden Tatsachen nicht erkannt habe, mußte die von ihm angestrebte Revolution einen irrationalen Charakter annehmen (vgl. Moreno, 1981, S. 79). Der Glaube, der mit der „Diktatur des Proletariats" errichtete „sekundäre" Staat würde allmählich absterben, habe sich als falsch erwiesen, weil eben eine soziometrische Umstrukturierung der Gesellschaft nicht durchgeführt worden sei (vgl. Moreno, 1981, S. 211 ff.; Moreno, 1974, S. 424 f).

— Marx habe vor allem auch religiöse Kräfte unterschätzt (vgl. Moreno, 1978, S. 11). Sein „ökonomischer Materialismus" (Moreno, 1947, S. 6) habe den Menschen als kosmisches Wesen verkannt. Demgegenüber postulierte Moreno „einen ‚Willen zum höchsten Wert', den alle Wesen ahnen und der sie alle vereinigt... Der werdende Kosmos (ist) die erste und letzte Existenz und der höchste Wert" (Moreno, 1973, S. 3).

— Die entscheidenden Mittel zur Veränderung der Gesellschaft seien nicht Gewalt und Kampf, sondern „Heilmittel", die durch Soziometrie und Soziatrie gefunden und gewaltfrei und mit anhaltender Wirkung vom Volk genutzt werden können (vgl. Moreno, 1981, S. 217): Soziometrie sei Soziologie des Volkes, durch das Volk und für das Volk, Psychodrama Psychotherapie des Volkes, durch das Volk und für das Volk (vgl. Moreno, 1968, S. 176).

Moreno sieht den Marxismus fixiert auf Ökonomie und Klassenkampf. Dieses Bild ist jedoch nicht aus der Luft gegriffen. Es war typisch für den Marxismus der II. Internationale wie den Sowjetmarxismus (vgl. Fetscher 1967). Dieses Bild hat Moreno kaum hinterfragt; eine genauere Reflexion (etwa: Vranicki, 1972; Fleischer, 1970; Dahmer/Fleischer, 1976) ist in seinen Werken nicht festzustellen. Auf der einen Seite sieht er das Kapitalverhältnis als „Auswirkung eines heftigen Kampfes zwischen zwei ideologischen Kräften — zwischen Kapital und Arbeit" (Moreno, 1981, S. 79), dann wieder als Resultat der Ökonomie. Daß der gesellschaftliche Reproduktionsprozeß im Kapitalismus auf der Mehrwertproduktion beruht und daß genau das Basis der Ausbeutung ist, hat er wohl nie nachvollzogen (vgl. Moreno, 1981, S. 217 f). Für ihn besteht die Ungerechtigkeit nur in der ungleichen Einkommensverteilung (vgl. Moreno, 1981, S. 211) und eben nicht in der repressiven Produktion. Er erkennt nicht an, daß revolutionäre Gewalt aus vorgegebener struktureller Gewalt resultiert. Er unterstellt den Kommunisten sogar einen supermachiavellistischen Machtwillen und setzt sie darin den Faschisten gleich (vgl. Moreno, 1981, S. 219).
Dieses defizitäre und verformte Marxismus-Bild ist ihm Anlaß zu Ergänzungen und Korrekturen: Die Makrosoziologie wird durch die Mikrosoziologie erweitert, die sozialistische Bewegung durch die soziometrische und gruppentherapeutische ergänzt (vgl. Z. Moreno, 1966, S. 28), so daß viele „kleine, aber vertiefte soziometrische Revolutionen" „an die Stelle der hoffnungslosen ‚großen' Revolutionen" treten können" (Moreno, 1974, S. XIV). Träger dieser Revolutionen seien die schöpferischen Menschen, denen bisher ihre Ideen und Erfindungen genommen würden. Mit dieser „am stärksten ausgebeuteten Min-

derheit" müsse die Weltrevolution beginnen, so daß eine freie Weltgesellschaft entstehen könne, die durch eine schöpferische Ordnung mit einer „kreativen Ökonomie" (vgl. Moreno, 1974, S. 28) gekennzeichnet sei, durch „Kreatokratie" (vgl. Moreno, 1981, S. 218).

Im Grunde aber hält Moreno die Soziometrie sowohl der positivistischen Soziologie eines Comte wie dem Marxismus für überlegen (vgl. Moreno, 1974, S. 385). In ihr sollen Soziologie und wissenschaftlicher Sozialismus aufgehoben werden (vgl. Moreno, 1974, S. XXV).

1.2 Kritik der Konzepte und Methoden Morenos aus marxistischer Sicht

Eben jener *Bachitow,* der 1958 Morenos „Sociometry, Experimental Methods and the Science of Society" in russischer Sprache herausgebracht hat, hat im gleichen Jahr eine fundamentale Kritik der Mikrosoziologie veröffentlicht. In dieser Schrift „berichtet der Verfasser über die grundlegenden Gedanken der Mikrosoziologie, unterzieht sie einer scharfen Kritik und löst die aufgeworfenen Probleme auf marxistische Art" (Bachitow, 1961, S. 7). Diese marxistische Art — wohl eher Unart —, „bürgerliche" Wissenschaftler zu erledigen, zeigt sich wie folgt:

Zunächst wird — ohne daß das ausgesprochen werden müßte — davon ausgegangen: Der Marxismus hat immer recht! Dann werden seine Gegner, ob Moreno, Gurvitsch, Simmel, v. Wiese oder König in einen Topf geworfen und festgestellt, daß dieser Brei nichts Marxistisches an sich habe. Daraus folgt: Sie haben Unrecht! So schreibt Bachitow (1961, S. 32) etwa:

„Moreno ließ solche ‚Mikroelemente' (wie das Verhältnis der Arbeiter zu den Kapitalisten und zum gesamten System der kapitalistischen Ausbeutung, F.B.) nicht deswegen unberücksichtigt, weil sie unwesentlich oder nicht zu erforschen sind, sondern weil er sich als bürgerlicher Ideologe sie zu berühren fürchtet."

Angesichts dieses Niveaus fällt es Moreno leicht, diese Kritik zurückzuweisen (vgl. Moreno, 1974, S. 428 ff.): Vor allem weist er zurecht darauf hin, daß Bachitow Morenos Aktionsmethoden so gut wie keine Beachtung geschenkt hat. Ferner ist keinerlei Bemühung erkennbar, Morenos eigenwillige Kombination von Philosophie, Forschungs- und Handlungsmethodik als ganzheitliches System überhaupt ernstzunehmen.

Gewichtiger ist die Kritik des Philosophen *Pontalis* in seinem Buch „Nach Freud" (1974). Er entwickelt seine Kritik aus einer Würdigung des Gesamtansatzes von Moreno heraus. Trotzdem:

— Die Kriterien für „Heilung" blieben allzu vage (S. 198).
— Veränderungen im Rollenrepertoire veränderten nicht die entfremdete Rollenstruktur selbst (S. 200).
— Veränderungen im Hudson-Projekt bleiben oft allzu banal oder würden zu wenig auf ihre politischen Dimensionen reflektiert (S. 204 f).
— Der Schlüsselbegriff des sozialen Atoms bliebe widersprüchlich und oberflächlich definiert. Er würde in Analogie zur Gesellschaft stehen, statt seine gesellschaftliche Formierung herauszuarbeiten (S. 204 f).
— Morenos Strategie zur Veränderung der Gesellschaft durch Initiierung einer soziometrischen Bewegung wirke naiv bis närrisch (S. 205 f).

— Moreno gehe in seiner Analyse fehl, das Soziale erforschen zu können, indem er es in abstrakte psychologische Mechanismen auflöse, auf einfache, mathematische Formeln bringe und es durch quantitative Messung zu begreifen suche" (S. 206f).

Diese Kritik wird von *Hörmann & Langer* (1987) ergänzt — ohne sich allerdings auf Pontalis zu beziehen. Sie konstatieren eine Spaltung zwischen der „mystischen Theorie" eines „poetisch-missionarischen Weltverbesserers" und der kreativen Methodik eines „geschickten Praktikers und geistreichen Forschers" (S. 185). Seine Philosophie wird als verworren, naiv, konterrevolutionär, offen reaktionär, phantastisch, esoterisch, schwärmerisch verworfen (S. 183f), ohne sie allerdings — etwa durch Kenntnisnahme der Frühschriften und der theologischen Arbeiten (z.B. Moreno, 1971; 1972) — eines genaueren Blicks zu würdigen. Zudem werden grundlegende Bücher zum Psychodrama (Moreno, 1975a; 1975b; 1977) und zur Soziometrie (Moreno 1981) einfach unberücksichtigt gelassen. Da aber das Psychodrama nur als Teil von Morenos Gesamtsystem begriffen werden kann, muß die Betrachtung von Hörmann/Langer fragmentarisch bleiben. So werden wichtige Basiskonzepte wie Spontaneität — Kreativität — Kulturkonserve, Heilung durch Begegnung etc. nicht genügend beachtet wie auch Morenos Projekt der Soziatrie, das neben dem Psychodrama auch Stegreiftheater und Rollenspiel sowie Soziodrama umfaßt. Ihre Kritik bleibt jedoch in vielen Punkten zutreffend:

— Wenn Moreno die Ökonomie als bestimmender Faktor des gesellschaftlichen Reproduktionsprozesses negiert zugunsten soziometrischer Prozesse durch willkürliche Setzung, dann bleibt sein Alternativprogramm ideologisch-dogmatisch (S. 192f).
— Morenos Kategorien bleiben abstrakt, d.h. nicht auf eine bestimmte Stufe der Gesellschaftsentwicklung bezogen. So bleiben seine Begriffe von Gruppe, Rolle oder sozialem Atom inhaltsleer genau so wie der von ihm abgelehnte Begriff des Individuums, da sie durch nichts außer ihnen selbst begriffen werden. Damit werden gesellschaftliche Verhältnisse psychologisiert (S. 193ff.).
— Gruppenimmanente Aktion ersetzt zumeist praktisch-politische Aktivität (S. 193).
— Die soziometrischen Gesetze werden nicht nur als Fakten genommen, sondern zu Normen erhoben, an die man sich anzupassen habe. So seien Rangordnung und Hierarchie Ergebnis dieser Gesetze und nicht Resultat gesellschaftlicher Machtkämpfe (S. 197).
— Die Organisation der Psychodramatiker in zunftmäßigen, privatwirtschaftlichen Verbänden birgt die Gefahr der unkontrollierbaren Mythenbildung so wie des „Psychotherapiemarketings" (S. 199).

In seinem Buch „Lebensdrama und Gesellschaft" (1987) versucht *Ottomeyer* Psychodrama, Psychoanalyse und marxistische Praxis- und Gesellschaftstheorie zu verbinden, um zu einer „szenisch-materialistischen Psychologie für soziale Arbeit und politische Kultur" zu kommen. Im Rahmen dieses Entwurfs kritisiert er das psychodramatische Menschen- und Gesellschaftsbild (vgl. Ottomeyer, 1987, S. 57ff.):

— Der menschliche Aktionshunger und die Kreativität würden auf die rastlos-flexible Gestaltung von Rollen reduziert.
— Der Rollenaspekt des Handelns werde verabsolutiert und enthistorisiert. Der Entfremdungscharakter des Rollenspiels würde unterschlagen.
— Gesellschaft werde auf eine große komplexe Interaktionsstruktur reduziert. Produktive, gegenstandsbezogene Praxis werde weitgehend ausgeblendet.

Leider hat auch Ottomeyer nicht den ganzen Moreno zur Kenntnis genommen. Diese geringe Materialbasis — er zitiert nur „Gruppenpsychotherapie und Psychodrama" und einige Schriften von Morenoschülern/innen — relativiert seine Kritik erheblich.

Bedenken wir noch einmal die kritischen Einwände von Pontalis, Hörmann & Langer und Ottomeyer, dann verstärkt sich der Eindruck: Ihre Kritik trifft in vielen Punkten zu. Damit könnte Morenos Philosophie, aber auch seine Praxistheorie als fragwürdig angesehen werden. Es bliebe allein der Versuch, seine Handlungsmodelle zu retten, in dem man sie aus seinem Gedankengebäude herausschneidet und theoretisch neu begründet. Damit wären wir allerdings der epistemologischen Logik der bisher referierten Kritik auf den Leim gegangen!

1.3 Perspektiven einer kritischen Moreno-Lektüre

Moreno abstrakte Begrifflichkeit, willkürliche Setzungen, unklare Kategorienbildung, widersprüchliche Konzeptualisierungen oder politische Naivität vorzuwerfen, ist das eine, noch aus seinen Fehlern Erkenntnisgewinne zu ziehen, das andere.

Ernst Bloch und Hanns Eisler diskutieren 1937 im Prager Exil über die Kunst zu erben. Ihnen geht es darum, in der zeitgenössischen Musik, in der Literatur, aber auch in der Psychoanalyse nicht nur einen Ausdruck kapitalistischer Verhältnisse und ihrer dekadenten Tendenzen zu sehen, sondern auch die Antizipation einer künftigen Gesellschaft (vgl. Eisler, 1976, S. 153). Gerade auch der Expressionismus — ein zentrale locus nascendi für Morenos Ideen (→ Buer, Prolog, → Fangauf) — war ihnen Anlaß für diese Debatte. Durch diese epistemologische Haltung sollen alle Ideen fruchtbar gemacht werden für eine gemeinsame Abwehr sozialer Destruktionsprozesse wie für einen kollektiven Aufbau einer neuen Gesellschaftsordnung.

Bloch hat diesen Gedanken später genauer gefaßt, wenn er neben die aufdeckende Schlüsselerkenntnis die verändernde Hebelerkenntnis stellt. Es geht darum, einen Gegenstand nicht nur passiv abzubilden, sondern seinen latenten, vorwärtstreibenden Gehalt aktiv herauszuarbeiten, ihm eine neue Erkenntnis durch In-Formieren abzuringen (vgl. Block, 1985a, S. 118 ff). Damit wird die kalte Analyse durch die wärmende Intuition ergänzt; beide gehören zusammen (vgl. Bloch, 1985b, S. 372 ff.).

Moreno zu beerben, heißt also, mit dem Aufdecken seiner Schwächen das Entdecken seiner Stärken nicht zu vergessen. Daß durch dieses Verfahren, überholte, rückschrittliche Schichten abgetragen und neue, bisher kaum geahnte hervorgeholt werden, ist die notwendige Konsequenz. Es geht also nicht darum darzustellen, was Moreno wirklich meinte, sondern was wir heute für den Aufbau einer solidarischen Gesellschaft nutzen können. Es geht also weniger um peinlich korrekte Exegese — um die auch, und zwar unter Berücksichtigung seiner wesentlichen Schriften —, sondern vielmehr um interessierende Lesarten. Die können aber nur entfaltet werden, wenn Morenos Ideen wie seine Praxen in der Auseinandersetzung mit ideen-, sozial- und kulturgeschichtlichen Entwicklungen verstanden werden. Und genau das haben seine Kritiker bisher zu wenig geleistet.

In diesem Beitrag geht es nun um die Beziehung zum marxistischen Gedankengebäude. Gemeinsamkeiten und Unterschiede sollen aus dieser Erkenntnishaltung heraus im folgenden dargestellt werden.

2. Morenos Werk — von Marx kritisiert

2.1 Darstellung

2.1.1 Der Mensch als Mitschöpfer des Kosmos oder der Mensch als Bearbeiter der Natur

Moreno berichtet von einem religiösen Erleuchtungserlebnis in seinem Haus in Bad Vöslau (etwa 1919, vgl. 1972, S. 201 f). Die Worte von Gott-Vater, die er dabei vernahm, hat er 1920 als „Testament des Vaters" veröffentlicht. Seit dieser Zeit war er von einer „fixen Idee" beherrscht:

„It proclaimed that there is a sort of primordial nature which is immortal and returns afresh with every generation, a first universe which contains all beings and in which all events are sacred" (Moreno, 1947, S. 4). Als Moreno sich entschlossen hatte, dieses Reich zu verlassen und die Welt zu verändern, sollten diese Ideen zu seinem Führer werden. „Whenever I entered a new dimension of life, the forms which I had seen with my own eye in that virginal world stood before me. They were models whenever I tried to envision an new order of things or to create a new form. I was extremly sure of these visions. They seemed to endow me with a science of life before experience and experiment verified their accuracy. When I entered a familiy, a school, a church, the house of congress and any other social institution, I revolted against them in each case; I knew they had become distorted and I had a new model ready to replace the old" (Moreno, 1947, S. 5; vgl. Moreno 1978a, S. XIX).

Die Vision einer neugeordneten Gesellschaft hat Moreno also nicht erarbeitet durch wissenschaftliche Analyse und Kritik der vorhandenen; sie war ihm gegeben durch innere Schau. Erst in seiner Arbeit im Flüchtlingslager in Mitterndorf wie durch sein Stegreiftheaterexperiment in Wien wurde er veranlaßt, diese unsichtbaren Konfigurationen zwischen den Menschen empirisch zu untersuchen. Was aber ist der Ausgangspunkt seiner Weltsicht?

Der Mensch ist ein kosmisches Wesen: Er ist Teil der Creatura wie des Creators. „Die psychodramatische Antwort auf das Postulat ‚Gott ist tot' heißt: Wir können ihn leicht wieder lebendig machen. Dem Beispiel Christi folgend, können wir Gott neues Leben geben, allerdings nicht in der Form, die unseren Ahnen heilig war. Wir sehen anstelle des toten Gottes Millionen von Menschen, die Gott in ihrer eigenen Person verkörpern können" (Moreno, 1978b, S. 110). Gott ist zum Ich-Gott geworden, „der alle Verantwortung auf uns legt, auf das Ich und die menschliche Gemeinschaft, die Gruppe" (Moreno, 1978b, S. 110). Wir haben die Aufgabe, die Schöpfung zu vollenden. Dazu ist uns göttliche Schöpferkraft verliehen: unsere gemeinsame Kreativität. Das Zentrum dieser Kreativität, das ist in Morenos Sicht Gott. Von diesem Zentrum aus strömt Kreativität zu allen Lebewesen und kehrt von dort zurück, „thus forming a multidimensional network of relations" (Moreno, 1971, S. XIII). Diese networks of interpersonal relations sind die psychosozialen Netzwerke, die Moreno in seiner Soziometrie untersucht.

In der surplus-reality des Psychodrama kann der Mensch alle Lebewesen verkörpern, „überhaupt jedwede Imagination, und zwar nicht in Form einer Regression, sondern in Form schöpferischer Aktion ... Durch des Menschen Glauben an die unendliche Kreativität des Kosmos mag er das, was er in seiner psychodramatischen Welt verkörpert, eines Tages in die Wirklichkeit umsetzen ... Die zukünftige Realität hat er hic et nunc" (Moreno, 1978b, S. 109f.).

Moreno geht es um den Kosmos, um die „Ordnung" der Welt (Kosmos: gr. = Ordnung). Eine Neu-Ordnung, eine Neu-Formierung, eine In-Formation der Welt soll eine "lebenswürdige Weltordnung" (Moreno 1974, XIV) schaffen, in der alle Lebewesen miteinander in Frieden und Harmonie leben (vgl. Moreno, 1968, S. 175). Moreno will der kreativen Energie, die tief in der Welt steckt, auf der Oberfläche der Welt zum Durchbruch verhelfen. Er will einen Prozeß in Gang setzen, in dem die Menschheit Konstellationen schafft, in denen sich jedes Lebewesen gemeinsam mit allen anderen frei entfalten kann. Wie diese Entfaltung im Einzelnen aussieht, ist offen und soll offen gehalten werden. Warum sie allerdings bisher nicht zustande kam, bleibt zu klären.

Marx dagegen betrachtet die Welt zunächst einmal als materielle Natur, die jedem Bewußtsein und jeder Erkenntnis ursprünglich ist.

„Die Natur ist der unorganische Leib des Menschen, nämlich die Natur, soweit sie nicht selbst menschlicher Körper ist. Der Mensch lebt von der Natur, heißt: Die Natur ist sein Leib, mit dem er in beständigem Prozeß bleiben muß, um nicht zu sterben" (MEW, EB 1, S. 516; vgl. MEW 3, S. 20ff.; Grundrisse 376f., S. 388f.). Um zu leben, muß der Mensch der Natur Lebensmittel abringen, er muß sie bearbeiten.

Diese Realität wird in ihrer grundlegenden Bedeutung für das Weiterleben der Menschheit von Moreno völlig verkannt. Die hinreichende Produktion von Lebensmitteln ist ihm offenbar kein Problem. Denn die materielle Basis ist für ihn vorhanden, er will sie als Intellektueller vergeistigen. Die Produktion der Welt ist anscheinend für Moreno abgeschlossen, es kommt darauf an, die Distribution der Lebewesen in ihr lebenswürdig zu gestalten. Daß die Verteilung der Menschen im Geflecht psychosozialer Netzwerke von der Herstellungsweise der Lebens- und Arbeitsmittel abhängen könnte, kann somit im Denken Morenos gar nicht als Frage auftauchen.

Während für Marx die Welt als Natur erst durch die Arbeit für den Menschen nützlich gemacht wird und insofern humanisiert (vgl. MEW, EB 1, S. 538), ist sie für Moreno immer schon Kosmos, Ordnung, und der Mensch in ihr eingeordnet. Er partizipiert am Kosmos und kann seine Weiterentwicklung direkt mitbestimmen. Zwar ist der Mensch nach Marx auch Teil der Natur; er steht ihr aber gegenüber und muß sie mühsam bearbeiten. Für Moreno ist das Verhältnis Mensch — Welt synthetisch, für Marx dagegen dialektisch (vgl. Schmidt 1973). Die Welt wird nach Moreno von einer göttlichen Kraft getragen, sie kann daher nicht vollständig von den Menschen zerstört werden. Marx und Engels gehen von ihrem materiellen Grund aus und betrachten daher religiöse Aussagen als phantastische Widerspiegelung, in der die irdischen Mächte die Form von überirdischen annehmen (vgl. MEW 20, S. 294).

2.1.2 Drama in Leben und Spiel oder Praxis als Grundkategorie menschlichen Lebens

Um die formalen Strukturen der Gesellschaft zu verändern, bedarf es der Freisetzung von Spontaneität als Voraussetzung für Kreativität. Moreno sah diese Möglichkeit im Stegreiftheater mit einer Bühne, die in ihrer Mehrdimensionalität von einem Zentrum aus offen ist nach allen Seiten. „I had taken the model from nature itself" (Moreno, 1947, S. 5). In diesem visionären Theater kann alles verändert werden, nur nicht der Aufbau der Bühne. Die Spieler auf dieser Bühne sollen agieren „as the highest kind of actors, the saints and prophets", die ihre Bühne auf den Marktplätzen aufgeschlagen haben mitten in der Gemeinde (Moreno, 1947, S. 5).

Schon in seinem Buch über das Stegreiftheater von 1923 schreibt Moreno: „Das Stegreiftheater war die Entfesselung des Scheins. Dieser Schein ist die Entfesselung des Lebens. Das Theater des

Endes ist nicht die ewige Wiederkehr des gleichen aus eherner Notwendigkeit, sondern das Gegenteil davon, die selbsterzeugte Wiederkehr seiner selbst" (Moreno, 1970, S. 78). Durch die Verkörperung imaginierter Rollen in der surplus-reality der Bühne werden Fähigkeiten entdeckt und entwickelt, die bisher ungeahnt waren. Diese Befähigung zur „Metapraxie" ist Basis zur Veränderung der Verhältnisse im alltäglichen Leben.

„Das Leben ist die Einatmung, Stegreif Ausatmung der Seele. Durch Einatmung entstehen Gifte (Konflikte), durch Stegreif werden sie wieder frei. Stegreif läßt das Unbewußte unverletzt (durch das Bewußtsein) frei steigen. Diese Lösung tritt nicht durch fremden Eingriff ein sondern autonom. Darauf beruht seine Bedeutung als Heilmittel. An Stelle der Tiefenanalyse tritt Tiefenproduktion, für den Arzt Selbsthilfe. Absicht ist, die Krankheit sichtbar machen; nicht gesund, sondern krank werden. Der Kranke treibt selbst seine Krankheit aus. Die Wiederholung in der Illusion macht ihn frei, wie Schutzimpfung die Entstehung der Blattern koupiert. Der Kranke geht den Weg des Dichters" (Moreno, 1970, S. 71).

Ausgangspunkt für Veränderung ist für Moreno also nicht die Alltagspraxis, sondern das Spiel. Nur über diesen Umweg kann Praxis entfesselt und befreit werden zu schöpferischer Kreation. Der Mensch wird begriffen als Komödiant, als Akteur, der auch im Alltag seine Rollen spielen will, aber nur zur Rollenkreation findet über spielerisches „acting out" (vgl. Moreno, 1978a, S. XIX).

Der Versuch, durch Stegreiftheater revolutionäre Kreativität freizusetzen, stieß schon in Wien an seine Grenzen. Moreno wurde deutlich, daß eine totale Kulturrevolution nötig sei, um die Hemmungen seiner Schauspieler wie seines Publikums aufzuheben. Vorläufig wandte er sich daher dem therapeutischen Theater zu.

„The estetic imperfections of an actor could not be forgiven but the imperfections and incongruities a mental patient might show on the stage were not only more easily tolerated but expected and often warmly welcomed. The actors were now turned into auxiliary egos and they too, in their terapeutic function, were accepted in the nudity of the natural talent without the borrowed perfectionism of the theatre" (Moreno, 1947, S. 8).

Im Psychodrama und Soziodrama kommt die kreative Entfesselung des Lebens von den Mühseligen und Beladenen und eben nicht von den etablierten und arrivierten Gesellschaftsschichten.

Um gesellschaftliche Verhältnisse, zwischenmenschliche Beziehungen, intrapsychische Rollensets zu erkennen, reicht es nicht aus, darüber zu reden, man muß mit anderen handeln, um sie zu verändern. Das sieht Marx ähnlich: „Die Frage, ob dem menschlichen Denken gegenständliche Wahrheit zukomme — ist keine Frage der Theorie, sondern eine praktische Frage. In der Praxis muß der Mensch die Wahrheit, i.e. Wirklichkeit und Macht, Diesseitigkeit seines Denkens beweisen" (MEW 3, S. 5): Erkennen durch Eingreifen in die gesellschaftliche Praxis.

Dabei fällt nach Marx das Ändern der Umstände und der menschlichen Tätigkeit oder Selbstveränderung als revolutionäre Praxis zusammen (vgl. MEW 3, S. 6). Revolutionäre Praxis aber ist Klassenkampf um die Herrschaft im Staate mit dem Ziel, jegliche Klassenherrschaft abzuschaffen.

In der alltäglichen Praxis steckt aber auch nach Marx das Bedürfnis nach repressionsfreier Tätigkeit, nach befriedigender Selbstverwirklichung. Diese Praxis als schöpferischer und spontaner Akt unter der Bedingung der Freiheit ist das, was Moreno Spiel nennt. Marx unterstellt, daß „das Individuum ‚in seinem normalen Zustand von Gesundheit, Kraft, Tätigkeit, Geschicklichkeit, Gewandtheit' auch das Bedürfnis einer normalen Portion von Arbeit hat, und von Aufhebung der Ruhe" (Grundrisse, S. 504f.). „Dieses mit der Selbstverwirklichung identische Spiel — nach Marx ‚Fischen', ‚Musizieren' und ‚Diskutieren' — findet seinen höchsten Ausdruck in der Philosophie und in der Kunst", meint Kofler (1985, S. 24). Das, was nach Marx unter den gegebenen Umständen Philosophen und Künstlern möglich ist, soll nach Moreno allen zu Teil werden: nämlich im Psychodrama (vgl. Moreno, 1974, S. 418f.). Das, was in Philosophie, Kunst und Psychodrama erträumt wird, gilt es dann in allen Bereichen gesellschaftlicher Praxis umzusetzen.

2.1.3 Soziometrische Matrix oder materielle Produktionsverhältnisse

Mit seiner Idee der soziometrischen Umgruppierung der Tiroler Flüchtlinge in Mitterndorf und der Begründung der Stegreifforschung in seinem Wiener Theater (vgl. Moreno, 1978a, S. XXXIV) versucht Moreno seine religiösen Visionen in ein wissenschaftliches Konzept zu transformieren. „I tried to do through sociometry what ‚religion without science' has failed to accomplish in the past and what ‚science without religion' has failed to accomplish in Soviet Russia" (Moreno, 1978a, S. XV). Dabei geht er von drei Hypothesen aus:

— „the hypothesis of spontaneity-creativity as a propelling force in human progress, beyond and independent from libido and socioeconomic motives",
— „the hypothesis of love and mutual sharing as a powerful, indispensible working principle in group life",
— „the hypothesis of superdynamic community based upon these principles which can be brought to realization through newer techniques" (Moreno, 1978a, S. XV).

Diese Kräfte wirken auf einer normalerweise unsichtbaren Ebene, können aber durch soziometrische Verfahren sichtbar gemacht und gemessen werden. Der Prozeß des sozialen Lebens wird nun nach Moreno bestimmt durch diese Kräfte wie durch formelle wie informelle Gruppierungen der „äußeren Gesellschaft".

„Unter sozialer Wirklichkeit verstehe ich die dynamische Synthese und die gegenseitige Durchdringung der beiden. Es liegt auf der Hand, daß weder die Matrix noch die äußere Gesellschaft wirklich sind oder allein existieren können, die eine ist eine Funktion der anderen. Als dialektische Gegensätze müssen sie gewissermaßen miteinander verschmelzen, um den tatsächlichen Prozeß des sozialen Lebens hervorbringen zu können. Der dynamische Grund für diese Spaltung ist die verborgene Existenz von zahllosen sozialen Konstellationen, die fortwährend auf die äußere Gesellschaft einwirken, teilweise in dem Bestreben, sie aufzulösen, teilweise in dem Bestreben, sie zu verwirklichen, und nicht zuletzt der Widerstand, den die äußere Gesellschaft ihrer Abschaffung oder Veränderung entgegensetzt" (Moreno, 1981, S. 175).

Den Motor für die Entwicklung der gesellschaftlichen Wirklichkeit ortet Moreno nicht auf der Ebene der gesellschaftlichen Verhältnisse, sondern in der Tiefenstruktur zwischenmenschlicher Interaktionen, die vom Streben nach kreativ gestalteten, gegenseitig befriedigenden und liebevollen Beziehungen in der Gemeinschaft „getrieben" sind.

Auch Marx kennt dieses Streben nach Selbstverwirklichung. Er sieht es im Bedürfnis nach sinnvoller Arbeit wie nach unmittelbaren, natürlichen Beziehungen des Menschen zum Menschen (vgl. Fromm 1970). Realisiert kann dieses Streben aber erst werden, wenn das gesellschaftliche Leben gemeinsam von den Produzenten reguliert wird, d.h. im Kommunismus (vgl. MEW 19, S. 226). Marx hat nun im Gegensatz zu Moreno dieses Streben nicht genauer untersucht. Er hat statt dessen ihre Behinderungen analysiert und festgestellt, daß die Dynamik gesellschaftlichen Lebens wesentlich bestimmt wird von der Dialektik von Produktivkräften und Produktionsverhältnissen (vgl. MEW 6, S. 407f.).

Im Kapitalismus ist das herrschende Produktionsverhältnis das Kapitalverhältnis, in dem die Bewegung des Kapitals die gesellschaftliche Reproduktion dominiert. Allerdings: Die die herrschenden Produktionsverhältnisse infragestellenden Produktivkräfte schließen nicht nur die Entwicklung der materiellen, sondern auch die der menschlichen Produktivkräfte ein. Und die Entfaltung des produktiven Arbeiters umfaßt eben nicht nur die Entwicklung seiner verwertbaren Arbeitskraft, sondern auch seiner kreativen Potenzen, die vom lebendigen Arbeiter nicht abgeschnitten werden können. Die Entfaltung dieser Kräfte, gerade auch die der Kooperation (vgl. MEW 23, S. 341ff.), durch die kapitalistische Produktions- und Lebensweise ist die entscheidende Basis des Protestes. Er kann aber nur wirksam werden, wenn die gesellschaftlichen Verhältnisse in eine strukturelle Krise geraten und eine grundlegende Umgestaltung zulassen (vgl. MEW 4, S. 372). Insofern gehört zum revolutionären Elan immer auch die revolutionäre Lage.

2.1.4 Rollenkonserve oder Entfremdung

Die Entwicklung vom Axiodrama über das Soziodrama zum Psychodrama und von der Theometrie zur Soziometrie brachte auch eine Neufassung des Erkenntnisgegenstandes mit sich: von der Begegnung zu den „interpersonal relations", den Tele-Beziehungen (vgl. Pfau-Tiefuhr, 1976). Diese informellen Beziehungen innerhalb von Gruppen und zwischen Gruppen haben nach Moreno unteilbare Kerne, die Sozialatome. Diese psychosozialen Beziehungsnetze ergeben sich durch emotionale Strömungen von Anziehung und Abstoßung, Sympathie und Antipathie, Liebe und Haß, Kooperation und Trennung. Hier wollen sich Strukturen organisieren, die selbstgewähltes Zusammenleben und -arbeiten ermöglichen. In Konflikt geraten diese Strebungen mit den formalen Beziehungsstrukturen, die sich durch Verhaltenserwartungen der sozialen Institutionen an die sozial Handelnden ergeben.

Diesen Konflikt zwischen den Forderungen und Erwartungen der äußeren Gesellschaft und den Wünschen der Individuen nach Selbstbestimmung (vgl. Nehnevajsa, 1960, S. 732f.) formuliert Moreno in seiner Rollentheorie (vgl. Petzold/Mathias, 1982). In das Netz von Rollenbeziehungen eines Menschen als kulturelles Atom gehen die Motive aus seinen Sozialatomen wie die Forderungen aus seinen Mitgliedschaften in sozialen Institutionen ein. Insofern bietet für Moreno die Mikrosoziologie die entscheidende Perspektive, um soziale Veränderungen entdecken und beeinflussen zu können. Er untersucht soziale Strukturen im status nascendi, in einem Augenblick, wenn sie sich aus dem eben beschriebenen Konflikt heraus bilden.

Die Rollen dieses Musters können stark von den formalen Institutionen geprägt sein, dann handelt es sich um soziale Rollen. Diese haben als Rollenkonserven entlastende Funktion: In diesen Rollen kann das Individuum in formalen Beziehungen adäquat funktionieren. Diese Rollenkonserven werden für das Individuum zur Belastung, wenn seine Wünsche in diesen Rollen auf Dauer unterdrückt werden. Dann kann der individuelle Anteil an der Rolle aktiviert werden, um sich von der Rolle zu distanzieren, sie abzustreifen oder eine neue Rolle zu schaffen. Das ist im alltäglichen Leben angesichts der Dominanz sozialer Institutionen oft nicht möglich. Daher hat Moreno einen Ort geschaffen, an dem das möglich werden kann: die Psychodrama-Bühne. Hier können in der surplus-reality neue Rollen entwickelt und erprobt werden. Diese psychodramatischen Rollen speisen sich aus dem psychischen Phantasiepotential der Spieler und umfassen positive wie negative utopische Entwürfe (vgl. Moreno, 1975, S. 20).

Entscheidend ist, daß diese Rollen den ganzen Menschen erfassen, sie werden von ihm verkörpert. Insofern müssen soziale wie psychodramatische Rollen immer vermittelt werden mit den körperlichen Bedürfnissen, mit den psychosomatischen Rollen.

Verfestigte Beziehungsmuster können nicht nur auftreten als Rollenkonserven, sondern sich auch vergegenständlichen als kulturelle und technologische Konserven. Diese können nach Moreno Freund und Helfer sein, aber auch Feind und Zerstörer. Das hat er vor allem am Beispiel des Roboters wie der Atombombe aufgezeigt.

„As our perfectionism has failed us again and again in its application to us as biological and social beings, as individuals and as a society of individuals, we give up hope and invest it in automations. The pathological consequences are enormous. Man turns more and more into a function of cultural and technological conserves, puts a premium on power and efficiency and loses credence in spontaneity and creativity" (Moreno, 1947, S. 20).

Von Rollenkonserven, sozialen Institutionen bis hin zu kulturellen und technologischen Apparaten werden von den Menschen hergestellte Produkte und Verhältnisse zum Subjekt des menschlichen Lebens. Die mit dieser Subjekt-Objekt-Verkehrung einhergehende Unterdrückung kreativer Gestaltungskräfte sieht Moreno als das entscheidende Problem im gegenwärtigen Stadium der kosmischen Entwicklung (vgl. Moreno, 1981, S. 177).

Warum bestimmte Konserven — obwohl der zu bewältigenden Situation nicht adäquat — weiterhin Geltung beanspruchen können, ahnt Moreno nur. Er schreibt:

„Die Rollen wurden häufig als fremd in bezug auf das Selbst erlebt, wie sie auch häufig dem Leben des Schauspielers fremd sind. Für diesen Widerstand gegen Rollenkonserven und Stereotypen kann man verschiedene Erklärungen haben:
1. Wir leben in einer Welt, die sich verändert. Neue Rollen-Sets kommen auf und versuchen, alte zu verdrängen.
2. Innerhalb einer gegebenen Gesellschaft repräsentiert ein Rollen-Set eine ethnische Gruppe, ein anderer andere ethnische Gruppen, und beide kämpfen um die Herrschaft.
3. Wie das Kind der Assimilation der organisierten, syntaktischen Sprache Widerstand entgegensetzt, wehrt es sich gegen soziale Rollenbündel (role-cluster), mit denen es während der Kindheit und der Adoleszenz konfrontiert ist. Dieser Widerstand kann wachsen, wenn es dadurch von sich weg geführt wird" (Moreno in: Petzold/Mathias, 1982, S. 265).

Hier tauchen immerhin die Kategorien Herrschaft und Widerstand auf. Eine systematische Analyse von Herrschaftsstrukturen und Widerstandsaktionen läßt sich aber bei Moreno nicht finden.

Marx dagegen hat genau darauf sein Augenmerk gerichtet. Ihm geht es um die Untersuchung von Herrschaftsstrukturen auf makrosoziologischer Ebene, also innerhalb der Anatomie der bürgerlichen Gesellschaft, wie der Bedingungen ihrer Revolutionierung. Am Anfang seiner theoretischen Entwicklung steht die Entfremdungstheorie, die er aus der Arbeitstheorie entwickelt (vgl. Mészáros, 1973).

Die Tatsache, daß mit der Verwertung der Sachenwelt die Entwertung der Menschenwelt in direktem Verhältnis zunehme, begreift er als Resultat der Entfremdung des Arbeiters in vier Aspekten:

— Entfremdung des Arbeiters vom Produkt seiner Tätigkeit, das ihm gegenüber eine unabhängige, blinde Macht wird.

— Entfremdung von der Tätigkeit selbst, die zur Zwangsarbeit wird.
— Entfremdung von der menschlichen Gattung, für die eine freie, bewußte Tätigkeit charakteristisch ist,
— Entfremdung vom anderen Menschen, dem die Befriedigung der Bedürfnisse des anderen kein entscheidendes Motiv seiner Tätigkeit mehr ist (vgl. Marx 1966, S. 54ff.).

Diese Entfremdungstheorie entwickelt Marx weiter über die Theorie der Arbeitsteilung (vgl. MEW 3, S. 32) bis zur Theorie vom Doppelcharakter der Arbeit als abstrakte und konkrete im „Kapital" (vgl. MEW 23, S. 61). Während konkrete Arbeit die Formierung der Arbeit zu einem bestimmten Zweck meint (also gebrauchswertorientiert ist), bedeutet abstrakte Arbeit die Verausgabung menschlicher Arbeitskraft als homogene und durch den Tausch gleichgesetzte (also tauschwertorientiert). Durch die Formierung der Arbeit als abstrakte wird von den konkreten Fähigkeiten und Interessen des Arbeitenden abgesehen. Seine Arbeit wird betrachtet wie jede andere, so daß ihr Wert mit jeder anderen verrechnet werden kann.

Diese Abstaktion = Entfremdung des Menschen von seinem Interesse an Selbstverwirklichung durch die kapitalistischen Produktionsverhältnisse führt zur Subjekt-Objekt-Verkehrung, d.h. zur Herrschaft der Ware, des Geldes, des Kapitals über die Produzenten dieser „Dinge". In der Klassentheorie wird diese Herrschaftsstruktur soziologisch entfaltet.

Moreno ist das Phänomen der Entfremdung nicht unbekannt. „The robot in its various forms — the work tool, the weapon, the cultural conserve, the zoomaton, the atomic bomb, and the calculating machine — is at the core of the process of alienation, of man from nature, from himself and from society" (Moreno, 1957, S. 4). Allerdings hat er die gesellschaftliche Produktion entfremdeter Verhältnisse, die Verdinglichung im Unterschied etwa zur Vergegenständlichung, nicht verstanden, obwohl er sich durchaus offen zeigt gegenüber der Klassentheorie (vgl. Moreno, 1981, S. 177) bzw. der Marxschen Theorie des Kapitalismus (vgl. Moreno, 1974, S. 424, 429).

2.1.5 Soziometrisch neu geordnete Gesellschaft oder Kommunismus

„Das praktische Prinzip der Mikrosoziologie: kleine, aber vertiefte soziometrische Revolutionen zu fördern, als die eigentliche Hoffnung auf eine lebenswürdige Weltordnung, im Gegensatz und an Stelle der ‚hoffnungslosen großen' Revolutionen der letzten drei Jahrhunderte, wie die amerikanische (1776), die französische (1789), die russische (1917) und die chinesische (1949). Die Mikrorevolutionen der Zukunft müssen auf Millionen Mikrorevolutionen fundiert sein, oder sie werden immer wieder scheitern."

Das schreibt Moreno noch 1966 (Moreno, 1974, S. XIV).

Die revolutionären Veränderungen in Gruppen mit Unterstützung von soziometrischen Methoden kommen nach Moreno durch mentale Katharsis zustande.

„If the supply (the amount of spontaneity) can meet the demand (the amount of change) the individual's own relative equilibrium within his social and cultural atoms will be maintained. As long, however, as he is unable to summon the spontaneity necessary to meet the change, a disequilibrium will manifest itself which will find its greatest expression in his inter-personal and inter-role relationships. The disequilibrum will increase in proportion to the falling-off of spontaneity and will reach a relative maximum when his spontaneity has reached its maximum point. It is a peculiarity of these disequilibria that they have their reciporcal effects. They throw out of equilibrium other persons at the same time. The wider the range of disequilibrium, the greater becomes the need for catharsis" (Moreno, 1975c, S. 16).

Der Ort, an dem das Gleichgewicht in den sozialen und kulturellen Atomen unter kontrollierten Bedingungen wiederhergestellt werden kann, ist die Psychodrama-Bühne.

„The method is to warm the subject up by means of mental and physical starters calling in another person to assist, if necessary. If this method is applied again and again, the subject learns through self-activation to get his organism ready for spontaneous action. It is a training in summoning spontaneity. In the course of overcoming the disequilibrium between the somatic and the mental prozesses, larger and larger portions of the organism are brought into play, pathological tensions and barriers are swept away and a catharsis takes place" (Moreno, 1975c, S. 24).

In der Psychodrama-Gruppe kann neben der Handlungskatharsis des Protagonisten eine Katharsis des Zuschauers wie eine Katharsis der gesamten Gruppe erfolgen, wenn sich weitere Spannungen aufgestaut haben und plötzlich neu ausgeglichen werden. Findet dieser Prozeß innerhalb von größeren Gemeinschaften statt, spricht Moreno auch von „sozialer Katharsis" (Moreno, 1981, S. 191). In der Katharsis wird durch das „acting out" Spontaneität freigesetzt, die Rollenkonserven gesprengt und neue Einsichten ermöglicht. Die kreative Neuordnung der Netze von Anziehung und Abstoßung in den sozialen Atomen wie der Neugestaltung der Rollen-Sets in den kulturellen Atomen im gesamten Interaktionsgefüge der Gruppenmitglieder erfordert im zweiten Schritt die Einbeziehung aller Interaktionspartner. Insofern kann diese Initiative nur soziale Wirklichkeit verändern, wenn sie auf weitere Netzwerke und Rollensysteme übergreift und Kreativität, d.h. Interesse und Kompetenz an Neugestaltung, freisetzt. Das meint der berühmte erste Satz von „Who shall survive?" (1934, S. 1): „A true therapeutic procedure cannot have less an objective than the whole of mankind." Diese Initiative ist, will sie gelingen, auf Konsens in einem herrschaftsfreien Dialog angewiesen.

Das Setzen auf Spontaneität und Kreativität scheint Moreno überlebensnotwendig zu sein angesichts der zunehmend das ganze menschliche Leben beherrschenden Automatisierung (vgl. Moreno 1974, S. 442ff.). Spontaneität aber setzt den „Wirklichkeits-Mehrwert" frei, durch den die schöpferische Vollendung des Kosmos erst möglich wird (vgl. Moreno, 1974, S. 423).

„Ziel der Soziometrie ist die Entwicklung einer Welt, die jedem Menschen ungeachtet seiner Intelligenz, Rasse, Religion oder ideologischen Gebundenheit die Möglichkeit zur Entfaltung seiner Spontaneität und Kreativität gibt, die Möglichkeit zu leben oder die gleichen Rechte zu genießen" (Moreno, 1974, S. 391).

In dieser soziometrischen Gesellschaft sollen alle Beziehungen nicht vorgegeben oder aufgeherrscht sein, sondern frei gewählt (vgl. Moreno, 1974, S. 282f.; 1923, 116ff.). In dieser Gesellschaft wird es keine „Polarität zwischen Begünstigten und Benachteiligten" (Moreno, 1974, S. 369) mehr geben. Niemand wird ausgestoßen; alle können „entsprechend ihren besten Fähigkeiten am Gemeinschaftsleben teilnehmen" (vgl. Moreno, 1974, S. 6). Für Moreno geht es dabei um die Realisierung einer göttlichen Vorherbestimmung:

„Die Religionen haben uns mit einem wunderbaren Mythus beschenkt. Lange bevor wir geboren werden, leben wir in einer anderen Welt, in Eden, und der weise Weltenvater, der alle geborenen und ungeborenen Wesen sieht und alle Nöte der Welt kennt, entscheidet, auf welchem Planeten, in welchem Land und in welcher Familie wir leben sollen. Diese Mär könnte ‚kosmischer Platzanweisungsmythus' genannt werden" (Moreno, 1974, S. 281).

Indem wir unseren Platz in der Gesellschaft und in der Welt gemeinsam selbst bestimmen, realisieren wir einen göttlichen Plan, dessen Umsetzung wir nicht gänzlich verfehlen können, wenn wir Spontaneität und Kreativität freisetzen. Diese herrschaftsfreie neue Gemeinschaft „wird dem Therapeuten therapeutisch, dem Religiösen religiös, dem Cooperativen cooperativ, dem Demokraten demokratisch und dem Kommunisten kommunistisch erscheinen" (Moreno, 1974, S. 396).

Auch wenn Marx das Streben nach Selbstverwirklichung der Menschen für den entscheidenden Motor radikaler sozialer Veränderungsprozesse hält, so geht er doch davon aus, daß seine Aktivierung wie seine Durchsetzung abhängt von objektiven Faktoren. Diese sind im wesentlichen die tiefgreifende ökonomische Krise, in der Zentralisation der Produktionsmittel und Vergesellschaftung der Arbeit in Gegensatz geraten zu den Produktionsverhältnissen (vgl. MEW 23, S. 791), der Stand der Klassenauseinandersetzung und damit die Existenz eines „kommunistischen Bewußtseins" (vgl. MEW 3, S. 70).

Indem die kapitalistische Produktionsweise selbst auf eine Verwandlung der vergesellschafteten Produktionsmittel in Staatseigentum drängt, schafft sie die objektive Basis für die Eroberung der Staatsgewalt durch die Arbeiterklasse. Damit hebt sich die Arbeiterklasse als beherrschte Klasse selbst auf und damit auch den Staat als Herrschaftsinstrument der herrschenden Klasse (vgl. MEW 20, S. 261). Mit der Beseitigung des Privateigentums an den Produktionsmitteln und der Herrschaft des Proletariats ist der Sozialismus erreicht (vgl. MEW 19, S. 19ff.). Erst im Kommunismus ist die Entfremdung überwunden, Arbeit ist erstes Lebensbedürfnis geworden.

„Nachdem mit der allseitigen Entwicklung der Individuen auch ihre Produktivkräfte gewachsen und alle Springquellen des genossenschaftlichen Reichtums voller fließen — erst dann kann der enge bürgerliche Rechtshorizont ganz überschritten werden und die Gesellschaft auf ihre Fahne schreiben: Jeder nach seinen Fähigkeiten, jedem nach seinen Bedürfnissen!" (MEW 19, S. 21)

Marx glaubt, durch den wissenschaftlichen Sozialismus die wirklichen Mittel entdeckt zu haben, durch die die Ziele auch der utopischen Denker des Frühsozialismus erreicht werden können (vgl. MEW 17, S. 557). Damit kommentiert er noch einmal indirekt Morenos utopische Visionen.

2.2. Kritik

Vergleicht man den Ansatz von Moreno mit dem von Marx, dann muß zunächst einmal die unterschiedliche soziale Lage berücksichtigt werden, aus der sie schreiben. Moreno mußte feststellen: In den Metropolen des Kapitalismus war keine Revolution erfolgt; die Revolution in Rußland fraß ihre Kinder. Die Arbeiterklasse in Europa konnte nicht einmal den Ausbruch zweier Weltkriege wie den Faschismus verhindern. Von daher ist es verständlich, wenn er der Arbeiterklasse keine besonders revolutionäre Potenzen zuspricht. Da er aber wie Marx an einer herrschaftsfreien Gesellschaft interessiert ist, muß er nach neuen revolutionären Kräften suchen. Er findet sie in den unterschwelligen Wünschen aller Menschen nach selbstgewählten Lebens- und Arbeitsverhältnissen. Er möchte durch seine soziometrischen Methoden diese Kräfte aufdecken, zum Bewußtsein bringen, stärken. Er hofft, daß die Menschen dann gemeinsam in ihrem Lebensbereich neue befriedigendere Verhältnisse schaffen gegen jeglichen Widerstand. Eine Analyse der entgegenstehenden Kräfte muß ihm nicht so wichtig wie Marx sein, da diese kreative Tendenz ja von göttlicher Kraft getragen wird. Die positiven, innovativen Entwicklungstendenzen der Gesellschaft im Erfahrungsbereich von Jedermann werden Gegenstand seiner wissenschaftlichen Untersuchungs- und Veränderungsmethoden. Die negativen, restaurativen Kräfte werden aus seiner spirituellen Grundeinstellung heraus aber keiner genaueren Analyse unterworfen. Daher steht sein Entwurf stets in der Gefahr, die kapitalistische Wirklichkeit zu verkennen und einem blinden Voluntarismus zu huldigen.

Mit dem Rückgang der industriellen Arbeit und der Ausdehnung des Dienstleistungsbereichs rückt die Arbeit als Bearbeitung der Natur immer mehr in den Hintergrund und mit der Ausdehnung der arbeitsfreien Zeit die soziale Beziehung in den Vordergrund des gesellschaftlichen Lebens. Gerade wenn Lebensqualität wichtiger wird als die Art der Arbeit (vgl. Negt, 1984), dann hat Moreno recht, wenn er die Beziehungsstruktur der Gesellschaft zum zentralen Thema gesellschaftlichen Interesses macht. Allerdings bleibt Marxens Erkenntnis nach wie vor gültig, daß das gesellschaftliche Leben davon geprägt wird, wie die Gewinnung von Lebensmitteln organisiert ist. Von den Produktionsmittelbesitzern im Verein mit dem bürgerlichen Staat wird nach wie vor die gesellschaftliche Entwicklung dominiert (vgl. Buer, 1986). Daß es darum geht, aufgeherrschte Arbeit abzuschaffen und freie, schöpferische Tätigkeit zu ermöglichen, darin sind sich Moreno und Marx einig.

Moreno möchte alle Menschen aktivieren, ihre Verantwortung für die Welt wahrzunehmen und sich an ihrer Gestaltung zu beteiligen — gerade angesichts der Umweltzerstörung und der atomaren Gefahren. Dabei baut er auf kleine Basisgruppen, die immer wieder Bewegung in größere Bevölkerungsgruppen bringen. Ob Gruppen des Bürgertums großes Interesse daran haben, diese kreative Bewegung zu initiieren, dürfte unwahrscheinlich sein. Auch größere Gruppen der Industriearbeiter dürften hier kaum zu finden sein. So geht diese Bewegung — wenn überhaupt — von den Mittelschichten aus. Wäre damit nicht Morenos Projekt als typisch kleinbürgerlich entlarvt? Aber: Entstammten die Theoretiker und Führer der sozialistischen Bewegungen nicht bürgerlichen Schichten und führten eine Mittelschicht-Existenz? (Vgl. Jacoby, 1988.) Wurden massenhafte Aufstände und revolutionäre Aktionen nicht von kleinen Gruppen angestoßen und oft auch angeführt? (Vgl. Sartre, 1974, S. 91ff.) Moreno hat mit seiner Hervorhebung der kleinen Mittelschicht-Gruppe als Medium der Veränderung nur eine Erkenntnis zur Sprache gebracht, die zum festen Erfahrungsschatz aller sozialistischen Bewegungen gehört. Er will — ähnlich wie Brecht (vgl. Fahrenbach, 1986) — durch soziologische Experimente und theatralische Interventionen eingreifendes Denken und aufgeklärtes Einmischen anregen, um so das „kulturelle Kapital" (Bourdieu, 1982) gerade auch der gebildeten Schichten zu nutzen.

Neben vielen Unvereinbarkeiten zwischen dem Marxismus und der Philosophie Morenos bestehen aber auch viele Übereinstimmungen, die um so deutlicher werden, je stärker wir bestimmte Strömungen des heutigen Marxismus heranziehen.

3. Morenos Philosophie und der heutige Marxismus

Schon der Marxismus, der z.Z. Morenos in Wien vertreten wurde, ergänzte und revidierte manche Positionen von Marx und Engels, so daß schon hier eine größere Nähe zu Morenos

Philosophie hervortritt. So verstand *Max Adler*, der 1921 bis 1937 an der Universität Wien lehrte, den Menschen a priori als soziales Wesen, weil er schon immer in seinem Bewußtsein sozial sei. Er wandte sich gegen einen materialistischen Geschichtsdeterminismus und stellte „den tätigen, nach Plänen und Ideen handelnden Menschen in den Mittelpunkt" (Adler, 1964, S. 17). Er glaubte an die Bildungsfähigkeit der Arbeiterschaft und an die Möglichkeit, schon in der bürgerlichen Demokratie Elemente einer „solidarischen Gesellschaft" zu verwirklichen. Daher unterstützte er 1919 die Arbeiterräte als einer zukunftsweisenden Form der Selbstverwaltung.

Die Betonung der revolutionären Aktion und der Selbstregulierung der gesellschaftlichen Angelegenheiten durch Räte verband in den 20er Jahren Marxisten wie *Karl Korsch, Herman Gorer, Anton Pannekoek* und *Otto Rühle*. Sie wandten sich gegen die zentralistische Parteienherrschaft und setzten stärker auf die Spontaneität der Massen (vgl. Kool, 1970; Mattik, 1975). Otto Rühle, der zusammen mit seiner Frau Alice Rühle-Gerstel auch als Individualpsychologe tätig war, definierte „Sozialismus global als eine Neuregulierung der Beziehungen der Menschen untereinander sowie der Beziehungen der Menschen zur Arbeit, zu den Arbeitsmitteln und zum Arbeitsertrag" (Jacoby & Herbst, 1985, S. 53f.).

Die Einbeziehung individualpsychologischer bzw. psychoanalytischer Theorien in die marxistische Gesellschaftstheorie etwa ab 1925 war Ausdruck des Versuchs, den bis dahin im Marxismus vorherrschenden Utilitarismus zu überwinden. Dieser konnte das Ausbleiben einer proletarischen Revolution und später den Durchbruch des Faschismus nicht erklären. Gerade auch die Kritische Theorie reflektierte diesen Mangel (vgl. Jay, 1981). So wurde der Soziologe und Psychoanalytiker *Erich Fromm* 1930 Mitglied des Instituts für Sozialforschung (→ Buer / Schmitz).

Insbesondere *Herbert Marcuse* (vgl. Arnason, 1971; Brunkhorst / Koch, 1987) formuliert in seinen Schriften viele Einsichten, die denen Morenos nahekommen. Spätestens seit Anfang der vierziger Jahre betrachtete auch er das Proletariat nicht mehr als revolutionäre Kraft. Basis der Rebellion sind für ihn die Lebenstriebe des Menschen, deren Befriedigung er für unvereinbar mit der gegenwärtigen Gesellschaft hält (vgl. Marcuse, 1969a, S. 9). Diese Lebenstriebe umfassen Sinnlichkeit, Erotik, Imagination, Phantasie, Ästhetik, Spiel.

„Der Spieltrieb könnte, würde er tatsächlich als Kulturprinzip Geltung gewinnen, die Realität im wahrsten Sinn des Wortes umgestalten. Die Natur, die objektive Welt, würde dann nicht mehr in erster Linie als den Menschen beherrschend erfahren (wie in der primitiven Gesellschaft), sondern vielmehr als ein Gegenstand der ‚Betrachtung, der Reflexion'" (Marcuse, 1969a, S. 187f.).

Die innovativen Kräfte des Spiels, der Spontaneität und Kreativität, der Phantasie und Imagination (vgl. Moreno, 1973b), der Liebe und gegenseitigen Anteilnahme, das sind Kräfte, auf die Moreno wie Marcuse setzen.

Mit dem Versuch Marcuses, den romantischen Impuls in die Aufklärung zu integrieren, wollte er die Tiefendimension des Imaginativen erschließen und doch die Vernunft nicht verraten. Allerdings hält er die gegenwärtig vorherrschende Form der Vernunft für kritikwürdig. „Die repräsentative Philosophie der westlichen Kultur hat einen Vernunftbegriff entwickelt, der die hervorstechenden Züge des Leistungsprinzips enthält. Die gleiche Philosophie aber endet mit der Vision einer höheren Form der Vernunft, die die gerade Verneinung dieser Züge ist nämlich Rezeptivität, Kontemplation, Freude" (Marcuse,

1969a, S. 130). Das ist genau der Zustand, der auch Morenos Vision entspricht. Marcuse nennt diese Utopie „Sozialismus", Moreno die „therapeutische Weltordnung". Diese „Ordnung der Erfüllung" kommt nicht allein, sie muß aktiv gewollt und angestrebt werden. Insofern ist dieser Entwurf immer normativ. Marcuse stellt fest: „Dieser normative Zug gehört zum Wesen des wissenschaftlichen Sozialismus. Der Sozialismus soll sein" (Marcuse 1969b, S. 185). Wie Marcuse wendet Moreno sich gegen einen Geschichtsdeterminismus und setzt auf die Entscheidung der Bevölkerung für gemeinsam regulierte menschenwürdige Verhältnisse.

Diese Idee der Selbstverwaltung, die die gemeinsame, herrschaftsfreie Regulierung der Arbeits- und Lebensverhältnisse durch das Volk selbst meint, verbindet auch viele westliche und östliche Marxisten, die sich dem „sozialistischen Humanismus" verpflichtet fühlen (vgl. Fromm, 1966), von *Marković* (1969), *Supek* (1976) und *Stojanović* (1970) bis *Garaudy* (1974; 1981) *Gorz* 1983 und *Bloch*.

Nach Vranicki (1974, S. 819) besteht der Wert des Werkes von *Ernst Bloch* (vgl. Zudeick, 1985) vor allem „in einer allseitigen Analyse der menschlichen Kreativität unter einem einzigen Aspekt — dem Aspekt des Utopischen". Bloch sieht in der menschlichen Geschichte nicht nur restaurative Tendenzen, sondern vor allem auch innovative, denen durch eingreifende, revolutionäre Praxis zur Geburt verholfen werden soll. Ausgangspunkt für in ist die existentielle Erfahrung des Menschen, daß sein Leben zunächst einmal kontigent ist, ohne Grund und ohne Sinn. Beides muß erst gewonnen werden. In diesem „Dunkel des gelebten Augenblicks" ist aber der „erfüllte Augenblick" enthalten. Kommen revolutionäre Lage und erfüllte Zeit zusammen, dann können Wünsche wahr werden, kann die Utopie vom glücklichen Leben konkret werden.

Gerade das kennzeichnet auch die psychodramatische Situation. In der „Stegreiflage" wird mit solidarischer Unterstützung der Gruppe Spontaneität freigesetzt, durch die die Wünsche nach neu geregelten Beziehungen in der kreativen Gestaltung psychodramatischer Rollen realisiert werden. Dieser erfüllte Augenblick im Spiel, in der surplus reality, im Schein, ist Sein geworden, Realität, ist eingetreten, allerdings unter günstigen „Umständen". Es gilt, diese Umstände im Alltag herzustellen, allerdings mit dem Elan im Rücken, den die psychodramatische Erfahrung freigesetzt hat.

Das Substrat realer Möglichkeit, das also, woraus sich die neuen Gestaltungen ausprägen, ist nach Bloch die Materie. „Die Materie selber ist unabgeschlossen; also ist die Materie nach vorwärts, ist offen, hat eine unabsehbare Karriere vor sich, in die wir Menschen mit eingeschlossen sind, sie ist die Substanz der Welt. Die Welt ist ein Experiment, das diese Materie durch uns mit sich selber anstellt" (Bloch in Traub/Wieser, 1980, S. 286). Sie enthält also einen subjektiven Faktor, umfaßt nicht nur das Sein, sondern auch den Geist. Daher beinhaltet die Utopie nicht nur den Sozialismus, sondern auch eine neue Welt. Die Materie kommt zu sich selber in einem durch die Menschen vollendeten Kosmos. Genau das meint Moreno, wenn er den Menschen als kosmisches Wesen betrachtet und ihn zum Co-creator des Universums macht.

Dieser revolutionäre Messianismus in Blochs Werk (vgl. Münster, 1982) kennzeichnet auch die Frankfurter Schule. Wenn Adorno „das Motiv der Rettung des Hoffnungslosen als Zentralversuch aller meiner Versuche" nennt (in Brumlik, 1983, S. 228) oder Benjamin schreibt: „Nur um der Hoffnungslosen willen ist uns die Hoffnung gegeben" (in Brumlik, 1983, S. 229), dann ist radikale Gesellschaftskritik in ihrem Kern bereits theologisch gedacht. In dieser Tradition steht auch Moreno, wenn er angesichts der Frage „Who shall survive?" seine Hoffnung auf die Selbstheilungskräfte der Menschheit setzt und die Rettung in der allseitigen Entfaltung der „göttlichen" Kreativität sieht gegen die Tendenzen der Destruktion und Entfremdung.

Literatur

Adler, M. (1964). Natur und Gesellschaft. Wien.
Arnason, J.P. (1971). Von Marcuse zu Marx. Neuwied.
Bachitow, M. (1961). Mikrosoziologie und Klassenkampf. Berlin.
Bloch, E. (1919). Die Erwartung. Der neue Daimon, 1/2, 18-19.
— (1985a). Tendenz — Latenz — Utopie. Frankfurt a.M.
— (1985b). Das Materialismusproblem, seine Geschichte und Substanz. Frankfurt a.M.
— (1985c). Geist der Utopie. Faksimile der Ausgabe von 1918. Frankfurt a.M.
Bruder-Bezzel, A. (1983). Alfred Adler. Die Entstehungsgeschichte einer Theorie im historischen Milieu Wiens. Göttingen.
Brumlik, M. (1983). Der revolutionäre Messianismus der Frankfurter Schule. Merkur, 37, 228-231.
Brunkhorst, H. & Koch, G. (1987). Marcuse zur Einführung. Hamburg.
Bourdieu, P. (1982). Die feinen Unterschiede. Frankfurt a.M.
Buer, F. (1985). Form und Funktion des bürgerlichen Staates. In Ders. u.a., Zur Gesellschaftsstruktur der BRD. (S. 58-98). Münster.
— (1988a). Soziale Netze, selbstaktive Felder, Sozialökologie & Co. Neue Praxis, 18, 2, 95-110.
Dahmer, H. & Fleischer, H. (1976). Karl Marx. In D. Käsler (Hrsg.), Klassiker des soziologischen Denkens. (S. 62-158; 449-466). München.
Eisler, H. (1976). Materialien zu einer Dialektik der Musik. Leipzig.
Fahrenbach, H. (1986). Brecht zur Einführung. Hamburg.
Fetscher, I. (1967). Karl Marx und der Marxismus. München.
Fleischer, H. (1970). Marx und Engels. Freiburg.
Fromm, E. (Hrsg.) (1966). Socialist Humanism. An International Symposium. New York.
— (1970). Marx' Beitrag zur Wissenschaft vom Menschen. In Ders., Analytische Sozialpsychologie und Gesellschaftstheorie. (S. 145-161). Frankfurt a.M.
Garaudy, R. (1974). Die Alternative. Reinbek.
— (1981). Aufruf an die Lebenden. Neuwied.
Gorz, A. (1983). Wege ins Paradies. Berlin.
Hart, J.W. (1971). Socioeconomic Sociometry and Socioeconometry: Moreno's Sociodynamic Effect Revisited. Beacon.
Hörmann, G. & Langer, K. (1987). Psychodrama. In H. Zygowski (Hrsg.), Psychotherapie und Gesellschaft. (S. 182-204). Reinbek.
Jacoby, E. (1988). Lexikon linker Leitfiguren. Frankfurt a.M.
Jacoby, H. & Herbst, J. (1985). Otto Rühle zur Einführung. Hamburg.
Jay, M. (1981). Dialektische Phantasie. Frankfurt a.M.
Johnston, W.M. (1980). Österreichische Kultur- und Geistesgeschichte. Wien.
Kofler, L. (1985). Eros, Ästhetik, Politik. Hamburg.
Kool, F. (Hrsg.) (1970). Die Linke gegen die Parteiherrschaft. Frankfurt a.M.
Marcuse, H. (1969a). Triebstruktur und Gesellschaft. Frankfurt a.M.
— (1969b). Befreiung von der Überflußgesellschaft. Kursbuch, 16, 185-198.
Marković, M. (1969). Entfremdung und Selbstverwaltung. In Folgen einer Theorie. Essays über „Das Kapital" von Karl Marx. (S. 178-204).
Marx, K. (o.J.). Grundrisse der Kritik der politischen Ökonomie. Frankfurt a.M.
— (1966). Pariser Manuskripte 1844. Reinbek.
Marx, K. & Engels, F. (1956-1968). Werke. Berlin. (= MEW)
Mattik, P. (1975). Spontaneität und Organisation. Frankfurt a.M.

Mészáros, I. (1973). Der Entfremdungsbegriff bei Marx. München.
Moreno, J.L. (1919). Erklärung an Spartakus. Der neue Daimon, 1/2, 31-32.
— (1920). Das Testament des Vaters, Die Gefährten, 2, 1-33.
— (1923). Der Königsroman. Potsdam.
— (1934). Who shall survive? An New Approach to the Problem of Human Interrelations. Washington.
— (1947). The Future of Man's World. Beacon.
— (1957). Global Psychotherapie and Prospects of a Therapeutic Word Order. In Progress in Psychotherapy, 1, 1-31.
— (1960). Psychiatric Encounter in Soviet Russia. International Journal of Sociometry and Sociatry. II, 63-87.
— (1968). Universal Peace in our Time. Group Psychotherapy and Psychodrama, XXI, 175-176.
— (1970). Das Stegreiftheater. Beacon.
— (1971). The Words of the Father. Beacon.
— (1972). The Religion of God-Father. In P.E. Johnson (Hrsg.). Healer of the Mind. (S. 197-215). New York.
— (1973a). Gruppenpsychotherapie und Psychodrama. Stuttgart.
— (1973b). The Magic Charter of Psychodrama. Group Psychotherapy and Psychodrama, XXV, 131.
— (1974). Die Grundlagen der Soziometrie. Wege zur Neuordnung der Gesellschaft. Opladen.
— (1975a). Psychodrama. Vol. II. Foundations of Psychotherapy. Beacon.
— (1975b). Psychodrama. Vol. III. Action Therapy and Principles of Practice. Beacon.
— (1975c). Mental Catharsis and the Psychodrama. Group Psychotherapy and Psychodrama, XXVIII, 5-32.
— (1977). Psychodrama. Vol. I. Beacon.
— (1978a). Who shall survive? Foundations of Sociometry, Group Psychotherapy and Sociodrama. Beacon.
— (1978b). Die Psychiatrie des Zwanzigsten Jahrhunderts als Funktion der Universalia Zeit, Raum, Realität und Kosmos. In H. Petzold (Hrsg.), Angewandtes Psychodrama. (S. 101-112). Paderborn.
— (1981). Soziometrie als experimentelle Methode. Paderborn.
Moreno, Z. (1966). Evolution and Dynamics of the Group Psychotherapy Movement. In J.L. Moreno (Hrsg.), The International Handbook of Group Psychotherapy. (S. 27-128). New York.
Nehnevajsa, J. (1960). Sociometry: Decades of Growth. In J.L. Moreno et al. (Hrsg.), Sociometry Reader. (S. 707-753). Glencoe.
Negt, O. (1984). Lebendige Arbeit, enteignete Zeit. Frankfurt a.M.
Ottomeyer, K. (1987). Lebensdrama und Gesellschaft. Szenisch-materialistische Psychologie für soziale Arbeit und politische Kultur. Wien.
Petzold, H. & Mathias, U. (1982). Rollenentwicklung und Identität. Von den Anfängen der Rollentheorie zum sozialpsychiatrischen Rollenkonzept Morenos. Paderborn.
Pfau-Tiefuhr, U. (1976). Begegnung als Ereignis. J.L. Morenos Konzept der therapeutischen Interaktion. (Diss.) Hannover.
Pontalis, J.-B. (1974). Nach Freud. Frankfurt a.M.
Rattner, J. (1972). Alfred Adler in Selbstzeugnissen und Bilddokumenten. Reinbek.
Sartre, J.-P. (1974). Mai '68 und die Folgen. Reinbek.
Schmidt, A. (1973). Geschichte und Natur im dialektischen Materialismus. s'Gravenhage.
Stojanović, S. (1970). Kritik und Zukunft des Sozialismus. München.
Supek, R. (1976). Die „unsichtbare Hand" und die Degradierung des Menschen. In A. Touraine u.a. Jenseits der Krise. Frankfurt a.M.
Traub, R. & Wieser, H. (Hrsg.). Gespräche mit Ernst Bloch. Frankfurt a.M.
Trotzki, L. (1981). Mein Leben. Frankfurt a.M.
Vranicki, P. (1972). Geschichte des Marxismus. 2 Bd. Frankfurt a.M.
Zudeick, P. (1985). Der Hintern des Teufels. Ernst Bloch — Leben und Werk. Moos & Baden-Baden.

III. Akt: Parallelen

Morenos Philosophie und der Anarchismus

Ferdinand Buer

„Für mich ist das alles Ein Ding: Revolution — Sozialismus — Menschenwürde, im öffentlichen und gesellschaftlichen Leben — Erneuerung und Wiedergeburt — Kunst und Bühne."

G. Landauer 1919

1. Moreno und der Anarchismus

1.1 Bezüge und Beziehungen

Claude Saint-Simon und *Pierre Proudhon* nennt Moreno in einem Atemzug mit August Comte und Emile Durkheim, wenn er die Begründer der Soziologie aufzählen will, der Soziologie als einer der drei Hauptströmungen des sozialen Denkens neben dem wissenschaftlichen Sozialismus und seiner eigenen Soziometrie (vgl. Moreno, 1974, S. XIX). Daß beide aber nicht nur eine Bedeutung für die Entstehung der Soziologie hatten (vgl. Klages, 1969), sondern auch für die Entwicklung des utopischen Sozialismus, wird von Moreno mit keinem Wort erwähnt. Zumindest steht fest, er hat sie gekannt; Proudhon las er — wie er behauptet — schon zu seinen Wiener Zeiten (vgl. Moreno, 1981, S. 269).

Mit *Charles Fourier* und *Robert Owen* geht es uns etwas besser: Sie werden in einschlägigem Zusammenhang genannt:

„Die großen religiösen Experimentatoren in situ Buddha, Christus und Ghandi, die Sozialutopisten Fourier und Owen, die Sozialrealisten Marx und Lenin — wie unvereinbar auch ihre verschiedenen Ansätze sein mögen — wußten etwas über die Spontaneität des Individuums und der Massen. Sie wußten intuitiv, daß sich ein erfolgreicher Versuchsplan der Gesellschaft eng an ein im Menschen auf traumhafte Weise inhärentes Lebensmodell anlehnen und es vorwegnehmen muß: Obwohl sie nie die Absicht hatten, ihre hypothetischen sozialen Systeme zu validieren, trugen sie zu dem Wissen, das die Sozialwissenschaften bis heute angesammelt haben, bei weitem mehr bei als alle künstlich konstruierten Experimente zusammen" (Moreno, 1981, S. 67).

Und im Abschnitt über „sociometric planning of society" in „Who shall survive" (1978, S. 551) schreibt er:

„In the history of community experimentation Charles Fourier and Robert Owen have earned a place of honor. Over a century ago these two indefatigable pioneers evolved ingenious schemes for social organization. It was their Utopian concept of human nature and of human society which accounts for the failure of their respective efforts. Aided by the theory of sociometric realism and sociometric methods their experiments might have succeeded."

Petr Kropotkin wird neben Aristoteles, Adam Smith, Comte, Feuerbach, Spencer, Darwin und Espinas als Kronzeuge angeführt, wenn es gilt, Morenos soziometrische Befunde zu stützen.

„Sie alle sahen schon die Kräfte, sowohl von gegenseitiger Anziehung als auch Abneigung, die in Tier- und Menschengesellschaften bestehen. Kooperative Kräfte sind biologisch wichtiger als die Kräfte der Zerstörung. Wenn Kooperation nicht die stärkere Macht gewesen wäre, dann hätten sich die komplizierten Tierformen, wie Wirbeltiere oder Anthropoiden, nicht aus den einfacheren entwickelt. Kreativität und Produktivität vermehrt sich mit größerer Intensität in Gruppen, die auf der Basis gegenseitiger Hilfe begründet sind, als in Zufallsgruppen oder in Gruppen, deren Mitglieder einander feindselig gegenüberstehen. Im sozialen Universum gibt es echte Produktivität. Diese Kräfte der sozialen Gesundheit werden benützt und weiterentwickelt durch Methoden wie der Gruppenpsychotherapie und die Soziatrie" (Moreno, 1973, S. 7).

Moreno bezieht sich hier offensichtlich auf Kropotkins Werk von 1902 „Mutual Aid. A Factor of Evolution", das Gustav Landauer ins Deutsche übertragen hat und hier 1904 bzw. 1908 unter dem Titel „Gegenseitige Hilfe in der Tier- und Menschenwelt" erschien, bis 1920 in 20 000 Exemplaren.

Daß anarchistische Ideen im damaligen Wien heiß diskutiert wurden, bezeugt auch Manès Sperber, der 1920 Schüler Alfred Adlers werden sollte:

Entstanden war „das Interesse für die Sozialrevolutionäre, die Nachfahren der Narodniki, und für die anarchokommunistische Lehre Kropotkins, des revolutionären Fürsten, viel mehr als für den Marxismus. Kropotkins Erinnerungen und seine ‚Gegenseitige Hilfe' haben uns zutiefst beeindruckt und gewiß wesentlich dazu beigetragen, den Wiener Schomer für jene Ideen und Ziele zu gewinnen, die später im Kibbuz verwirklicht werden sollten" (zitiert in: Paffenholz, 1984, S. 21f.).

Auch Moreno sieht die Kibbuzim („kwutzoth") als wichtiges Experiment auf dem Weg zu einer „therapeutischen Weltordnung" an (vgl. Moreno, 1957, S. 23):

„‚Open' therapeutic villages, and colonies populated by *normal* groups involving all dimensions of living, from labor to familiy life, are the promising next step, anticipated by the experiment in colonization by the kwutzoth in Israel."

Einer der geistigen Wegbereiter der Kibbuzbewegung war *Martin Buber* (vgl. Buber, 1985, S. 231); er hat mit Moreno 1919 am Neuen Daimon zusammengearbeitet; zugleich war er enger Gefährte von Gustav Landauer seit 1900 bis zu dessen Ermordung 1919 in den Wirren der Zerschlagung der Räterepublik in München. Nach dessen Tod hat Buber eine Reihe seiner Briefe und Schriften herausgegeben (z.B. Landauer, 1922; 1929; 1977a; 1977b).

Gustav Landauer, dessen „Skepsis und Mystik" 1903, „Revolution" 1907 und „Aufruf zum Sozialismus" zuerst 1911 erschienen, dessen Zeitschrift „Der Sozialist" weit verbreitet war, der Proudhon und Kropotkin ins Deutsche übertragen hat, muß somit Moreno — wenn auch flüchtig — bekannt gewesen sein. Dafür spricht auch, daß Moreno durch seine Kontakte zu expressionistischen Künstlern (→ Fangauf, → Buer, Prolog) und zu Alfred Adler (→ Buer, Marxismus) für revolutionäre Ideen aufgeschlossen war. Manès Sperber schildert (1986, S. 303) das Klima der Nachkriegszeit in Wien so:

„Im hungernden Wien ertrugen wir die furchtbaren Nöte des Alltags viel leichter, weil wir das Herannahen von Taten und Ereignissen erwarteten, die alles von Grund auf ändern und jedem ausnahmslos ermöglichen würden, zugleich als Einzelner und als Mitglied einer Gemeinschaft frei in innerer Wahrhaftigkeit zu leben. Wir erhofften einen herrschaftslosen Sozialismus, eine Gesellschaft, welche die Lenkung durch einen Staat nicht dulden und nicht brauchen würde. Bei der Begegnung mit Büchern waltet oft eine seltsame Logik der Koinzidenzen, die bewirken, daß dem Suchenden das

Buch, das ihm die gesuchten Antworten bringt, genau dann in die Hände gerät, da er ihrer am dringendsten bedarf. So erging es uns damals mit dem ‚Aufruf zum Sozialismus' von Gustav Landauer."

Allerdings, diese Einflüsse werden weder in Morenos Frühschriften, noch in seinen amerikanischen Werken je explizit genannt. Gerade in den USA wird die Auseinandersetzung mit dem Anarchismus — ganz im Gegensatz etwa zum Marxismus (→ Buer, Marxismus) — eher beiläufig geführt. Seine Sicht des Anarchismus scheint jetzt von Vorurteilen nicht ganz frei zu sein (vgl. Moreno, 1981, S. 206). Und Zerka Moreno (in: Petzold/Mathias, 1982, S. 312) meint sich 1944 in einem Aufsatz zu Anpassungsproblemen im militärischen Bereich von anarchistischem Verhalten abgrenzen zu müssen.

Anarchistische Ideen werden daher nur unterschwellig in Morenos Werk vorhanden sein, möglicherweise ihm selbst unbewußt. Und wenn Ähnlichkeiten nicht auf Einflüsse zurückzuführen sind, dann kann man mit Fug und Recht zumindest von Parallelität sprechen.

Auf jeden Fall läßt sich Morenos Philosophie revolutionären Theorien zurechnen (vgl. Lenk, 1973). So ordnet Nehnevajsa (1960, S. 760) Morenos Ansatz den revolutionären Sozialsystemen zu und sieht hier deutliche Verbindungslinien: „Illustrations of revolutionary systems are the Communistic systems of Marx, Engels and Lenin, the Utopian systems of Thomas Moore and Charles Fourier and the sociometric system of Moreno."

1.2 Anarchismus und utopischer Sozialismus

Saint-Simon (1760-1837), Fourier (1772-1837) und Proudhon (1809-1865) gehören zu einer Gruppe von französischen Gesellschaftstheoretikern, die in einer Zeit des radikalen Wandels („Französische Revolution") Ideen einer besseren Gesellschaft entwickelten und einen Weg dorthin auf einer Kritik der bestehenden gründeten. Damit stellten sie sich in die lange Tradition sozialer Utopien seit der Antike (vgl. Bloch, 1976, S. 547ff.), sehen sie aber in Verbindung mit den sozialen Bewegungen ihrer Zeit (vgl. Hofmann, 1971, S. 39ff.). Zusammen mit Owen (1771-1858) werden sie als utopische Sozialisten bezeichnet (vgl. Bedarida et al., 1974).

Insbesondere Marx und Engels haben seit dem Kommunistischen Manifest von 1848 diesem Terminus einen negativen Beigeschmack gegeben. Ihre Kritik bezieht sich vor allem auf deren Hoffnung, durch Vernunft und Aufklärung, ohne feste Verbindung mit den Interessen der Arbeiterklasse eine radikale Gesellschaftsveränderung bewirken zu können. Statt dessen müsse die neue Gesellschaft, der Kommunismus, aus den objektiven Entwicklungsgesetzen der Geschichte abgeleitet werden (vgl. Marx & Engels, 1970). Engels sieht daher in der Entfaltung des Marxschen Systems eine positive Entwicklung des Sozialismus von der Utopie als Illusion zur Wissenschaft (vgl. Engels 1970). Von dieser Position aus unterzieht Marx vor allem Proudhon einer vernichtenden Kritik (vgl. Marx, 1971). Bezogen auf diesen Standpunkt werden die oben genannten zur Gruppe der Frühsozialisten gerechnet (vgl. Ramm, 1968; Vester, 1971).

Allerdings stimmt die marxistische Vision einer vernünftigen und herrschaftsfreien Zukunftsgesellschaft mit den Utopien der Frühsozialisten überein (vgl. Buber, 1985, S. 147ff.). Nachdem heute die Hoffnungen auf die revolutionäre Kraft der Arbeiterklasse gedämpft sind und der Geschichtsdeterminismus mit seiner technologischen Fortschrittsvorstellung weitgehend absolut geworden ist, hat utopisches Denken wieder an Relevanz gewonnen (vgl. Neusüß, 1968; Bloch, 1976; Schwendter, 1982; 1984). Auch die Krise eines objektivistischen Marxismus hat bewirkt, daß wieder andere, alternative Traditionen des Sozialismus Beachtung finden. Insbesondere in der Ökologiebewegung hat der Anarchismus eine Renaissance erlebt (vgl. Cantzen, 1987). Aber auch in christlichen Gruppen spielen anarchistische Ideen bei der Suche nach neuen Lebens- und Gesellschaftsformen wieder eine Rolle (vgl. Harms, 1988).

Mit Kant kann Anarchie als „Gesetz und Freiheit ohne Gewalt" umschrieben werden (zitiert in: Oberländer, 1972, S. 11); Anarchismus meint also „Utopien und Theorien freiheitlicher Gesellschaften ohne Macht und Herrschaft von Menschen über Menschen" (Neumann, 1984, S. 223). Die Ideengeschichte des Anarchismus beginnt mit Proudhon, wichtigster Theoretiker neben Bakunin war Petr Kropotkin (1842-1921) (vgl. Guérin, 1969, Nettlau, 1972, 1984; Wittkop, 1988). Die meisten Strömungen des Anarchismus bekennen sich zum Sozialismus, grenzen sich aber vom Marxismus ab, indem sie diesen als autoritär, sich selbst als libertär oder freiheitlich bezeichnen. Im Unterschied zu den Frühsozialisten erwarten sie die Veränderung nicht von oben, durch Staat oder Unternehmerschaft, sondern von unten, durch autonome Selbstorganisation der Gesellschaft.

Martin Buber (1878-1965) hat nun in „Pfade in Utopia" versucht, die Idee „einer Erneuerung der Gesellschaft durch Erneuerung ihres Zellengewebes" (1985, S. 17) in ihrer Entwicklung von den Anfängen bei Saint-Simon und Fourier über Owen und Proudhon bis zu Kropotkin und Landauer nachzuzeichnen.

Im Gegensatz zum Marxismus will „der ‚utopische' nicht-marxistische Sozialismus den mit seinem Ziel artgleichen Weg; er weigert sich daran zu glauben, daß man sich auf den dereinstigen ‚Sprung' verlassend, das Gegenteil von dem zu bereiten habe, was man anstrebt, im Jetzt den im Jetzt möglichen Raum schaffen muß, damit es sich im Dann erfülle; er glaubt nicht an den nachrevolutionären Sprung, aber er glaubt an die revolutionäre Kontinuität, genauer gesagt: an eine Kontinuität, innerhalb deren Revolution nur die Durchsetzung, Freimachung und Erweiterung einer bereits zum möglichen Maß erwachsenen Wirklichkeit bedeutet" (Buber, 1985, S. 39).

Es wird „in zunehmendem Maße eine Restrukturierung der Gesellschaft angestrebt, — nicht, wie die marxistische Kritik meint, in einem romantischen Versuch, überwundene Entwicklungsstadien zu erneuern, sondern im Bunde mit den in den Tiefen des wirtschaftlichen und gesellschaftlichen Werdens wahrnehmbaren dezentralen Gegentendenzen, aber auch im Bunde mit der langsam in der Tiefe der Menschenseele wachsenden innerlichsten aller Auflehnungen, der Auflehnung gegen die massierte oder kollektivierte Einsamkeit" (Buber, 1985, S. 41).

„Der ‚utopische' Sozialismus kämpft für das innerhalb einer Restrukturierung der Gesellschaft jeweils mögliche Höchstmaß der Gemeinschaftsautonomie" (Buber, 1985, S. 42).

Als (vorläufig) letztes Glied dieser Erneuerungsbewegung sieht Buber seinen Lehrer Gustav Landauer (1870-1919) (vgl. Buber, 1985, S. 91ff.; 315ff.).

1.3 Landauer und Moreno

Landauers Lebensweg, seine Interessen und seine Aktivitäten weisen in vielen Punkten eine frappierende Nähe zu Morenos Leben auf (vgl. Wolf, 1988; Dericum, 1988; Kalz, 1967).

Wie Moreno Sohn jüdischer Eltern, war er zeitlebens wie dieser (→ Geisler) beeinflußt vom prophetischen Messianismus, gefördert durch seine Freundschaft mit Buber. Seine frühen Schriften sind wie bei Moreno dichterische Werke, ein Roman „Der Todesprediger" (1893) und ein Novellenband „Macht und Mächte" (1903) (vgl. Fähnders, 1987, S. 22ff.). Zunächst hat er an der Zeitschrift „Der Sozialist" nur mitgearbeitet (1893-1899), sie dann 1905-1915 neu herausgegeben (vgl. Link-Salinger, 1986), so wie Moreno für den Daimon gearbeitet hat (→ Fangauf) und später für Sociometry (ab 1937), Sociatry (ab 1947) usw.

Intensiv hat Landauer sich mit Literatur befaßt, insbesondere mit dem Theater (vgl. Landauer, 1977a). Wie für Moreno war Shakespeare für ihn von hervorragender Bedeutung (vgl. Landauer, 1922). 1918 will er nach Düsseldorf gehen, um die Stelle eines hauptamtlichen Dramaturgen anzutreten und die Theaterzeitschrift „Masken" herauszugeben. Der Ausbruch der Novemberrevolution vereitelt diesen Plan.

Bereits 1892 aber hatte er der Kunst eine Absage erteilt. Er schreibt (zitiert in: Fähnders, 1987, S. 26): „Wir haben vorerst keine Zeit mehr für die Kunst. Kunst braucht Ruhe; wir brauchen Kampf. Die Kunst auf ihrer Höhe braucht Abgeklärtheit; wir brauchen Gärung." Moreno stellt sein dichterisches Schaffen von vorneherein unter das Motto „Einladung zu einer Begegnung"; seine Schriften sollen zum Handeln aktivieren. Im therapeutischen Theater mit Patienten überwindet er dann das Stegreiftheater mit Schauspielern und findet eine Synthese von Theater-Kunst und Aktion zum Zwecke therapeutischer Veränderung (→ Buer, Prolog; → Fangauf).

Wie Moreno schon vor dem 1. Weltkrieg eine Gruppe gegründet hatte, die seine religiösen Ideen praktisch umsetzen sollte (→ Buer, Prolog), so gründete Landauer 1908 zusammen mit Martin Buber und Erich Mühsam u.a. den „sozialistischen Bund", eine lose Organisation von autonomen kleinen Gruppen, die im Geist des Sozialismus ohne Herrschaft gemeinsam leben und handeln wollten (vgl. Linse, 1969, S. 275ff.).

Landauer versuchte das, was er anderen predigte, selber umzusetzen. „Es kommt nur die Anarchie der Zukunft, wenn die Menschen der Gegenwart Anarchisten sind, nicht nur Anhänger des Anarchismus ... eine Wesenswandlung ist notwendig oder wenigstens eine Umkrempelung des ganzen Menschen, so daß endlich die innere Überzeugung etwas Gelebtes wird, das in die Erscheinung tritt" (zitiert in: Wolf, 1988, S. 21). Deshalb griff er Ungerechtigkeiten der Justiz an und ging dafür ins Gefängnis (1899), beteiligte er sich an der Gründung von Landkommunen (vgl. Linse, 1986, S. 72ff.) und sozialrevolutionären Bünden, reiste ständig zu Vorträgen durch die Lande und stellte sich der Münchener Räterepublik zur Verfügung. Moreno, der selbst auch später viele therapeutische Gemeinschaften und Vereinigungen gegründet hat, hätte Landauer sicher „bearer of truth" genannt (Moreno et al., 1964, S. 39ff.).

1916 schickte Landauer, um gegen den Krieg zu arbeiten, einen Brief an den amerikanischen Präsidenten Wilson, in dem er einen Zusammenschluß der Völker vorschlug und damit ein Konzept für den späteren Völkerbund darlegte. Moreno wendet sich in seinem Königsroman (1923b, S. 7) auch an die Leser der Rede Wilsons an den Kongreß vom 8. 1. 1918. Später plant er „the sociometric foundation of the United Nations Organization" (Moreno, 1947, S. 3). Auf dem Höhepunkt des Vietnamkrieges schlägt er Präsident Johnson vor, ihn zu beauftragen, eine „persönliche Begegnung" mit dem Premierminister von Nord-Vietnam zu arrangieren (vgl. Moreno, 1966). Ihr hohes Sendungsbewußtsein treibt beide, in die hohe Politik einzugreifen.

Philosophisch waren beide beeinflußt von Nietzsche, Kierkegaard und Spinoza. Das mystische Element, das bei Moreno deutlich hervortritt (→ Schacht), wird bei Landauer vor allem in „Skepsis und Mystik" 1903 formuliert, nachdem er sich intensiv im Gefängnis mit Meister Eckhard auseinandergesetzt hat. Einige seiner Schriften hat er übersetzt und herausgegeben.

Eine Betrachtung von Morenos Werk mit den Augen von Landauer kann uns helfen, darin freiheitliche Strömungen (wieder) zu entdecken und aufzuheben als Anregung für neue Initiativen.

2. Ideen des Anarchismus in Morenos Werk

2.1 Der Mensch in Gesellschaft

In seinem Essay „Der Sozialismus und die Seele des Menschen", von Gustav Landauer und seiner Frau Hedwig Lachmann ins Deutsche übertragen, schreibt Oscar Wilde (1982, S. 63): „Das einzige, was man von der Natur des Menschen wirklich weiß, ist, daß sie sich verändert." Allerdings, muß man hinzufügen, innerhalb eines bestimmten Rahmens, z.B. dem der Sozialität. So stellt Landauer (1977c, S. 48) fest: „Isolierte Individuen hat es gar nie gegeben; die Gesellschaft ist älter als der Mensch." Und dieser Mensch in Gesellschaft sei im Grunde gut. „Wir glauben an die Gutartigkeit und Entwicklungsfähigkeit des Menschenschlags" (Landauer in: Link-Salinger, 1986, S. 253). Nach Landauer ist der Mensch auf „Geselligkeit" hin angelegt. „Der Mensch soll mit seinesgleichen zusammen richten, zusammen raten, zusammen taten" (Landauer, zitiert in: Kalz, 1967, S. 106). Und dazu sei er prinzipiell in der Lage. Damit stellt Landauer sich in die libertäre Tradition, „die von der Vernunftbegabtheit des Individuums ausgeht und allen Menschen die Fähigkeit zuspricht, sich nach den humanen Prinzipien der Toleranz, Solidarität und gegenseitigen Hilfe zu organisieren" (Wolf, 1988, S. 11).

Auch Moreno geht von der Bestimmung des Menschen zur Sozialität aus. Aber:

„Jeder Mensch folgt seiner inneren Sehnsucht, jeder ist guten Willens, und dennoch scheitert die Gemeinschaft als Ganzes. Selbst wenn jedes Mitglied unserer Gesellschaft die Vollkommenheit eines Heiligen erreichte, wären die Interaktionen der Heiligen vielleicht noch immer unvollkommen. Zwei Heilige müssen miteinander harmonieren und mehrere auch als Gruppe segensreich wirken können! Hier wird der Sinn der ‚therapeutischen Gesellschaft' klar: das harmonische Zusammenleben einer Gruppe von verschiedenen Individuen zu verwirklichen" (1932; in: Moreno, 1974, S. 396).

Der Mensch soll das, was ihm gegeben ist, seine Begabung zum guten Zusammenleben als Aufgabe begreifen, annehmen und aufgreifen. Dazu braucht er Hilfsmittel.

Die Formation der gesellschaftlichen Verhältnisse haben wir allerdings selbst hergestellt und halten sie ständig aufrecht. „Die Verhältnisse sind, wie wir uns zueinander verhalten. Wie wir uns zueinander verhalten, das heißt, was die wenigen Mächtigen gebieten und was die eigentlich Mächtigen, die Massen, sich bieten lassen und befolgen und tun, das bestimmt der Geist, der unter uns waltet" (Landauer, 1977b, S. 39). Und so ist auch der Staat für Landauer ein Verhältnis, eine Beziehung zwischen den Menschen (vgl. Landauer, 1979b, S. 53).

Staat und Gesellschaft sind also nicht so sehr Resultanten der Arbeitsverhältnisse wie in der marxistischen Theorie, sondern der Verkehrsverhältnisse, der Beziehungskonfigurationen, wie Moreno sagen würde. Für ihn ist Tele „feeling of individuals into one another, the cement, which holds groups together" (Moreno, 1977, S. XI) und damit die Gesellschaft eine größere Einheit von Gruppenverbänden.

Landauer und Moreno betonen stärker die Interaktion als gesellschaftskonstituierendes Moment als die Arbeit. Sie sei auch weniger Mittel zur Selbstverwirklichung als Mittel zum Genuß (vgl. Landauer in: Link-Salinger, 1986, S. 218f.). Arbeit soll wieder werden „ein Spiel und ein Sport, eine lustvolle Bewegung ..., die in der zweckmäßigen Herstellung der Güter zugleich Selbstzweck, ein nerviges Leben im Muskelspiel ist" (Landauer, 1977a, S. 87).

Dem Menschen ist es nach Landauer und Moreno aufgegeben, seine prinzipielle Freiheit autonom zu gestalten. Damit schließen beide sich, wie Kropotkin (zitiert in: Cantzen, 1987, S. 87) sagt, der freiheitlichen Tradition unserer Kultur an, „welche im zwölften Jahrhundert die Menschen antrieb, sich zu organisieren auf der Grundlage der freien Vereinbarung, der freien Initiative des einzelnen, der freien Föderation der Interessenten." So vertrauen beide wie Proudhon (vgl. Oberländer, 1972, S. 20) und Bakunin (vgl. Oberländer, 1982, S. 22; Neumann, 1984, S. 248; Cantzen, 1987, S. 112) auf die „Spontaneität des Lebens".

Moreno schreibt (1956): „Spontaneität is the arch catalyzer, creativity is the arch substance" (S. 361). „Creativity is the nourishing maternal center; spontaneity is the ever moving masculine fertilizer; conserve is the product and synthesis of their interaction" (S. 359). „Spontaneity-creativity ... is *the* problem of the universe" (S. 361). Durch seine Methoden will er Spontaneität freisetzen, um Kreativität, d.h. Schöpferkraft, zur Lebensbewältigung zu nutzen. „Life is fluid, and so the techniques of life have to be spontaneity techniques" (Moreno, 1977, S. 132).

Auf diesem Konzept von universeller Spontaneität-Kreativität (vgl. Meyer, 1975) basiert die Soziometrie und Soziatrie. Moreno geht von der Feststellung aus:

„Jeder Einzelne sehnt sich nach Lebenslagen, in denen seine ganze Persönlichkeit spontan zum Ausdruck kommen kann, und jeder sucht dauernd nach teilnehmenden Gefährten" (Moreno, 1974, S. 225). Deshalb verlangt er, „daß die idealen Bedingungen eines soziometrischen Tests nur dann verwirklicht sind, wenn allen Beteiligten unbeschränkte Wahlfreiheit gewährt wird, um auf diese Weise allen Graden und Schattierungen der Spontaneität eine Ausdrucksmöglichkeit zu geben" (Moreno, 1974, S. 117).

Diese „freien Wahlen" der Gefährten (vgl. Moreno, 1957, S. 13) durch „freiheitliche Methoden" (Moreno, 1974, S. 427), sollen eine „therapeutische Weltordnung" in Gang setzen, in der die Individuen „free, independent and autonomous" sein können (Moreno, 1957, S. 24). Die Menschen haben nach Moreno ein „right to a free society" (Nehnevajsa, 1960, S. 717), das durch „free and independent life of its members" gekennzeichnet ist (Moreno, 1960, S. 77).

Freiheit bedeutet in dieser Tradition aber nicht Ungebundenheit, sondern Unabhängigkeit, um sich freiwillig zu binden und zu verbünden. Landauer (1978b, S. 2f.) schreibt:

„Der Einzelne, über den es wie eine Erleuchtung kam, sucht sich Gefährten; er findet, da sind andere, über die es im Geiste, im Herzen schon wie eine Erschütterung und ein Gewitter gekommen ist; es liegt in der Luft für seinesgleichen; er findet wiederum andere, die nur leicht schlummerten ..., sie sind nun beisammen, die Gefährten suchen Wege, sie reden zu Mehreren, zu den Massen in den Großstädten, in den kleineren Städten, auf dem Lande; die äußere Not hilft die innere erwecken; die heilige Unzufriedenheit regt und rüttelt sich; etwas wie ein Geist — Geist ist Gemeingeist, Geist ist Verbindung und Freiheit, Geist ist Menschenbund ... — ein Geist kommt über die Menschen; und wo Geist ist, ist Volk, wo Volk ist, ist Keil, der vorwärts drängt, ist ein Wille; wo ein Wille ist, ist ein Weg; das Wort gilt; aber auch nur da ist ein Weg."

Moreno schreibt 1924 in seiner „Rede über die Begegnung":

„Ich bin auf dem Wege. Der Namen des Ortes, in dem sie wohnen, ist mir bekannt. Die Namen der Männer, der Frauen, der Kinder sind mir bekannt. Die Straßen, die Häuser, die Wohnungen sind mir bekannt. Ich gehe zu ihnen in höchster Eile. Wie viele Männer dort wohnen, so vielen will ich begegnen ... Ich habe ihren Ruf gehört" (S. 9f.).

Ist in der Begegnung ein Riß, so muß die Lage geprüft, erkannt und bewältigt werden und zwar von denen, die von ihr betroffen sind. So ist ein Liebesproblem ein Thema der Liebenden, „Verwirrung im Dorf" ein Thema der Dorfbewohner, „Entstehung von Elend" ein Thema für alle (vgl. S. 14ff.).

„Habe ich so allen Lagen entsprochen und ebenso jene, denen ich begegnet bin, und jene, die diesen begegnet sind, und so ins Unendliche fort, dann ist in meiner Begegnung mit dir kein Riß, kein Bruch, kein Übel, kein Verdruß, keine Ungeschicklichkeit, keine Unvollkommenheit mehr ... Nichts ist mehr, das mich hindert zu begegnen, mein Gefühl ist geheilt, der Knoten gelöst, die Begegnung vollendet" (S. 25f.).

Moreno wie Landauer spüren die Sehnsucht der Menschen nach ungezwungenen, unbehinderten, unmittelbaren Beziehungen auf und wollen ihr zum Ausdruck und zur Wirklichkeit verhelfen. Diese Beziehungen sind durch Gegenseitigkeit und Liebe gekennzeichnet.

Der Begriff der Gegenseitigkeit bei Landauer (z.B. 1977b, S. 147; 1978b, S. 105) greift „mutual aid" Kropotkins und den Mutualismus Proudhons auf (vgl. Buber, 1985, S. 69f.; Neumann, 1984, S. 236f.). Moreno (1957, S. 13) rechnet mutuality neben creativity, spontaneity und tele zu der „ultimate source of all existence and of all values". „Tele-Gegenseitigkeit ist der gemeinsame Charakterzug aller Begegnungserlebnisse. Sie ist der überspringende Funke zwischen den Beteiligten" (Moreno, 1974, S. 393).

Das Prinzip der gegenseitigen Hilfe wird das entscheidende Prinzip von Morenos Gruppenpsychotherapie. Er geht davon aus, „daß jedes Individuum — nicht nur der behandelnde Arzt — als therapeutisches Agens für jedes andere Individuum, jede Gruppe als therapeutisches Agens für andere Gruppen wirken kann" (1932; zitiert in: Moreno, 1973, S. 52). Insofern kann er seine Gruppenpsychotherapie als „mutual therapy" bezeichnen (Moreno, 1960b, S. 117).

Neben dem „mutual sharing" gehört nach Moreno (1978, S. XV) die Liebe zu den grundlegenden Hypothesen seines Ansatzes. Sie ist erfüllt von der grundlegenden Liebe des Schöpfers zu den Menschen. „All creators are alone until their love of creating forms a world around them" (Moreno, 1971, S. 138). Für Landauer (1978a, S. 21) ist die Liebe „darum ein so himmlisches, so universelles und weltumspannendes Gefühl, ein Gefühl, das uns aus unseren Angeln, das uns zu den Sternen emporhebt, weil sie nichts anderes ist als das Band, das die Kindheit mit den Ahnen, das uns und unsere ersehnten Kinder mit dem Weltall verbindet." Und diese „Liebe, die Kraft ist" (Landauer, 1977c, S. 65) erfüllt die Schöpfung, ermöglicht den Schöpfungsprozeß.

Eros, dem Gott der Liebe, stellten schon die Griechen Eris, die Göttin der Zwietracht, gegenüber. „So trugen die Griechen den Kräften der Anziehung und Abstoßung zwischen den Menschen Rechnung", schreibt Moreno (1974, S. 137).

„In allen Formen der Gesellschaft, in Menschen- und Tiergruppen und allen Stadien ihrer Entwicklung erscheinen zwei fundamentale Tendenzen: Anziehung und Abstoßung; positive oder kohäsive, negative und zerstörende Kräfte treten in allen möglichen Verbindungen auf. Die Angehörigen der Gesellschaft ziehen sich an und stoßen sich ab. Von diesen allgemeinen Grundlagen gehen alle Formen der Gesellschaft aus, von den einfachsten bis zur kompliziertesten Struktur" (Moreno, 1974, S. 77).

Diese „Bisozialität" des Menschen (Moreno, 1974, S. 177) mit ihren „forces of both mutual attraction and repulsion" (Moreno, 1957, S. 16) knüpft an zentrale Vorstellungen schon bei Fourier an in seiner Theorie der Leidenschaften (1966, S. 56ff.). Auch Proudhon (in: Zenker, 1895, S. 219) stellt fest: „Jeder Mensch besitzt schon dadurch, daß er lebt ... in sich bis zu einem gewissen Grade die Fähigkeit oder Eigentümlichkeit, in dem Augenblick, wo er andern Wesen gegenübergestellt ist, anzuziehen oder angezogen zu werden, zurückzustoßen oder zurückgestoßen zu werden." Dementsprechend sollen für Kropotkin „Kooperation sowie freiwillige Verbindung (Assoziation) und Trennung (Sezession) ... zentrale Organisationsprinzipien einer anarchistischen Gesellschaft sein" (Cantzen, 1987, S. 29).

2.2 Die Utopie der Anarchie

Die Geschichte ist nach Landauer von einer Abfolge von Topien und Utopien geprägt. Topie nennt er den „Zustand einer gewissen autoritativen Stabilität" (Landauer, 1977c, S. 12), Utopie „ein Gemenge individueller Bestrebungen und Willenstendenzen, die immer heterogen und einzeln vorhanden sind, aber in einem Moment der Krise sich durch die Form des begeisterten Rausches zu einer Gesamtheit und zu einer Mitlebensform vereinigen und organisieren" (Landauer, 1977c, S. 13). Revolution ist der Weg von einer Topie durch die Utopie zur anderen Topie. Seit der Reformationszeit befinden wir uns in einer revolutionären Phase der Utopie, in einer Phase des Werdens.

In dieser Situation der Verwirrung „müssen die Menschen, die sich dagegen wehren, ein Ideal haben. Sie haben eine Einsicht in das Unwürdige, Gepreßte, Erniedrigende ihrer Lage; sie haben unsäglichen Ekel vor der Erbärmlichkeit, die sie wie ein Sumpf umgürtet, sie haben Energie, die vorwärts drängt, und also Sehnsucht nach dem Besseren, und daraus ersteigt ihnen in hoher Schönheit, in Vollendung ein Bild einer guten, einer reinen und gedeihlichen, einer freudebringenden Art des Zusammenlebens der Menschen" (Landauer, 1978b, S. 2).

„Die in unseren Seelen, in den Gestalten und Rhythmen der Kunst, in den Glaubensgebilden der Religion, in Traum und Liebe, im Tanz der Glieder und Glanz der Blicke sonst verborgene Wirklichkeit drängt zur Verwirklichung" (Landauer, 1978b, S. X).

Wie dieses Ideal, diese Utopie en detail aussehen soll, das weigert sich Landauer zu beschreiben. Er verweist nur auf Signaturen wie etwa „Gerechtigkeit" (vgl. Landauer, 1978b, S. 21). Statt dessen strebt er „völlige Klarheit ... über die Wirklichkeit an" (Landauer, 1977b, S. 146). Und er sieht: „Die Menschheit rund um den Erdball herum will sich schaffen und will sich in einem Moment schaffen, wo gewaltige Erneuerung über das Menschentum kommen muß, wenn nicht der Beginn der Menschheit ihr Ende sein soll" (Landauer, 1978b, S. 115).

Moreno schreibt in der „Rede vor dem Richter" 1925 (S. 11):

„Wenn eine Krise alle Teile der Gesellschaft erfaßt hat, tritt sie erst in ihren obersten Teilen, den leitenden Ideen, welche zugleich auch die verletzlichsten sind, in Erscheinung. Diese Umstellung erfolgt ohne leiseste äußere Erschütterung. Und doch ist der Plan der kommenden Welt völlig fertig. Immer sind es ein oder mehrere Träger, die getrieben sind, in leidender Form die Überprüfung der bestehenden und die Vision einer neuen Ordnung zu erleben. Die Ideen sind zu jeder Zeit in einem amorphen Zustand potentiell vorhanden ... Der Geist kehrt wieder, nicht die Gestalt."

Morenos fixe Idee des God-playing (vgl. Moreno, 1978, S. XVII) möchte den Menschen wieder zum Creator machen. Er soll „die Welt dem menschlichen Willen nach gestalten" (Moreno, 1974, S. 283). Die Bühne wird ihm dabei zum „Gleichnis einer noch unsichtbaren Menschheit" (Moreno, 1925, S. 3), auf der die Wünsche, unsichtbare und ungelebte Rollen auszuspielen, ausgelebt werden können (vgl. Moreno, 1974, S. 328). Mit seiner Idee von der „therapeutischen Weltordnung" setzte er seine Hoffnung auf einen Weg, „which will carry the spontaneous creative matrix to the periphery of man's actuality — his daily life" (Moreno, 1977, S. 109). Er hatte die Vision von einer Welt, „in which each man can help to create and into which he can project his own dreams" (Moreno, 1971, S. XII). Wie diese Welt en detail aussehen soll, das muß gemeinsam entworfen werden, z.B. auf der Psychodrama-Bühne. „Ich habe keine Lehre zu geben", schreibt Moreno 1923 (1923a, S. 15).

Die wichtigste Signatur dieser erhofften Zukunft bleibt in Landauers Denken die An-Archie, „die Herrschaftslosigkeit, die Staatslosigkeit, das freie Ausleben der einzelnen Individuen" (Landauer in Link-Salinger, 1986, S. 218). „Unser Ideal ist enorm friedfertig und jeder aggressiven Gewalt abgeneigt; freilich bedeutet es nicht die Schäferhaftigkeit, sondern das saftige, kraftstrotzende Ausleben ganzer und reifer Persönlichkeiten" (Landauer in Link-Salinger, 1986, S. 251f.). Der autoritäre Zentralstaat gehört abgeschafft, zumindest muß er — wie Buber (1985, S. 93) vorschlägt — auf seine tatsächlich nützlichen Funktionen zurückgedrängt werden. Oscar Wilde (1982, S. 29) bringt die Kritik am Staat auf den Punkt:

„Demokratie bedeutet lediglich, daß das Volk durch das Volk für das Volk niedergeknüppelt wird. Ich muß sagen, daß es hohe Zeit war, denn jede autoritäre Gewalt ist ganz entwürdigend. Sie entwürdigt die, die sie ausüben, und ebenso die, über die sie ausgeübt wird. Wenn sie gewalttätig, roh und grausam verfährt, bringt sie eine gute Wirkung hervor, indem sie den Geist der Rebellion und des Individualismus erzeugt oder wenigstens hervorruft, der ihr ein Ende machen wird. Wenn sie in einer gewissen freundlichen Weise verfährt und Belohnungen und Preise verleiht, ist sie schrecklich entsittlichend."

Anarchie ist aber — positiv gewendet — für Landauer (1978b, S. 156) „Ordnung durch Bünde der Freiwilligkeit". Diese grundlegende anarchistische Idee der autonomen Selbstregulierung, Selbstverwaltung, Selbstregierung ist seit Fourier und Owen, seit Proudhon und Kropotkin als Föderation dezentraler Basiseinheiten zu verwirklichen. Das gegenseitige staatliche Verhältnis der Menschen zueinander muß überwunden werden durch ein gesellschaftliches. Das nennt Landauer „Volk".

Moreno stellt in seinen soziometrischen Untersuchungen fest:

Es „stimmt die aktuelle Lebensgruppe eines Einzelnen fast nie mit der von ihm gewünschten überein. Meistens wird von autoritärer Seite eine unerwünschte Struktur den natürlichen Strukturen aufoktroyiert" (Moreno, 1974, S. 118).

Seine Forschungen zeigen, „daß wir häufig nicht mit den von uns gewünschten Personen zusammenleben, daß wir mit Menschen zusammenarbeiten, die wir nicht gewählt haben, daß wir intime Beziehungen zu Personen pflegen, die wir nicht lieben, daß wir andere Personen, die wir dringend brauchten, abstoßen und isolieren und daß wir unser Leben für Personen und Prinzipien wegwerfen, die es nicht wert sind" (Moreno, 1974, S. 167).

Deshalb soll die soziometrische Methode dazu beitragen, „die Absurdität autoritärer Systeme bloßzulegen" (Moreno, 1974, S. 42). Die Befreiung des Individuums und der ganzen Gruppe von diesen Zwängen (vgl. Moreno, 1974, S. 306) soll — nach seinem Verständnis — „nicht von Gesetzgebern und der Obrigkeit, sondern von den betroffenen Menschen selbst" kommen (Moreno, 1974, S. XXVIII). „Self government, aided by sociometric analysis could be a powerful advice" (Moreno, 1978, S. 554). Dazu müssen die „self-regulating mechanisms of groups" (Moreno, 1978, S. 564ff.) untersucht, gefördert und entwickelt werden. Dadurch sollen die Menschen das Ver-mög-en (= Macht) erhalten, sich so zu gruppieren, wie es ihren Wünschen entspricht.

Landauer (zitiert in: Kalz, 1967, S. 94) fordert in gleicher Richtung, die Herrschaftsverhältnisse zu beseitigen, „auf daß im Verbande des Menschengeschlechts jeder einzelne die Position einnehmen kann, die er kraft seiner natürlichen Anlage sich herzustellen vermag." Von unten nach oben soll das „freie Gefüge der mannigfachsten, einander durchdringenden, in tausend Farben spielenden Interessenvereinigungen und Gruppen" (Landauer in Link-Salinger, 1986, S. 220) nach dem Prinzip der Schichtung, wie es im Mittelalter vorherrschte, geordnet sein. „Ein Zusammenschluß natürlicher Art ergibt sich uns Menschen nur da, wo wir in örtlicher Nähe, in wirklicher Berührung beisammen sind ... Dieser Kern alles echten Gemeinschaftslebens ist die Gemeinde, die Wirtschaftsgemeinde, von deren Wesen niemand ein Bild hat, der sie etwa nach dem beurteilen will, was sich heute Gemeinde nennt" (Landauer, 1978b, S. 132).

Um dieses Ziel zu erreichen, ist eine Revolution nötig. Für Landauer bedeutet das nicht gewaltsame Destruktion des Bestehenden, sondern Austritt aus dem formellen Sektor der Gesellschaft und Aufbau eines informellen, der auf Dauer den formellen ersetzen kann und somit überflüssig werden läßt. Die herrschende Zwangsvergesellschaftung soll durch eine freiwillige, gemeinsam ausgehandelte ersetzt werden. So sieht er etwa durch die Gründung von Konsumgenossenschaften die Möglichkeit, die Produktion von Konsumgütern verändern zu können (vgl. Landauer, 1977b, S. 133ff.). Dieser permanente Aufbau von unten durch alle, die guten Willens sind, wird initiiert von Wenigen. „Man suche in seinem weiten Kreise die Gleichgearteten und schließe sich mit ihnen zur Gruppe zusammen" (Landauer, 1977b, S. 119).

Die Mikrorevolutionen von unten, darauf setzt auch Moreno (z.B. 1974, S. XIV). Er berichtet:

„Die Repräsentanten der soziometrischen Bewegung haben ... nie den Umsturz der Regierung oder die Auslösung einer soziometrischen Revolution auf makroskopischer Ebene geplant. Sie haben jedoch begabten Führern den aus ökonomischen, rassistischen oder nationalen Gründen unzufriedene Minderheiten Theorien und Methoden zur Vorbereitung und Ausführung ihrer revolutionären Aktivität in die Hand gegeben." Dadurch soll gerade „eine gewaltsame Revolution verhindert werden" (Moreno, 1974, S. 431).

Wie Landauer fordert auch Moreno (1974, S. 219) „eine radikale Revolution auf allen Lebensgebieten." In allen Bereichen soll in der therapeutischen (= dienenden) Weltordnung der Mensch dem Menschen Helfer sein. „It encourages man to be his own therapist. It reduces the need for professional psychotherapists to a minimum. A self therapist cannot live in a vacuum, but in community with other therapists. Their communal autonomy takes the form of ‚autonomy of inter-dependence'" (Moreno, 1957, S. 34f).

Diese Revolution ist für Moreno wie für Landauer zunächst einmal eine geistige. Er spürt in der Menschheitsgeschichte einen Geist am Werke, einen Geist der Verbindung, der Liebe, der Gemeinschaft, des Tuns und Bauens. Und darauf setzt er. „Wieviel geschieht da, wenn erst der Geist der Initiative, des frohen Schaffens, der Unternehmungslust, der Hoffnung über das Volk, über die Massen kommt!" (Landauer, 1977b, S. 103). Wird dieser Gemeingeist in staatlich dominierten Verhältnissen unterdrückt, dann „lebt er in Einzelnen, Genialen, die sich in all ihrer Mächtigkeit verzehren, die ohne Volk sind: vereinsamte Denker, Dichter und Künstler, die haltlos, wie entwurzelt, fast wie in der Luft stehen" (Landauer, 1978b, S. 7). Und dieser schaffende Geist ist die einzige entscheidende Macht in der Welt (vgl. Landauer, 1977b, S. 41).

In „Skepsis und Mystik" (1978a, S. 9) ruft er auf: „Seien wir jetzt das Medium der Welt, aktiv und passiv in einem. Bisher haben wir uns begnügt, die Welt in den Menschengeist, besser gesagt: in den Hirngeist zu verwandeln; verwandeln wir jetzt uns in den Weltgeist." Und dieser Geist ist verbunden „mit dem einigen Geist, mit dem Schöpfer, mit Gott, in unlösbaren, von Urbeginn an und bis in die Ewigkeit hin währenden Zusammenhang" (Landauer in Link-Salinger, 1986, S. 319).

Damit erhält Landauers Philosophie religiöse Dimensionen. „Religion ist der der Menschheit für ihren Entwicklungsweg eingepflanzte Drang zur Vervollkommnung. Es gibt nur eine Religion; das ist ‚die' Religion. Gründer dieser Religion ist die Allmacht, der Schöpfer, Gott" (Landauer in Link-Salinger, 1986, S. 317). Und er fordert: „Sehen wir zu, wie wir Götter werden, wie wir die Welt in uns finden können" (Landauer, 1978a, S. 12).

Bei Moreno entspricht diesem Geist die Kreativität mit ihren schaffenden, verbindenden und spirituellen Dimensionen.

„Das Universum ist unendliche Kreativität... (Es) ist mit den Erzeugnissen spontan-kreativer Kräfte erfüllt, die a) sich in der Geburt und Erziehung Neugeborener auswirken, b) die Erschaffung neuer Kunstwerke (Kulturkonserven), neuer sozialer Institutionen (soziale Konserven und Stereotypen), neuer technischer Produkte, Roboter und Maschinen ermöglichen und c) der Errichtung neuer sozialer Ordnungen zugrunde liegen" (Moreno, 1974, S. 11).

Und die höchste Form der Kreativität ist Gott (vgl. Moreno, 1971, S. XIII). Wir sind seine Teile, seine mitwirkenden Kräfte, seine Strömungen, durch die eines Tages die Schöpfung vollendet wird (vgl. Moreno, 1972, S. 200). Diese Schöpferkraft verkörpern insbesondere Genies, die wiederum die Kreativität des Volkes „anwärmen". Jeder kann auf der Psychodrama-Bühne „Gott spielen" und damit seine „göttlichen Kräfte" entfalten.

2.3 Freie Erkenntnis

In Morenos Philosophie wird der Mensch als Teil des Kosmos und der göttlichen Kreativität gesehen. Und doch differenziert er eindeutig zwischen Natur- und Gesellschaftsordnung. Er hat festgestellt, daß sich die Gesetze der menschlichen Gesellschaft „von anderen Gesetzen und Ordnungen im Universum unterscheiden" (Moreno, 1974, S. 388). Obwohl er zeitlebens an seinen religiösen Ideen festgehalten hat, hat er doch versucht, sie kritisch zu durchleuchten.

„Es war die erste Aufgabe der Soziometrie, Begriffe wie Universum, Spontaneität, Kreativität, Angemessenheit, Kompetenz, Tele, Soziales Atom, Anziehung, Abstoßung, Wahl, Ablehnung, zwischenmenschliche Kontaktquote, emotionales Ausdehnungsvermögen, Erwärmung, Selbstverwirklichung, Katharsis, Intuition, Rolle, Gruppe, Kohäsion und therapeutische Veränderung aus dem Bereich mystischer Vorstellungen herauszuheben, neu zu definieren und in die Kategorie jener Begriffe zu übertragen, die empirisch definiert, gemessen und bewertet werden können" (Moreno, 1974, S. 392).

Dieser Positivismus wird aber immer in Frage gestellt durch Morenos spekulative, utopischen Ideen. Wenn im Psychodrama etwa die Grenzen menschlicher Existenz in der surplus reality aufgehoben werden, dann bedeutet das „die Rückkehr der Magie in die Wissenschaft" (Moreno, 1974, S. 420).

Landauer verfällt nicht der Sucht, die menschlichen Verhältnisse statt begreifen in den den Griff kriegen zu wollen. Zweifellos war er nicht wie Moreno später dem amerikanischen Szientismus ausgesetzt. Aber auch im Expressionismus war dieses Schwanken zwischen metaphysischer Spekulation und technologischer Intervention auf der Basis exakter Wissenschaft thematisch (→ Buer, Prolog). Den Marxismus, dem Landauer einen positivistischen Determinismus unterstellte, hat er scharf bekämpft (vgl. Landauer, 1978b)[1]. Wie Moreno wollte er kein umfassendes Wissenschaftssystem generieren; er sah sich als Philosoph, Prophet, Dichter (vgl. Landauer, 1978b, S. 34). Der Sozialismus war für ihn keine Wissenschaft, wie etwa bei Engels formuliert, sondern eine Kunst (vgl. Landauer, 1978b, S. 147). Ihm ging es darum, die sozialen Verhältnisse, insbesondere die mikrosozialen, genau zu erfassen, zu verstehen und wo möglich zu erklären, ohne allerdings exakte Feststellungen zu treffen, um so eine Ethik des Handelns zu entwickeln, aus der die „Vision des Sozialismus" (Landauer, 1977b, S. 84) angestrebt werden sollte. „Treiben wir Sozialpsychologie, treiben wir Revolution. Wir treiben sie, indem sie uns treibt" (Landauer, 1977c, S. 28). Diese enge Bezogenheit seiner Theorie auf die Praxis kennzeichnet auch Morenos Ansatz.

Aus dieser Position heraus konnte Landauer schon damals eine radikale Kritik am technologisch orientierten Fortschritt formulieren. „Keinerlei Fortschritt, keinerlei Technik, keinerlei Virtuosität wird uns Heil und Segen bringen; nur aus dem Geiste, nur aus der Tiefe unsrer inneren Not und unsres inneren Reichtums wird die große Wendung kommen, die wir heute Sozialismus nennen" (Landauer, 1978b, S. 11). Und Oscar Wilde (1982, S. 35) meint lakonisch: „Der Fortschritt ist die Verwirklichung von Utopien." Ähnlich sieht Moreno (1974, S. 444) die Zukunft des Menschen: „als zootechnisches Wesen, selbst quasi Roboter, oder als Kreator." Diese Lage verlangt nach einer grundlegenden Entscheidung.

2.4 Der Wille zur Tat

Da Landauer wie die ganze anarchistische Tradition, auf die er sich bezieht, den Menschen nicht als Geschöpf seiner Verhältnisse betrachtet, sondern als Mitschöpfer, der in jedem Moment diese Verhältnisse trägt (vgl. Oberländer, 1972, S. 21,25; Neumann, 1984, S. 280; Buber, 1985, S. 33), und sie, wenn sie ihm nicht mehr „passen", auch nicht mehr zu ertragen braucht, ist für ihn die Formulierung einer Ethik des Handelns fundamental. Denn überall da, wo die Verhältnisse nicht mehr ertragen werden, entsteht der Wille, sie nicht mehr zu tragen: Werden die Pfeiler entzogen, stürzt das Gebäude zusammen. Den Willen zur Tat zu stärken, dem gilt seine ganze Aktivität. Er wendet sich an alle, denn alle können durch Aussteigen das System ins Wanken bringen (vgl. Landauer, 1978b, S. XIV). Aber alle sind auf je spezifische Weise ans System gebunden, auch das Proletariat (vgl. Landauer, 1978b, S. 62ff). Daß das Proletariat den Sozialismus vielleicht gar nicht wollen könnte — selbst wenn es seine Lage erkannt hätte —, darauf war Marx nicht gekommen.

„Nur die werden den Sozialismus schaffen, die aus ganzer Seele Ruhe brauchen und Erlösung; die sie aber nicht finden im Nichtstun, sondern die sich flüchten aus der verruchten Arbeitsplage des Kapitalismus in die gesunde freudebringende sozialistische Arbeit!" (Landauer, 1977b, S. 60f).
„Nichts lebt, als was wir aus uns machen, was wir mit uns beginnen; die Schöpfung lebt; das Geschöpf nicht, nur der Schöpfer. Nichts lebt als die Tat ehrlicher Hände und das Walten reinen wahrhaften Geistes" (Landauer, 1978b, S. XVII).

Und diese Handlungsbereitschaft entspringt den „individuellen Willentendenzen".

„Das Ganze ist immer nur dadurch in Bewegung gekommen, daß das Bewegen, das innere Bewegtsein und, daraus zwingend entsprungen, die äußere Rührigkeit über die Einzelnen kam, die ihm entsprangen, sich von ihm fortbewegten und es gerade dadurch sich nachrissen" (Landauer, 1977b, S. 46).

Dadurch wird die soziale Bewegung eine „ganz wirkliche, ganz leibhaftige Bewegung" (Landauer, 1977b, S. 41) und entfaltet „die Lust zum Schaffen der kleinen Gruppen und Gemeinden der Gerechtigkeit" (Landauer, 1978b, S. 99).

Wie Landauer sieht Moreno den Menschen als Mitschöpfer der Verhältnisse. Er möchte sie dazu bewegen, die unterschwelligen Wünsche nach befriedigenden Beziehungen zu verwirklichen unabhängig von den offiziellen Forderungen der „äußeren Gesellschaft". Dazu hat er seine Methoden und Techniken erfunden, als „Provokation zur Tat" (Moreno, 1974, S. 32).

Aber auch Landauer möchte Wege (=Methoden) bereiten.

„Wie eine Art Gehen schon da ist, ehe die Beine werden, und wie dieses Gehen die Beine erst baut und bildet, so wird es nicht der Geist sein, der uns auf den Weg schickt, sondern unser Weg ist es, der ihn in uns zum Entstehen bringt" (Landauer in: Buber, 1985, S. 104). Und an anderer Stelle: „Es gibt keinen andern Weg zum Sozialismus, als daß wir lernen und üben, wofür wir arbeiten" (Landauer, 1978b, S. 145).

Wie Moreno betont Landauer den Augenblick, das richtige Hier und Jetzt, in dem etwas getan werden muß. „Was wir nicht jetzt, im Augenblick tun, tun wir gar nicht" (Landauer, 1978b, S. 150). „Nur die Gegenwart ist wirklich, und was die Menschen nicht jetzt tun, nicht sofort zu tun beginnen, das tun sie in alle Ewigkeit nicht... Wir brauchen Täter. Die Täter, die Beginnenden, die Erstlinge werden aufgerufen zum Sozialismus" (Landauer, 1978b, S. 153) Damit stehen beide fest in anarchistischer Tradition, in der ungeduldig die radikale Veränderung hier und heute verlangt wurde (vgl. Neumann, 1984, S. 279). Ob aber jeder Augenblick der richtige ist, bleibt ungefragt.

Dieser radikale Wandlungsprozeß wird wie bei Moreno von Landauer als „Reinigung" begriffen. Er schreibt an Mauthner 1918: „Unerbittlich sein will ich in der Sache, die nun unser Amt ist; nenne sie Reinigung, Revolution oder Aufbau" (Landauer, 1929, II, S. 238). Diesen Gedanken der Reinigung entnimmt Landauer den religiösen Vorstellungen des Judentums, dem er sich durchaus verbunden weiß (vgl. Wolf, 1988, S. 96ff) und von dem auch Moreno stark beeinflußt ist (→ Geisler). „From the ancient Greeks we have retained the drama and the stage, from the Hebrew we have accepted the catharsis of the actor" (Moreno, 1977, S. XIV).

Den psychosozialen Zustand der damaligen Gesellschaft beurteilt Landauer (1977a, S. 54f) ähnlich wie Moreno; auch er teilt dessen Skepsis gegenüber der Psychoanalyse (→ Buer/Schmitz):

„Der Verfall und die Herabgekommenheit unserer Zeit äußert sich längst nicht mehr bloß in den Beziehungen zwischen den Menschen, den Verhältnissen und den Einrichtungen der Gesellschaft. Vielmehr ist es schon so weit gekommen, daß die Körper und Seelen der Menschen begonnen haben, krank zu werden. Die am empfindlichsten sind, und das sind oft die besseren, sind zuerst ergriffen worden. Die Nervosität, die Nervenschwäche, die Hysterie und mehr solche Erscheinungen sind soziale Krankheiten, und die Heilungen, die gegen sie versucht werden, z.B. die geradezu verbrecherischen oder wahnsinnigen Psychoanalysen, sind oft schlimmere Verfallserscheinungen als die Krankheiten selbst."[2]

Echte Veränderungen traute Landauer der reinigenden Kraft der Kunst zu (vgl. Fähnders, 1987, S. 32), vor allem dem Theater:

„Die Bühne hat in den Zeiten, die kommen, eine wundervolle Aufgabe; ... wir wollen mit Menschen das Kunstwerk des guten Lebens aufbauen; und die Brücke zwischen dem Bild der Menschheit wie es die Kunst aufbaut, und den wimmelnden Menschenhaufen, die Gestalt werden sollen, ist die Bühne, die zugleich Kunst und zugleich unmittelbaren Verkehr mit Menschen bietet" (Landauer, 1929, II, S. 351f).

Um das zu erreichen, wollte er in Düsseldorf Dramaturg werden; mit diesem Ziel setzte er sich für die Gründung von Volks- und Wanderbühnen ein (vgl. Kalz, 1967, S. 70).

„Für mich ist das alles Ein Ding: Revolution — Sozialismus — Menschenwürde, im öffentlichen und gesellschaftlichen Leben — Erneuerung und Wiedergeburt — Kunst und Bühne" (Landauer, 1929, II, S. 353).

Das schrieb Landauer 1919. Am 1. April 1921 findet die erste offizielle „Psychodrama-Sitzung" im Komödienhaus in Wien statt (vgl. Moreno, 1977, S. 1). Das Vermächtnis Landauers, Moreno tritt es an!

3. Morenos Philosophie und der Anarchismus heute — Perspektiven einer kreativen Beziehung

Ökologiebewegung, Selbsthilfebewegung und Friedensbewegung, alle drei gegenwärtig aktuelle basisdemokratische Bewegungen stehen in der hier skizzierten anarchistischen Tradition (vgl. Cantzen, 1987). Alle wollen Gesellschaft und Staat verändern, indem sie gewaltfrei von unten neue Formen des Zusammenlebens aufbauen (vgl. Gizycki, 1984). Die Selbsthilfebewegung hat inzwischen ein Netz von Gruppen gespannt, das allein in der BRD über 600 000 Menschen miteinander verknüpft (vgl. Runge & Vilmar, 1988).

Entwürfe für eine Neuordnung der Gesellschaft, durch die vielleicht die drohende ökologische Katastrophe noch verhindert werden kann, knüpfen explizit oder implizit an die skizzierten Ideen eines utopischen Sozialismus an (z.B. Bookchin 1985; Roszak 1986; Bahro 1987).

Ein Idol der Friedensbewegung, Mahatma Ghandi, mit seinen Strategien des gewaltlosen Widerstand und seiner Utopie einer dezentralen Gesellschaft (vgl. Galtung, 1987), war auch für Moreno Vorbild. Sein Handeln war für ihn ein Beispiel für

„the survival of an aboriginal sociodrama... He was the director of his own sociodrama; he had an invisible stage under him whereever he sat, stood or walked, in the market place, in the prayer house, in the prison cell or in the place of kings, with an audience of millions, visible or invisible accompanying his actions. He took it upon himself to play the role of the poorest, of the humblest ones" (Moreno, 1948, S. 357).

Es ist klar: Morenos Ansatz steht in dieser Tradition gewaltfreier Aktion für Frieden und Gerechtigkeit in einer libertären und fraternitären Basis-Demokratie. Zur Erreichung dieser konkreten Utopie hat er seine Methoden und Techniken konzipiert. Sie stehen zur Nutzung frei.

Anmerkungen

1 Landauer war der Marxismus wohl nur aus dritter Hand bekannt, nämlich durch das Studium der Schriften von Eugen Dühring, Benedikt Friedländer und Franz Oppenheimer (vgl. Fähnders, 1987, S. 23).
2 Landauer wird hier vor allem an den Psychoanalytiker Otto Gross gedacht haben, mit dem er über Erich Mühsam bekannt war (→ Buer/Schmitz).

Literaturverzeichnis

Bahro, R. (1987). Logik der Rettung. Stuttgart.
Bedarida, F., Bruhat, J. & Droz, J. (1974). Der utopische Sozialismus bis 1848. Frankfurt/M.
Bloch, E. (1976). Das Prinzip Hoffnung. 3 Bd. Frankfurt a. M.
Bookchin, M. (1985). Die Ökologie der Freiheit. Weinheim.
Buber, M. (1985). Pfade in Utopia. Über Gemeinschaft und deren Verwirklichung. Heidelberg.
Cantzen, R. (1987). Weniger Staat — mehr Gesellschaft. Freiheit — Ökologie — Anarchismus. Frankfurt a.M.
Dericum, Ch. (1988). Revolutionäre Ungeduld. Gustav Landauer. In J. Harms, (Hrsg.) Christentum und Anarchismus. (S. 101-116). Frankfurt a.M.
Engels, F. (1970). Die Entwicklung des Sozialismus von der Utopie zur Wissenschaft. Berlin.
Fähnders, W. (1987). Anarchismus und Literatur. Ein vergessenes Kapitel deutscher Literaturgeschichte zwischen 1890 und 1910. Stuttgart.
Fourier, Ch. (1966). Theorie der vier Bewegungen und der allgemeinen Bestimmungen. Frankfurt a.M.
Galtung, J. (1987). Der Weg ist das Ziel, Ghandi und die Alternativbewegung. Wuppertal/Lünen.
Gizycki, H.v. (1984). Arche Noah '84. Zur Sozialpsychologie gelebter Utopien. Frankfurt a.M.
Guérin, D. (1969). Anarchismus. Begriff und Praxis. Frankfurt a.M.
Harms, J. (Hrsg.) (1988). Christentum und Anarchismus. Beiträge zu einem ungeklärten Verhältnis. Frankfurt a.M.
Hofmann, W. (1971). Ideengeschichte der sozialen Bewegung. Berlin.
Kalz, W. (1967). Gustav Landauer. Kultursozialist und Anarchist. Meisenheim am Glan.
Klages, H. (1969). Geschichte der Soziologie. München.
Kropotkin, P. (1976). Gegenseitige Hilfe in der Tier- und Menschenwelt. Frankfurt a.M.
Landauer, G. (1922). Shakespeare. 2 Bd. Frankfurt a.M.
— (1929). Gustav Landauer. Sein Lebensgang in Briefen. Hg. v. M. Buber. 2 Bd. Frankfurt a.M.
— (1977a). Der werdende Mensch. Aufsätze über Leben und Schrifttum. Telgte-Westbevern.
— (1977b). Beginnen. Aufsätze über Sozialismus. Wetzlar.
— (1977c). Revolution. Berlin
— (1978a). Skepsis und Mystik. Versuche im Anschluß an Mauthners Sprachkritik. Münster/Wetzlar.
— (1978b). Aufruf zum Sozialismus. Wetzlar.

— (1978c). Entstaatlichung — für eine herrschaftslose Gesellschaft. Wetzlar.
Lenk, K. (1973). Theorien der Revolution. München.
Link-Salinger, R. (Hg.) (1986). Signatur: g.l. Gustav Landauer im „Sozialist". Aufsätze über Kultur, Politik und Utopie (1892 - 1899). Frankfurt a.M.
Linse, U. (1969). Organisierter Anarchismus im Deutschen Kaiserreich von 1871. Berlin.
— (1986). Ökopax und Anarchie. Eine Geschichte der ökologischen Bewegungen in Deutschland. München.
Marx, K. (1971). Das Elend der Philosophie. Antwort auf Proudhons „Philosophie des Elends." Berlin.
Marx, K. & Engels, F. (1970). Manifest der kommunistischen Partei. In Dies., Studienausgabe Bd. III. Geschichte und Politik 1. (S. 59-87). Frankfurt a.M.
Meyer, A. (1975). Spontaneity. In J.A. Greenberg (Hrsg.). Psychodrama. Theory and Therapy. (S. 133 - 156). London.
Moreno, J.L. (1923a). Rede über den Augenblick. Potsdam.
— (1923b). Der Königsroman. Potsdam.
— (1924). Rede über die Begegnung. Potsdam.
— (1925). Rede vor dem Richter. Potsdam.
— (1947). The Future of Man's World. Beacon.
— (1948). The Sociodrama of Mohandas Ghandi. Sociatry, Vol. I, No. 4, 357 - 358.
— (1956). Canon of Creativity. In Ders. (Hrsg.) Sociometry and the Science of Man. (S. 359-392). New York.
— (1957). Global Psychotherapy and Prospects of a Therapeutic World Order. In Progress in Psychotherapy, 1, 1 - 31.
— (1960a). Theory of Interpersonal Networks. In Ders. et al. (Hrsg.), Sociometry Reader. (S. 67 - 79). Illinois.
— (1960b). Sociometric Base of Group Psychotherapy. In ders. et al. (Hrsg.), Sociometry Reader. (S. 113 - 117). Illinois.
— (1966). Role Playing and Psychodrama in Politics: A brief Note. Int. Journal of Sociometry and Sociatry Vol. V, No 1-2, 67 - 69
— (1971). The Words of the Father. Beacon.
— (1972). The Religion of God-Father. In P.E. Johnson (Hrsg.), Healer of the Mind. (S. 197 - 215). New York.
— (1973). Gruppenpsychotherapie und Psychodrama. Stuttgart.
— (1974). Die Grundlagen der Soziometrie. Wege zur Neuordnung der Gesellschaft. Opladen.
— (1977). Psychodrama. Vol. I. Beacon.
— (1978). Who shall survive? Foundations of Sociometry, Group Psychotherapy and Sociodrama. Beacon.
— (1981). Soziometrie als experimentelle Methode. Paderborn.
Moreno, J.L., Z. & J. (1964). The First Psychodramatic Familiy. Beacon.
Moreno, Z. (1982). Rollenanalyse und Gruppenstruktur. In H. Petzold & U. Mathias, Rollenentwicklung und Identität. (S. 311 - 330). Paderborn.
Nenevajsa, J. (1960). Sociometry: Decades of Growth. In J.L. Moreno et al. (hrsg.), Sociometry Reader. (S. 707 - 753).
Nettlau, M. (1972). Geschichte der Anarchie. 3 Bd. Glashütten im Taunus.
— (1984). Geschichte der Anarchie. Bd. V Teil 1. Vaduz.
Neumann, F. (1984). Anarchismus. In Ders. (Hrsg.), Handbuch Politischer Theorien und Ideologien. (S. 222 - 294). Reinbek.
Neusüß, A. (Hrsg.) (1968). Utopie. Begriff und Phänomen des Utopischen. Neuwied.
Oberländer, E. (Hrsg.) (1972). Der Anarchismus. Olten.
Paffenholz, M. (1984). Manès Sperber zur Einführung. Hannover.
Ramm, Th. (Hrsg.) (1968). Der Frühsozialismus. Quellentexte. Stuttgart.
Roszak, Th. (1986). Mensch und Erde auf dem Weg zur Einheit. Ein Manifest. Reinbek.
Runge, B. & Vilmar, F. (1988). Handbuch Selbsthilfe. Frankfurt a.M.
Schwendter, R. (1982). Zur Geschichte der Zukunft. Frankfurt a.M.
— (1984). Zur Zeitgeschichte der Zukunft. Frankfurt a.M.

Sperber, M. (1986). Der andere Sozialismus — Gustav Landauer. In H. Petzold (Hrsg.), Psychotherapie und Friedensarbeit. (S. 291-311). Paderborn.
Vester, M. (Hrsg.) (1971), Die Frühsozialisten 1789-1848. 2 Bd. Reinbek.
Wilde, O. (1982). Der Sozialismus und die Seele des Menschen. Zürich.
Wittkop, J.F. (1988). Unter der schwarzen Fahne. Gestalten und Aktionen des Anarchismus. Frankfurt a.M.
Wolf, S. (1988). Gustav Landauer zur Einführung. Hamburg.
Zenker, E.v. (1895). Der Anarchismus. Kritische Geschichte der anarchistischen Theorie. Jena.

Morenos Philosophie und Mystik

Michael Schacht

„ ‚The greatest men who have been philosophers have felt the need both of science and of mysticism'... the union of the mystic and the man of science constitutes ‚the highest eminence, as I think, that it is possible to achieve in the world of thought' " (Bertrand Russell, zitiert in Stace, 1961, S. 13)

Einleitung

Von frühester Kindheit war Morenos Leben beeinflußt und geprägt von religiösen Vorstellungen und Idealen. Auch im Rückblick betont Moreno die Bedeutung, die diese als Grundlage seines weiteren Schaffens hatten.

„All my inspirations for my methods and techniques have come directly or indirectly from my idea of the Godhead und from the principle of his genesis. My God hypothesis has made me extremely productive; all my conclusions which I drew from it and translated into scientific terms have been correct." (Moreno, 1955, S. 31)

Auch wenn diese Behauptung recht anmaßend erscheint, wird hier doch deutlich, welche Bedeutung Moreno seinen religiösen Konzepten zuweist. Sie stellen gewissermaßen den Ausgangs- und Mittelpunkt, die Axiologie (→ Buer), seiner „therapeutischen Philosophie" dar.

Moreno wurde schon früh durch ein religiöses — augenscheinlich genuin mystisches — Erlebnis entscheidend beeinflußt. Moreno schildert:

„I began then to hear voices, not in the sense of a mental patient, but in the sense of a person beginning to feel that he hears a voice which reaches all beings and which speaks to all beings in the same language... which gives us hope, which gives our life direction, which gives our cosmos a direction and a meaning... And I began to feel that I am, and I began to feel that I am the father and that I am responsible, I am responsible for everything which happens... And I saw the cosmos as an enormous enterprise, billions of partners, invisible hands, arms stretched out, one to touch the other, all being able, through responsiblity, to be Gods. And it was in such a mood of utter inspiration that I rushed into the house... and began to write all the words upon the walls, all the words which I heard and which were spoken by me aloud... And I did not think that they were my words. I felt they passed through me, they pass through every man." (Moreno, 1972, S. 200ff)

Einige Zeit nach diesem Erleben veröffentlichte Moreno diese „Worte" unter dem Titel „Das Testament des Vaters". Moreno nahm eine Vielzahl unterschiedlichster Einflüsse aus Wissenschaft, Philosophie und Religion auf. Seine Leitbilder aus dem religiösen Bereich gehörten unterschiedlichsten Kulturkreisen an. Besondere Vorbilder waren jene Menschen, die in ihrem eigenen Leben tiefe religiöse Erfahrungen gemacht hatten und die daraus gewonnene Einsicht in ihrem Wirken verkörperten — Heilige und Weise der jüdischen, christlichen und islamischen Religion gehörten dazu, aber auch Heilige östlicher Weltauffassungen wie Buddha und Lao-Tse (→ Buer, Prolog).

Es ist nicht mein Ziel, im Detail die Einflüsse einer einzelnen dieser Traditionen auf Morenos Werk nachzuweisen, vielmehr werde ich versuchen, übergreifende Merkmale verschiedener mystischer Traditionen zu Morenos Vorstellungen in Beziehung zu setzen.

In den letzten Jahrzehnten haben Autoren wie Huston Smith, Fritjof Schuon, Aldous Huxley und in neuerer Zeit u.a. Ken Wilber versucht nachzuweisen, daß es eine universelle, die mystischen Lehren aller Kulturen verbindende Tradition gibt. Diese wird, einen Begriff von Steuco aufgreifend, als „ewige Philosophie" oder „philosophia perennis" bezeichnet. Die „ewige Philosophie" beinhaltet die Vorstellung einer letzten universellen Wirklichkeit, eines immanenten und transzendenten Urgrundes des Seins, dem sich einzelne Menschen in allen Kulturen und zu allen Zeiten geöffnet haben. Die Erfahrung dieser Wirklichkeit, Kennzeichen jeder Mystik, wird in den einzelnen Traditionen mit Hilfe unterschiedlicher Terminologie beschrieben — z.B. wird die letzte Wirklichkeit im Christentum oder im Islam als Wesen, als Gott, bezeichnet, während andere Traditionen wie der Buddhismus keinen Gottesbegriff verwenden; die „ewige Philosophie" betont, daß diesen Traditionen trotz aller Unterschiede in der Ausformulierung die Erfahrung einer universellen Wirklichkeit zugrunde liegt. Mystik bezeichnet nach Rufus Jones

„'... die Art von Religion..., die auf einer unmittelbar wahrgenommenen Beziehung zu Gott beruht, auf einem direkten und fast greifbaren Erlebnis göttlicher Gegenwart. Dies ist Religion in ihrer tiefsten und lebendigsten Form.' Noch kürzer hat Thomas von Aquino Mystik als cognitio dei experimentalis, ein experimentelles, durch lebendige Erfahrung gewonnenes Wissen von Gott, definiert." (zitiert in Sholem, 1980, S. 4)

Im Sinne der „ewigen Philosophie" verstehe ich unter Mystik alle Lehren und Praktiken, die eine „unmittelbar wahrgenommene Beziehung" zur letzten Wirklichkeit anstreben, unabhängig davon, ob diese letzte Wirklichkeit als Gott verstanden wird. Mystik umfaßt in diesem Sinne westliche und östliche Traditionen.

Mystik beschäftigt sich mit dem gleichen Gegenstandsbereich wie Religion und Philosophie — mit dem Absoluten. Im Unterschied zu Vertretern dieser beiden Disziplinen ist

„... der Mystiker derjenige... der zu dieser Vereinigung [mit dem Absoluten] gelangt, nicht der, der darüber redet. Nicht das ‚Wissen darum', sondern das ‚Sein' ist das Kennzeichen des wahren Mystikers... Mystik ist also nicht eine Ansicht, es ist keine Philosophie." (Underhill, 1928, S. 96, 108)

Die Betonung des persönlichen Erlebens, der eigenen Erfahrung des Göttlichen, des Absoluten, ist ein wesentliches Kennzeichen der Mystik. Mystische Erkenntnis ist unmittelbares Wissen.

Lebendige religiöse Erfahrung besitzt — wenn auch unter anderen Vorzeichen — in Morenos Schriften ebenfalls einen bedeutenden Stellenwert. Er versucht, empirische Wissenschaft und lebendige Religion zu verbinden. Nach seiner Auffassung von empirischer Wissenschaft sind Buddha und Christus „Experimentatoren". Er schreibt über seine Vorstellung wissenschaftlicher Forschung:

„It is through the experimental embodiment of an idea that the sharpest possible concentration upon a state of mind is produced, and the most accurate experience of it is made available. This also becomes the essential preparatory step to an analytic exploration and recognition of the idea." (Moreno, 1971, S. 200)

Er nennt seine Arbeit eine „experimentelle Theologie" und betont, daß nicht die Kenntnis über Gott, vorgedacht von Theologen und fixiert als „religiöse Konserve", sondern die „experimentelle Verkörperung" Gottes im Mittelpunkt steht. Vorbild hierfür sind jene Heilige, über die Moreno schreibt:

„The great theologians were, without being aware of these methods [Spontaneitätsmethoden], experimenters along these lines, using as they did their own existence as the material and the tool with which to explore the existence and the essence of the Godhead. By means of warming-up from one stage of embodiment to another, they tried to determine piecemeal not so much the meaning of their own individual lives as the meaning of existence itself. Notwithstanding their great efforts, tradition has passed on to us simply a heritage of religious conserves; the actual, dynamic spontaneity and creativity of their efforts became lost... If we could recapture what they actually lived through, we should find a basis for an experimental theology — an operational approach to our relation to the Godhead... the true source of the concept of God was a process of subjectivity in God-experience which had been developed through several thousand years... handed down... in the religious traditions of all peoples" (Moreno, 1971, S. 196ff)

Die enge Verbindung von Morenos Verständnis von Wissenschaft und gelebter religiöser Erfahrung wird hier klar ersichtlich. Die letzte Passage des Zitats erinnert zudem stark an die Vorstellung der philosophia perennis.

Als Mediziner und Wissenschaftler beschäftigt sich Moreno mit allen Formen des menschlichen Seins. Das Spektrum reicht von psychischer Erkrankung bis zu Heiligkeit und Weisheit. Wenn ich hier Morenos Denken mit dem der Mystiker vergleiche, führt das notwendigerweise zu einer etwas einseitigen Darstellung seiner Vorstellungen. Viele Aspekte seines Werks, z.B. seine sozialphilosophischen Ansätze (→ Buer, Marxismus, → Buer, Anarchismus), werden weitgehend unbeachtet bleiben. Dagegen treten die Aspekte in den Vordergrund, die für Morenos Auffassung der „unmittelbaren Begegnung" mit Gott, der Ebene mystischer Erfahrung, relevant sind.

1. Einheit des Seins

In unserem Alltagsbewußtsein erleben wir eine Welt der Grenzen und Dualitäten. Sein und Nichtsein, Leben und Tod, Ich und Nicht-Ich, Körper und Seele, Lust und Schmerz sind Beispiele für Dualitäten, die in allen Bereichen des Lebens von Bedeutung sind. Wir halten Grenzen für real und wirklich. Der Mystiker macht dagegen die Erfahrung, daß diese Welt der separaten Dinge nicht die letzte Wirklichkeit ist. Der Schein trügt. Die Erfahrung und daraus hervorgehend das Wissen von der Einheit allen Seins kennzeichnet die Mystik aller Kulturen (Stace, 1961). Der Urgrund des Seins ist Eins. So zitiert Huxley (1987, S. 15ff.) beispielhaft verschiedene Mystiker aus unterschiedlichen Kulturkreisen.

„Jedes Wesen enthält in sich selbst die ganze verständliche Welt. Deswegen ist das All allgegenwärtig. Jedes ist dort das All, und das All ist jedes. (Plotin)"
„Betrachte nur Eins in allen Dingen, denn es ist das Zweite, das dich irreführt. (Kabir)"
„Wenn die Zehntausend Dinge in ihrer Einheit betrachtet werden, kehren wir zum Ursprung zurück und verweilen, wo wir von je gewesen sind. (Sen T'sen)"
Wilber (1985, S. 85) faßt diese Einsicht wie folgt zusammen. Er spricht von

„... der absoluten und letzten Wirklichkeit des Universums, die mit Namen wie Brahman, Tao, Dharmakaya, Allah oder Gottheit benannt wird und die ich hier der Einfachheit halber GEIST nennen will... Nach dieser universalen Tradition ist GEIST das, was ist, und alles, was ist... und außerhalb seiner existiert nichts."

Ähnliche Vorstellungen finden sich auch bei Moreno. Im Kommentar zu den „Words of the Father", der englischen Neuformulierung des „Testaments des Vaters", erläutert Moreno (1971, S.156), daß alle Dinge die Trennung von Raum und Zeit überwindend miteinander verbunden sind. Jedes einzelne Partikel innerhalb des Universums hat an der Essenz Gottes teil, ist Bestandteil einer „unteilbaren Einheit". An anderer Stelle in diesem Werk wird hervorgehoben, daß dem normalen Bewußtsein lediglich die Welt der Formen zugänglich ist, während die zugrundeliegende Wirklichkeit, Einheit, lediglich in Momenten von Visionen und Verzückung erfahren werden kann.

„I [Gott] may appear to you as broken up into many fragments. You do not see me. You see the single forms, the torsos and limbs, the stuff of which I am made. You do not see me whole. Only in rare moments of vision and rapture can you see the whole, the one total immense supreme being... I and all beings are one." (Moreno, 1971, S.89ff)

In seiner Schrift „Homo Juvenis" stellt Moreno den gesamten Lebensprozeß im Sinne einer stetigen Spannungs- und Entspannungsbewegung dar. Er gibt seinen Worten den „Wert eines Berichtes" (Moreno, 1909, S. 19), wohl um damit auszudrücken, daß das Gesagte der Bericht einer von ihm selbst gemachten Erfahrung ist. Er beschreibt die Spannungsphase dieses Prozesses als Anstieg, die Entspannungsphase als Abstieg, als Niedergang. Diese grundlegende Dualität des Lebensprozesses spiegelt sich im Leben des Menschen im Anstieg der Kindheit und Jugend und dem Absinken im Erwachsenen- und Greisenalter.

„Das Leben bewegt sich vielmehr im Sinne eines Springbrunns, der die Erde durchstößt, den Gipfel erklimmt und zu Boden hin zerflattert, oder eines Berges, der über den Saum und Sattel hin wieder abfällt. Der aufwärts geworfene Stein gestaltet eine einheitliche Kurve, deren steigender Bogen die Lebensbewegung darstellt, die sich über Kind und Jüngling hinausstreckt. Homo juvenis, deren sinkender Bogen den Absturz vom Lebensgipfel über Mann und Greis abbildet: Homo sapiens. Der Entwicklung folgt die Rückentwicklung. Homo juvenis: steigender Wert; homo sapiens: fallender Wert! Der Zweiheit zwischen Leib und Seele... entspricht ein den Gesamtmenschen durchgreifender Dualismus zwischen Homo juvenis und Homo sapiens." (Moreno, 1909, S. 19f, Hervorhebung d. Moreno)

Zu dieser grundlegenden Dualität von Anstieg und Abfall setzt Moreno weitere Gegensatzpaare in Verbindung. So finden wir auf der Seite des Anstiegs: Spannung, Schöpfung, Frühling-Sommer, die „Genialität des organischen Lebens" und auf der Seite des Abfallens: Entspannung, Ordnung, Herbst-Winter, die „Genialität des anorganischen Lebens". Moreno betont, daß sich diese Gegensätze auf einer höheren, göttlichen Ebene aufheben. Die Welt der Dualität stellt nicht die letzte Wirklichkeit dar.

„... wer gar die große Einheit gewonnen hat, der weiß vom Grunde aus, daß auch diese Doppelung nur ein Schein ist, das das Maß des Menschen und nicht die Dimension des Gottes ausdrückt. Und er versucht sich an das größere Werk durch sein Leben." (Moreno, 1909, S.22)

Die „Doppelung", also die Dualität, erweist sich von göttlicher Ebene aus gesehen als bloßer „Schein", lediglich als „menschliches Maß" der Dinge. Die „Dimension des Gottes" ist die Einheit jenseits dieser Gegensätze.

Ken Wilber (1984b, S. 42f) illustriert die Beziehung von Dualität und Einheit am Beispiel von Linien und Grenzen. Linien „...stellen, genau wie die Küstenlinie zwischen Land und Wasser, nicht nur eine Trennung von Land und Wasser dar... Wie Alan Watts so oft erklärt hat, bezeichnen diese sogenannten „Trennungslinien" ebenso genau dieselben Stellen, wo Land und Wasser sich berühren. Das heißt, diese Linien vereinigen und fügen ebensosehr zusammen wie sie trennen und unterscheiden... Eine reale Linie wird zu einer illusorischen Grenze, wenn wir uns ihre beiden Seiten als getrennt und beziehungslos vorstellen, d.h. wenn wir den äußeren Unterschied der beiden Gegenteile [Morenos menschliches Maß] anerkennen, die innere Einheit [Morenos Dimension Gottes] aber nicht zur Kenntnis nehmen. Es ist recht schön, Linien zu ziehen, vorausgesetzt, wir halten sie nicht irrtümlich für Grenzen. Es ist zulässig, Lust von Schmerz zu unterscheiden; es ist unmöglich, Lust von Schmerz zu trennen."

Die Welt der Dualität hinter sich zu lassen bedeutet nicht Unterschiede zu verwischen, sondern vielmehr die zugrundeliegende Einheit zu erkennen. Moreno macht deutlich, daß es dem Menschen möglich ist, das Bewußtsein dieser Einheit zu erlangen, „die große Einheit" zu gewinnen. Das Unterfangen, im eigenen Leben die Dimension Gottes zu erlangen, stellt „das größere Werk" dar, daß der Mensch in Angriff nehmen kann. Dies ist das ureigene Bestreben des Mystikers, wie im nächsten Kapitel näher erläutert wird.

2. Schöpfer und Spontaneität-Kreativität

Das Konzept der Spontaneität-Kreativität ist aus dem Spannungsfeld von mystischer Schau, Metaphysik und positivistischer Wissenschaft (→ Schmitz) zu verstehen. In unmittelbarer Schau gewinnt Moreno eine Vorstellung eines allumfassenden Lebensstroms, der für ihn identisch ist mit dem Schöpfergott und der Schöpfung selbst. In einer seiner Frühschriften, der „Rede vor dem Richter", stellt Moreno die Schöpfung, das Werden, mit Hilfe des Bildes einer Kugel dar.

„Das Werden vollzieht sich nach dem Gesetz der Kugel. Sie hat einen regierenden Mittelpunkt, zu dem alle Kreise gehören und von dem alle Punkte der Peripherie übersehbar sind." (Moreno, 1925, S.12)

Das Bild der Kugel oder des Kreises ist in den Mythen aller Kulturen weit verbreitet und weist, wie auch bei Moreno, auf das Werden, auf den Lebensstrom hin. Campbell (1978) bezeichnet es umfassend als das Symbol des Weltnabels. Der Mittelpunkt des Kreises stellt die Quelle des Lebensstroms dar.

„Der Strom ergießt sich aus einer unsichtbaren Quelle, und der Ort des Einströmens in die Welt ist das Zentrum des symbolischen Erdkreises... So ist der Weltnabel das Bild der dauernden Schöpfung, des Geheimnisses der Erhaltung der Welt durch das Wunder der Belebung, die in allen Dingen quillt." (Campbell, 1978, S. 45)

Nach Morenos Vorstellung ist Gott im Zentrum, an jeder Stelle des Kreises und hat Anteil an allem Werden.

„Due to god's co-identitiy with every creative agency in the universe, he is not only in the center but at every point upon the periphery of the universe, as well as at every point between... Since God is inseparable from the universe, and since the universe is inseparable from every man in it, every man is also inseparable from god." (Moreno, 1971, S.XIII)

Gott als Schöpfer ist identisch mit Spontaneität und Kreativität, oder, wie Moreno auch formuliert, Spontaneität-Kreativität ist zentriert um den Schöpfer. „The quintessence of this spark of creativity is God... God is spontaneity" (Moreno, 1971, S.XIII,XVIII). Spontaneität-Kreativität als der allumfassende und alles durchdringende Lebensstrom ist für Moreno in den verschiedenen Dimensionen der Wirklichkeit erkennbar.

„I saw its fire burning at the bottom of every dimension of nature, the cosmic, the spiritual, the cultural, the social, the psychological, the biological, and the sexual" (Moreno, 1947, S.6)
„The principle of spontaneity and creativity — centering around the phenomenon of the Creator — is the ultimate source of all existence and of all values... it must be verifiable everywhere — that is, wheresoever any form of existence is in development. As a hypothesis, it must be the key to the idea of biological evolution, to the genesis of human society as well as to the phenomenon of creativity in man." (Moreno, 1971, S. 194)

Spontaneität-Kreativität beschreibt demnach übergreifend den Prozeß von Wachstum und Evolution des gesamten Seins und aller Erscheinungsformen.

Spontaneität und Kreativität stellen zwei untrennbar miteinander verbundene Aspekte eines Prozesses dar. Wie schon in der früheren Formulierung der Dualität von Anstieg und Abfall, entwickelt Moreno mit den Konzepten der Spontaneität und Kreativität die Vorstellung zweier grundlegender Prinzipien des Lebensprozesses. Er bezeichnet Spontaneität metaphorisch als „Ur-Katalysator" und Kreativität als „Ursubstanz" (Moreno, 1974, S. 12).

Spontaneität hat eine alle Lebensvorgänge belebende, beschleunigende und auslösende Funktion. Spontaneität setzt Aktion in Gang. Dieses Beschleunigen oder in Gang setzen bezeichnet Moreno auch als den Prozeß des „Aufwärmens".

„The warming-up process manifests itself in every expression of the living organism as it strives toward an act." (Moreno, 1946, S. 56)

Erreicht dieses warm-up die sogenannte Spontaneitätslage, wird freie Aktion und damit Kreativität möglich (→ Schmitz): Hier gewinnt der Begriff des schöpferischen Augenblicks Bedeutung, für den Moreno in seinen englischen Schriften auch die Bezeichnung „Moment sui generis" oder das bekanntere „Hier und Jetzt" verwendet. In Morenos „Rede über den Augenblick" finden sich einige Merkmale desselben.

„Stets war der Augenblick frei: eine ungerufene Schau, eine ungehobene Lust, eine unerschaffene Zeit. Nach allen Seiten konntet ihr gehn, Neues entdecken, Entdecktes zu erneuern, Alles konntet ihr wählen, konntet ihr werden, alles erneuern." (Moreno, 1923, S. 10)

Im „Augenblick" ist Schöpfung möglich. Für Gott selbst ist jeder Zeitpunkt ein Augenblick, er befindet sich in kontinuierlichem „status nascendi" (Moreno, 1971, S. 166). Für den Menschen ist nicht jeder Zeitpunkt ein schöpferischer Augenblick. Dieser muß erst „da sein", bevor er schöpferisch tätig werden kann. Erst dann besteht die Möglichkeit, nach allen Seiten zu gehen, Neues zu entdecken, Entdecktes zu erneuern, Alles zu wählen, zu werden und zu erneuern. Im „wahren Augenblick" erscheint es, als sei der „causalnexus" (Moreno, 1946, S. 35) des Lebensstroms unterbrochen oder gar eliminiert, freier Wille und freie Aktion sind möglich. In der Spontaneitätslage werden alle ursächlichen Bindungen unterbrochen, alte Formen werden gleichsam aufgelöst — Voraussetzung für neue Schöpfung, für Kreativität. Diese stellt den neuen, umfassendere Formen schaffenden, Aspekt des Lebensstroms dar. Kreativität bedeutet im weitesten Sinne Wachstum —

autonom und ungeplant — Schöpfung voll Harmonie und Schönheit hervorbringend. So beschreibt Moreno beispielsweise:

„Although unplanned — and not like a blueprint of creation — a chain of creative acts when subsequently surveyed looks as perfect as if it had been precisely planned." (Moreno, 1971, S. 182)

Das Resultat des kreativen Prozesses, die Form selbst, nennt Moreno „Konserven". Jeder Stern im Universum, jeder Stein, jede Pflanze, jeder lebende Organismus, jedes menschliche Werk, jede Rolle, die wir spielen, ist eine Konserve (Moreno, 1956, S. 130)

Das Konzept der Spontaneität-Kreativität beschreibt einen ungeplanten, autonomen, selbst-transzendierenden Prozeß, der Wachstum und Evolution hervorbringt, der Schöpfung selbst ist. Gott befindet sich „im Zentrum" dieses Lebensstroms, er ist dessen „Essenz". In ihm „ist alle Spontaneität Kreativität geworden, bei ihm sind Spontaneität und Kreativität identisch" (Moreno, 1974, S. 11). Wenn Spontaneität und Kreativität in Gott, im Zentrum des Lebensstroms identisch sind, bedeutet das einen dauerhaften Zustand der Spontaneitätslage. In Gott sind Spontaneität und Kreativität im „wahren Augenblick" eins.

Mit dem Konzept der Spontaneität-Kreativität konzipiert Moreno die Vorstellung einer Schöpferkraft, die in einigen Aspekten Parallelen zu taoistischen Gedanken nahelegen.

„Auch der Taoist setzt dieses Letzte mit der schöpferischen Kraft gleich, schöpferische Kraft ist Tao." (Chang, 1985, S. 50)

Die taoistische Vorstellung der Schöpferkraft beschreibt ähnlich wie Moreno die „Selbstschaffung" der Dinge. So sagt Lao Tse: „Alle Dinge schaffen sich selbst." (zitiert nach Chang, 1985.)

„Der rechte Weg [Tao] schafft das Eine, das Eine schafft die Zwei, die Zwei schafft die Drei: Die Drei aber schafft die abertausend Geschöpfe." (Lao Tse, 1980, S. 137)

Die Selbstschaffung verläuft, ähnlich wie Spontaneität-Kreativität, ungeplant, ungelenkt, spontan und autonom.

„Die taoistische Konzeption der inneren Kraft ist die einer Selbstverwirklichung, die keiner äußeren Mittel bedarf, um den inneren Prozeß zu bewirken. Tao ist die innere Wirklichkeit aller Dinge ... Chuang Tzu illustriert das so: '... jene, die Kurvenlineal und Richtschnur benutzen, um rechte Form zu machen, vergewaltigen den natürlichen Bau der Dinge ... In ihrer letzten Wirklichkeit sind die Dinge gekurvt, ohne Lineal, gerade ohne Richtschnur, rund ohne Zirkel ... Auf diese Weise schaffen sich die Dinge selbst aus ihrer eigenen inneren Reflektion, und niemand vermag zu sagen, wie das kommt." Findet innere Reflektion statt, so vollbringt sie den Prozeß der Manifestation letzter Wirklichkeit. Dieser Prozeß ist direkt, unmittelbar und spontan ... Solche spontane Reflektion ist die schöpferische Kraft des Tao." (Chang, 1985, S. 59)

Im Taoismus werden zwei Prinzipien, yin und yang, unterschieden, die — wie auch Spontaneität und Kreativität — in ihrem fortwährenden Wechselspiel die Welt der Dinge „beseelen, schaffen und zersetzen" (Campbell, 1987, S. 129).

Das Bild des Weltnabels aufgreifend finden wir Gott, die Essenz der Spontaneität-Kreativität, im Mittelpunkt des Lebenskreises. Sind in ihm Spontaneität und Kreativität identisch, so unterscheidet sich davon unsere normale Erlebniswelt, die „normale" menschliche Spontaneität und Kreativität, die Peripherie des Kreises.

„Die Spontaneität eines Menschen kann seiner Kreativität diametral entgegengesetzt sein. Ein Individuum mit hoher Spontaneität kann ein völlig unschöpferischer Mensch, ein spontaner Irrer sein. Einem anderen Menschen mag es trotz großer Kreativität an Spontaneität fehlen; er ist ‚ein Schöpfer ohne Arme'" (Moreno, 1974, S. 11).

Moreno sagt in der Widmung seines Werks „Psychodrama Vol. I": „God is spontaneity". Daran anschließend formuliert er das Gebot: „Be spontaneous!" Es gilt, die eigene Spontaneität im Einklang mit Kreativität zu steigern, in sich selbst, in seinem Handeln und in der Begegnung mit Anderen. Vorbild sind ihm hierfür die Propheten und Heiligen.

„I thought of the prophets and saints of the past who appeared as the most shining examples of spontaneous creativity, and said to myself ‚This is what you have to produce first and you yourself have to give flesh to it'. Thus I began to ‚warm up' to prophetic moods and heroic feelings, putting them into my thoughts, my emotions, gestures and actions, it was a sort of spontaneity research on the reality level. Now it was not as simple and objective as that. ... At times of course, when the warming up process carried me to the height of exstacy I played God and infected others to play with me. At other times I looked critically at my production, my own alter ego, as in a mirror ... the ... discovery was that spontaneity can be trained, however small the flame was in the beginning." (Moreno, 1947, S. 11f.)

Die Heiligen, die Mystiker, sind Morenos Vorbilder; er versucht, seine eigene Spontaneität und Kreativität zu vervollkommnen. Er empfiehlt keine spezielle Praktik, keine spezielle Meditation oder andere Formen innerer Einkehr, wodurch er sich von den meisten mystischen Traditionen unterscheidet. Spontaneität-Kreativität ist das alles vereinende Prinzip, dementsprechend heißt sein Weg „Spontaneitätstraining". Dies bedeutet, sich selbst — auf der Psychodramabühne und im Alltag — immer wieder zu neuen und höheren Spontaneitätslagen aufzuwärmen. Diese Vorstellungen bilden den Hintergrund für Morenos Ansätze, Spontaneität-Kreativität wissenschaftlich zu definieren, zu erforschen und zu trainieren.

Aus diesem Blickwinkel betrachtet er den Lebensweg der Heiligen und Mystiker. Nicht deren spezielle Lehren oder Praktiken sind ihm wichtig, sondern das allem zugrundeliegende Prinzip der Spontaneität-Kreativität. Moreno sieht in den Heiligen experimentelle Theologen, die Methoden des Spontaneitätstrainings anwenden.

„... using as they did their own existence as the material and the tool with which to explore the existence and the essence of the Godhead. By means of warming up from one stage of embodiment to another, they tried to determine piecemeal not so much the meaning of their own individual lives as the meaning of existence itself." (Moreno, 1971, S. 196f.)

„Ideas and emotions, such as love, charity, pity and sympathy, happiness, joy and ecstacy, guilt, responsibility, leadership, dominance, subordination, humility and loyalty, or piety, tranquility and silence — all these psychological and spiritual categories and many others can be initiated, developed and trained by means of spontaneity procedures. A guide for religious experimentation along these lines can well be found in the praxis of many of the great experimental theologicians — a praxis which has either been ignored or left buried under the weight of the conserves. The life of Jesus may be taken as an example." (Moreno, 1971, S. 204)

Auch die individuelle Praxis der Heiligen oder Mystiker steht nicht im Widerspruch zu Morenos Vorstellungen. Er empfiehlt deren Praxis sogar als Leitlinien für das Spontaneitätstraining; er grenzt die von ihm speziell entwickelten Methoden wie Rollenspiel, Psychodrama etc. nicht von den zumeist meditativen Praktiken der Heiligen ab.

Entwicklung von Spontaneität und Kreativität heißt, sich dem Zentrum des Lebenskreises, also Gott, zu nähern. In „The Words of the Father" spricht Gott:

„Only the creative can be true. Only the creative can be. Only the creative can be me." (Moreno, 1971, S. 124)

„In order to exist meaningfully we must find the path of creativity and let it lead us into direct communication and identity with the Creator. Thus we can become not only a part of creation but a part of the Creator, as well." (Moreno, 1971, S. XV)

3. Ich-Gott — Das bist du

„Only the creative can be me" spricht Gott. Je weiter der Mensch seine Spontaneität-Kreativität entwickelt, desto mehr nähert er sich dem Zentrum des Lebensstroms und läßt sein „eigenes Zentrum transparent für den kreativen Weltprozeß werden" (Leutz, 1974, S. 66). Es bedeutet „Aufschließung gegenüber der Umwelt" (Moreno, 1974, S. 12), aber auch „Aufschließung" für die eigene Göttlichkeit, für die Erkenntnis: Ich bin Gott. Dies ist die Bedeutung des Ich-Gott-Konzeptes. Moreno reklamiert, er sei derjenige gewesen, der die Vorstellung des Gottes in jedem einzelnen Menschen entwickelt hätte. Dies geschieht meiner Ansicht zu Unrecht, da ähnliche Vorstellungen, wie ich zeigen werde, in den mystischen Traditionen auftauchen.

„The God who is the God of love has been betrayed so many times by men, that something more had to be added, a God which does not come from the Thou, but who comes from within our own person, through the I, through me." (Moreno, 1972, S. 199)

In „The Words of the Father" spricht Gott: „O you, who have been born, the whole universe is created by you, and with it, a tiny bit of life which is known to be a definite person — you. Thus it happens: The body, which carries you, and its shape are — you. The soul and its form are — you. The space around you and what you hear are — you. It is all you — and you — and you." (Moreno, 1971, S. 113)

Moreno fordert jeden Einzelnen auf, seine persönliche Version Gottes zu verkörpern, mittels der eigenen Spontaneität-Kreativität zum Mit-Schöpfer (co-creator) Gottes zu werden, an der Gestaltung der Welt teilzuhaben.

„The image of God can take form and embodiment through every man — the epileptic, the schizophrenic, the prostitute, the poor and rejected. They all can at any time step upon the stage, when the moment of inspiration comes, and give their version of the meaning which the universe has for them. God is always within and among us, as he is for children." (Moreno, 1969, S. 22)

Wenn ein Mensch eine Spontaneitätslage erreicht, für einen „Moment der Inspiration", einen „wahren Augenblick", Anteil an der göttlichen Spontaneität-Kreativität hat, kann er in seiner Handlung seiner Version Gottes Form und Ausdruck geben. Der Mensch macht für einen Augenblick einen Rollentausch mit Gott.

„... das Ziel des Psychodramas ist es, die Person wieder mit Gott zu verbinden. Psychodrama war Morenos Weg, um Sterbliche für Momente mit der ewigen Welt voll Spontaneität [allspontaneity] zu vereinigen ... Der Rollentausch mit Gott zielt darauf, für einen Moment allmächtige Schöpferkraft und totale Spontaneität in einer Person zu reinkarnieren ... Rollentausch mit Gott ist die momentane Kommunion des Individuums mit dem Universum ... Ohne dies Bemühen um Begegnung, dieses Aufwärmen für Spontaneität, besteht eine scharfe Trennung zwischen dem Individuum und dem höchsten Gott." (Kraus, 1984, S. 48ff.)

Es läßt sich im Einklang mit Morenos Konzepten ein Kontinuum menschlicher Entwicklung denken, an dessen einem Pol Menschen anzusiedeln wären, deren Spontaneität-

Kreanivität sehr wenig entwickelt ist und die relativ selten Momente dieser Art erfahren. Am anderen Pol des Kontinuums befänden sich die Heiligen oder Mystiker, die, um Morenos Terminologie zu gebrauchen, durch langes „Spontaneitätstraining" vollkommene Harmonie mit dem Lebensstrom, mit der göttlichen Spontaneität-Kreativität erlangt haben. Sie haben sich in einem lebenslangen Entwicklungsweg, für einen letztlich dauerhaften Rollentausch mit Gott aufgewärmt. Sie haben die „große Einheit gewonnen" (Moreno, 1909, S. 22) und leben dauerhaft im „Zustand" der Spontaneitätslage, im „wahren Augenblick". Ihr „gesamter Kosmos ist Hier und Jetzt geworden" (Moreno, 1959, S. 226).

„For the existential creator and ‚surplus' realist himself, for the Christ or Don Juan in being ... his continuous creativity saves him from separating one here and now from another ... which are actually inseparable." (Moreno, 1959, S. 227)

Wenn Moreno vom Rollentausch mit Gott, vom Erleben der eigenen Göttlichkeit, von Spontaneität-Kreativität und von co-creatorship spricht, umfaßt er damit das gesamte Spektrum menschlichen Seins und Ausdrucks vom banalen und alltäglichen Handeln bis zum Sein der Heiligen. Seine Theorie und Praxis sind nicht speziell auf dieses ausgerichtet, sie sind jedoch so ausgelegt, daß dieses Sein mit erfaßt wird. Es lassen sich damit Parallelen zu Erfahrungen und Darstellungen der mystischen Traditionen ziehen.

Das Bestreben des Mystikers ist es, inneres Wissen Gottes zu erlangen, das heißt, Gott in sich selbst zu erfahren. Diese Erfahrung gipfelt in dem Erleben, das nach Huxley (1987) am besten durch den Satz „Das bist du" aus der indischen Chandog ya Upanishade ausgedrückt wird.

Der alte Brahmane Aruni belehrt seinen Sohn Svetaketu über das Wissen, „wodurch wir das Unhörbare hören, das Unwahrnehmbare wahrnehmen und das Unerkennbare erkennen" (zitiert nach Huxley, 1987, S. 13). Er fragt nach dem Wissen, das wir weder über unsere Sinne noch über unseren Verstand erlangen können. Aruni heißt seinen Sohn, eine Frucht des Nyagrodhabaums, des Lebensbaums, zu holen, diese zu öffnen, einen Samen daraus aufzubrechen, worauf Svetaketu nicht mehr in der Lage ist, die materielle Substanz des Lebensbaums zu erkennen. Auf die Frage, was er sehe, antwortet er: „Überhaupt nichts." Daraufhin spricht Aruni:

„Mein Sohn, jene feine Essenz, die du dort nicht wahrnehmen kannst — darin besteht das Wesen des ungeheuren Nyagrodhabaums. In der feinen Essenz hat Alles, was entsteht, sein Selbst. Das ist das Wahre, das ist das Selbst; und du, Svetaketu, bis Das." (Huxley, 1987, S. 14)

„Das vollständig erleuchtete menschliche Wesen ... enthält in sich selbst die ganze verständliche Welt. Deswegen ist das All allgegenwärtig. Jedes ist dort das All, und das All ist jedes. Der Mensch, wie er jetzt ist, hat aufgehört das All zu sein. Aber, wenn er aufhört ein Individuum zu sein, hebt er sich selbst wieder empor und durchdringt die ganze Welt." (Huxley, 1987, S. 14)

In der christlichen Tradition wird die Erfahrung des „Das bist du" häufig als „unio mystica" bezeichnet. Der Hl. Simeon der Jüngere gibt ein Erlebnis dieser Vereinigung wieder.

„Denn der Eine, der zu Vielen geworden ist, bleibt der ungeteilte Eine, aber jeder Teil ist der ganze Christus ... Ich sah Ihn in meinem Hause. Unter all den Dingen des Alltags erschien er unerwartet und ward mit mir unaussprechlich vereinigt und verschmolzen, und ging in mich über ohne ein Trennendes, wie Feuer in Eisen, wie Licht in Glas. Und er machte mich wie Feuer und wie Licht ... Ich bin von Natur ein Mensch, und Gott durch die Gnade Gottes." (Zitiert in Campbell, 1978, S. 44.)

Aus der islamischen Sufi-Tradition stammt folgende Darlegung. „Darum konnte al-Hallaj sagen: ‚Ana-l Haqq‘ — ‚Ich bin die Wahrheit‘ — was besagt, daß er Gott ist. Die Sufis sagen, daß er diese Worte sprach, als er sein Ichbewußtsein verloren hatte: Es wäre der billigste und gröbste Ego-Trip, der überhaupt vorstellbar ist, wenn irgend jemand sagen würde, ‚Ich bin Gott‘, während er sich seiner noch selbst bewußt ist. Aus dieser Perspektive heraus kann nur der wirken, der alles Gefühl seiner selbst verloren hat." (Khan, 1982, S. 54)

In der mystischen Tradition wird die Verhaftung an das Ich als Hindernis auf dem Weg zur Vereinigung mit Gott gesehen. Der hinduistische Weise Schankara vermittelt einen Eindruck vom Verständnis des Ich in den mystischen Traditionen.

So ist „... das Bedürfnis nach persönlicher Absonderung tief und mächtig ... Es schafft den Begriff: ‚Ich bin der Handelnde, ich bin es, der erlebt.‘ Dieser Begriff ist die Ursache der Versklavung durch die bedingte Existenz, durch Geburt und Tod." (zitiert in Huxley, 1987, S. 17f.)

In dem Maß, wie wir die eingeschränkte Perspektive unseres Ich aufgeben, können wir uns zunehmend für unser wahres Selbst, Smith (1976, S. 76) nennt es *Geist*, für Gott in uns, öffnen.

Es ist nicht leicht, Morenos Position zu diesem Punkt zu erkennen. Moreno verwendet die Begriffe Ich und Selbst häufig synonym mit wechselndem Bedeutungsgehalt. Seine Position läßt sich wie folgt zusammenfassen:

„Im Unterschied zum aristotelischen und metapsychologischen Denken, das eine vorgegebene ‚Entelechie‘ oder ein vorgegebenes Selbst annimmt, vertritt Moreno als ‚sociometrist and behavioral scientist‘ einen empirischen Selbstbegriff." (Petzold, 1982, S. 119)

„Das Selbst konstituiert sich aus den psychosomatischen, den psychodramatischen und den soziodramatischen (sozialen) Rollen ... Das Selbst als Realität ist immer ein handelndes Selbst." (Mathias, 1982, S. 215)

Es gibt Passagen in Morenos Schriften, die von dieser Position abweichend der mystischen Tradition ähneln.

„The locus of the self ... is spontaneity ... If the self of Man can indefinitely expand in creativity and in power, and the whole history of Man seems to indicate this — then there must be some relation between the idea of the human self and the idea of the universal self or God." (Moreno, 1947, S. 9f.)

Moreno unterscheidet das menschliche Selbst und das göttliche oder universelle Selbst und nimmt darüber hinaus an, daß eine irgendwie geartete Beziehung zwischen den beiden bestehen muß. Dies ist nicht identisch mit der mystischen Auffassung von menschlichem Ich und dem wahren, göttlichen Selbst. Das Verständnis des Selbst, das sich in dieser Textstelle äußert, geht jedoch weit über den zuvor skizzierten empirischen Selbstbegriff hinaus.

In der „Rede vor dem Richter" sieht Moreno die Menschheit mit „einem schrecklichen Segen verflucht", dem „Ich":

„Eine Ichseuche verzehrt die Menschheit. Das Ich ist der Baal, dem die Natur geopfert wird ... Jeder dünkt sich selbst Herrscher. Jeder will Selbstherrscher sein. Das Ich wird zum Ichthyosaurus statt zum Ich ... Der Ichgötze regiert die Epoche ... Das einzige Mittel gegen die Seuche ist wieder das Ich. Es gibt keine Flucht aus dem Ich heraus, nur hinein. Wer aus diesem Labyrinth flüchten will, muß an sein Ende. Das Ich, zuende gedacht, führt aus dem Labyrinth hinaus, ins Zentrum." (Moreno, 1925, S. 9f.)

Moreno prangert an, daß das Ich, die Individualität des Einzelnen, zum Götzen, zur höchsten anbetungswürdigen Instanz, gemacht wird. Er verneint nicht die Bedeutung des Ich und seine notwendigen Funktionen. Diese müssen vielmehr voll entwickelt werden —

und damit befindet sich Moreno in Übereinstimmung mit der traditionellen westlichen Psychologie — um in der Auseinandersetzung mit dem Lebensalltag Spontaneität und Kreativität zu entwickeln, um so die eigene, ganz individuelle Ausdrucksform zu finden. Die volle Entwicklung des Ich führt ins Zentrum, zu Gott.

Hier unterscheidet sich Moreno deutlich von den östlichen Weisheitswegen, die Individualität als Barriere auf dem Weg zur letzten Wirklichkeit sehen und sie zu überwinden versuchen. Er befindet sich jedoch durchaus in Übereinstimmung mit westlichen, besonders den neueren Formulierungen mystischer Einsicht, wie der von Pir Vilayat Khan, einem Sufi.

„Das Ich ist wichtig, denn dank der Vervielfältigung des Ichs hat die Totalität jene Vollendung erreichen können, die sich auf der Erde zuträgt. Der Grund für diese Vollendung liegt darin, daß all das, was im Urzustand latent war, sich jetzt gegenseitig befruchten kann. Wir sind nicht nur die Erben des ganzen Universums; wir sind mehr als das, was wir geerbt haben, und das ist das Ergebnis unserer Interaktion mit anderen Wesen ... Wir wollen deshalb das Ego nicht einfach abtun; wir wollen es in Übereinstimmung bringen mit den Dimensionen des Unpersönlichen und Unendlichen ... Wir möchten, daß unser Ego eine Art Elastizität entwickelt, die es befähigt, die Ganzheit einzuschließen. Es ist eigenartig genug: Man ist nie eine so reiche Persönlichkeit, als wenn man völlig unpersönlich ist; es ist eigenartig, wie erst dann all die Qualitäten der Persönlichkeit hervortreten." (Khan, 1982, S. 54f.)

4. Schöpfung als kosmisches Spiel

Sein ist das kosmische Spiel des Schöpfers, das Spiel des Daseins mit sich selbst (Leutz, 1974, S. 33). Die Vorstellung des deus ludens findet sich in der Geschichte vieler Kulturen. Himmelmann zitiert aus den Fragmenten der Vorsokratiker:

„,Der Aion ist ein spielendes Kind. Brettsteine schiebend. Königsherrschaft eines Kindes.' ... [weiter zitiert er Rahner,] ,Der Aion ist König und Kind zugleich, unwiderstehlich in seiner fügenden Allmacht und dennoch genial unbekümmert wie ein Kind am Spielbrett. Sein Werk ist sinnvoll (also königlich), aber nicht notwendig (also kindlich): ist ein göttliches Spiel.'" (Himmelmann, 1985, S. 24f.)

„Es schafft das All in seiner Fülle alle Dinge, und indem es lebt, schafft es bunte Mannigfaltigkeit, es hält nicht inne, sondern erschafft unablässig schöne, wohlgestaltete, lebendige Spielzeuge." (Plotin zitiert in Leutz, 1974, S. 33)

Das Absolute (Brahman) „verliert" sich „nur so zum Spaß" und projiziert sich in die Schöpfung (vgl. Wilber, 1984a, S. 342).

„Die Welt ist, wie es in Indien heißt, das ,Spiel' des Gottes. Es ist ein wundersames, gedankenloses Spiel, ein rohes Spiel, das roheste, grausamste, gefährlichste und schwerste, bei dem alle Tricks erlaubt sind." (Campbell, 1987, S. 136)

(Glücks-)spielerisch ist die Art, in der Zeus in Homers Ilias das Schicksal bestimmt. Vor dem Kampf entscheidet Zeus mit Hilfe der heiligen Waage über das Todeslos.

„,Da spannte der Vater die beiden goldenen Schalen und legt in sie hinein die beiden Lose des bitteren Todes der rossebezwingenden Troer und der Erzhemden tragenden Achäer' ... Der Zusammenhang zwischen Orakel, Glücksspiel und Gericht ist hier bereits so deutlich wie möglich gegeben … Die Waage der Gerechtigkeit … ist die Waage der unsicheren Gewinnaussicht. Von einem Siege der sittlichen Wahrheit, einer Vorstellung, die das Recht schwerer wiegt als das Unrecht, ist hier noch keine Rede." (Huizinga, 1987, S. 92)

Im Hinduismus ist die Welt „maya" — Illusion; nach Watts (1986) ist sie Illusion im Sinne von Spiel (vom lateinischen ludere) und Einspielung (inlusio, Huizinga 1987) im Sinne von Projektion des Absoluten in die Welt.

Auch Moreno erkennt den metaphysischen Sinn des Spiels im kindlichen Spiel und im Drama (→ Fangauf). In seinen Frühschriften tauchen Metaphern auf, die an die oben aufgeführten erinnern: das „Königreich der Kinder" (1919) und die „Gottheit als Komödiant" (1918) sind zwei Titel aus dieser Zeit. Im Kinderspiel erkennt Moreno Spontaneität-Kreativität in unbehinderter, ursprünglicher Form; die ursprüngliche Natur des Seins in ihrer Lebendigkeit und Einheit drückt sich unverfälscht — Ken Wilber würde einschränkend hinzufügen „auf präpersonaler Ebene" — im kindlichen Spiel aus.

„… a sort of primordial nature which is immortal and returns afresh with every generation, a first universe which contains all beings and in which all events are sacred. I liked that enchanting realm …" (Moreno, 1955, S. 10)

In der Schrift „Die Gottheit als Komödiant" stellt Moreno eine Verbindung zwischen dem Schicksal Gottes und dem Theaterspiel her.

„Das vorbildliche Theaterstück ist die von Gott gebildete Darstellung des eigenen Schicksals, seine von ihm selber dramatisierte Historie, die Tragödie seines Subjekts, die Wiederholung seines Lebens im künstlerischen Ort. Nicht die Kunst ist meine Metaphysik sondern ich selber werde das Meta meiner Kunst. Das erste echte historische Drama." (Moreno, 1918, S. 62)

Das erste historische Drama, das erste Theater-Spiel, ist die Schöpfung. Bezeichnenderweise stellt auch Huizinga heraus, daß der Ursprung des griechischen Dramas im Spiel, und zwar im heiligen Spiel, dem „gespielten Gottesdienst", zu suchen ist. Schöpfung und Drama, beide beruhen auf dem Schein — maya. Durch das Wiedererleben des Geschehenen im Spiel, im Schein, befreit sich der Handlungsträger des Dramas, der Protagonist, vom Leiden des Seins. So versteht Moreno Psycho-Drama als Heilung.

„Indem ich meine einstige Tragödie noch einmal scheine, wirke ich auf mich, dem ursprünglichen Heros der Tragik, komisch, befreiend, erlösend. Ich breche, indem ich mich doch zugleich tiefernst vor dem Volk, nackt, wie ich war, wiederspiegele, innerlichst in Gelächter aus; denn ich sehe meine Welt des vormaligen Leidens aufgelöst im Schein. Sein ist plötzlich nicht mehr schmerzlich, sondern lustig. Meine ehemaligen Schmerzen, Wutanfälle, Begierden, Freuden, Jubel, Siege, Triumphe sind schmerzlos, gierlos, freudlos, jubellos, sieglos, triumphlos, gegenstandslos geworden. War ich das je, Bruder Zuschauer, was aus mir spielt und spricht?" (Moreno, 1918, S. 62)

Das Spiel des Lebens vor sich selbst und vor Anderen aufzuführen befreit von der Annahme Opfer zu sein, befreit vom Leiden, da im Spiel das Leiden trotz „tiefen Ernstes" als Schein erkannt wird. Sich als Protagonist des eigenen Lebens zu begreifen, läßt die Erkenntnis zu, daß es möglich ist, aus eigenem freien Willen, spontan (Moreno leitet spontan von „sua sponte" = „aus freiem Willen" ab) das eigene Leben zu gestalten.

Spiel bedeutet Befreiung von maya.

„Wer das Leben in seinem höchsten Sinn erfährt, dem sind Verdruß und Genuß, Leid und Freud untrennbar miteinander vermischt. Der Wille zum Leben selbst, durch den man das Licht der Welt erblickte, war allerdings ein Einwilligen darin, selbst unter Schmerzen in diese Welt zu kommen, andernfalls wäre man niemals hierher gelangt ... Da du in dieser Welt zu dieser Zeit, an diesem Ort und mit diesem besonderen Schicksal geboren wurdest, so war es in der Tat dies, was du für deine endgültige Erleuchtung wolltest und brauchtest. Das war eine starke und große und wunderbare Sache, die du da vollbracht hast — freilich nicht jenes ‚Du‘, für das du dich jetzt hältst, sonder das ‚Du‘, das bereits da war, bevor du geboren wurdest, und das auch jetzt noch dein Herz schlagen läßt ... Verlier jetzt bloß nicht die Nerven! Zieh es durch und spiel dein Spiel zu Ende! (Campbell, 1987, S. 135)

Psycho-Drama ist in Morenos Verständnis der spielerische Zugang zur Vereinigung mit Gott; „in dieser Nacht haben wir erfahren, daß sich das jüngste Theater um Gott selbst wieder aufbauen wird. Gehen wir ihm entgegen! Kommt!" fordert Moreno (1918, S. 63) auf. Himmelmann zitiert ihn: „Ich versuche ihnen die Kraft zu geben wieder zu träumen. Ich lehre die Völker Gott zu spielen" (1985, S. 30). Kraus faßt Morenos Ideen mit Hilfe der später entwickelten Konzepte des Rollenspiels, Stegreifspiels, des Rollenrepertoirs und der Spontaneität-Kreativität zusammen. Die Bezüge des metaphysischen Verständnisses des Spiels zu Morenos „wissenschaftlichen" Konzepten seien hiermit angedeutet.

„Das Stegreiftheater ist der Ort, an dem sich eine Person für den universalen Prozeß der Spontaneität und Kreativität aufwärmt, so daß er willentlich jegliche Rolle übernehmen kann, um einer unendlichen Zahl erwarteter und unerwarteter Situationen angemessen begegnen zu können. Rollenspiel ist Kinderspiel. Es ist die Rückkehr zum verzauberten Universum der Spontaneität." (Kraus, 1984, S. 61)

5. Handlung und Einsicht

Mystische Praxis bedeutet in der Regel keinen allgemeinen Rückzug von weltlichen, gesellschaftlichen Lebensbereichen. In den meisten Traditionen verbinden sich innere Einkehr (Meditation, Kontemplation, etc.), der ein großer Stellenwert beigemessen wird, und aktive Beteiligung am allgemeinen Leben. Die Bedeutung des tätigen Lebens wird besonders in den jüdischen (→ Geisler) und christlichen Traditionen betont. In letzterer steht die vita activa gleichberechtigt neben der vita contemplativa.

„Im Buddhismus wie im Vedanta und in allen außer den neuesten Formen des christlichen Glaubens ist richtiges Handeln das Mittel, wodurch der Geist auf die Beschaulichkeit vorbereitet wird. Die ersten sieben Stufen des Achtteiligen Pfades sind die aktive, ethische Vorbereitung auf die einigende Erkenntnis der Soheit." (Huxley, 1987, S. 373 f)

„‚Siehe nur Eins in allen Dingen‘ — Gott innen und Gott außen. Es gibt einen Weg zur Wirklichkeit in der Seele und durch die Seele, und es gibt einen Weg zur Wirklichkeit in der Welt und durch die Welt. Es scheint zweifelhaft, ob man das letzte Ziel durch die Verfolgung des einen unter Beiseitelassen des anderen erreichen kann. Der dritte, beste und schwierigste Weg ist jener, der zum göttlichen Urgrund gleichzeitig über den Erkenner und über das Erkannte führt." (Huxley, 1987, S. 78)

In Morenos Denken gewinnt die Handlung besonders großes Gewicht; meditative Praktiken werden von ihm nicht sonderlich betont, dagegen jedoch die aktive, tätige Auseinandersetzung mit der Umwelt.

In spontaner und kreativer Handlung drückt sich die Erkenntnis der Einheit des Seins in der Welt der Dinge aus. Spontane und kreative Handlung im höchsten Sinn ist immer

Handlung als Ausdruck des Zentrums des Lebensstroms. Ein in diesem Sinn Handelnder erkennt im Tun die Einheit allen Seins und handelt entsprechend.

„... für ihn [ist] die Welt ein einziger Block ... Weil er das Ganze bringt und nicht den Teil, weiß er auch, welchen Sinn der Teil am Ganzen hat. Wer nur den Teil bringt, verrät das Ganze an den Teil ... So kann selbst der niedrigste Gegenstand, der geringste Griff nur vom Zentrum aus wirklich gefordert und von ihm aus auf seinen wahren Platz gestellt werden. Der Heuchler verrät — bringt er den Teil — selbst diesen." (Moreno, 1925, S. 13f)

Der „geringste Griff" kann nur vom Zentrum des Lebensstroms vollkommen ausgeführt werden, „auf seinen wahren Platz gestellt werden".

Das Wesen der japanischen Teezeremonie z.B. besteht darin, einen genau festgelegten Handlungsablauf in Harmonie mit dem Lebensstrom zu vollführen. Campbell (1987) erläutert, daß es in Japan Menschen gibt, die dies ihr ganzes Leben lang studiert und geübt haben, ohne Vollendung zu erreichen. Zum Vergleich mit Morenos Worten sei hier die Beschreibung einer Teezeremonie angefügt.

„die Teezeremonie ... erreicht ... nach einer Reihe von ritualisierten Vorbereitungen ihren formellen Höhepunkt in dem äußerst stilisierten Akt, wenn der Teemeister seinen Tee anrührt und ihn der kleinen Anzahl seiner Gäste reicht ... Es sagt genug, daß jede Geste und selbst jede Neigung des Kopfes kontrolliert geschieht; und doch, als ich mich später mit den anderen Gästen unterhielt, lobten sie die Spontaneität dieses Meisters ... ich lernte erkennen, wie jeder [Teemeister] bei der Ausführung tatsächlich entspannt und frei war." (Campbell, 1987, S. 60f)

Auch der geringste Griff, oder die Neigung des Kopfes gelingt nur spontan und in Harmonie mit dem Lebensstrom vollkommen. Soweit lassen sich an diesem Beispiel vergleichbare Auffassungen nachweisen. Darüberhinaus fällt ein bedeutsamer Unterschied auf. Die östlichen Weisheitswege, insbesondere der Zen-Buddhismus, erstreben Vollendung und Erleuchtung im und durch den Rahmen einer fixierten Form, einer „Konserve". Moreno betont im Unterschied zu dieser Haltung, daß durch Spontaneität und Kreativität neue Formen als Ausdruck von Individualität geschaffen werden sollten.

Handlung bedeutet immer, sich mit dem „Unmittelbaren" auseinanderzusetzen. Handlung ist Begegnung mit dem Unmittelbaren. Wirkliche Begegnung wird unmöglich, wenn man versucht, hochgesteckte Ziele in Angriff zu nehmen, bevor man nicht den Anforderungen des konkreten Alltags entsprochen hat.

„Da beschränkt sich einer darauf seinen Wohngenossen zu entsprechen, und wenn ein Konflikt da ist, so übt er den Kampf, beharrt er im Kampf, trägt er den Kampf aus, so hat er auch mir [Gott] entsprochen. Wenn aber einer den nächsten Genossen umgangen hat, und mag sein Trachten noch so groß sein, er hat mir nicht entsprochen." (Moreno, 1924, S. 32)

Der Weg führt mitten durch das Leben. Chang (1985, S. 96) veranschaulicht diese Haltung mit einer Geschichte.

„Ein Zen-Schüler trat eines morgens mit der Frage an seinen Meister heran: ‚Was ist das Wesen des Zen?' Der Meister fragte zurück: ‚Hast du dein Frühstück beendet?' — ‚Ja', war die Antwort. ‚Dann', sagte der Meister, ‚geh und wasche dein Eßgeschirr.' Der Meister war durchaus nicht leichtfertig und uninteressiert. Er sagte einfach, daß Natürlichkeit der Weg zur Erleuchtung ist. Wie Kuo Hsiang ... sagte: ‚Das Universum hat alle Dinge zum Gehalt, und alle Dinge müssen das Selbst-sosein zu ihrer Norm machen. Was ganz spontan ist und nicht so gemacht wurde, das ist Natürlichkeit.'"

Die spontane und kreative Handlung im unmittelbaren Lebenskontext wirkt in Morenos Vorstellung bis in den gesellschaftlichen Bereich hinein. Spontane und kreative Handlung bedeutet sowohl, sich die Nase zu putzen, als auch gesellschaftsverändernde Tätigkeit, als auch Verkörperung Gottes.

„I was trying to plant the seed of a diminutive creative revolution. This had a double significance; it was a test of the living God idea within the framework of our modern civilization — and not in the comparative safety outside of it, as in the deserts of Africa or the plains of India, a fighting saint, not a recluse." (Moreno, 1955, S. 11)

Handlung ist in Morenos Verständnis eng verbunden mit Erkenntnis und Einsicht. Diese wird — und hier stimmt Moreno mit den verschiedenen mystischen Traditionen überein — nicht mittels Analyse erreicht (→ Schmitz). Diese führt nach Morenos Ansicht immer zu einer Aufspaltung der Einheit. Er erkennt schon 1909 eine „Methode", die in der

„Zwei- oder Mehrteilung der ursprünglichen Einheit endet. Stets bleibt die Methode die, das Gelebte zu erklären, statt es in sich zu vertiefen und vollständig auszuschöpfen, das Gesehene zu zerlegen, statt es für sich zu steigern, das Geschaffene zusammenzustellen, statt es für sich fortzusetzen." (Moreno, 1909, S. 19)

Das Gelebte zu erklären, zu zerlegen und zusammenzustellen macht es zum Gegenstand, zum Objekt (Schöbel 1983) und schafft damit den Dualismus von Subjekt und Gegenstand. Zum Vergleich die Haltung des Taoismus zu dieser Frage.

„Nach Meinung der Taoisten führt die Analyse der Dinge nur zu einer Trennung des analysierten Objekts und des analysierenden Subjekts. Werden der Analysierende und das Analysierte als zwei gesehen, dann besteht das Ich in seiner Funktion des Unterscheidens weiter und verhindert das Hervortreten des großen Selbst. Nichtunterscheidung jedoch will die Abgrenzung zwischen dem Analysierenden als Subjekt und dem Analysierten als Objekt niederreißen." (Chang, 1985, S. 68 ff.)

Leutz (1974, S. 34) spricht vom „diskursiven Bewußtsein" im Unterschied zum „kosmischen", oder „integrativen Bewußtsein" der Einheit des Seins. Handlung im Sinne Morenos bedeutet, das Gelebte zu vertiefen, zu steigern und fortzusetzen. Sie schafft die Möglichkeit zu „ungerufener Schau" (vgl. Moreno, 1923, S. 9), zum unmittelbaren Gewahrsein des Seins. Einsicht als „ungerufene Schau" schließt analytische Erkenntnis ein und integriert sie auf einer höheren Ebene. Unmittelbare Einsicht durch Handlung geht in diesem Sinn analytischem Erkennen voraus. Moreno drückt dies mit dem Satz aus:

„To be is self-sufficient; it does not require knowing. But the reverse is absurd. To be is a premise to knowing. From the knowing we may never reach the being." (Moreno, 1959, S. 211)

Diese Vorstellung wird später von Moreno in Form des Begriffs der Integrationskatharsis aufgegriffen. Katharsis wird in all ihren Formen durch Erreichen eines Zustandes hoher Spontaneität und Kreativität ausgelöst (Schacht 1983). In diesem Sinn bringt Handlung als Ausdruck der Spontaneität-Kreativität Erkenntnis und Einsicht hervor. Im Psychodrama gibt es hierfür den Begriff der Handlungseinsicht (action insight).

6. Begegnung

Morenos Ansatz ist nicht auf den einzelnen Menschen zentriert. Er versucht, die Menschen im Kontakt miteinander, in der „Begegnung" zu erfassen. Auch die bisher vorgestellten Konzepte sind nicht ausschließlich auf das einzelne, isolierte Individuum bezogen.

Moreno spricht vom „Ich-Gott", der in der Begegnung zum „Wir" wird (Moreno 1969, S. 21). Sich für die eigene Spontaneität-Kreativität zu öffnen bedeutet für Moreno auch, sich für Begegnung mit dem Mitmenschen, mit der Umwelt zu eröffnen.

„Es ist eine Gottheit, die jedes Individuum individuell für das Erschaffene verantwortlich macht und jede Person mit dem gemeinsamen Prinzip der Spontaneität und Kreativität ... verbindet. In einem anderen Moment, wenn sich eine Person für diese gemeinsame Verbindung aufgewärmt hat, ist sie der Gottheit nah ... In einem Moment, wenn diese Person sozial isoliert von allen anderen „Ichs" von einer fremden, völlig von Fremden geschaffenen Welt umgeben ist, ist sie fern von der Gottheit." (Kraus, 1984, S. 52)

Weit entwickelte Spontaneität-Kreativität bewirkt, die Verbindungen zwischen Menschen, Lebewesen, allen Dingen zu erkennen, allen zu begegnen. Es bedeutet, die zugrundeliegende Einheit des Seins zu erfahren, der Vernetzung jedes Einzelnen im kosmischen Netzwerk gewahr zu sein. Begegnung in ihrer Vollendung heißt, einer realen Person in diesem Sinn entgegenzutreten. Dieses Verständnis klingt in Morenos „Rede über die Begegnung" an.

„Habe ich so allen Lagen entsprochen und ebenso jene, denen ich begegnet bin, und jene, die diesen begegnet sind, und so ins Unendliche fort, dann ist in meiner Begegnung mit dir kein Riß, kein Bruch, kein Übel, kein Verdruß, keine Unschicklichkeit, keine Unvollkommenheit mehr. Dann ist die Begegnung vollendet." (Moreno, 1924, S. 35 f)

Auch hier ist zu bedenken, daß Moreno in seinem gesamten Schaffen bemüht war, Konzepte zu schaffen, die für eine Vielfalt von Lebenssituationen Bedeutung haben. So stellt das hier skizzierte Verständnis der Begegnung lediglich eine der möglichen Formen, nämlich die „vollendete Begegnung", dar.

„,Begegnung' ... means meeting, contact of bodies, confrontation, countering and battling, seeing and perceiving, touching and entering into each other, sharing and loving, communicating with each other in a primary, intuitive manner, by speech or gesture, by kiss and embrace, becoming one — una cum uno ... On the lowest level are the millions of simple, drab encounters of daily life which everyone shares. At the highest level is the rare, penetrating ‚high' encounter which happens once or twice in a lifetime, a flash, an encounter with nature, a love relationship or an intense friendship, or a religious experience. It was this kind of ecstatic encounter in which I lived when I was young and toward which all men secretly strive. For this encounter, space and time are no barrier." (Moreno 1969, 26 ff.)

7. Schluß

In seinem Selbstverständnis ist Moreno zunächst Wissenschaftler. Er ist kein Mystiker. Genausowenig kann man die Theorien und Methoden, die er entwickelte, als Mystik bezeichnen. Im Gesamtkontext seines Werkes gibt es jedoch einige bedeutsame Parallelen zu Vorstellungen der verschiedenen mystischen Traditionen.

Das Wissen um die Einheit des Seins und das Bemühen, zur Vereinigung mit dieser Einheit zu gelangen, sind Bestandteil von Morenos Vorstellungen. Er sieht sie als Ausdruck höchster menschlicher Entwicklung. Konzepte wie das des Rollentauschs, der Begegnung, der Spontaneität-Kreativität und Methoden wie Spontaneitätstraining, Psychodrama, Rollenspiel, Soziometrie und Gruppenpsychotherapie dienen ihm zur Förderung einer therapeutischen Weltordnung, die letztlich darauf ausgerichtet ist, Verbindung und Einheit auf den unterschiedlichen Ebenen des Seins zu fördern.

In seinem Versuch, Wissenschaft und Religion zu verbinden, verstand Moreno sich selbst als „prophet of our age" (Moreno et al., 1964, S. 12). Die Entwicklungen in den letzten Jahrzehnten — „alte Weisheit und modernes Denken — spirituelle Traditionen in Ost und West im Dialog mit der neuen Wissenschaft" (so der Titel eines Buches, herausgegeben von Grof, 1986) — machen die Aktualität von Morenos Werk deutlich.

Literaturverzeichnis

Campbell, J. (1978). Der Heros in tausend Gestalten. Frankfurt/Main.
Campbell, J. (1987). Lebendiger Mythos. Gedanken über die inneren Horizonte. München.
Chang, C. (1985). Tao, Zen und schöpferische Kraft. Köln.
Himmelmann, F. (1985). Theologie „spontan" und ihre psychodramatische Verwertbarkeit. Lüdenscheid (Graduierungsarbeit).
Huizinga, J. (1987). Homo Ludens. Reinbek.
Huxley, A. (1987). Die ewige Philosophie. München.
Khan, P.V. (1982). Der Ruf des Derwisch. Essen.
Kraus, C. (1984). Psychodrama for Fallen Gods: A Review of Morenian Theology. Journal of Group Psychotherapy, Psychodrama and Sociometry, 37, 47-66.
Lao Tse. (1980). Tao Te King. Frankfurt.
Leutz, G. (1974). Das klassische Psychodrama nach J.L. Moreno. Berlin.
Mathias, U. (1982). Die Entwicklungstheorie J.L. Morenos. In Petzold, H., Mathias, U., Rollenentwicklung und Identität (S. 191-256). Paderborn.
Moreno, J.L. (1909). Homo Juvenis. Einladung zur einer Begegnung. Heft 1, 19-22.
Moreno, J.L. (1918). Die Gottheit als Komödiant. Daimon, 3/4, 48-63.
Moreno, J.L. (1919). Das Königreich der Kinder. Der Neue Daimon, 8, 116-117.
Moreno, J.L. (1923). Rede über den Augenblick. Potsdam.
Moreno, J.L. (1924). Rede über die Begegnung. Potsdam.
Moreno, J.L. (1925). Rede vor dem Richter. Potsdam.
Moreno, J.L. (1946). Psychodrama Vol. I. Beacon, N.Y.
Moreno, J.L. (1947). The Future of Man's World. Psychodrama Monographs, 21. Beacon, N.Y.
Moreno, J.L. (1955). Preludes to my Autobiography. Beacon, N.Y.
Moreno, J.L. (1956). System of Spontaneity-Creativity-Conserve. In Moreno, J.L. (Hrsg.), Sociometry and the Science of Man. Beacon, N.Y.
Moreno, J.L. (1959). Psychodrama, Vol. II. Beacon, N.Y.
Moreno, J.L. (1969). Psychodrama, Vol. III. Beacon, N.Y.
Moreno, J.L. (1971). The Words of the Father. Beacon, N.Y.
Moreno, J.L. (1972). The Religion of God-Father. In Paul E. Johnson (Hrsg.), Healer of the Mind. (S. 197-215)New York.
Moreno, J.L. (1974). Grundlagen der Soziometrie. Opladen.
Moreno, J.L., Z., J. (1964). The First Psychodramatic Family. Beacon, N.Y.
Petzold, H. (1982). Die sozialpsychiatrische Rollentheorie J.L. Morenos und seiner Schule. In Petzold, H., Mathias, U., Rollenentwicklung und Identität (S. 13-190). Paderborn.
Schacht, M. (1983). Spontaneität — universales Konzept J.L. Morenos. Münster (Diplomarbeit).
Schöbel, U. (1983). Die Frühschriften J.L. Morenos. Bonn (Magisterarbeit).
Schuon, F. (1981). Von der inneren Einheit der Religionen. Interlaken.
Sholem, G. (1980). Die jüdische Mystik. Frankfurt/Main.
Smith, H. (1976). The forgotten Truth. New York.

Stace, W.T. (1961). Mysticism and Philosophy. London.
Underhill, E. (1928). Mystik. München.
Watts, A. (1986). Psychotherapie und östliche Befreiungswege. München.
Wilber, K. (1984a). Halbzeit der Evolution. Bern.
Wilber, K. (1984b). Wege zum Selbst. München.
Wilber, K. (1985). Psychologia perennis oder das Spektrum des Bewußtseins. In Walsh, R., Vaughan, F. (Hrsg.), Psychologie in der Wende (S. 83-99). Bern.

Epilog

Morenos therapeutische Philosophie
Ihre aktuelle Bedeutung für die Zukunftsgestaltung

Ferdinand Buer

„The greatest, longest, most difficult, most unique of all wars man has ever waged during his career, sounds its call to you. It has no precedent, no parallel, in the history of the universe. It is not a war against nature, it is not a war against other animals, it is not a war of one human race, nation, or state against any other. It is not a war of one social class against another social class. It is a war of man against ghosts, ghosts that have been called, and not without reason, the greatest makers of comfort and civilization. They are the machine, the cultural conserve, the robot... This war against ghosts calls for action not only on the past of single individuals and small groups, but on the part of the broad masses of men. This war — within ourselves — is the Creative Revolution."

J.L. Moreno, 1931 (1977, S. 44, 46)

1. Evaluation der Untersuchungsergebnisse

Um den Text von Morenos therapeutischer Philosophie zu rekonstruieren, bedarf es der Explikation zweier Kontexte: des damaligen und des heutigen. Erst aus einer Reflexion des Heute ergeben sich sinnvolle Fragen an das Damals. Und der Text des Damals erhält seine Bedeutung aus dem zeitgenössischen Kontext.

Nun gibt es zweifellos einige Arbeiten, die als Beiträge zu einer solchen Rekonstruktion verstanden werden können.[1] Diese Monographien sind meist Examensarbeiten und unpubliziert (vgl. Burkart, 1972; Reindell, 1975; Pfau-Tiefuhr, 1976; Ried, 1979; Borsbach, 1983; Marschall, 1983; Schöbel, 1983; Geisler, 1984; Himmelmann, 1985; Zeunert, 1987). Das ist bezeichnend für den Stand der Forschung, vor allem aber das geringe Interesse der Öffentlichkeit an diesem Thema. Allerdings sind auch in den großen Darstellungen des Psychodrama, etwa von Leutz (1974) oder Petzold (1978; 1979; 1987) eine Reihe von Ausführungen zu diesem Gegenstand enthalten. Es liegen also mancherlei Einzelergebnisse vor, die wir auch berücksichtigt haben. Eine Gesamtdarstellung der philosophischen Hintergründe des Ansatzes von Moreno fehlt aber bisher. Warum?

1. Es existiert keine historisch-kritische Gesamtausgabe der Werke Morenos.

Seine deutschsprachigen Frühschriften sind — bis auf den Daimon und die Nachfolgezeitschriften — nicht im Original wiederaufgelegt worden, also nur schwer zugänglich. Seine englischsprachigen Schriften — bis auf „Who Shall Survive?" — sind in Zeitschriften verstreut oder in Sammelbänden zusammengefaßt, deren Herausgabepraxis weitgehend undurchschaubar ist. Z.B. hat Moreno oft alte Texte in neue eingearbeitet, ohne das zu kennzeichnen. So ist das tatsächliche Datum der Erstveröffentlichung oft nur schwer zu ermitteln.

2. Sprache und Stil Morenos bereiten Schwierigkeiten.

Seine Sprache schwankt zwischen poetisch-schwärmerischen Passagen und eigenwilligem Wissenschaftsslang. Sein Stil scheint unzusammenhängend; Begriffe werden immer wieder in abweichender

Bedeutung gebraucht. Argumentationen wirken oft unvollständig; deskriptive Sätze wechseln unvermittelt mit theoretischen Konstruktionen, moralischen Appellen oder metaphysischen Spekulationen.

3. Außerhalb von Psychodrama und Soziometrie wird Morenos Ansatz kaum rezipiert.

Als Philosoph ist er unbekannt. Als Dichter wird er erwähnt, aber nicht untersucht (vgl. z.B. Raabe, 1985; Mattenklott, 1988). Einzig als Theatermann hat er ein gewisses Interesse gefunden (vgl. z.B. Burkart, 1972; Pörtner, 1978; Marschall, 1983). Als Sozialwissenschaftler wird er in der Rollentheorie (vgl. Petzold & Mathias, 1982) und der Netzwerktheorie erwähnt (vgl. Schenk, 1984). In den Therapiewissenschaften hat er vor allem als Gruppenpsychotherapeut Achtung gefunden (vgl. Schneider-Düker, 1980/81). In der Psychologie wird er weniger als Sozial- bzw. Ökologiepsychologe gehandelt (vgl. Sader, 1986), denn als klinischer Psychologe (vgl. z.B. Petzold, 1979; 1987; Zeintlinger, 1981; Schönke, 1987). In der Pädagogik ist sein Einfluß bisher marginal. Bei Theologen scheint er inzwischen ein gewisses Interesse auszulösen (vgl. z.B. Geisler, 1984; Himmelmann, 1985; Zeunert, 1987).

4. In der Psychodrama-Zunft sind seine Ideen und Theorien umstritten.

Von der Ablehnung seiner Theorie (z.B. Ploeger, 1983), über eine Nichtbeachtung, eine Neukonzeptualisierung (z.B. Zeintlinger, 1981) bis zu ihrer (vermeintlich) vollständigen Akzeptierung (z.B. Leutz, 1974) wird eigentlich alles vertreten.

5. Die bisherigen Untersuchungen bleiben partikular.

Das liegt daran, weil sie entweder
— nur reproduzieren und somit gegenüber Morenos Ausführungen nur tautologisch sind (z.B. Borsbach, 1983; Reindell, 1975). Sie zeigen keine neuen Zusammenhänge auf.
— oder nur bestimmten partikularen Wissenstraditionen folgen, etwa Theater (z.B. Burkart, 1972; Marschall, 1983), Theologie (z.B. Geisler, 1984; Himmelmann, 1985; Zeunert, 1987), Rollentheorie (z.B. Petzold & Mathias, 1982), philosophische Anthropologie (z.B. Ried, 1979),
— oder weil sie nur bestimmte Zeitabschnitte betrachten (z.B. die Wiener Zeit bei Schöbel, 1983) oder bestimmte Fragestellungen bearbeiten (z.B. „Begegnung/Tele" bei Pfau-Tiefuhr, 1983).

6. Diese Untersuchungen bleiben aber vor allem deshalb defizitär, weil sie keinen Gedanken darauf verschwenden, eine Forschungsmethodik zu entwerfen, die dem Ansatz Morenos kompatibel wäre.

So scheint mir der Versuch, den wir in dieser Untersuchung gewagt haben, nämlich Morenos Ideen, Theorien, Konzepte und Begriffe zu verstehen durch Rekonstruktion von Dialogen mit relevanten Gesprächspartnern, dem dialogischen Charakter seines Ansatzes angemessen zu sein.

Diese Methodik eröffnet Gespräche, in denen — so ist unsere Hoffnung — wirklich und wirksam etwas Neues, Anregendes zu „erfahren" ist. Der Nachteil besteht sicher darin, daß kaum ein Ende abzusehen ist: Denn es böten sich noch viele weitere Gesprächspartner an, z.B. Kierkegaard, Werfel, Mead, Goffman usw., und: Wann wäre ein Dialog beendet? Resultat eines solchen Experiments kann kein geschlossenes System sein, sondern nur ein Konzentrat als Zwischenergebnis dieser Dialoge: ein Stück mit mehreren Personen, mehreren Szenen, mehreren Akten, vielleicht sogar mit mehreren Spielflächen. Und am Ende: Vorhang zu und alle Fragen offen! Es bleibt: Die eigene Beteiligung zu durchdenken, die eigene Betroffenheit zu reflektieren, um so zum eingreifenden Handeln zu kommen. Entsprechend dieser Idee ist dieses Buch angelegt, nicht als Konserve, sondern als Anregung zum Rollenwechsel, zur Reflexion, zur Meditation, zur Anwärmung für weitere Gespräche und Begegnungen, zum Handeln (→ Buer, Prolog).

Der Einwand des Unabgeschlossenen, des „Imperfekten", soll bleiben, kann bleiben in der Hoffnung auf LeserInnen, die weiterführen und umsetzen. Für diese Erfahrungen sind wir offen; sie können und sollen wiederum unsere Überlegungen und unsere Lebenspraxis verändern.

7. Was aber vor allem fehlt — und das fehlt auch in dieser Untersuchung —, ist eine aktuelle Diagnose der gegenwärtigen Weltlage und eine Vision für die Zukunft des Universums.

Gerade die Dialoge mit dem Marxismus und dem Anarchismus (→ Buer, Marxismus; → Buer, Anarchismus) haben deutlich gemacht, welche Dimensionen Morenos Denken umfaßt. Ihn Ernst nehmen heißt, ihn um Antworten zu bitten auf Fragen des Überlebens. Was hat Moreno zu bieten angesichts der atomaren Bedrohung, der Umweltzerstörung, der Gefahren der Gentechnologie, der Hungerkatastrophen, der sozialen Ungleichheit überall auf der Welt? Ist sein Rezept aus „Who Shall Survive?" noch brauchbar oder ist es überholt, zu naiv, zu illusorisch? Können wir es uns leisten, es auf den Müllhaufen der Geschichte zu werden?

Schon die Auflistung der sieben Schwierigkeiten beim Schreiben einer Gesamtdarstellung der therapeutischen Philosophie Morenos zeigt: Wir stehen erst am Anfang. Viele weitere Schritte sind notwendig. Wie weit sind wir jedoch mit der vorliegenden Untersuchung gekommen?

Während bisher vor allem die therapeutischen Ansprüche Morenos beleuchtet wurden, vielleicht auch noch seine theatralischen Vorstellungen, werden hier vor allem seine religiösen Überzeugungen (→ Buer, Prolog; → Geisler; → Schmitz; → Schacht) und seine soziologischen Hoffnungen ausgebreitet (→ Buer, Marxismus; → Buer, Anarchismus). Beides scheint manchen peinlich zu sein oder gar der gesellschaftlichen Anerkennung von Morenos Ansatz abträglich. Forschung darf sich von diesen Bedenken jedoch nicht aufhalten lassen. Erst die Konfrontation mit diesen Seiten Morenos, seinem religiösen Enthusiasmus und seinem revolutionären Impuls, schafft Klarheit. Hierzu ist Stellung zu beziehen.

So kann Moreno erscheinen als eine etwa seltsame Mischung aus Romantik und Aufklärung, Mystizismus und Rationalismus, Weltferne und Aktionismus, Religion und Wissenschaft, poetischem Expressionismus und analytischem Experimentalismus. Diese unversöhnlichen Gegensätze hier und heute zusammenbringen zu wollen, ist sein Größenwahn; trotz des ständigen Scheiterns und der gesellschaftlichen Isolation an dieser Utopie festgehalten zu haben, seine Größe.

Während Marx und Freud die eine Seite dieses Widerspruchs zu leugnen suchten, kommt er bei Bergson, Simmel, Scheler, Landauer, Reich, C.G. Jung, Fromm, Bloch voll zum Ausdruck (→ Buer, Prolog; → Schmitz; → Buer/Schmitz; → Buer, Marxismus; → Buer, Anarchismus). Auch sie versuchten, diese Gegensätze zusammenzuzwingen. Selbst wenn ihre Werke umfangreicher, durchdachter, komplexer sein mögen als die Morenos, gelöst haben auch sie dieses Vermittlungsproblem nicht. Moreno geht immerhin einen Schritt weiter als diese. Allein Reich und Jung, auf andere Weise Fromm, Bloch und Landauer, begleiten ihn ein Stück: Er verlagert das Problem aus dem Denken in das Handeln und erfindet soziale Arrangements, wo alle Beteiligten zusammen, ganz lebenspraktisch, mit dieser Dichotomie konfrontiert werden und aufgefordert sind, je neu an ihrer Lösung zu arbeiten: Im Psychodrama erscheint dieser Gegensatz als Widerspruch von Gefühl und Verstand, Körper und Geist, Handeln und Denken, Tat und Wort, Phantasie und Ratio, Intuition und Analyse, Spiel und Alltag, irrationale Tiefenstruktur und rationale Oberflächenstruktur (vgl. Leutz, 1975).

Der vielversprechendste Versuch, diesen Widerspruch — allerdings bezogen auf die Psychoanalyse — zusammenzudenken, ist der Entwurf einer erfahrungswissenschaftlichen Tiefenhermeneutik Lorenzers (→ Buer/Schmitz). An ihn anzuknüpfen, ohne die Dimensionen des Morenoschen Ansatzes zu schmälern, wäre eine lohnende Aufgabe. Unter diesem Niveau ist eine erkenntnistheoretische Durchdringung und Fundierung diese Ansatzes wohl nicht zu haben.

Dann wären Morenos religiöse Überzeugungen apriorische Vorannahmen gelingender Kommunikation und Weltveränderung. Der Glaube an die Veränderbarkeit der Welt, das Vertrauen auf die unzerstörbare und nie versiegende Gestaltungskraft der Menschheit gäben den Mut, trotz aller globalen Risiken an der Vision vom besseren Leben festzuhalten und für seine Verwirklichung hier und heute zu kämpfen.

Morenos therapeutischer Anspruch bezieht sich darauf, daß Menschen gemeinsam ihre Beziehungen thematisieren, ein befriedigendes Arrangement aushandeln können und in gegenseitiger Unterstützung umsetzen. Dabei wird die Spaltung von Alltag und Bühne tendenziell aufgehoben, gelingender Alltag wird inszeniert: das Leben wird angenehmer und schöner gestaltet. Das sind seine theatralischen Vorstellungen.

Seine soziologischen Analysen werden von seinen soziologischen Hoffnungen überlagert. Die Resistenz von Herrschaft wird dabei offenbar unterschätzt. So wäre sein Konzept der Rolle und der Konserve, das eine Entfremdungstheorie enthält (→ Buer, Marxismus), mit einer Theorie kapitalistischer Herrschaftsdynamik zu verbinden, ohne damit allerdings einem wie auch immer gefaßten Geschichtsdeterminismus zu verfallen (→ Buer, Anarchismus). Subjekt der Veränderung bleibt der Mensch. Ohne seine Entscheidung, seine selbstverschuldete Unmündigkeit zu beenden, ist jegliche Bemühung umsonst. Daß er dazu aufgerufen und befähigt ist, ist eine Vorannahme. Ohne sie wäre Wissenschaft, ja menschliches Leben überhaupt sinnlos. Gegenüber denjenigen, die Unmündigkeit, Abhängigkeit, Herrschaft aufrechterhalten wollen, bleibt das Bemühen um Verständigung allerdings oft machtlos. Dagegen könnte aber der Aufbau von subversiven Netzwerken eine Chance haben (→ Buer, Anarchismus).

Morenos Ansatz ist weder allein Sozialwissenschaft, noch Religion, noch Theaterkunst, noch Psychotherapie, sondern alles zusammen: Es ist eine Theorie in therapeutischer Absicht, die ans Existentielle geht; er ist eine therapeutische Philosophie. Er zielt auf eine Praxis, die von unten und im Hier und Heute die Welt verändern will; diese ist jedoch ohne die therapeutische Philosophie nicht „denkbar". Beides fällt im Vollzug in eins. Insofern ist die therapeutische Philosophie nicht nur eine Theorie für die Praxis, sondern ebenso eine Philosophie der Praxis.

Morenos Art des Philosophierens ist in der Philosophiegeschichte noch am ehesten mit der des Sokrates zu vergleichen — den Vergleich zieht er ja auch selbst (→ Buer, Prolog) —, der überall Gespräche anzettelte, um die Gesprächspartner zu Besinnung zu bringen, zu Selbsterkenntnis und Selbstbesinnung (vgl. Jaspers, 1988, S. 105 ff.). So wie er hatte Moreno keine Botschaft zu verkünden; er war Philosoph in praktischer Absicht. Auch Morenos Bedeutung liegt weniger in seinen Schriften, als in seinen Gesprächsangeboten, in seiner „Einladung zu einer Begegnung". In dieser Einladung steckt seine Philosophie.

2. Perspektiven einer künftigen Psychodrama-Forschung

Greifen wir das Bild aus dem Prolog noch einmal auf, in dem ich die vier Aspekte des Morenoschen Ansatzes zusammengebracht habe.

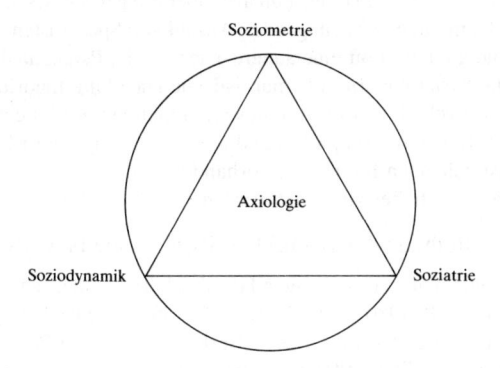

```
              Soziometrie
                  /\
                 /  \
                /    \
               / Axiologie \
              /        \
   Soziodynamik ———————— Soziatrie
```

Versuchen wir, die bisherigen Untersuchungsergebnisse einzutragen, so ergibt sich: Soziodynamik, Soziometrie und Soziatrie sind zwar zu differenzieren; sie hängen aber so miteinander zusammen, daß das eine ohne das andere nicht denkbar wäre. Alle drei Aspekte enthalten eine Methodik, eine Anleitung zum Handeln:

— die Soziatrie: eine Methodik des Veränderns,
— die Soziometrie: eine Methodik des Forschens,
— die Soziodynamik: eine Methodik der Theoriebildung.

Wie es bei unserem gleichseitigen Dreieck gleichgültig ist, von welcher Seite ich die Betrachtung beginne, so ist es unwesentlich, von welchem Aspekt aus ich Morenos Ansatz zuerst untersuche.

Das Umgreifende dieses Wissenschaftsdreiecks ist die Axiologie. Sie durchdringt alle Ecken des Dreiecks und umhüllt sie zugleich. Sie geht nicht in diesem Dreieck auf, sie ist mehr. Ja sie ist auf einer anderen Erkenntnisebene angesiedelt. Die Axiologie bildet den Hintergrund, vor dem sich die wissenschaftlichen Aspekte prägnant hervorheben können. Das Gesamt aus Kreis und Dreieck, aus Axiologie und Sozialwissenschaft, bildet die therapeutische Philosophie.

In der Öffentlichkeit, häufig auch in Fachkreisen, wird Morenos Ansatz mit „Psychodrama" identifiziert.[2] Das ist eine Reduktion in zweierlei Hinsicht:

— Psychodrama ist neben Soziodrama, Axiodrama, Gruppenpsychotherapie, Rollenspiel, Stegreiftheater, Zeitungstheater etc. nur eine Veränderungsmethode, die Moreno entworfen hat.
— Sein Ansatz ist nicht auf Handlungsmethodik, erst recht nicht auf Psychotherapie zu beschränken, sondern ist als originäres und ganzheitliches Wissens- und Handlungssystem zu begreifen.

Selbst wenn Psychodrama nur als Teil der Soziatrie begriffen wird, muß Psychodrama-Forschung immer auch die anderen Aspekte des Morenoschen Ansatzes in den Blick nehmen, wenn sie nicht einäugig sein will. Und das ist bisher — jedenfalls im deutschsprachigen Raum — nur ansatzweise geschehen. Es lassen sich bisher drei Positionen in der Theoriebildung des Psychodramas erkennen:

1. Psychodrama ist eine Technik (etwas anspruchsvoller: eine Methode). Alles andere aus Morenos Angeboten ist uninteressant.

Diese Position wird von allen vertreten, die Methodenintegration oder -kombination anstreben — es sei denn, sie betrachteten das Psychodrama als Integrationsrahmen, wie Moreno es vorgeschlagen hat (vgl. Moreno, 1975). Dann gibt es für jedes Klientel, jede Symptomgruppe, jedes Ziel etc. eine oder mehrere indizierte Techniken. Jeder Praktiker muß also über ein ganzes Arsenal von Techniken verfügen oder er arbeitet im Team mit einer genügenden Anzahl von Spezialisten zusammen. Den Rahmen für die Technikanwendung liefert oft eine andere Theorie: die Psychoanalyse (wie bei Ploeger, 1983), die Lerntheorie, die Systemtheorie, die marxistische Handlungstheorie (wie bei Ottomeyer, 1987). Die Fundierung des Psychodrama in Morenos Gesamtansatz wird nicht versucht,
— weil sein Ansatz (oft wegen seiner religiösen und revolutionären Seiten) Unbehagen auslöst,
— weil schlicht keine ausreichenden Kenntnisse vorhanden sind,
— weil andere Rahmentheorien höher geschätzt werden.

2. Psychodrama ist eine Methode der Klinischen Psychologie bzw. Psychotherapie.

Auch wenn Petzold und Leutz in den einschlägigen Handbüchern die meisten Psychodrama-Beiträge verfaßt haben (z.B. Petzold, 1978; 1980; 1987; Leutz, 1979; 1985; Leutz & Engelke, 1983), so sind sie jedoch nicht typisch für diese Position. Neben Burkard Schmidt (1978) und Meinolf Schönke (1987) hat vor allem Karoline Zeintlinger (1981), einen umfassenden Versuch zur „Analyse, Präzisierung und Reformulierung der Aussagen zur psychodramatischen Therapie nach J.L. Moreno" im Rahmen einer psychologischen Dissertation vorgelegt.

Schon ihre Gliederung des Gegenstands in „Therapeutischer Handlungsrahmen", „Die Therapietechnik", „Die Therapietheorie" und „Morenos psychologische Theorien" zeigt, daß auch sie die o.g. zweifache Reduktion mitmacht. Die dann selbsterzeugte Ärmlichkeit der Konzepte wird kompensiert durch ihre Reformulierung, die aus der Sicht einer bestimmten Variante psychologischer Wissenschaftsauffassung präziser als bisher sein sollen. Die Relevanz dieses Wissenschaftsverständnisses bzw. ihre Kompatibilität mit Morenos Ansatz wird nirgends zureichend begründet. So kann durch dieses Verfahren keine tieferes Verständnis der Morenoschen Konzepte und Begriffe erzielt werde, sondern nur Mißverständnisse. Statt die Begriffe aus ihren Kontexten aufzuladen zu gehaltvollen Bildern, werden sie verdünnt zu abstrakten Begrifflichkeiten. Der Versuch, Morenos Ansatz zu „psychologisieren", erst recht in dieser Weise — es gibt auch andere Wissenschaftstraditionen in der Psychologie — kann, auch bei bester Absicht, nur in eine Sackgasse führen!

3. Psychodrama ist Teil des Triadischen Systems von Gruppenpsychotherapie, Soziometrie und Psychodrama.

Diese Position wird vor allem von Grete A. Leutz in ihren zahlreichen Publikationen vertreten (z.B. Leutz, 1974; 1979; 1985; Leutz & Engelke, 1983). In dieser Rede vom Triadischen System wird zwar auf Moreno zurückgegriffen, trotzdem bleiben bestimmte Aspekte seines Ansatzes eher unterbelichtet: So die Theoriebildung (Soziodynamik), die Grundlegung (Axiologie), sowie die weiteren Methoden der Soziatrie. Mir scheint das oben vorgestellte Bild den Morenoschen Ansatz besser in seiner Ganzheit wie in der Interdependenz seiner Aspekte vor Augen zu führen. Entscheidend aber ist etwas anderes: Die von mir gewählten Begriffe Morenos (1973, S. 19) weisen auf eine andere Orientierung hin: Weg von der Psycho-Therapie hin zur Sozial-Wissenschaft! Dahinter steht eine unterschiedliche Bewertung des gesamten Ansatzes. Beide Interpretationen können sich auf Moreno berufen, ja wollen ihn originär präsentieren. Beide sind aber aus anderen Kontexten konzipiert. Hieraus erklären sich ihre Differenzen.

Auf dem Weg, Morenos Ansatz von all seinen Aspekten her zu sehen, scheint mir Hilarion Petzold am weitesten vorangeschritten zu sein. Er hat nicht nur das Psychodrama systematisiert (vgl. Petzold, 1979; 1987), sondern auch andere Methoden der Soziatrie vorgestellt, z.B. das Soziodrama (vgl. Petzold, 1973a) oder das therapeutische Theater (vgl. Petzold, 1973b). Er hat an die soziometrischen Forschungsmethoden Morenos erinnert (vgl. Petzold, 1980), sie weiterentwickelt (vgl. Petzold, 1973c) und mit diesem Methodeninventar Ergebnisse erzielt (vgl. Petzold, 1979). Zur Theoriebildung hat er vor allem mit seinen Studien zur Rollentheorie (vgl. Petzold & Mathias, 1982) und zum Zeitbegriff (vgl. Petzold, 1981) Wesentliches geleistet. Die religiösen Dimensionen, aber auch die gesellschaftskritischen Aspekte werden jedoch auch bei ihm vernachlässigt. Er berücksichtigt wie nur wenige die internationale Psychodrama-Literatur und bezieht in seine Reflexionen auch weitere wichtige philosophische, sozialwissenschaftliche und therapiewissenschaftliche Literatur ein. Dabei versucht er, dem originären Denkansatz Morenos gerecht zu werden und ihn nicht irgendwelchen akademischen Schubläden zuzuordnen.

Da er aber zugleich in vielen anderen Methoden zuhause ist — vor allem in dramatischen Ansätzen — liegt seine theoretische Orientierung insgesamt auf der Methodenintegration. Dabei sollen die Vorzüge jeder Methode beibehalten, die Nachteile jedoch herausgeschnitten werden. Bezogen auf das Psychodrama führt das dann dazu, daß hier vorschnell aus der Sicht anderer Methoden Schwächen und Lücken konstatiert werden, um sie dann durch Angebote eben dieser Methoden zu füllen (z.B. Petzold, 1987, S. 122 ff.). Das Ergebnis dieses Verfahrens ist, daß keine Methode vollständig zum Zuge kommt, das integrale Produkt aber buntscheckig und zusammengeflickt wirkt. Zugunsten anderer Methoden muß das Psychodrama so ein Torso bleiben, vor allem bleibt es auf dem Niveau einer Methode stehen, auch wenn Petzold in ihm mehr sehen will. Seine Einordnung in Dimensionen der Gesellschafts- und Weltveränderung wird damit von vorneherein ausgeschlossen.

Anregung könnte die deutsche Diskussion aus den USA erhalten. Jonathan Moreno, der Sohn Morenos, betrachtet in seinem Aufsatz „Psychodrama and the Future of the Social Sciences" (1974) das Psychodrama als „a metaphysic and a theory of social science with implications for epistemology" (1974, S. 68). Psychodrama wird hier ganz weit gefaßt und mit dem gleichgesetzt, was wir — mit Moreno — „therapeutische Philosophie" genannt haben. J. Moreno unternimmt nun in diesem Beitrag den Versuch, das Psychodrama aus der Sicht der heutigen Wissenschaftstheorie einzuordnen und kommt zu dem Ergebnis:

„1. Psychodramatic praxis and at least some aspects of psychodramatic theory, are understandable as a phenomenological psychology; and,
2. therefore psychodrama's utilization by humanists and behaviorists is explicable to the degree that phenomenology overcames the basis theoretical differences of the two schools."

Auch „the measurement technique sociometry, also a fundamental aspect of psychodrama theory" kann nach J. Moreno als „a phenomenological enterprise" verstanden werden (1974, S. 68).

D.h. die therapeutische Philosophie Morenos muß als eine „essentially humanistic... philosophy of social science" begriffen werden (1974, S. 63). In diesem Rahmen haben interpretative und messende Verfahren ihren Platz. Daher kann J. Moreno sagen (S. 63), „that psychodrama theory and application represents a significant bridge between humanism and positivism in social science."

Damit schließt sich der Kreis: Psychodrama enthält die grundlegende Erkenntnisdialektik von Verstehen und Erklären, Intuition und Analyse, in sich. Moreno beansprucht, diese Widersprüchlichkeit in seinem Ansatz aufgehoben zu haben:

„Die alte Dichotomie: ‚qualitatives' versus quantitatives wird in der Soziometrie auf neuartige Weise gelöst. Das qualitative ist im ‚quantitativen' enthalten; es wird nicht vernichtet oder vergessen, sondern wo immer möglich als eine Einheit behandelt" (Moreno, 1973, S. 19).

Eine Psychodrama-Forschung, die den psychodramatischen Prozeß in Therapievariablen zerlegt und ihren Einfluß auf Veränderungen allein durch standardisierte Verfahren messen will, geht daher von vornherein an der originären Konstruktion des Psychodrama vorbei.

Wenn Psychodrama ein soziales Arrangement darstellt, in dem Menschen in kleinen überschaubaren Gruppen ihre Beziehungen thematisieren, um sie so zu ordnen, daß dadurch befriedigenderes Leben und Arbeiten möglich wird, dann kann das Gelingen eines solchen Projekts nur von den Akteuren selbst festgestellt werden. Die „Wahrheit" ist das Ergebnis eines intersubjektiven Aushandlungsprozesses als gemeinsamer Konsens. Dieser Konsens wird nicht immer einmütig sein und muß immer neu hergestellt werden. Zu diesem Zweck hat der Leiter technische Angebote zu machen, die von den Teilnehmern genutzt werden können. Verantwortlich für ihren Erkenntnis- und Veränderungsprozeß sind sie aber prinzipiell selbst. Gerade das „processing" kann der Ort für diesen Prozeß der Selbstevaluation sein. Nur der oft schmerzliche Prozeß der Selbsterkenntnis kann eine Wahrheit produzieren, die von „existentieller Gültigkeit" ist. Daß „normale Bürger" dazu im Gegensatz zu Wissenschaftlern prinzipiell nicht in der Lage sein sollen, wenn ihnen die technischen Methoden dazu zur Verfügung stehen und sie diese unter Supervision einsetzen, halte ich mit Feyerabend (1981) für den Ausfluß einer antidemokratischen Einstellung.[3]

In einem solchen Modell, in dem Erkennen, Handeln und Bewerten zusammenfallen, werden die Erfahrungen mit der Neuordnung der Beziehungen in den Bühnenszenen wie in der „Gruppe" als neues Rollenrepertoire im Leib eines jeden Beteiligten gespeichert und in den Szenen der alltäglichen Lebenswelt neu erprobt (vgl. Schneider-Düker, 1989). Die Erfahrungen aus diesen existentiellen Experimenten werden wiederum in die Sitzung mitgebracht und dort weiter verarbeitet (vgl. Buer, 1980). So bleibt die Psychodrama-Sitzung der „locus nascendi" für die Initiative zur authentischen Begegnung, zum Knüpfen befriedigender Netzwerke und zum Aufbau einer lebenswürdigen Weltordnung. Diesen Prozeß zu durchschauen, um ihn besser gangbar zu machen, wäre eine weiterführende Perspektive für die künftige Psychodrama-Forschung.

3. Zur Aktualität der therapeutischen Philosophie Morenos

Ergebnis unserer Untersuchung ist, daß Moreno die Grundzüge seiner Philosophie schon in Wien zwischen 1910 und 1925 entwickelt hat. Er war Exponent eines kreativen Protestes gegen die Formierung menschlichen Lebens, wie er in der Lebensphilosophie, im Expressionismus, aber auch in der Jugendbewegung, der Lebensreformbewegung, der Reformpädagogik, den Landkommunen, der Genossenschaftsbewegung etc. zum Ausdruck kam. Die Diskussionen und Experimente dieser Zeit sind heute wieder interessant, weil sich heute gerade in den „Neuen sozialen Bewegungen", eine ganz ähnliche Kritik des industriellen Fortschritts artikuliert (vgl. Peukert, 1988, S. 70).

Joseph Huber (1988) hat herausgestellt, daß diese kritischen Bewegungen immer dann entstanden sind, wenn im Gefolge eines gesellschaftlichen Modernisierungsschubs die Kosten an Naturzerstörung, Erosion sozialer und weltanschaulicher Bindungen etc. offenbar und von bestimmten Gruppen nicht länger schweigend hingenommen wurden. Das ist heute der Fall und ist um 1900 wie zwischen 1815 und 1848, als Romantik und Frühsozialismus ihre Blüte hatten, festzustellen.

Diese Bewegungen enthalten progressive, weiterführende, utopische Elemente, aber auch regressive, reaktionäre, illusorische. Sie verlangen nach einer neuen Gesellschaft, haben aber nach ihrer Niederlage oft nur zur Anpassung an die Modernisierung beigetragen. In dieser Dialektik von Protest und Affirmation steht jede gesellschaftskritische Bewegung, so auch die psychodramatische Bewegung Morenos. Sie hatte in Deutschland Konjunktur im Gefolge des Psychobooms. Sie kann als Modernisierungsverfahren in die Psychotherapie, Psychiatrie, Pädagogik, Sozialarbeit etc. integriert werden, auf daß die Modernisierungskosten an psychosozialen Problemen, an abweichendem Verhalten, möglichst gering gehalten werden. Sie kann aber auch das Versprechen auf ein menschenwürdiges und glückliches Leben einklagen, gerade auch für die Opfer des technologischen Fortschritts, die heute fast ein Drittel der Gesellschaft ausmachen (vgl. Buer, 1986).

Wenn Morenos Philosophie in der Anwendung seiner Methoden verborgen liegt, dann bedeutet das: Einmischen in die gesellschaftsrelevanten Veränderungsprozesse. Es kann gar nicht darum gehen, Morenos Ansatz „rein" zu halten vor Vermischungen mit anderen Formen und Strategien der gesellschaftlichen Auseinandersetzung. Moreno versteht seinen Ansatz quasi als „Sauerteig" zur Veränderung der Welt. Spontanes Eingreifen soll die überall schlummernde Schöpferkraft aufwecken, damit sie ihre Fesseln sprengt und ein selbstbestimmtes, freies Miteinander ermöglicht.

Diesen radikalen, utopischen Impuls gilt es zu fördern und fruchtbar zu machen. Dann hat die therapeutische Philosophie Morenos durchaus große aktuelle Bedeutung:

— *für eine ökologische Gesellschaftspolitik*
Gesellschaftskritische Analysen der Gegenwart machen deutlich, daß wir in einer „Risikogesellschaft" (Beck, 1986) leben, in der jeder zunehmend von den Risiken des gesellschaftlichen Fortschritts betroffen ist oder plötzlich betroffen werden kann, von der psychischen, sozialen und somatischen Belastung bis hin zur physischen Vernichtung. Aus dieser allgemeinen Gefährdung wachsen auch Gemeinsamkeiten zur kollektiven Beseitigung dieser Risiken gegen diejenigen, die Risiken erzeugen, in Kauf nehmen oder gar von ihnen profitieren. Heute lassen sich die Rechnungen absehen, die wir alle werden bezahlen müssen, weil wir den Kritikern der Moderne von Landauer bis Fromm und Marcuse wenig Beachtung geschenkt haben. Die Frage Morenos „Who Shall Survive?", schon 1934 gestellt, ist heute zur zentralen Frage der Gesellschaftspolitik geworden (vgl. Flechtheim, 1987).

Die Geister, die wir gerufen haben, die Maschinen, die Waffen, die Gifte, wir werden sie nicht mehr los (s. Motto). Moreno hatte die Hoffnung, daß seine Methoden dazu beitragen könnten, Gegengifte zu entwickeln (vgl. Moreno, 1975, S. 267). Das Soziodrama könnte der Ort sein, an dem die oft nur abstrakt berechenbaren Risiken konkretisiert und somit in Ansätzen erlebbar gemacht werden können. Auswirkungen eines Atomkrieges oder einer Verseuchung ganzer Landstriche durch bakterielle Waffen können vorgestellt und genauer untersucht werden. Schrittweise könnte eine noch so vage Vorstellung dieser grauenvollen Zukunft überhaupt zugelassen werden. Visionen einer trotz allem erwünschten und ersehnten Welt könnten durchgespielt, auf ihren illusorischen Charakter hin untersucht und entsprechend revidiert werden (→ Buer, Marxismus; → Buer, Anarchismus). So könnte Morenos therapeutische Philosophie dazu beitragen,

— ökolibertäres Denken (Cantzen, 1984; 1987; Bookchin, 1985; Roszak, 1986; Bahro, 1987), ökosozialistisches (Flechtheim, 1980; Schwendter, 1982; 1984; Scherer & Vilmar, 1983), utopischsozialistisches (vgl. Marcuse, 1972; Bloch, 1976; Fromm, 1981; Buber, 1985) zu hier und heute durchführbaren Projekten zu konkretisieren,
— alternative (Über-)Lebensgemeinschaften zu entwerfen und ihre Umsetzung zu begleiten (vgl. Korczak, 1981; Gizycki, 1983; Duhm, 1984; Puch, 1988),
— alternative Konsum- und Produktivgenossenschaften zu organisieren und zu beraten (vgl. Müschen, 1982; Bierbaum & Riege, 1985; Glaesner & Scherer, 1986),
— die Selbsthilfebewegung zu unterstützen und zu beraten (vgl. Asam & Heck, 1983; Trojan, 1986; Runge & Vilmar, 1988; Krebs, 1988),
— eine ökologische Sozialpolitik in den Alltag der Ausgegrenzten auf Nachfrage hin hineinzutragen (vgl. Strasser, 1983; Opielka, 1985; Huber, 1985; Buer, 1985),
— und die Friedensbewegung durch Aufbau und Beratung von dezentralen Gruppen der Begegnung und des Widerstands zu stärken (vgl. Galtung, 1987).

Das würde Morenos zentralem Anliegen am ehesten entsprechen, den kreativen Menschen zu schaffen gegen Fesselungen, Formierung und Zerstörung (vgl. Moreno, 1947; 1957; 1974).

— *für existentielles Denken*
Lassen wir die Untersuchungsergebnisse noch einmal Revue passieren, dann ist klar, daß Moreno in einer Tradition der Philosophie steht, die weniger auf eine objektive und lückenlose Systematisierung des Wissens aus ist, als vielmehr die Selbsterkenntnis jedes Menschen anregen will, so unvollkommen sie auch sein mag (vgl. Moreno, 1974, S. XXVII). Er verweist ja selbst auf Sokrates, Jesus und Buddha hin, die Jaspers zu den „maßgebenden Menschen" zählt (1988). Bergson (→ Schmitz), Nietzsche, Kierkegaard, Scheler, Simmel (→ Buer, Prolog), aber auch Spinoza, Buber (→ Geisler) oder Meister Eckhard (→ Schacht) haben ihn in seiner philosophischen Haltung beeinflußt. Die materialistisch-analytische Orientierung von Marx (→ Buer, Marxismus) und Freud (→ Buer/Schmitz) hat er immer abgelehnt.

Moreno geht es um die Wahrheit, wenn er das Psychodrama als eine Methode bezeichnet, „welche die Wahrheit der Seele durch Handeln ergründet" (Moreno, 1973, S. 77). Jeder Mensch soll „bearer of the truth" werden, der die Wahrheit sucht aus existentiellem Interesse, ohne auf die Konsequenzen zu achten. In diesem Zusammenhang erinnert Moreno an einige Priester, die für ihn diese Haltung gezeigt und bezeugt haben (vgl. Moreno et al., 1964, S. 40):

„You may remember the concentration camps in Auschwitz. Millions of Jews have been thrown into gas chambers and burned alive. Men, women, children. Millions of people knew about it Germans and non-Germans, but did not care. But there emerged during that period of the lowest depth of inhumanity, a few men who dared to challenge this action, this mass murder. They were a number of German pastors who insisted on going with the jewish victims into the camps to suffer with them every kind of humiliation, starvation, brutality, and going into the gas chambers to be burned alive. Against the proudest of the Nazi authorities they felt their responsibility to participate with the innocent victims in the same matyrdom. And when they were not permitted to go, they were shot and died. Among such unusual characters in Auschwitz were three men — a priest named Kolbe, another priest by the name of Lichtenberg, and another who was officially a Nazi storm trooper by the name of Gerstein. These men died as bearers of truth."

Moreno vertritt hier kompromißlos eine Gesinnungsethik, die aus einer bestimmten Überzeugung und Einstellung heraus zum Eingreifen zwingt. Diese Handlungsethik verpflichtet auch die Teilnehmer an Psychodrama-Gruppen, gegenseitig die Verantwortung zu übernehmen und entsprechend hilfreich zu handeln (vgl. Moreno, 1973, S. 5). Jedem Menschen ist es nach Moreno aufgegeben, an der Vollendung der Schöpfung mitzuwirken; dazu hat er seine Spontaneität und Kreativität zu entfalten, seine Rollenkompetenz zu erweitern und seine Beziehungen zu knüpfen.

Heute scheinen in ihren Aussagen so unterschiedliche Philosophen wie Erich Fromm (vgl. Funk, 1983), Jean Paul Sartre (vgl. Danto, 1986; Suhr, 1987) oder Albert Schweitzer (vgl. Steffahn, 1984) noch am ehesten diesen Typ des existentiellen Philosophen zu verkörpern.

Gerade auch die Philosophen des New Age haben erkannt, wie dringend der herrschende Rationalismus, der die Fragen der Ethik und der Metaphysik abgespalten hat, überwunden werden muß durch eine Wiederbelebung einer dialektischen Vernunft, die Rationalität und Irrationalität, Denken und Handeln, Wissenschaft und Religion wieder miteinander verbindet zur „Wiederverzauberung der Welt" (vgl. Berman, 1985).[4]

Alte Traditionen der Philosophie werden wiederentdeckt, in denen die Vorherrschaft des formalen Denkens und der rationalen Sprache relativiert wird durch die Einbeziehung der Imagination und einer ansprechenden Metaphorik (vgl. Koslowski, 1988). Diese Philosophie, wie sie z.B. in der europäischen Tradition von den italienischen Humanisten vertreten wurde (vgl. Grassi, 1984), gilt es wiederzubeleben, um die Bedeutung der Philosophie für die praktische Gestaltung des alltäglichen Lebens in existentieller Verantwortung wiederzuentdecken. Soziatrische Arrangements können dazu gute Rahmenbedingungen schaffen.

— für eine kritische Sozialwissenschaft
Moreno hat zweifellos einen originären Ansatz einer kritischen Sozialwissenschaft entfaltet, der sich auf der einen Seite vom Positivismus abgrenzt, auf der anderen Seite von einem Wissenschaftlichen Sozialismus, der von ihm als materialistisch und deterministisch interpretiert wird. Sein Entwurf einer Synthese bleibt zweifellos unvollendet, kann aber trotzdem anregende Perspektiven eröffnen und richtige Aufgaben stellen.

Vor allem hält sein Konzept der Sozialforschung daran fest, daß auch wissenschaftliche Erkenntnis letztlich Wahrheitssuche sein muß. Dann kann jede neue Erkenntnis als wahr angesehen werden, wenn sie von den beteiligten und betroffenen Subjekten als existentiell gültig erfahren wird. So geht es bei der Sozialforschung in Morenos Konzepten immer um Selbsterforschung der teilnehmenden Subjekte zur besseren Gestaltung ihres eigenen Lebens. Nur diese Motivation schafft letztlich eine existentielle Suche nach der oft schmerzlichen Wahrheit gegen alle Tendenzen der Selbsttäuschung. Dabei kann die gegenseitige Kritik, aber auch die Ermutigung durch die Gruppe hilfreich sein. Der Soziometriker oder Psychodramatiker tut nichts anderes, als Menschen vor dieser Aufgabe der Selbsterkenntnis zu stellen, ihnen Mittel und Wege dazu zu zeigen und sie ein Stück auf diesem Weg zu begleiten. Daß diejenigen, die sich auf den Weg gemacht haben, immer wieder zurückblicken und einschätzen, wie weit sie vorangekommen sind, versteht sich von selbst.

So ist Morenos Forschungskonzept Aktions- wie Evaluationsforschung (vgl. Petzold, 1980b; Dollase, 1981; Hale, 1985; Ernst, 1987; Buer, 1989). Damit kann sie insbesondere Anregungen geben für:

— die Selbstevaluation in Projekten der pädagogischen, therapeutischen oder sozialen Veränderung (vgl. Niemeyer, 1987; Heiner, 1988),

- die Aktionsforschung (vgl. Moser, 1975; 1977a; 1977b; Sader, 1986),
- die Gruppenanalyse (vgl. Sandner, 1986; 1988),
- wie die Qualitative Sozialforschung allgemein (vgl. Girtler, 1984; Heinze, 1987; Lamneck, 1988).

Aber auch für die Theoriebildung zur Dynamik zwischenmenschlicher Beziehungen können die soziodynamischen Konzepte Morenos einiges beitragen, so zur

- Netzwerktheorie (vgl. Buer, 1988a),
- Rollen- und Handlungstheorie (vgl. Sader, 1969; Gosnell, 1975; Petzold & Mathias, 1982; Stimmer, 1982),
- Theorie der Gruppe (vgl. Sader, 1976)

Insgesamt ist das Potential des Morenoschen Ansatzes für die Sozialwissenschaft nicht einmal annähernd erschöpft.

— *für eine humane Therapie*

Morenos Therapieverständis ist religiös. Er fordert alle Menschen auf, ihre Beziehungen untereinander (und zur Umwelt) durch offene und engagierte Auseinandersetzung zu verbessern. Sind die Beziehungen ausgehandelt und hat jeder seinen Platz gefunden, dann ist ein „glückliches Leben" (= „Heil", = „Gesundheit") eines jeden möglich. Das ist aber erst dann vollständig erreicht, wenn alle Menschen in diesen Verständigungsprozeß einbezogen sind; insofern fordert Moreno eine Welttherapie (vgl. Moreno, 1974, S. 3).

„Wir entwickelten daher ein therapeutisches Verfahren, das die sozialen Gruppen und die in ihnen lebenden Personen in unsublimierter Lage beläßt, d.h. in einer Lage, die ihrem natürlichen Wachstum so gut wie möglich entspricht und die frei ist von jeder doktrinären Beeinflussung... Dieses Konzept schied uns von der Psychotherapie, in deren Absicht es liegt, den Einzelnen zu verändern oder seinen Normalzustand wiederherzustellen. Sie führte uns hingegen zu einer kollektiven Therapie, die es sich zur Aufgabe gemacht hat, den einzelnen Menschen unverändert zu lassen, d.h. ihn nur um soviel zu ändern, wie eine Neuorganisation seiner Gruppe dies als vorteilhaft erscheinen läßt" (Moreno, 1974, S. 5)

Es geht bei der Therapie nach Moreno also nicht darum, den Text zu verändern, also den Einzelnen mit seinen individuellen Störungen, Problemen, Symptomen, Krankheiten etc., sondern den Kontext, also die soziometrischen Konfigurationen seiner Atome und Netze, sowie die Rollensysteme, in die er eingespannt ist. Wenn sich die „Lage" des Individuums verbessert hat, hat es auch bessere Möglichkeiten, sein Befinden in eigener Regie zu verbessern.

Wie Moreno sich vom traditionellen Psychotherapiebegriff absetzt, so weist er auch den Psychiatriebegriff zurück. Sein Alternativkonzept heißt „Soziatrie" und meint das gleiche wie oben: die kollektive Verbesserung der Beziehungen aller Menschen zueinander (vgl. Moreno, 1974, S. 219). Diese soziale Orientierung schließt aber nicht aus, daß auch die im Einzelnen verkörperten oder verinnerlichten Konfigurationen und Muster veröffentlicht und kollektiv bearbeitet werden können und sollen.

Die zentrale Methodik zur Verwirklichung dieser Ziele ist die dramatische Gruppentherapie, sind Psychodrama und Soziodrama.

„The difference between psychodrama and sociodrama is one of structure and objective. Psychodrama deals with a problem in which a single individual or a group of individuals are privately involved. Whereas sociodrama deals with problems in which the collective aspect of the problem is put in the foreground, the individuals's private relation is put in the background. The two cannot, of course, be neatly separated" (Moreno, 1969, S. 270; vgl. auch Moreno, 1956).

Beide Seiten, die private und die öffentliche, gehören für Moreno in der Therapie zusammen; diese Dialektik ist ja der eigentliche Konfliktherd. Daher ist eine scharfe Trennung von Psychodrama und Soziodrama, wie es oft gemacht wird, völlig unhaltbar. Morenos Therapiekonzept geht also von der gesellschaftlichen Bestimmtheit individueller Probleme aus. Es berücksichtigt die damit verbundenen Zwänge, aber auch die Heilungskräfte, die im Kollektiv, in der Gruppenkohäsion, dem Tele, der Begegnung, stecken. Daher werden wesentliche Punkte der heutigen Therapiekritik von Moreno bereits berücksichtigt (vgl. Hellerich, 1985; Zygowski, 1987).

Um aber zu einer „lebenswürdigen Weltordnung" (Moreno, 1974, S. XIV) zu kommen, bedarf es einer humanen Therapie, die für jeden — auch für diejenigen von uns, die als psychisch krank etikettiert wurden, — einen Weg zur Menschwerdung weist. Dazu wollen auch kritische Richtungen anderer Therapiemethoden beitragen. Daher ist es notwendig, mit diesen zu kooperieren:

— mit einer kritischen Psychoanalyse
 (z.B. Parin & Parin-Matthèy, 1988; Langer, 1986; → Buer/Schmitz),
— mit einer kritischen Individualpsychologie
 (z.B. Sperber, 1981; 1983; Jacoby, 1983; Bruder-Bezzel, 1983; → Buer/Schmitz),
— mit einer kritischen analytischen Psychologie
 (z.B. Evers, 1987; → Buer/Schmitz),
— mit einer kritischen Gestalttherapie
 (z.B. Blankertz, 1988),
— mit der feministischen Therapie
 (z.B. Bock & Schmerl, 1979; Eichenbaum & Orbach, 1984),
— mit einer kritischen Sozialpsychiatrie
 (z.B. Nehnevajsa, 1956; Jervis, 1978; Dörner & Plog, 1978; Heider et al., 1988).

Aber auch manche Konzepte der Humanistischen Psychologie (vgl. Shearon, 1980; Völker, 1980; Quitmann, 1985) wie der Transpersonalen Psychologie (vgl. Walsh & Vaughan, 1987) wären in einem solchen gemeinsamen Projekt zu berücksichtigen. Insbesondere ist dabei die Bedeutung des kongruenten Dialogs, der gemeinsamen offenen Verständigung zu betonen (vgl. Friedman, 1987), wie auch das gemeinsame kathartische Erleben zur Klärung und Aufklärung der Beziehungsverhältnisse (vgl. Scheff, 1983). In einem solchen gemeinsamen Entwurf sollen aber nicht nur die Erfahrungen der traditionellen Therapieformen eingehen, sondern auch der ganze Reichtum des heute weitgehend noch immer unterdrückten „alternativen" Heilwissens (vgl. Grossinger, 1982; Frank, 1985).

— *für eine psychosoziale Theaterarbeit*
Moreno hat seine theatralischen Vorstellungen nicht nur in der Therapie umgesetzt, sondern auch viele Jahre in Wien und New York Improvisationstheater für alle angeboten (vgl. Burkhart, 1972; Kobler, 1975; Fox, 1978; Marschall, 1983; → Fangauf). Diese Praxis wird heute wieder aufgegriffen (vgl. Burkart & Zapotoczky, 1974; Yablonsky, 1978, S. 169 ff.; Mävers & Jacobs, 1982; Petzold, 1982). Zumeist werden sie jedoch mit anderen kompatiblen Ansätzen verbunden, wie dem Lehrstücktheater Brechts (vgl. Schmidt-Ranson, 1976; Weiß, 1985) und dem Theater der Unterdrückten Boals (vgl. Thorau, 1982; Feldhendler, 1987). Paul Pörtner (1972) hat es in sein „Mitspieltheater" integriert.

Viele Möglichkeiten des Improvisationstheaters nach Moreno werden heute — jedenfalls in Deutschland — nicht genutzt. Dabei könnte es als eigenständiger Ansatz durchaus seine Bedeutung haben für

- die Spielpädagogik
  (vgl. Figge, 1975; Kreuzer, 1983)
- das Amateur- und Schultheater
  (vgl. Giffei, 1982),
- das freie Straßen- und Improvisationstheater
  (vgl. Tarrab, 1974; Harjes, 1983; Batz & Schroth, 1983, 1985),
- das Plan- und Rollenspiel
  (vgl. Freudenreich, 1979; Freudenreich et al., 1987; Stein, 1983; Aschenbrenner-Egger et al., 1987),
- die szenische Arbeit mit Chören
  (vgl. Buer, 1987),
- die theatralische Kulturarbeit
  (vgl. Handl/Praml, 1981).

Aber auch die Arbeit mit Ballettänzern/innen und Schaupielern/innen, wie sie von Ulrike Fangauf am Ballett in Bremen, von Zeyde-Margreth Erdmann mit Schauspielern/innen (1975) oder von Jacob Jenisch gemacht wird, zeigt die Relevanz psychodramatischer Arbeit für das professionelle Theater.

— für die sozial-pädagogische Aktion
Moreno sah die zentrale Problematik unserer gegenwärtigen Gesellschaftsordnung darin, daß die Menschen durch soziale Entfremdungsprozesse daran gehindert werden, nach ihren Wünschen und Vorstellungen lebenswürdige Beziehungen aufzubauen (→ Buer, Marxismus). Überfordernde Rollenmuster wie unausgelichene emotionale Kontakte bringen Menschen in eine Lage, die sie unerträglich finden und die sie zu zerstörerischen Handlungen treiben können. Moreno geht es darum, in diese mikrosozialen Verhältnisse zu intervenieren, im sozialen Feld soziale Arrangements anzubieten, in denen progressive Änderungen möglich werden. Insofern ist sein Ansatz ein Angebot zur „sozialen Aktion" (vgl. Hegner, 1979) im Lebensraum von Bevölkerungsgruppen, die die Folgen der sozialen Entfremdung spüren und eine Neuordnung ihrer sozialen Verhältnisse wagen wollen.

In diesen sozialen Arrangements werden Situationen eröffnet, in denen die Teilnehmer hilfreiche Einsichten und Kompetenzen erwerben können. Der „Psychodramatiker" ist insofern ein „Lernhelfer" (Giesecke, 1987, S. 21), als er diese Lernchancen ermöglicht. Diese Tätigkeit umfaßt das Informieren über methodische und technische Möglichkeiten und Gefahren des Verfahrens, das Beraten in schwierigen Situationen während des Lernprozesses, das Arrangieren von angemessenen Settings und das Animieren, diese Chancen auch kreativ zu nutzen (vgl. Giesecke, 1987, S. 66ff.) Insofern kann diese gemeinsame Aktion als sozial-pädagogische begriffen werden.

Diese Auffassung steht in einer Tradition von Sozialpädagogik „als Lehre von der sozialen Aktion, durch die soziale Lernprozesse zwischen den Menschen ausgelöst werden könnten hin zu einer Neuordnung sozialer Verhältnisse, in denen die Entstehung sozialer Probleme vermindert und die Lösung vorhandener erheblich schmerzloser, wenn auch nicht weniger anstrengend, vonstatten gehen könnte" (Buer, 1988a, S. 105; vgl. auch Müller, 1988).

In diesem Verständnis von sozialer Arbeit sehen sich die Anbieter zunächst einmal dem Auftrag der Nachfrager, der Klienten, verpflichtet. Aber selbst, wenn diese gemeinsame Aktion von den Nachfragern gewünscht wird, bleibt sie doch eine Intervention in deren persönliche Lebensverhältnisse durch für sie Fremde. Insofern muß diese Intervention immer auch auf ihre heimlichen Kolonialisierungstendenzen hin befragt werden (vgl. v. Kardoff, 1988).

Versuchen wir, die Problemfelder aufzulisten, in denen sozialpädagogische Aktionen von „Psychodramatikern" untersucht und begleitet werden könnten, dann können wir mit Nowak (1988) elf Bereiche nennen:

— Formen des Zusammenlebens (vgl. auch Buer, 1988b),
— Geschlechterverhältnisse,
— Sexualverhältnisse,
— Generationenverhältnisse,
— Arbeitsverhältnisse,
— Armutsverhältnisse (vgl. auch Buer, 1988c),
— Gewaltverhältnisse,
— kriminelle Verhältnisse,
— Drogenabhängigkeiten,
— ethnische Ungleichheiten,
— ökologische Belastungen.

Um das Methodenrepertoire aus Morenos Ansatz zur Unterstützung der kollektiven Aktionen von Betroffenen in den genannten Feldern zu verbessern und zu erweitern, wäre eine Kombination mit ähnlichen Ansätzen zu erproben:

— mit der sozialen Netzwerkarbeit
  (vgl. Speck & Attneave, 1976; Mueller, 1979; Collins & Pancost, 1981; Kähler, 1983; Noll, 1984; Röhrle & Stark, 1985; Keupp & Röhrle, 1987),
— mit der Milieuarbeit
  (vgl. Ebbe & Friese, 1989),
— mit der offensiven Gemeinwesenarbeit
  (vgl. Seippel, 1976; Boulet et al., 1980; Alinski, 1973; 1974; 1984),
— mit der ökologischen Sozialarbeit
  (vgl. Wendt, 1986; Meinold, 1988).

Dieser Ansatz eröffnet eine Perspektive, die nicht Probleme zum Gegenstand des professionellen Handelns macht, sondern von Problemen betroffene Personen sieht, denen geholfen wird, Netze zu knüpfen, die fehlende Unterstützung auszugleichen und belastende Beziehungen zu verändern. Insofern bietet dieser Ansatz eine Alternative zu den systemischen Therapien, ja kann ihren systematischen Mangel beheben: die Verweigerung der Selbstbestimmung und Selbsterkenntnis der Beteiligten (vgl. Hörmann, Körner, Buer, 1988).

4. Aussichten: Gefahren und Hoffnungen

Die Weiterentwicklung und stärkere Nutzung von Morenos Methoden aus dem Geist seiner therapeutischen Philosophie enthält aber auch Gefahren. Gerade weil Moreno widersprüchliche Traditionen der Geistesgeschichte in seinen Ansatz aufgenommen hat, ohne sie zureichend integrieren zu können, bleibt sein Entwurf schillernd und ambivalent. So bietet sein Ansatz viele Anknüpfungspunkte auch für Versuche, mit seiner Hilfe ungerechte Herrschaftsverhältnisse, gerade auch im mikrosozialen Bereich, zu stabilisieren. Insbesondere sehe ich die Gefahren der

— Technisierung des Ansatzes
Morenos Praxen werden auf Techniken hin untersucht und dienen so dem Nachschub für ein vielseitig verwendbares Technikarsenal.

— Therapeutisierung des Ansatzes
Morenos Entwurf wird seiner religiösen und sozialkritischen Bezüge entkleidet und einer sterilen Klinifizierung unterworfen.

— Ideologisierung des Ansatzes
Morenos erfahrungswissenschaftliche Orientierung und sein Glaube an die Verständigungsfähigkeit der Menschheit aufgrund eines vernünftigen Diskurses wird ignoriert zugunsten eines neuen Irrationalismus, der auf die unüberprüfbare Erkenntnis weniger Auserwählter setzt.

Diese Tendenzen führen zur

— Individualisierung der Adressaten
Sie werden nicht im Kontext ihrer Lebenswelten gesehen. Damit gerät die gesellschaftliche Bestimmung ihrer Probleme aus dem Blick, wie eine Orientierung auf vorhandene oder neu zu knüpfende Unterstützungssysteme.

— Verdinglichung der Adressaten
Die Adressaten werden zu Objekten von Herrschaftsstrategien gemacht und so ihrer freien Selbstbestimmung beraubt.

Dagegen wäre folgende Ausrichtung des Ansatzes zu setzen:

— existentielle Orientierung
Es geht um Selbsterforschung, Selbstbesinnung, Selbsterkenntnis und Selbstbestimmung des Menschen.

— sozialwissenschaftliche Orientierung
Es geht um die gemeinsame Untersuchung und Bewertung der Welt, in der wir leben, und um den gemeinsamen Entwurf einer besseren Welt, um eine „therapeutische Weltordnung".

— Orientierung an einem vernunftgeleiteten Denken
Es geht um die gesellschaftliche Weiterentwicklung, ausgerichtet an den jeweils besseren Argumenten.

Die Perspektive für die Adressaten wie die Anbieter wäre:

— Sozialisierung
Es geht um die Utopie einer „therapeutischen Gesellschaft", einer mutualistisch ausgerichteten Gesellschaft, in der einer dem anderen Helfer ist.

— Subjektwerdung
Es geht darum, von den fesselnden Abhängigkeiten von Natur und Gesellschaft wegzukommen hin zur Selbstverfügung jedes einzelnen Menschen über sein Leben in und durch die Gemeinschaft.

Morenos religiöse Überzeugungen gaben ihm die unerschütterliche Hoffnung, daß diese Utopie Schritt für Schritt Wirklichkeit werden könnte und daß es sich daher lohne, dazu beitzutragen. Er fordert uns auf, daran mitzuwirken.

Anmerkungen

1. Ich möchte mich hier auf den deutschen Sprachraum beschränken. Aus den ins Deutsche übersetzten Beiträgen französischer Autoren (etwa Anzieu, 1984) wird zwar ein gewisses Interesse an Morenos Ideen und Theorien deutlich. Grundlegende Arbeiten scheinen jedoch nicht vorzuliegen. Die mir be-

kannten Untersuchungen amerikanischer Autoren umfassen Teilaspekte und sind berücksichtigt worden (etwa Kraus, 1984; Bischof, 1983).
2. In Kreisen der Sozialforschung auch mit Soziometrie. Aber auch sie ist — nach Morenos Vorstellung — nicht ohne Psychodrama denkbar!
3. Welche Modifikationen notwendig sind bei in ihrer Erkenntnisfähigkeit offenbar gestörten Personen, kann hier nicht ausreichend diskutiert werden.
4. Daß hier auch besondere Gefahren stecken, braucht wohl nicht eigens betont zu werden (vgl. Hemminger, 1988).

Literaturverzeichnis

Alinski, S. (1973). Leidenschaft für den Nächsten. Gelnhausen.
— (1974). Die Stunde der Radikalen. Gelnhausen.
— (1984). Anleitung zum Mächtigsein. Bornheim-Merten.
Anzieu, D. (1984). Analytisches Psychodrama mit Kindern und Jugendlichen. Paderborn.
Asam, W.A. & Heck, M. (Hrsg.) (1983). Soziale Selbsthilfegruppen in der Bundesrepublik Deutschland. München.
Aschenbrenner-Egger et al. (Hrsg.) (1987). Praxis und Methode des Sozialtherapeutischen Rollenspiels in der Sozialarbeit und Sozialpädagogik. Freiburg.
Bahro, R. (1987). Logik der Rettung. Stuttgart.
Batz, M. & Schroth, H. (1983). Theater zwischen Tür und Angel. Handbuch für Freies Theater. Reinbek.
— (1985). Theater grenzenlos. Handbuch für Spiele und Programme. Reinbek.
Beck, U. (1986). Risikogesellschaft. Auf dem Weg in eine andere Moderne. Frankfurt/M.
Berman, M. (1985). Wiederverzauberung der Welt. Am Ende des Newtonschen Zeitalters. Reinbek.
Bierbaum, H. Ch. & Riege, M. (Hrsg.) (1985). Die neue Genossenschaftsbewegung. Hamburg.
Bischof, L.J. (1983). Moreno. In Ders., Persönlichkeitstheorien. Bd. I (S. 279-333). Paderborn.
Blankertz, St. (1988). Der kritische Pragmatismus Paul Goodmans. Zur politischen Bedeutung der Gestalttherapie. Köln.
Bloch, E. (1976). Das Prinzip Hoffnung. 3 Bd. Frankfurt/M.
Bock, U. & Schmerl, Ch. (1979). Zum Verständnis „feministischer" Therapiegruppen. Psychologie und Gesellschaftskritik, 1/2, 128-152.
Bookchin, E. (1985). Die Ökologie der Freiheit. Weinheim.
Borsbach, Ch. (1983). Jakob Levy Moreno. In Jahrbuch für Verstehende Tiefenpsychologie und Kulturanalyse. (S. 155-182). Berlin.
Boulet, J. et al. (1980). Gemeinwesenarbeit — Eine Grundlegung. Bielefeld.
Bruder-Bezzel, A. (1983). Alfred Adler. Die Entstehungsgeschichte einer Theorie im historischen Milieu Wiens. Göttingen.
Buber, M. (1985). Über Gemeinschaft und deren Verwirklichung. Heidelberg.
Buer, F. (1980). Vorüberlegungen zu einer Theorie psychodramatischer Praxis. Gruppendynamik, 11, 3, 85-109.
— (1985). Disziplinierung durch Verarmung — Gegenstrategien durch kollektive Selbstorganisation in Solidargemeinschaften? In W. Körner & H. Zygowski (Hrsg.), Psychotherapie in der Sackgasse. (S. 73-90). Tübingen.
— (1986). Verarmungsprozesse in der BRD der 80er Jahre. In H. Wienold & H.-G. Thien (Hrsg.), Herrschaft, Krise, Überleben. (S. 152-176). Münster.
— (1987). Neue Armut als TanzRevue. Neue Praxis, 1, 38-58.
— (1988a). Soziale Netze, selbstaktive Felder, Sozialökologie & Co. Neue Praxis, 2, 95-110.
— (1988b). Die bürgerliche Familie zwischen Flexibilisierung und Transformation. Realitäten — Illusionen — Utopien. In G. Hörmann et al. (Hrsg.), Familie und Familientherapie. (S. 105-145). Opladen.
— (1988c). Armut. In G. Hörmann & F. Nestmann (Hrsg.), Handbuch psychosozialer Intervention. (S. 251-267). Opladen.
— (1989). Die Philosophie des J.L. Moreno — Die Grundlage des Psychodrama. Int. Therapie, 15, 2, (im Druck).

Burkart, V. (1972). Befreiung durch Aktionen. Die Analyse gemeinsamer Elemente in Psychodrama und Theater. Wien.
Burkart, V. & Zapotoczky, H.-G. (1974). Konfliktlösung im Spiel. Wien.
Cantzen, R. (1984). Freiheit unter saurem Regen. Überlegungen zu einem libertär-ökologischen Gesellschaftskonzept. Berlin.
— (1987). Weniger Staat — mehr Gesellschaft. Freiheit — Ökologie — Anarchismus. Frankfurt/M.
Collins, A.H. & Pancoast, D.L. (1981). Das soziale Netz der Nachbarschaft als Partner professioneller Hilfe. Freiburg.
Danto, A.C. (1986). Jean-Paul Sartre. Göttingen.
Dörner, K. & Plog, U. (1978). Irren ist menschlich oder Lehrbuch der Psychiatrie/Psychotherapie. Wunstorf.
Dollase, R. (1981). Gegenstand, Ziel und Methode der soziometrischen Aktionsforschung. In J.L. Moreno, Soziometrie als experimentelle Methode. (S. 1-14). Paderborn.
Duhm, D. (1984). Aufbruch zur neuen Kultur. München.
Ebbe, K. & Friese, P. (1989). Milieuarbeit. Grundlagen präventiver Sozialarbeit im lokalen Gemeinwesen. Stuttgart.
Eichenbaum, L. & Orbach, S. (Hrsg.) (1984). Feministische Psychotherapie. München.
Erdmann, Z.-M. (1975). Psychodrama. Düsseldorf.
Ernst, M. (1987). Soziometrie als Aktionsforschung — auch in der Psychotherapie. Int. Therapie, 13, 1, 3-24.
Evers, T. (1987). Mythos und Emanzipation. Eine kritische Annäherung an C.G. Jung. Hamburg.
Feldhendler, D. (1987). Psychodrama und Theater der Unterdrückten. Frankfurt/Main.
Feyerabend, P. (1981). Erkenntnis für freie Menschen. Frankfurt/Main.
Figge, P. (1975). Lernen durch Spielen. Praktische Dramapädagogik und Dramatherapie. Heidelberg.
Flechthiem, O.K. (1980). Der Kampf um die Zukunft. Grundlagen der Futurologie. Bonn.
— (1987). Ist die Zukunft noch zu retten? Hamburg.
Fox, J. (1978). Moreno and his Theater. Group Psychotherapy, Psychodrama and Sociometry, XXXI, 109-116.
Frank, J.D. (1985). Die Heiler. Über psychotherapeutische Wirkungsweisen vom Schamanismus bis zu den modernen Therapien. München.
Freudenreich, D. (1971). Das Planspiel in der sozialen und pädagogischen Praxis. München.
Freudenreich, D. et al. (1987). Rollenspiel. Praxishandbuch. Hannover.
Friedmann, M. (1987). Der heilende Dialog in der Psychotherapie. Heinsberg.
Fromm, E. (1981). Wege aus einer kranken Gesellschaft. Frankfurt/M.
Funk, E. (1983). Erich Fromm mit Selbstzeugnissen und Bilddokumenten. Reinbek.
Galtung, J. (1987). Der Weg ist das Ziel. Ghandi und die Alternativbewegung. Wuppertal/Lünen.
Geisler, F. (1984). Der religiöse Mensch Moreno. (Zertifizierungsarbeit). Solingen.
Giesecke, H. (1987). Pädagogik als Beruf. Grundformen pädagogischen Handelns. Weinheim.
Giffei, H. (Hrsg.) (1982). Theater machen. Ein Handbuch für die Amateur- und Schulbühne. Ravensburg.
Girtler, R. (1984). Methoden der qualitativen Sozialforschung. Wien.
Gizycki, H.v. (1983). Arche Noah '84. Frankfurt/M.
Glaesner, G.-J. & Scherer, K.-J. (Hrsg.) (1986). Auszug aus der Gesellschaft? Gemeinschaften zwischen Utopie, Reform und Reaktion. Berlin.
Gosnell, D. (1975). Some Similarities and Dissimilarities between the Psychodramaturgical Approaches of J.L. Moreno and Erving Goffman. In J.A. Greenberg (Hrsg.), Psychodrama. Theory and Therapy. (S. 11-28). London.
Grassi, E. (1984). Die Macht der Phantasie. Zur Geschichte abendländischen Denkens. Frankfurt/M.
Grossinger, R. (1982). Wege des Heilens. Vom Schamanismus der Steinzeit zur heutigen alternativen Medizin. München.
Hale, A. (1985). Conducting Clinical Sociometry Explorations: A Manual for Psychodramatists and Sociometrists. Roanoke.
Handl, A. & Praml, W. (1981). Dorfgeschichte als Kulturarbeit. SOWI 4, 238-241.
Harjes, R. (1983). Handbuch zur Praxis des Freien Theaters. Köln.

Hegner, F. (1979). Bürgernähe, Sozialbürgerrolle und soziale Aktion. Praxisbezogene Orientierungspunkte für notwendige Änderungen im System der sozialen Sicherung. Bielefeld.
Heider, Ch. et al. (Hrsg.) (1988). Politik der Seele. Reader zum Gesundheitstag. Kassel '87. München.
Heiner, M. (Hrsg.) (1988). Selbstevaluation in der sozialen Arbeit. Freiburg.
Heinze, Th. (1987). Qualitative Sozialforschung. Opladen.
Hemminger, H. (Hrsg.) (1988). Die Rückkehr der Zauberer. New Age. Eine Kritik. Reinbek.
Himmelmann, F. (1985). Theologie „Spontan" und ihre psychodramatische Verwertbarkeit. (Zertifizierungsarbeit). Lüdenscheid.
Hörmann, G., Körner, W. & Buer, F. (Hrsg.) (1988). Familie und Familientherapie. Opladen.
Huber, J. (1985). Die Regenbogen-Gesellschaft. Frankfurt/M.
— (1988). Soziale Bewegungen. Z.f. Soziologie, 17, 6, 424-435.
Jacoby, H. (1983). Alfred Adlers Individualpsychologie und dialektische Charakterkunde. Frankfurt/M.
Jaspers, K. (1988). Die großen Philosophen. München.
Jervis, G. (1978). Kritisches Handbuch der Psychiatrie. Frankfurt/M.
Kähler, D. (1983). Der professionelle Helfer als Netzwerker. ArchsozArb, 4, 225-244.
Kardoff, E.v. (1988). Intervention: Kritik und Perspektiven. In G. Hörmann & F. Nestmann, Handbuch der psychosozialen Intervention. (S. 306-326). Opladen.
Keupp, H. & Röhrle, B. (Hrsg.) (1987). Soziale Netzwerke. Frankfurt/M.
Kobler, J. (1975). The Theater that heals Men's Mind. In J.A. Greenberg (Hrsg.), Psychodrama. Theory and Therapy. (S. 35-46). London.
Korczak, D. (1981). Rückkehr in die Gemeinschaft. Frankfurt/M.
Koslowski, P. (1988) (Hrsg.). Gnosis und Mystik in der Geschichte der Philosophie. Zürich.
Kraus, Ch. (1984). Psychodrama for „Fallen Gods": A Review of Morenian Theology. Journal of Group Psychotherapy, Psychodrama and Sociometry, 37, 47-66.
Krebs, H. (1988). Selbsthilfe-Netze. Essen.
Kreuzer, K.J. (Hrsg.) (1983). Handbuch der Spielpädagogik. 2 Bd. Düsseldorf.
Lamnek, S. (1988). Qualitative Sozialforschung. Bd. 1. Methodologie. Weinheim.
Langer, M. (1986). Von Wien bis Managua. Wege einer Psychoanalytikern. Freiburg.
Leutz, G.A. (1974). Das klassische Psychodrama nach J.L. Moreno. Berlin.
— (1975). Jakob Morenos therapeutische Triade — Gruppenpsychotherapie, Soziometrie und Psychodrama als coincidentia oppositorum. In: A. Uchtenhagen et al. (Hrsg.), Gruppentherapie und soziale Umwelt. (S. 572-579). Bern.
— (1979). Das Triadische System von J.L. Moreno. Soziometrie, Psychodrama und Gruppentherapie. In: Die Psychologie des 20. Jahrhunderts. Bd. VIII. (S. 830-839). Zürich.
— (1985). Das Psychodrama nach J.L. Moreno. In W. Toman (Hrsg.), Psychotherapie. Ein Handbuch. Bd. I. (S. 201-214). Stuttgart.
Leutz, G.A. & Engelke, E. (1983). Psychodrama. In R.J. Corsini (Hrsg.), Handbuch der Psychotherapie. 2 Bd. (S. 1008-1031). Weinheim.
Mävers, J. & Jacobs, K.-H. (1982). Psychodrama und Theater (ein Erfahrungsbericht). Int. Therapie, 1-2, S. 58-73.
Marcuse, H. (1972). Versuch über die Befreiung. Frankfurt/M.
Marschall, B. (1983). „Ich bin der Mythus allen Daseins selber." Morenos Theater der Unwiederholbarkeit. Geschichte, Konzeption, Wirkung. (Theaterw. Diss.) Wien.
Mattenklott, G. (1988). Spuren eines gemeinsamen Weges. Deutsch-jüdische Zeitschriftenkultur 1910-1930. Merkur, 42, 7, S. 570-581.
Meinold, M. (1988). Sozio-ökologische Konzepte — eine „alternative" Grundlage für die Familienarbeit. In G. Hörmann et al. (Hrsg.), Familie und Familientherapie. (S. 252-287). Opladen.
Moreno, J. (1974). Psychodrama and the Future of the Social Sciences. Group Psychotherapy and Psychodrama, Vol. XXVII, No. 1-4, S. 59-70.
Moreno, J.L. (1947). The Future of Men's World. Beacon.
— (1956). The Concept of Sociodrama. In: Ders. (Hrsg.), Sociometry and the Science of Man. (S. 434-449). Beacon.
— (1957). Global Psychotherapy and Prospects of a Therapeutic World Order. In: Progress in Psychothe-

rapy, 1, 1-31.
— (1973). Gruppenpsychotherapie und Psychodrama. Stuttgart.
— (1974). Die Grundlagen der Soziometrie. Wege zur Neuordnung der Gesellschaft. Opladen.
— (1975). Psychodrama. Vol. III. Beacon.
Moreno, J.L., Z. & J. (1964). The First Psychodramatic Family. Beacon.
Moser, H. (1975). Aktionsforschung als kritische Theorie der Sozialwissenschaften. München.
— (1977a). Praxis der Aktionsforschung. Ein Arbeitsbuch. München.
— (1977b). Methoden der Aktionsforschung. Eine Einführung. München.
Mueller, B. (1979). Social networking. Group Psychotherapy, Psychodrama and Sociometry, XXXII, 164-189.
Müller, C.W. (1988). Wie Helfen zum Beruf wurde. 2 Bd. Weinheim.
Nehnevajsa, J. (1956). Socio-cultural Models in Psychiatry. Group Psychotherapy, IX, 4, 268-273.
Niemeyer, Ch. (1987). Der Praktiker als Forscher — Psychoanalyse als Erkenntnistheorie und als Metatheorie psychologischen und pädagogischen Erkennens und Handelns? Psyche 3, S. 193-237.
Noll, K. et al. (1984). Wie man kleine Netze baut. Gelsenkirchen.
Nowak, J. (1988). Soziale Probleme und soziale Bewegungen. Eine praxisorientierte Einführung. Weinheim.
Opielka, M. (Hrsg.) (1985). Die ökosoziale Frage. Frankfurt/M.
Ottomeyer, K. (1987). Lebensdrama und Gesellschaft. Szenisch-materialistische Psychologie für soziale Arbeit und politische Kultur. Wien.
Parin, P. & Parin-Matthèy, G. (1988). Subjekt im Widerspruch. Frankfurt/M.
Petzold, H. (1973a). Das Soziodrama als Instrument kreativer Konfliktlösung. In: Ders. (Hrsg.), Kreativität und Konflikte. (S. 244-256). Paderborn.
— (1973b). Gestalttherapie und Psychodrama. Kassel.
— (1973c). Die spektrometrische Methode in der Psychotherapie und psychologischen Gruppenarbeit. Z.f.klin. und psychol. Psychotherapie, 2, S. 110-128.
— (1978). Das Psychodrama als Methode der klinischen Psychotherapie. In: Handbuch der Psychologie, Bd. 8 II. (S. 2751-2795). Göttingen.
— (1979). Psychodrama-Therapie. Paderborn.
— (1980). Moreno — nicht Lewin — der Begründer der Aktionsforschung. Gruppendynamik 2, 142-160.
— (1981). Das Hier-und-Jetzt-Prinzip und die Dimension der Zeit in der psychologischen Gruppenarbeit. In C.H. Bachmann (Hrsg.), Kritik der Gruppendynamik. (S. 214-299; 391-403). Frankfurt/M.
— (1982). Theater oder Das Spiel des Lebens. Frankfurt/M.
— (1987). Die ganze Welt ist eine Bühne. Das Psychodrama als Methode der klinischen Psychotherapie. In: Ders. (Hrsg.), Wege zum Menschen, Bd. 1. (S. 111-216). Paderborn.
Petzold, H. & Mathias, U. (1982). Rollenentwicklung und Identität. Paderborn.
Peukert, D.J.K. (1988). Das Janusgesicht der Moderne. In: Funkkolleg Jahrhundertwende, Studienbegleitbrief o. (S. 60-72). Weinheim.
Pfau-Tiefuhr, U. (1976). Begegnung als Ereignis. J.L. Morenos Konzept der therapeutischen Interaktion. (Med. Diss.) Hannover.
Ploeger, A. (1983). Tiefenpsychologisch fundierte Psychodramatherapie. Stuttgart.
Pörtner, P. (1972). Spontanes Theater. Köln.
— (1978). Moreno und das moderne Theater. In: H. Petzold (Hrsg.), Angewandtes Psychodrama. (S. 45-61). Paderborn.
Puch, H.J. (1988). Inszenierte Gemeinschaften. Frankfurt/M.
Quitmann, H. (1985). Humanistische Psychologie. Zentrale Konzepte und philosophischer Hintergrund. Göttingen.
Raabe, P. (1985). Die Autoren und Bücher des literarischen Expressionismus. Stuttgart.
Reindell, H. (1975). Jacob Levi Moreno. Leben und Werk. (Med. Diss.) Mainz.
Ried, H. (1979). Das Menschenbild im Psychodrama. (Med. Diss.) Würzburg.
Röhrle, B. & Stark, W. (Hrsg.). Soziale Netzwerke und Stützsysteme. Tübingen.
Roszak, Th. (1986). Mensch und Erde auf dem Weg zur Einheit. Ein Manifest. Reinbek.
Runge, B. & Vilmar, F. (1988). Handbuch Selbsthilfe. Frankfurt/M.

Sader, M. (1969). Rollentheorie. In: Handbuch der Psychologie. Bd. 7. (S. 204-231). Göttingen.
— (1976). Psychologie der Gruppe. München.
— (1986). Rollenspiel als Forschungsmethode. Opladen.
Sandner, D. (1986). Gruppenanalyse. Theorie, Praxis und Forschung. Berlin.
— (1988). Qualitative Gruppentherapieforschung. Gruppenpsych. und Gruppendyn., 24, 2, S. 184-195.
Scheff, Th.J. (1983). Explosion der Gefühle. Über die kulturelle und therapeutische Bedeutung kathartischen Erlebens. Weinheim.
Schenk, M. (1984). Soziale Netzwerke und Kommunikation. Tübingen.
Scherer, K.J. & Vilmar, F. (Hrsg.) (1983). Ein alternatives Sozialismuskonzept: Perspektiven des Ökosozialismus. Berlin.
Schmidt, B. (1978). Selbsterfahrung im Psychodrama als Methode der Sozialtherapie für Studenten. Grundsätzliches und Empirisches. (Psychol. Diss.) Würzburg.
Schmidt-Ranson, I. (1976). Brechts Lehrstücke in Beziehung zum Theater V.N. Iljines und zum Psychodrama J.L. Morenos. Int. Therapie, 4, S. 205-219.
Schneider-Düker, M. (1980/81). Gruppenpsychotherapie. In W. Wittling (Hrsg.), Handbuch der klinischen Psychologie. (S. 165-196). Hamburg.
— (1989). Rollenwahl und Gruppenentwicklung im Psychodrama. Eine empirische Untersuchung an Therapie- und Selbsterfahrungsgruppen. Gruppendynamik, 2, (im Druck).
Schöbel, U. (1983). Die Frühschriften J.L. Morenos. (Soziol. Magisterarbeit). Bonn.
Schönke, M. (1987). Persönlichkeitstheorie und Therapietheorie des klassischen Psychodramas nach J.L. Moreno. Hagen.
Schwendter, R. (1982). Zur Geschichte der Zukunft. Zukunftsforschung und Sozialismus. Bd. 1. Frankfurt/M.
— (1984). Zur Zeitgeschichte der Zukunft. Zur Geschichte der Zukunft. Zukunftsforschung und Sozialismus. Bd. 2, Frankfurt/M.
Seippel, A. (1976). Handbuch Aktivierende Gemeinwesenarbeit. Gelnhausen.
Shearon, E.M. (1980). Ein Vergleich zwischen Roger's Selbst-Theorie und Morenos Spontaneitäts-Theorie. Gruppendynamik, 12, 2, S. 236-256.
Speck, R.V. & Attneave, C.L. (1976). Die Familie im Netz sozialer Beziehungen. Freiburg.
Sperber, M. (1981). Individuum und Gemeinschaft. Versuch einer sozialen Charakterologie. Frankfurt/M.
— (1983). Alfred Adler oder Das Elend der Psychologie. Frankfurt/M.
Steffahn, H. (1984). Albert Schweitzer mit Selbstzeugnissen und Bilddokumenten. Reinbek.
Stein, A. (1983). Sozialtherapeutisches Rollenspiel. Frankfurt/M.
Stimmer, F. (1982). Der Beitrag J.L. Morenos zu einem interaktionistischen Ansatz einer Theorie der Institutionalisierung. In H.J. Helle (Hrsg.), Kultur und Institution. (S. 131-155). Berlin.
Strasser, J. (1983). Grenzen des Sozialstaats. Köln.
Suhr, M. (1987). Sartre zur Einführung. Hamburg.
Tarrab, G. (1974). Psychodrama and Happening. Group Psychotherapy and Psychodrama, Vol. XXVII, No. 1-4, S. 212-235.
Thorau, H. (1982). Theater der Unterdrückten in Theorie und Praxis. Rheinfelden.
Trojan, A. (Hrsg.) (1986). Wissen ist Macht. Eigenständig durch Selbsthilfe in Gruppen. Frankfurt/M.
Völker, K. (Hrsg.) (1980). Humanistische Psychologie. Weinheim.
Walsh, R.N. & Vaughan, F. (Hrsg.) (1987). Psychologie in der Wende. Grundlagen, Methoden und Ziele der Transpersonalen Psychologie. Reinbek.
Weiß, R. (1985). Bühne frei für eine politische Supervision. Experimente mit Psychodrama und Lehrstücktheater. München.
Wendt, W.R. (1986). Zum Stand der ökologischen Diskussion in der Sozialarbeit. In: Ökologische Konzepte für Sozialarbeit. (S. 92-104). Frankfurt/M.
Yablonsky, L. (1978). Psychodrama. Die Lösung emotionaler Probleme durch das Rollenspiel. Stuttgart.
Zeintlinger, K. (1981). Analyse, Präzisierung und Reformulierung der Aussagen zur psychodramatischen Therapie nach J.L. Moreno. (Psychol. Diss.) Salzburg.
Zeunert, B. (1987). Bibliodrama. Eine Hermeneutik der Begegnung. (Zertifizierungsarbeit). Olsberg.

Personenregister

Adler, A. 14f, 142f, 159, 181
Adler, M. 15, 36, 159, 175
Adler, P. 23
Adorno, Th. W. 176
Aichhorn, A. 151
Aischylos 94
Alexander, F. 38, 141, 146, 151
Altenberg, P. 111
Anzieu, D. 114
Apollinaire, G. 105
Aristophanes 103
Artaud, A. 89, 105
Augustinus 23f

Baader, J. 27
Baal Schem 15, 23, 47, 49, 53
Bachitow, M. 162
Bachofen, J.J. 15
Bakunin, M. 184, 187
Baláz, B. 16, 91
Bales, F. 37
Balint, M. 141
Ball, H. 28
Basquin, M. 114
Bauer, O. 159
Bauriedl, Th. 149f
Bavelas, A. 38
Becher, J.R. 15, 18
Becker, H. 37
Beethoven, L.v. 22
Benjamin, W. 176
Benne, K.D. 38
Berg, A. 20
Bergner, E. 13, 16, 91
Bergson, H. 19, 26f, 35, 57, 69ff, 125, 144, 148, 223, 230
Bernfeld, S. 144, 150
Binswanger, L. 137, 149
Bion, W.R. 111
Blei, F. 91, 93
Bloch, E. 14, 36, 159, 164, 176, 223
Bloch, J. 45
Blum, R. 16
Boal, A. 89, 233
Bode, R. 19
Borneman, E. 150
Bradford, L.P. 38
Brauchbar, H. 14
Brecht, B. 33, 39, 174, 233
Brentano, F. 19

Breuer, J. 124, 133, 150
Brezina, O. 14, 91
Brill, A. 146
Brod, M. 14, 91, 145
Brook, P. 89, 103
Buber, M. 14, 23, 36, 45f, 48, 53ff, 182, 184ff, 230
Buddha 14f, 23f, 28f, 181, 200, 230
Bühler, K. 33

Calderon, P. 89, 102
Caruso, I. 150
Cervantes, M. 103
Christus (s. Jesus) 13, 28, 53, 58, 181
Claudel, P. 14, 24, 91
Colbert, C. 14
Comte, A. 37, 69, 181
Copeau, J. 104
Craig, G. 104
Cremerius, J. 111, 131
Csokor, F. Th. 16, 93
Cusanus 24

Dahmer, H. 150
Dante 22
Darwin, Ch. 113
David 23
Diatkine, R. 114
Dietl, J. 30
Diener, G. 33
Dilthey, W. 139
Döblin, A. 14, 20, 23, 33
Dostojewski, F. 102
Durkheim, E. 181
Edschmid, K. 92
Ehrenstein, A. 14, 23, 91
Ehrenstein, C. 14
Eisler, H. 20, 164
Engels, F. 15, 159, 183
Erdmann, Z.-M. 234
Falk, W. 20
Feda, J. 14
Federn, P. 150
Fenichel, O. 144, 150
Ferenczi, S. 140f, 150
Feuerbach, L. 181
Feyerabend, P. 228
Fichte, J.G. 27
Foulkes, S.H. 111
Fourier, Ch. 181, 183f

242

Frank, L. 18
Frankl, V. 58
Franziskus 15, 23f
Freud, A 111
Freud, S. 19, 27, 31f, 33, 45, 53, 57, 61, 66, 69, 111ff, 223, 230
Friedemann, A 115
Fromm, E. 36, 48, 54, 56, 137, 147, 150, 175, 223, 229, 231
Fromm-Reichmann, F. 146

Garaudy, R. 176
Gebsattel, E. Fr. v. 15
George, St. 20, 35
Ghandi 181, 195f
Goethe, J.W. 33, 35, 59, 103
Goll, I. 14
Gorer, H. 175
Gorsen, P. 87
Gorz, A. 176
Gräser, G. 28
Graf, O.M. 27
Gropius, W. 93
Gross, O. 28, 36, 145, 196
Grosz, G. 28
Grotjahn, M. 146
Grotowski, J. 89
Gruen, W. 14
Gütersloh, A.P. 14
Gurvitch, G. 37, 162

Habermas, J. 137
Haeusser, L. 29
Hartmann, H. 137
Hauptmann, G. 20, 27
Hausmann, R. 28
Hegel, G.W.F. 23, 27, 148
Heidegger, M. 148
Herder, J.G. 27
Heschel, A.J. 46, 56, 65
Hesse, H. 24, 27
Heym, G. 20
Heyse, P. 20
Hilferding, R. 159
Hindemith, P. 33
Hobbes, Th. 118
Hörmann, G. 163
Hoffer, W. 150
Hofmannsthal, H.v. 20
Holitscher, A. 15
Horn, K. 150
Horney, K. 147
Huber, J. 228

Huizinga, J. 32, 211
Husserl, E. 70

Ibsen, H. 103
Iljine, V. 89, 103, 141

James, F. 19
Jammes, F. 14, 24
Jaques-Dalcrose, E. 19
Jenisch, J. 234
Jesaja 23
Jesus (s. Christus) 15, 23ff, 28f, 54, 58, 206, 230
Johannes d. Ev. 23, 53
Johannes d. T. 15
Johnson, L.B. 185
Josua 23
Jung, C.G. 134, 143f, 223
Jung, F. 28, 36, 145

Kafka, F. 15, 20
Kaiser, G. 14, 16, 91
Kandinsky, W. 21, 93
Kant, I. 23, 27, 73, 184
Kellmer, Ch. 14
Kestemberg, E. 114
Khan, P.V. 210
Kierkegaard, S. 19, 23, 25, 38, 57, 185, 230
Kiesler, F.J. 93
Klee, P. 21
Klein, G.S. 113
Klein, M. 141
König, R. 37, 162
Kokuschka, O. 14
Kornfeld, P. 14, 23, 91, 95
Korsch, K. 175
Krojanker, G. 23
Kropotkin, P. 181f, 184ff
Kubie, L.S. 146
Kulka, G. 14

Lampl, F. 14
Landauer, G. 36, 181ff, 223, 229
Landauer, K. 150
Langer, K. 163
Langer, M. 150
Lantos, B. 150
Lao Tse 15, 24, 29, 200, 205
Lasalle, F. 159
Lazarsfeld, P. 37
Lebovici, S. 114
Lemoin, G. u. D. 114
Lenin, W.I. 159, 181, 183
Leutz, G. 214, 221, 226

Lewin, K. 38
Linse, U. 27
Lippitt, R. 38
Lorenzer, A. 115, 123, 137, 150, 224
Lorre, P. 16
Lukàcs, G. 15, 36, 159

Mach, E. 19
Mahler, G. 17, 20
Maholy-Nagy, L. 93
Mann, H. 14
Mann, Th. 20, 27
Marcović, M. 176
Marcuse, H. 36, 146, 175, 229
Marinetti, F.T. 16, 93, 105
Marx, K. 15, 27f, 33, 35, 45, 51, 57, 66, 159ff, 181, 183, 194, 223, 230
Masaryk, Th. 14
Mead, G.H. 37, 82
Mead, M. 37
Meister Eckhard 15, 185, 230
Menninger, K. 146
Mesmer, A. 30f.
Meyer, A. 146
Meyer, C.F. 20
Michelangelo 22
Miller, A. 103
Mitscherlich, A. 150
Mohammed 15, 24
Moissi, A. 16
Moore, Th. 183
Moreno, J. 227
Moses 15, 23, 59
Mühsam, E. 36, 145, 185, 196
Müller, R. 16
Musil, R. 15
Myona 14

Neumann, K.E. 14
Neill, A. 145
Nietsche, F. 9, 19f, 25, 27, 54, 57f, 94f, 127, 144, 185, 230

Ottomeyer, K. 163
Owen, R. 181

Pannekoek, A. 175
Parin, P. 150
Parsons, T. 37
Pascal, B. 14, 23f
Paulus 15, 22
Péguy, Ch. 15
Petö, A. 14

Petrus 15
Petzold, H. 36, 38, 221, 226f
Pierce, Ch. 37, 76
Pirandello, L. 103
Piscator, E. 89
Plato 23
Ploeger, A. 115
Plotin 23
Pörtner, P. 90
Poetzl, O. 14, 116
Pohlen, M. 138
Pontalis, J.-B. 162f
Proudhon, P. 15, 181, 183f, 187
Rado, A. 141
Rank, O. 141
Rapaport, D. 137
Reich,W. 27, 144f, 150, 223
Reik, Th. 151
Reinhardt, M. 19
Rembrandt 35
Renner, K. 159
Rheinhardt, E.A. 14
Richter, H.-E. 147, 150
Rickert, H. 70, 139
Ricoeur, P. 137
Rilke, R.M. 20
Rodenberg, H. 16
Rogers, C. 57
Roosevelt, F.D. 37
Rubiner, L. 18
Rühle, O. 175

Sabbatai Zwi 15, 23, 47, 49
Saint-Simon, C. 181, 183f
Sartre, J.P. 231
Savonarola, G. 23
Schaffer, R. 113
Scheler, M. 15, 23, 25f, 33f, 36, 70, 223, 230
Schelling, F.W.J. 27
Schiller, F. 33
Schnack, F. 14
Schlemmer, O. 93
Schmidt,B. 226
Schmidt, H. 15
Schnitzler, A. 16f, 20, 97
Schönberg, A. 20
Schönke, M. 226
Schopenhauer, A. 27
Schreyer, L. 93
Schweitzer, A. 231
Schwitters, K. 93
Shakespeare, W. 89, 102, 185
Simmel, E. 150

Simmel, G. 15, 19, 34f, 70, 162, 223, 230
Slavson, S.R. 111
Sölle, D. 59
Sokrates 15, 25, 38, 93f, 224, 230
Sonnenschein, H. 14
Sorel, G. 15, 36
Sorge, R.J. 95
Spencer, H. 181
Sperber, M. 182
Spinoza, B. 23, 36, 45, 52f, 58, 63, 185, 230
Spitz, R. 141
Stadler, E. 20
Stanislawskij, K.S. 103f
Steiner, R. 24, 27
Stekel, W. 142
Sterba, R. 150
Stierlin, H. 147ff
Stöhr, A. 15
Stoessl, O. 14
Stojanović, S. 176
Storm, Th. 20
Strindberg, A. 97, 103
Sullivan, H.S. 146f
Supek, R. 176
Swedenborg, E. 24

Taut, B. 18
Thompson, C. 141
Trakl, G. 15
Toller, E. 18
Trotzki, L. 159
Trüb, H. 53

Wassermann, J. 14, 23f
Webern, A. 20
Weill, K. 33
Weiss, E. 14
Werfel, F. 14f, 17f, 23, 36, 91ff, 145
White, W.A. 38, 146
Whitman, W. 29
Widlöcher, D. 114
Wiese, L.v. 37, 162
Wilber, K. 200, 203
Wilde, O. 186, 190, 193
Wilson, W. 185
Wolfenstein, A. 14, 91
Wyss, D. 137

Zander, A. 38
Zeintlinger, K. 226
Zemlinsky, A. 20
Zweig, St. 17, 31, 135

Sachregister

Das Sachregister bietet vor allem die Möglichkeit, *wichtige Begriffe* des Morenoschen Ansatzes in verschiedenen Kontexten aufzusuchen. Dadurch erscheinen sie in unterschiedlichen Beleuchtungen und lassen ihren Bedeutungsreichtum erkennen. Damit entziehen sie sich einer vorschnellen Operationalisierung zu verdinglichten Konserven und erhalten so ihre anregende Funktion zu kritischem Nachdenken über die Prozesse menschlichen Lebens.

Abstrakte Malerei 20
Acting out 118, 134, 144, 150, 167, 190
Aktion (s. Handeln, Praxis, Tat) 11, 59f, 76, 160, 163, 204, 234
Aktionsforschung 5, 38, 139, 147, 231f
Aktionshunger 85, 122, 163
Alltägliches Leben 9, 11, 32, 113, 133, 142, 167
Amateur- und Schultheater 234
Analyse 135, 164, 174, 214, 223
Analytische Psychologie 144, 233
Anarchie 184, 189ff
Anarchismus 36, 144, 181ff
Anonymität 15, 50
Anwärmen 51, 80, 123, 204
Anziehung und Abstoßung 5, 12, 27, 121f, 126, 141, 145, 182, 188f
Arbeit 161, 166f, 171, 174, 187, 194
Assoziieren 133f
Atom 21
— kulturelles 123, 169, 171
— soziales 12, 121ff, 162f, 169, 171
Augenblick (s. Hier und Jetzt, Moment, Zeit) 11, 14, 19, 25, 29, 71, 83f, 124, 127ff, 169, 176, 194, 204
Auschwitz 230
Austromarxismus 17 144, 159
Autonomie 63, 187, 205
Axiodrama 14, 169, 225
Axiologie 11, 225

Bauhaus 93, 105
Begegnung (s. Tele) 5, 11, 14, 18, 25, 29, 35, 53f, 56, 62, 67, 71, 112f, 123f, 126, 129ff, 133ff, 140, 143, 146, 148, 188, 201, 213ff, 228
Bewegung 73ff, 125
Beziehung (s. Interaktion) 9, 11f, 20, 34, 122, 140, 145, 147f, 224, 232
Bohème 18
Bühne 32, 133, 166f, 169, 172, 186, 190
Bürgerliches Individuum 126, 146

Chassidismus 23, 47f, 50, 53, 58, 66
Chinesische Philosophie (s. Tao) 23
Christentum 24, 54, 56, 58, 147

Commedia 'dellArte 96f

Destruktion (s. Eris, Haß) 126, 177
Determinismus 69, 78, 83, 120, 125, 128, 175f, 183, 224
Deuten 138
Doppelgängermethode 102
Drama (s. Aktion, Handeln, Spiel, Theater) 5, 11, 166ff, 211
Dreistufenbühne 90
Dualitäten 201ff
Du-Gott 24, 48, 52

Einheit des Seins 201ff
Energie 78, 80, 85, 125, 129, 136, 143f, 165
Entfremdung 18, 35, 147, 163, 170f, 173, 177, 224, 234
Erfahrungswissen 31
Er-Gott 24
Eris (s. Destruktion, Haß) 121, 188
Eros (s. Liebe, Sexualität) 121, 188
Esoterik 24
Ethik 25, 230f
Evaluation 231
Ewige Philosophie 200
Existentielles Denken 25, 230f
Experimentelle Theologie 29, 55ff, 66, 139, 201
Experiment 22, 30, 32, 139, 181, 200, 228
Expressionismus 10, 18, 20, 92f

Feministische Therapie 233
Fin de Siècle 17, 20
Fortschritt 193
Frau 119f
Freiheit 72, 187
Friedensbewegung 195, 230
Freude 46, 52
Frühsozialisten 183f, 229
Gartenstadtbewegung 18
Gegenseitige Hilfe (s.Mutualismus) 182, 186, 188
Gegenwart (s. Zeit) 128
Geist 27, 50, 71, 81, 118, 124, 176, 187, 190, 192, 202, 209
Geld 29f, 35, 50

Gemeinschaft 18, 92, 122, 142, 165, 168, 172f, 181f, 184
Gemeinwesenarbeit 235
Genie 22, 192
Gesellschaft 163, 186f
— äußere 121, 168
— soziometrische 172f
Gestalttherapie 233
Gesundheit 30, 65f, 131, 232
Gruppe 5, 12, 18, 31, 38, 51, 53
Gruppenanalyse 231
Gruppenkohäsion 129
Gruppenpsychotherapie 5, 10f, 37f
God-playing 12, 21f, 30, 58, 206
Gott 14, 21ff, 30, 46ff, 70, 79, 83ff, 90, 143, 165, 192, 199f, 203f, 207
Griechisches Theater 102

Handeln (s. Aktion, Praxis, Tat) 11, 34, 46, 55, 85f, 105, 133f, 160, 167, 212ff, 223
Haß (s. Destruktion, Eris) 122, 131
Heiler 16, 22, 72
Heilige 15, 22f, 26, 45, 47, 57, 118, 186, 199ff, 206
Heilung (s. Therapeutik) 12, 29, 31, 53, 71, 162, 188, 191, 211
Hermeneutik 112, 137, 140, 150
Herrschaft 170, 184, 224
Hier und Jetzt (s. Augenblick, Lage, Moment) 11, 127f, 141f, 165
Hilfs-Ich 10, 90, 103, 114, 134, 140
Hoffnung 35, 136, 138, 176f, 183, 190, 229, 236
Humanistische Psychologie 233

Ich 76, 126f, 209f
Ich-Gott 24, 51f, 57ff, 165, 207ff
Imagination 124, 128, 138, 175
Improvisationstheater (s. Stegreiftheater) 16, 233f
Individualisierung 26
Individualpsychologie 143, 175, 233
Intellekt 26, 81f, 86, 117
Interaktion (s. Beziehung) 5, 11, 34, 126, 128, 130, 135, 140, 187
Interpretation 114
Intimes Theater 97
Intuition 26, 74, 81f, 86f, 164, 223

Juden 4, 45ff
Judentum 23f, 36, 45ff, 147, 194
Jugendbewegung 18, 33

Kapitalismus 33, 161, 171
Katharsis 5, 12, 20, 26, 31, 61, 95, 100, 102, 105, 127, 135, 171f, 194
Kibbuz 182
Kinderspiel (s. Spiel) 11, 32f, 90f, 134, 211
Kirche 54
Klassenkampf 160f
Kleingruppenforschung 38
Klinische Psychologie 226
Körperzonen 125
Konflikt 121, 145, 149, 169
Konflikttheater 16, 99
Konserve 12, 22, 50, 129, 145, 170, 205, 213, 224
— kulturelle 93, 221
Kommunismus 113, 144, 168, 173, 183
Kooperation 122, 130, 143, 161, 169, 182, 189
Kosmos (s. Universum, Welt) 12, 27, 57, 64, 142, 161, 165f, 176
Krankheit (s. Pathologie) 22, 30f, 83, 100, 112f, 127, 131, 149, 167, 232
Kreativismus 20
Kreativität (s. Schöpferkraft) 5, 12, 31, 51, 55f, 61, 77ff, 124f, 139, 163, 165, 176, 182, 192, 203f
Künstler 22, 28, 117
Kultur 32
Kulturarbeit 234
Kunst 9, 11, 20, 28, 93f, 139, 168, 185, 195, 211

Lage (s. Hier und Jetzt) 11, 70ff, 124f, 142, 169, 215, 232
Landkommune 18
Lebensphilosophie 9, 26f, 36, 45, 82, 142, 144, 228
Lebensreformbewegung 18
Leib 122, 128, 137, 140
Leiterrolle 133
Liebe (s. Eros, Sexualität) 14, 26, 122, 130f, 145, 168, 175, 188, 206f

Märchenspiele 13
Masse 18f, 69, 175, 181, 192
Marxismus (s. Wiss. Sozialismus) 36, 113, 144, 147, 159ff, 184, 193
Materialismus 19, 33, 113, 161, 231
Materie 27, 84, 86, 118, 125, 145, 176
Medizin 15, 30, 32, 132
Messung 74, 76, 79, 82, 85, 129, 138, 163, 228
Metaphysik 26, 35, 69ff, 79, 86, 227
Metapraxie 72, 167
Methode 9, 194
Mikrosoziologie 120, 139, 161f, 171
Milieuarbeit 234
Moderne 17f, 118
Mutualismus (s. gegenseitige Hilfe) 131, 188
Mystik 29, 51, 70, 185, 193, 199ff

Natur 46, 165f
Naturalismus 20, 92
Naturphilosophie 27
Naturwissenschaft 35, 54, 69, 72, 99, 137f, 143, 145, 148
Narrentheater 95f
Netzwerk 5, 12, 51ff, 63, 165, 224
Netzwerkarbeit 235
Netzwerktheorie 222, 232
Neue Sachlichkeit 20f
Neue soziale Bewegungen 228f
Neurose 30, 86, 119, 130f, 134f, 141, 143f
New Age 29

Ödipuskomplex 121f
Ökologiebewegung 195
Ökologische Gesellschaftspolitik 229f
Ökologische Sozialarbeit 235
Ökonomie 160f, 163

Pädagogik 222, 229
Pathologie (s. Krankheit) 127, 131
Phänomenologie 227
Phantasie 90, 124, 133, 138, 144, 175, 223
Philosophie 9, 15, 35, 69, 87, 168, 224, 230f
Planspiel 234
Positivismus (s. Szientismus) 69, 72, 81, 86, 139, 193, 227, 231
Praxis (s. Aktion, Handeln, Tat) 9, 130ff, 160, 163, 167, 176, 206, 224
Produktion 135f, 167
Produktionsverhältnisse 168f
Proletariat 160, 173, 175, 194
Propheten 15, 22f, 27f, 30, 47, 117, 206
Prostituierte 14, 30, 159
Protagonist 90, 102
Psychiatrie 30, 114, 229
Psychoanalyse 30, 78, 111ff, 175, 195, 224, 233
Psychodrama-Forschung 225ff
Psychologie 15, 33, 70, 72, 111, 120, 127, 210, 222
Psychose 30, 131
Psychosynthese 135
Psychotherapie 161, 224, 226, 229, 232f

Randgruppen 14, 159
Raum 64, 73, 202
Realismus 20
Realität 64, 72, 121, 165, 201
Religion 9, 11, 19, 21ff, 30, 51, 54, 66, 99, 119, 147, 161, 166, 168, 189, 200, 224, 231
Revolution 12, 20, 131, 159ff, 167, 171, 173, 184, 189, 191, 221
Ritus 59f

Rolle 5, 11, 34, 62, 90, 103, 120f, 125, 147, 163, 169, 224
— soziale 169
— psychodramatische 169f
— psychosomatische 122, 170
Rollenkreation 167
Rollenkonserve 127, 144, 169f
Rollenmuster 121, 123, 125f, 128
Rollenrepertoire 162
Rollenspiel 5, 11f, 127, 140
Rollentausch 9, 135, 207
Rollentheorie 59, 148, 222, 227, 232

Sabbat 65
Schöpfer 24, 26f, 55ff, 82ff, 204
Schöpferkraft (s. Kreativität) 17, 22, 35, 56
Selbst 127, 209
Selbsthilfe 18, 112f, 167
Selbthilfebewegung 14, 195, 230
Sephardim 46f, 52
Setting 132ff, 150
Sexualität (s. Eros, Liebe) 19, 122, 124, 143, 145
Sharing 65
Sozialarbeit 229
Sozialer Tod 63
Sozialforschung 231f
Sozialismus 33, 113, 147, 176, 182, 184f, 194
Sozialpädaogische Aktion 234f
Sozialwissenschaft 11, 14f, 143, 145, 181, 222, 224, 226f, 231f, 236
Sozialpsychiatrie 233
Soziatrie 11, 30, 182, 225, 232
Soziodrama 196, 229, 232
Soziodynamik 11, 212, 139, 225
Soziodynamisches Gesetz 160
Soziogramm 129
Soziologie 15, 33ff, 119, 162
Soziometrie 10f, 21, 37, 139, 143, 225, 227
Soziometrische Konfigurationen 126, 128
Soziometrische Matrix 123, 168f
Soziosis 131
Spiegeltechnik 102, 138
Spiel 5, 11, 32f, 72, 102, 134, 144, 147, 166ff, 175, 187, 210ff, 223
Spielpädagogik 234
Spontaneität 5, 12, 20, 31, 51, 61, 77ff, 92, 102, 124f, 127, 143, 168, 175, 181, 187, 203f
Spontaneitätstraining 206
Staat 144, 161, 167, 173, 182, 186, 190
Starter 22, 125, 132, 172
Stegreiftheater 11, 16, 70ff, 89, 96ff, 166f, 212
Straßentheater 234
surplus reality 31, 64, 102, 138, 161, 165, 167, 169

Szientismus (s. Positivismus) 31, 129, 137, 139, 193

Tat (s. Aktion, Handeln, Praxis) 11, 22, 59, 193ff, 205
Tao 205
Tele (s. Begegnung) 11, 31, 34, 62, 100, 102, 128ff, 135, 142, 145, 186
Telepathie 130
Theater 32, 89ff, 185, 195, 211
Theaterarbeit 233f
Theaterkunst 224
Theaterreform 92, 95, 104f
Theaterspiel 11
Theologie (s. Religion) 15, 139, 222
Theorie 9, 22, 57
Therapeutenrolle 133, 191
Therapeutik (s. Heilung) 29ff, 99, 141, 232
Therapeutische Gemeinschaft 18
Therapeutische Gesellschaft 186
Therapeutische Haltung 10
Therapeutisches Theater 16, 18, 20, 167
Therapeutische Weltordnung 12, 147, 176, 182, 187, 190, 216
Therapeutisierung 236
Transpersonale Psychologie 233
Traum 115, 124, 138, 190

Übertragung 61f, 134f, 148
Umgruppierung 14
Unbewußtes 112, 117, 122ff, 144

— gemeinsames 123
Universum (s. Kosmos, Welt) 55, 64, 118, 125, 165, 202
USA 12, 37f, 101f
Utopie 28, 33, 38, 131, 133, 135, 138, 145, 170, 176, 181, 183, 189f, 229, 236
Utopischer Sozialismus 183f

Verantwortung 56, 66, 118, 174, 231
Vergangenheit (s. Zeit) 64, 83, 127f
Verkörperung 10, 170, 200
Vision 165, 176, 190, 223f, 229

Wahlen 129f, 187
Wahnvorstellungen 133
Wahrheit 25, 138, 228, 230f
Weihespiel 193f
Weihetheater 99, 101
Welt (s. Kosmos, Universum) 56f, 63, 67, 136, 166, 176, 210
Widerstand 130, 135
Wien 12ff, 51, 90ff, 97f, 159
Wissenschaft 9, 11, 19f, 26, 35, 50, 79, 86, 136ff, 139, 193, 199, 215f, 231
Wissenschaftlicher Sozialismus (s. Marxismus) 37, 162, 231
Wünsche 12, 123, 127, 137, 149, 176, 194

Zeit 19, 64, 74f, 79ff, 85, 128, 202
Zukunft 64, 83, 128, 131, 133, 165
Zweifühlung (s. Tele) 62, 129

Verzeichnis der Autorinnen und Autoren

Ferdinand Buer, Dr. phil., Dipl.-Päd.; Sozialwissenschaftler, Sozialpädagoge, Psychodramatiker (DAGG); Priv.-Doz. am Institut für Soziologie/Sozialpädagogik der Universität Münster, z.Z. Hochschullehrer an der Universität Göttingen, Wiss. Leiter des Psychodrama-Zentrums für Praxisberatung, Theaterpädagogik und Netzwerkarbeit, Vorstandsmitglied in der Sektion Psychodrama des DAGG; Ausbilder am Psychodrama-Institut, Münster.
Anschrift: Alte Schanze 46, 4400 Münster

Ulrike Fangauf, Dr. med.; Ärztin, Dramaturgin, Psychodramatherapeutin; Psychodramaturgin am Bremer Theater; Ausbilderin am Moreno-Institut, Überlingen.
Anschrift: vor dem Steintor 169, 2800 Bremen

Friedel Geisler, Pastorin i.R., Sozialtherapeutin, Psychodramatikerin (DAGG); Ausbilderin beim Landschaftsverband Westfalen/Lippe, Abtlg. Gesundheitswesen, Münster; Referentin für den Kirchlichen Entwicklungsdienst (Zentral-Amerika); Ausbilderin am Institut für Psychodrama Dr. Ella Mae Shearon.
Anschrift: Junkerstr. 22, 5650 Solingen 1

Michael Schacht, Dipl.-Psych., Director of Psychodrama, Moreno Institute, Beacon, N.Y., Psychodramatherapeut (DAGG); niedergelassener Psychotherapeut; Ausbilder am Psychodrama-Institut, Münster.
Anschrift: Hauptstr. 2, 4716 Olfen 2

Ulrich Schmitz, Dipl.-Psych., Psychodramatherapeut; Psychologe an einem Krankenhaus.
Anschrift: Heidestr. 116, 5840 Schwerte